中國史學基本典籍叢刊

金石録校證

上

〔宋〕趙明誠 撰
金文明 校證

中華書局

圖書在版編目(CIP)數據

金石録校證/(宋)趙明誠撰;金文明校證. —北京:中華書局,2019.9(2024.8重印)
(中國史學基本典籍叢刊)
ISBN 978-7-101-14054-5

Ⅰ.金… Ⅱ.①趙…②金… Ⅲ.金石-研究-中國-古代 Ⅳ.K877.24

中國版本圖書館 CIP 數據核字(2019)第 179453 號

責任編輯:陳若一
封面設計:周 玉
責任印製:陳麗娜

中國史學基本典籍叢刊
金石録校證
(全二册)
〔宋〕趙明誠 撰
金文明 校證

*

中華書局出版發行
(北京市豐臺區太平橋西里 38 號 100073)
http://www.zhbc.com.cn
E-mail:zhbc@zhbc.com.cn
三河市宏盛印務有限公司印刷

*

850×1168 毫米 1/32 · 20¼印張 · 6 插頁 · 400 千字
2019 年 9 月第 1 版 2024 年 8 月第 3 次印刷
印數:7001-8000 册 定價:68.00 元

ISBN 978-7-101-14054-5

金石録序

余自少小喜從當世學士大夫訪問前代金石刻詞以廣異聞後得歐陽文忠公集古録讀而賢之以爲是正譌謬有功於後學甚大惜其尚有漏落又無歲月先後之次思欲廣而成書以傳學者於是益訪求藏畜凡二十年而後粗備上自三代下訖隋唐五季内自京師達于四方遐邦絶域夷狄所傳倉史以來古文奇字大小二篆分隸行草之書鍾鼎簠簋尊敦甗鬲盤杅之銘詞人墨客詩歌賦頌碑志叙記之文章名卿賢士之功烈行治以至浮屠老子之説凡古物奇器豐碑巨刻所載與

金石録　宋刻本

重刊金石録序

趙德夫金石録三十卷匪獨考訂之精覈也其議論卓越時有足發人意思者顧世鮮善本濟南謝世箕嘗梓以行今其本亦不可得見獨見有從謝氏本影鈔者并何義門手校吳郡葉文莊公本此二本庶幾稱善其他鈔本猥多目録率被删削字句訛脱不足觀學者未得見謝葉二家本得世俗所傳猶不惜捐多金購求繕寫珍弆爲枕中秘蓋其書之可貴若此余患其久而失眞也因刊此以正之德夫之室李清照字易安婦人之能文者相傳以爲德夫之歿易安更嫁至有桑榆晚景與

金石錄序

余自少小喜從當世學士大夫訪問前代金石刻詞以廣異聞後得歐陽文忠公集古錄讀而賢之以爲是正譌謬有功於後學甚大惜其尚有漏落又無歲月先後之次思欲廣而成書以傳學者於是益訪求藏蓄凡二十年而後麤備上自三代下訖隋唐五季內自京師達於四方遐邦絶域夷狄所傳倉史以來古文奇字大小二篆分隷行草之書鐘鼎簠簋尊敦甗鬲盤杅之銘詞人墨客詩歌賦頌碑志敘記之文章名卿賢士之功烈行治至於浮屠老子之說凡古物奇器豐碑巨刻所載

存者略無遺矣因次其先後為二千卷余之致力于斯可謂勤且久矣非特區區為玩好之具而已也蓋竊嘗以謂詩書以後君臣行事之跡悉載于史雖是非襃貶出于秉筆者私意或失其實然至于善惡大節有不可誣而又傳諸既久理當依據若夫歲月地理官爵世次以金石刻考之其牴牾十常三四蓋史牒出于後人之手不能無失而刻詞當時所立可信不疑則又攷其異同參以他書為金石録三十卷至于文辭之媺惡字畫之工拙覽者當自得之皆不復論嗚呼自三代以來聖賢遺迹著于金石者多矣蓋其風雨侵蝕與夫樵夫牧童毀傷淪棄之餘幸而存

目録

出版説明

金文明先生整理的金石録校證，初於一九八五年由上海書畫出版社出版。二〇〇五年，廣西師範大學出版社再版此書，又請黄曙輝先生利用中華書局影印南宋龍舒郡齋本金石録對勘一過，識其異同於每卷之末，以便讀者瞭解宋本面貌。另附有南京大學程章燦先生文章一篇，對該書内容、價值及再版情況作出介紹説明。

此次我們再版金石録校證，在修訂舊版錯漏訛誤之外，又對黄曙輝先生所列宋本校勘記與影印龍舒郡齋本進行覈對，判斷其價值，並辨别與原校證之間異同，加以删改、合併，遂成新貌。不當之處，敬請讀者批評指正。

中華書局編輯部

二〇一九年八月

趙明誠和他的金石録

宋代學者趙明誠的金石録，是北宋以前傳世鐘鼎碑版銘文的集録和考訂專著，在我國金石研究史上有着重要的地位。

趙明誠（一〇八一——一一二九），字德父（亦作德甫、德夫），密州諸城（在今山東）人，出身於仕宦之家，其父挺之官至尚書右僕射兼中書侍郎。明誠從小博覽群經諸史，十七八歲時已喜收蓄古書字畫及前代金石刻詞，嗜之成癖。妻李清照（號易安居士），以詞名世，在金石學方面，與明誠有着同樣的志趣和修養。夫婦兩人窮年累月，悉心搜求，摹拓傳寫，不遺餘力。經過二十多年的努力，積得三代以來古器物銘及漢、唐石刻凡二千卷，並爲之考訂年月，辨僞糾謬，寫成跋尾五百零二篇。在此期間，明誠歷仕南北，中經靖康之亂，與清照幾度兩地暌隔，流離坎坷，家藏古物奇器及書畫碑文漸次喪失，但著述之志未嘗稍衰。高宗建炎三年（一一二九），所作金石録一書已初具規模，而明誠却不幸罹疾身亡，享年僅四十九歲。清照中年喪夫，創鉅痛深。爲了實現明誠的宿願，她不得不以病弱之身，攜帶這部未完成的遺稿，跋山涉水，千里轉徙，嘗盡了國破家亡之苦。紹興二年（一一三二），清照寓居臨安，開始對遺稿進行最後的筆削整理，並在兩年以後寫成著名的金石録後序，詳盡地記述了這部凝聚着明誠和她畢生心血的金石專著成書的經過。不久，金石録就由清照表上於朝，刊行問世，受到了士林的推重和稱揚。清人王士禛在池北偶談中把金石録看作明誠和清照的合著。這個觀點，是完全符合實際的。

根據前人的記載，我國古代對於金石遺文的研究，在三國魏時已發其端。閻若璩潛邱劄記卷二云：「魏太和中，魯郡於地中得齊大夫送女器，有犧尊，王肅以證『婆娑』舊説之非……漢章帝時，零陵文學奚景於舜祠下得白玉琯，乃以玉作，傳至於魏，孟康以證律曆志『竹曰管』説之未盡。」可見當時學者已將出土古器用於舊籍的考訂，但還没有人專以此學名家的。南朝梁元帝金樓子著書篇載其有碑集十帙百卷，可惜書早亡佚，内容已無從考見。到了北宋初年，由於統治者的重視和提倡，士大夫中私家藏器之風日盛，其僅見於金石録所載，就有宗室仲爰、仲忽，舍人蔡肇，祖擇之，丞相吕微仲、王禹玉，内翰趙元考，學士晁無咎，公卿楊南仲、蘇翰林、宋莒公，以及洛陽趙氏、劉氏，岐山馮氏，潁昌韓氏，蜀人鄧氏，方城范氏，南京蔡氏等二十餘家。與此同時，亦出現了幾部有影響的著作，如劉敞的先秦古器圖、吕大臨的考古圖、李公麟的古器圖、王黻的宣和博古圖，以及歐陽脩的集古録等，使金石研究逐漸成爲一種專門的學問。以上諸書，前四者所載祇限於鐘鼎彝器，而集古録則金文石刻兼收并蓄，「自周穆王以來，下更秦、漢、隋、唐、五代，外至四海九州，名山大澤，窮崖絶谷，荒林破冢，神仙鬼物，詭怪所傳，莫不皆有」（集古録自序），凡所集録達千卷之多，跋尾亦在四百篇以上。它的問世，對於當時方興未艾的金石考古之學起了承先啓後的作用。趙明誠的金石録，正是在繼承前輩學者已有成果的基礎上，進一步開拓耕耘，發揚光大，成爲有宋一代金石研究的集大成之作的。

金石録的價值和成就，主要反映在以下幾個方面：

（一）補正前賢的闕失。成書於北宋中葉的先秦古器圖、考古圖和集古録等著作，在金石研究上是有着開創之功的。但由於歷史條件的限制和作者主觀上的原因，它們在考訂年月、論證銘文内容等方面，都存在一定的錯誤和缺陷。趙明誠對此一一作了認真的考辨，其中對歐陽脩集古録的補正最多。例如：漢沛相楊君碑，集古録云：「碑首尾不完，失其名字（隸釋所載碑文作『君諱闕九字富波君之闕子也』）。按後漢書，震及中子秉，秉子賜，賜子彪，皆有傳。又云，震長子牧，富波相。牧孫奇，侍中。奇子亮，陽成亭侯。又云，少子奉；奉子敷；敷子衆，務亭侯。又有彪子脩。楊氏子孫載於史傳者止此爾，不知沛相爲何人也。」歐氏唯知徵引史傳，史既失載，即以其名爲無可考見。而趙氏金石録則别引楊震碑云：「沛相名統，震長子富波侯相牧之子也。」僅此一語，足以使歐氏之疑團頓釋。又如：趙氏在卷十五漢蒼頡廟人名跋尾中，以後漢書百官志及本注所載，論定「有秩」爲鄉吏之稱；在卷十九漢永樂少府賈君闕銘跋尾中，以漢史及石刻所載，考辨西漢以來太后、皇后官屬「止用宦者」説之非，都補正了集古録的闕失，反映出趙氏在金石學和史學方面的深厚功力。南宋學者朱熹認爲，趙明誠的金石録，比起歐陽脩的集古録來，「序次益條理，辨證益精博」（家藏石刻序），當是比較公允的評價。

（二）考訂舊籍的訛謬。趙明誠在金石録序中指出，歷代史書有關人物的「歲月、地理、官爵、世次，以金石考之，其牴牾十常三四。蓋史牒出於後人之手，不能無失，而刻詞當時所立，可信不疑」。正是基於這樣的認識，他在金石録跋尾中充分運用「以器物碑銘驗證前史」的方法，考訂了傳世舊籍中存在的大量訛謬。例如：關於觚的容量，周禮考工記云「爵一升，觚三升」；漢儒則以爲「爵一升，觚二升」。趙氏以出土之觚相量，適容三爵，與考工記正合，從而否定了漢儒的説法（見卷十三爵銘跋尾）。又如：後漢書黨錮傳「南陽宗資主畫諾」李賢注云：「宗資字叔都……祖父均，自有傳。」查後漢書別有宋均傳而無宗均傳，「宋」當爲「宗」字之誤。趙氏根據漢司空宗俱碑和漢宗資墓天禄辟邪字二碑的銘文，以及後漢書靈帝紀、姓苑、元和姓纂諸書，詳加論列，袪疑存真，糾正了這一訛謬。此外，在全書各卷跋尾中，他都依據碑銘墓誌，對漢書、三國志、晉書、魏書、周書、北齊書、北史以及新、舊唐書中的錯誤不實之處，一一作了考訂。其引證之翔實，立論之精闢，對於後來的史學、考據學、文獻整理學乃至文字訓詁學等研究，都有着重要的參考價值。可惜的是，這些成果，至今還没有引起人們充分的重視。例如中華書局一九七五年版新唐書宰相世系表於袁氏世系下云：「袁生生玄。孫幹，封貴鄉侯。」而金石録卷十四漢國三老袁君碑跋尾引此文「袁」下唯一「生」字，又謂「碑云『幹，袁生之曾孫』」，則此句當標作「袁生玄孫幹，封貴鄉侯」，同時應在校記中注明「玄孫」當作「曾孫」。兩相對照，今本顯屬訛謬。如果當初能用金石録所引碑文與新唐書舊本參校的話，這樣的錯誤是完全可以避免的。

（三）録存重要的史料。趙明誠在金石録中録存的史料，大致分爲兩類，其一是歷代碑銘墓誌所載人物的生平行歷、遷官次第及氏族世系等，其不見於經傳者，可以補正史之不足。例如：他在卷二十五周孔昌寓碑跋尾中列述了孔氏族系之後説：「唐以前士人以族姓爲重，故雖更千百年，歷數十世，皆可考究。自唐末五代之亂，在朝者皆武夫悍卒，于是譜牒散失，士大夫茫然不知其族系之所自出，豈不可惜也哉！故余詳録于此，使後學論姓氏者有考焉。」這些資料的録存，對於唐代歷史和年譜學的研究，無疑是很有價値的。其二是宋代以前存世古籍的摘引，其今本脱誤或散亡者，可供校訂和輯佚之用。例如：金石録各卷跋尾摘引唐林寶所撰元和姓纂達數十條之多。其書已於元、明間亡佚，今本輯自永樂大典，於趙氏所引大多未見採録。則金石録在保存舊籍史料上的價値，由此可見一斑。

古語云：「智者千慮，必有一失。」由於史料的不足和個人聞見的局限，趙明誠對於某些問題的辨證和考訂，也存在着一些疏漏錯誤的地方。例如：會稽東部都尉爲西漢武帝時所置，東漢相沿不改。此官名亦見於漢衡方碑及漢書顔師古注、後漢書李賢注、三國志諸書。漢西嶽華山廟碑所載存仙殿與望仙門，亦見於三輔黄圖及藝文類聚卷七十八引桓譚仙賦序。趙氏聞見未及於此，遂謂以上諸名爲史籍群書所不載。又如：趙氏在卷十四漢司隸楊厥開石門頌跋尾中，誤以代詞「厥」爲楊君之名；在卷十六漢廣漢縣令王君神道跋尾中，誤將「縣竹令」釋爲「縣苓」，又以「苓」爲「令」字之假借，等等。這些疏漏和錯誤，當然是應該指出並加以糾正的，但它們在全書中爲數甚少，同金石録的價値和成就相比，衹能説是白璧微瑕，不足以掩蓋其奪目的光輝。本書除在校證中一一加以説明外，這裏不再贅述。

金石録的最早刻本，是南宋孝宗淳熙（一一七四——一一八九）前後刊行的龍舒郡齋本，原書末附李清照所作的後序。寧宗開禧元年（一二〇五），浚儀趙不讇於重刻時始將後序收入。以上二本，後皆不顯於世，元、明兩代近四百年未見重刊。自明以來，僅有傳鈔之本，但流傳甚少。據四庫全書總目史部目録類二説，這些轉相鈔録的本子，大多「各以意爲更移，或删除其目内之次第，又或竄亂其目之年月；第十一卷以下，或併削每卷之細目，或竟佚卷末之後序。沿譌踵謬，彌失其真」。當然，此中亦不乏較好的本子，其影響最大而堪稱善本的，當首推崑山葉盛的菉竹堂鈔本。清康熙末還有一部石門吕無黨鈔本，其「鈔筆精整，全書讐校極審慎」，亦是很有價值的善本。清代最早問世的刻本，是順治年間濟南謝世箕所刊。唯謝本訛誤較多，流傳亦不廣泛（清初書法家、承晉齋積聞録作者梁巘曾言其「購金石録數十年不得」可證）。至乾隆中，德州盧見曾得何焯手校葉盛鈔本及謝世箕刻本，乃屬盧文弨參考各家，詳加校勘，付梓印行。這就是清代迄今通行的雅雨堂刊本。

筆者在數年前，已知北京圖書館藏有一九四九年後發現的龍舒郡齋本，上海圖書館藏有浚儀趙不讇刻十卷殘宋本金石録，然均無由一睹。去年在着手撰寫金石録校證時，曾向吕貞白先生請教，決定採用雅雨堂刊本作底本，並以三長物齋叢書本和四部叢刊續編影印吕無黨鈔本對校，擇善而從。最近，忽悉南宋龍舒郡齋本和清四庫全書本已分别由中華書局和臺灣商務印書館影印出版。可惜金石録校證脱稿在即，一時無法得到這兩個本子來作最後的校訂。對此不能不深感遺憾，祇有留待他日再作彌補了。筆者才疏學淺，對於金石考古之學缺乏深入的研究，書中的疏漏錯誤必然難以避免，衷心希望能得到專家和廣大讀者的批評指正。此外，本書在撰寫過程中，承上海辭書出版社惠借有關的圖書參考資料；脱稿以後，又經上海書畫出版社責編沈培方兄悉心校閲，提出許多寶貴的意見，謹在此一併誌謝。

金文明

一九八四年三月

校證説明

（一）本書所用底本爲清乾隆壬午年所刻雅雨堂本，用以校刊者爲影印南宋龍舒郡齋本（簡稱宋本）、三長物齋叢書本（簡稱三長物齋本）及四部叢刊續編影印吕無黨（無黨，清吕葆中字）鈔本（簡稱吕本）。

（二）趙明誠「跋尾」所引碑文，以洪适隸釋與王昶金石萃編參校。除明顯訛字外，一般不予改動，衹在「校證」中加以説明。

（三）底本原附盧文弨案語，本書全部照録，文前仍據原書用「案」標明。三長物齋本原附黄本驥、蔣環案語所注碑主姓名字號，亦一律引録於本書總目篇題之下，並加圓括號以示區别。

（四）吕無黨鈔本後所附張元濟校勘記，引録吕氏原校及何焯、顧千里等諸家校語，對於刊正底本多所裨益，本書亦酌加採擇，並在「校證」中分别注明。

（五）凡趙氏原本中因避宋諱所致改字，均按照宋本予以保留，並酌情出校加以説明；缺筆字徑補足筆畫。底本因避清諱所改字，據宋本徑回改，不再一一出校。

（六）趙氏「跋尾」引用碑文或諸家著述，多係節録，文中字句往往以意增删。凡其直引原文而小有差異者，本書仍加標引號，但對省略及變動之文字一律不予補改，亦不出省略號；唯屬於概述大意而非直引原文者，則不加引號。

（七）趙氏「跋尾」引用正史書名，往往字無定準。如漢書或作「漢史」，新、舊唐書或作「唐史」、「新唐史」、「舊唐史」、「新舊史」，時或僅書一「史」字。本書據其上下文意，凡確係專名者，一律加標書名號，而屬于泛指者則不加。「碑」字的處理原則，準此。

（八）關于底本中字形字體的問題，本書按三種情況分别處理：一、筆畫微别的異形字，徑改作正字，如「愧」改「愧」，「縣」改「縣」；二、偏旁部位不同的異體字，以古籍中常用者作正體，徑改，如「桉」改「案」，「啟」改「啓」；三、其他異體字，各仍其舊，不加改動，如「考」與「攷」，「間」與「閒」。此外，屬於明顯的訛字，徑予改正，一律不再出校。

（九）碑銘之撰寫或建碑年月，對於金石學及史學研究至關重要。總目篇題下趙氏原注及盧文弨案語所述間有訛誤，且與其他金石專著（如集古録、隸釋、金石萃編等）亦時相齟齬，甚或衆説紛紜，使人無所適從。本書對此皆博徵舊籍，參比碑文，詳加辨證，務求其真；一時難於論定者，則酌存兩説，以資參考。

（十）「跋尾」中一般詞語，本書不作解釋，但如屬作者徵引之典故舊文，則盡可能一一注明出處；此外，對於冷僻的天文、律曆、人物字號等名詞術語，亦酌加簡注，以便讀者。

（十一）本書「校證」中徵引舊籍及近人著作，多用簡稱，別列徵引書目一覽表，以備對照。

（十二）金石録總目所録碑題凡二千目，而「跋尾」僅五百零二篇。凡屬有「跋尾」者，本書一律用「△」符號標識於總目篇題上；凡某一篇題屬於某卷跋尾分目最後一篇者，即於該篇題之後注明「以上跋尾在全書卷第幾」，以便尋檢。

重刊金石録序

趙德夫金石録三十卷，匪獨考訂之精覈也，其議論卓越，時有足發人意思者。顧世鮮善本，濟南謝世箕嘗梓以行〔一〕，今其本亦不可得見。獨見有從謝氏本影鈔者，并何義門手校吴郡葉文莊公本〔二〕，此二本庶幾稱善。其他鈔本猥多，目録率被删削，字句訛脱不足觀。學者未得見謝、葉二家本，得世俗所傳，猶不惜捐多金購求繕寫，珍弆爲枕中秘，蓋其書之可貴若此。余患其久而失真也，因刊此以正之。

德夫之室李清照，字易安，婦人之能文者。相傳以爲德夫之殁，易安更嫁，至有「桑榆晚景，駔儈下材」之言〔三〕，貽世譏笑。余以是書所作跋語攷之，而知其決無是也。德夫殁時，易安年四十六矣，遭時多難，流離往來，具有蹤蹟；又六年，始爲是書作跋，是時年已五十有二。匪夏姬之三少〔四〕，等季隗之就木〔五〕，以如是之年而猶嫁，嫁而猶望其才地之美、和好之情亦如德夫昔日，至大失所望而後悔之，又不肯飲恨自悼，輒諜諜然形諸簡牘，此常人所不肯爲，而謂易安之明達爲之乎！觀其涔經喪亂，猶復愛惜一二不全卷軸，如護頭目，如見故人，其惓惓德夫不忘若是，安有一旦忍相背負之理！此子輿氏所謂「好事者爲之」〔六〕，或造謗如碧雲騢之類〔七〕，其又可信乎！易安父李文叔，即撰洛陽名園記者。文叔之妻，王拱辰孫女，亦善文。其家世若此，尤不應爾。余因刊是書而並爲正之，毋令後千載下易安猶蒙惡聲也。乾隆壬午德州盧見曾序〔八〕。

校證

〔一〕謝世箕　明末清初人，順治七年（庚寅）刊金石録以行世。

〔二〕何義門手校吴郡葉文莊公本　何義門，即何焯，清初長洲（今江蘇蘇州）人，校勘家。初字潤千，更字屺瞻，晚號茶仙，學者稱義門先生。著有義門讀書記、困學紀聞補箋等。葉文莊公，即葉盛，明崑山人，藏書家。字與中，卒謚文莊。其菉竹堂藏書達二萬餘卷。明史卷一七七有傳。

〔三〕易安更嫁至有桑榆晚景駔儈下材之言　苕溪漁隱叢話前集卷六十麗人雜記云：「易安再適張汝舟，未幾反目，有啓事與綦處厚云：『猥以桑榆之晚景，配兹駔儈之下材。』」

〔四〕夏姬之三少　夏姬，春秋時鄭穆公之女，陳大夫御叔之妻。劉向列女傳卷七陳女夏姬云：「其狀美好無匹，内挾伎術，蓋老而復壯者。」西溪叢語卷下云：「其年六十餘矣，而能有孕……宇文士及粧臺記序云：『春秋之初，有晉楚之諺曰：夏姬得道，雞皮三少。』」三少，謂三次返老爲少年。

〔五〕季隗之就木　左傳僖公二十三年載晉公子重耳出亡，至狄，狄人以季隗妻之。公子「將適齊，謂季隗曰：『待我二十五年，不來而後嫁。』對曰：『我二十五年矣，又如是而嫁，則就木焉。請待子。』」

〔六〕子輿氏所謂好事者爲之　子輿氏，即孟軻。荀子非十二子「孟軻和之」楊倞注云：「孟軻，鄒人，字子輿。」「好事者爲之」，語見孟子萬章上。

〔七〕碧雲騢　宋魏泰撰，託名梅堯臣撰。其書歷詆朝士，後人視爲謗書。

〔八〕盧見曾　清初藏書家。字抱孫，號雅雨。曾刻雅雨堂叢書，刊行於世。

金石録序

余自少小喜從當世學士大夫訪問前代金石刻詞，以廣異聞。後得歐陽文忠公集古録，讀而賢之，以爲是正譌謬，有功於後學甚大。惜其尚有漏落〔一〕，又無歲月先後之次，思欲廣而成書，以傳學者。於是益訪求藏蓄，凡二十年而後麤備。上自三代，下訖隋、唐、五季；内自京師，達於四方遐邦、絶域夷狄，所傳倉史以來古文奇字〔二〕、大小二篆、分隸行草之書，鐘鼎、簠簋、尊敦、甗鬲、盤杅之銘，詞人墨客詩歌、賦頌、碑志、叙記之文章，名卿賢士之功烈行治，至於浮屠、老子之説，凡古物奇器、豐碑巨刻所載，與夫殘章斷畫、摩滅而僅存者，略無遺矣。因次其先後爲二千卷。余之致力於斯，可謂勤且久矣，非特區區爲玩好之具而已也。

蓋竊嘗以謂詩、書以後，君臣行事之蹟悉載於史，雖是非褒貶出於秉筆者私意，或失其實，然至其善惡大節有不可誣〔三〕，而又傳之既久，理當依據。若夫歲月、地理、官爵、世次，以金石考之〔四〕，其牴牾十常三四。蓋史牒出於後人之手，不能無失，而刻詞當時所立，可信不疑。則又考其異同，參以他書，爲金石録三十弓〔五〕。至於文詞之孅惡，字畫之工拙，覽者當自得之，皆不復論。

嗚呼，自三代以來，聖賢遺跡著於金石者多矣。蓋其風雨侵蝕，與夫樵夫、牧童毁傷淪棄之餘，幸而存者止此耳。是金石之固猶不足恃，然則所謂二千弓者，終歸於摩滅，而余之是書有時而或傳也。孔子曰：「飽食終日，無所用心〔六〕，難矣哉！不有博弈者乎？爲之，猶賢乎已。」是書之成，其賢於無所用心，豈特博弈之比乎！輒録而傳諸後世好古博雅之士，其必有補焉。東武趙明誠序。

校證

〔一〕尚有漏落　「尚」，顧校改「常」。

〔二〕倉史　指倉頡。相傳爲始創文字者。因一名史皇，或曰黄帝史官，故稱倉史。「倉」或作「蒼」。淮南子脩務訓：「史皇産而能書。」高誘注：「史皇，蒼頡，生而見鳥迹，知著書。」世本作篇：「蒼頡作文字。」注云：「蒼頡，黄帝之史。」一説指倉頡、史籀，揆之文意，恐非是。

〔三〕然至其　「其」，吕本作「于」。

〔四〕以金石考之　宋本、吕本與隸釋「金石」下皆有「刻」字。

〔五〕三十弓　説文朋部云：「朋，讀若『書卷』之『卷』。」「朋」之草書，楷化時訛作「弓」或「弓」，後遂以「弓」或「弓」爲「卷」之借字。陶宗儀輟耕録卷二二云：「弓，即『卷』字。」隸釋、吕本「弓」皆作「卷」。下同，不出校。

〔六〕無所用心　吕本「心」下有「也」字，當爲衍文。此句出論語陽貨，原文無「也」字。

凡例

一是書前十卷爲目録，乃趙氏家所藏金石文字，大凡二千。俗本率將數目次第删去，年月亦多舛誤，今悉攷善本更正。

一跋尾二十卷，每卷首各有細目。攷舊刻文選、文粹等書例如此。俗本亦皆删去，今悉還其舊云。

一趙氏攷据，見謂該博，然世縣千載，卷帙浩繁，千慮之中，不無一失。今屬吾家召弓侍讀參攷隸釋〔一〕、隸續、字原、金石略、金石文字記、隸辨等書，疏其得失，加案語於下，庶使瑕瑜各不相掩。

一標題既列諸人官爵，跋語内即不復重列。俗本有依標題增入者，皆非本文，今悉從善本削去，非脱漏也。

一李易安後序，多被後人節删，今刻一依元本。

一是書宋刻，久已難購。有明焦弱侯從祕府鈔出本〔二〕，文休承影鈔宋刻本〔三〕，葉文莊公本，徐興公本〔四〕，錢罄室本〔五〕；近代濟南謝氏刻本，亦但見其影鈔者；此外又有何義門校本。今參攷各家，從其善者，有疑則注明「某本作某字」於下。

一舊本沿宋刻，凡稱宋朝處皆上平，稱其私親則空一字，今時代既隔，不便因仍，一皆聯寫。

一凡字有犯本朝聖諱者，輒以音同或義相近之字易之，或旁注一「諱」字。

一書畫譜凡引用此書，多譌謬不可勝正，讀者慎毋轉執彼以議此。

一此書錢唐丁徵君敬〔六〕、鮑茂才廷博皆有校本〔七〕，并惠假諸本，覆更審定，書之以著所自，亦不没人善之義云爾。

校證

〔一〕召弓侍讀　盧文弨，清浙江餘姚人，著名校勘家。原名嗣宗，字召弓，號磯漁，又號石魚、抱經、檠齋，晚號弓父，學者稱抱經先生。乾隆壬申進士，官翰林院侍讀學士。家藏圖籍數萬卷，刊有抱經堂彙刻書十五種。

〔二〕焦弱侯　焦竑，明南京江寧人。字弱侯，自號澹園。藏書兩樓，五楹俱滿，一一皆經校讎探討。明史卷二八八有傳。

〔三〕文休承　文嘉，明長洲人。字休承，號文水。文徵明次子。其藏書之堂名歸來堂。

〔四〕徐興公　徐𤊹，明福建閩縣人。字惟起，後更字興公。博聞多識，積書達數萬卷。

〔五〕錢罄室　錢穀，明吴縣人。字叔寶。葺懸罄室，讀書其中，因號罄室。聞有異書，雖病，必强起請觀，手自鈔寫，窮日夜校勘，至老不衰，所録古文金石書近萬卷。

〔六〕丁徵君敬　丁敬，字敬身，號純丁，自稱龍泓山人。好金石之文，窮岩絶壁，手自摹搨，證以志傳，著有武林金石録。因未出仕，故稱「徵君」。

〔七〕鮑茂才廷博　鮑廷博，安徽歙縣人。字以文，號渌飲，藏書極富。清廷開四庫館，廷博進書六百餘種。又校刊知不足齋叢書三十集，時稱善本。茂才，即秀才。

金石録卷第一

目録一

三代　秦　漢

△第三十六　秦嶧山刻石

（以上跋尾在卷第十三）

第三十七　漢鄭三益闕銘　武帝建元二年。自劉聰後，屢以「建元」紀年。此銘字畫非晉已後人書。

△第三十八　漢陽朔塼字　成帝陽朔四年。

△第三十九　漢居攝墳壇刻石二　居攝二年。

△第四十　漢巴官鐵量銘　明帝永平七年。

△第四十一　漢會稽東部都尉路君闕銘　永平八年。

△第四十二　漢南武陽功曹闕銘　章帝元和三年〔四〕。

第四十三　漢南武陽功曹墓闕銘　章和元年。

第四十四　漢章和石記　章和二年。

△第四十五　漢王稚子闕銘　漢史云：「漢元興元年卒。」

△第四十六　漢謁者景君表　安帝元初元年。

△第四十七　漢謁者景君碑陰

△第四十八　漢郯令景君闕銘　元初四年。

第四十九　漢窆室銘〔五〕　順帝永建元年五月。〔案〕本作「窆室」，隸釋作「窆石」，何氏焯定爲「窆室」。古「室」亦有作「窒」者。

△第五十　漢麟鳳贊并記　永建元年七月。

△第五十一　漢國三老袁君碑　永建六年二月。（袁君名良。）

△第五十二　漢西嶽石闕銘　永和元年五月。

△第五十三　漢張平子碑〔六〕　史云：「永和四年卒。」

第五十四　漢張平子後碑

△第五十五　漢張平子殘碑

△第五十六　漢北海相景君碑　漢安二年八月〔七〕。

△第五十七　漢北海相景君碑陰

△第五十八　漢敦煌長史武斑碑〔八〕　桓帝建和元年二月。

△第五十九　漢武氏石闕銘〔九〕　建和元年三月。

△第六十　漢費亭侯曹騰碑　建和元年。〔案〕水經注：「延熹三年立。」

△第六十一　漢司隸楊厥開石門頌上〔一〇〕　建和二年。

第六十二　漢司隸楊厥開石門頌下　〔案〕楊君名渙，字孟文。歐、趙皆誤作「厥」。

△第六十三　漢吴郡丞武開明碑　建和二年十一月。

第六十四　漢張公廟碑　和平元年正月。

△第六十五　漢祝長嚴訢碑　和平元年。

△第六十六　漢從事武梁碑　元嘉元年。

△第六十七　漢平都侯相蔣君碑　元嘉二年三月。〔案〕隸釋云：「蔣君以元嘉二年卒。其文有云：『禮畢祥除，瞻望墳塋。』則此碑乃後來所立。」婁機云「永興元年」。

（以上跋尾在卷第十四）

△第六十八　漢孔子廟置卒史碑　元嘉三年三月。〔案〕此乃永興元年六月，題「元嘉三年三月」，當因上文而誤也〔一〕。

第六十九　漢孔德讓碣　永興二年。

△第七十　漢東海相桓君海廟碑　永壽元年。

△第七十一　漢孔君墓碣　永壽元年。

△第七十二　漢韓明府孔子廟碑　永壽元年九月〔二〕。〔案〕顧氏藹吉云：「係永壽二年。」今以前後次第準之，趙氏本亦作「二年」，而後人轉寫誤也。

第七十三　漢韓明府孔子廟碑陰

△第七十四　漢吉成侯州輔碑　永壽二年十二月。

△第七十五　漢州輔碑陰

△第七十六　漢州輔墓石獸膊字

第七十七　漢韓府君孔子廟碑　永壽三年七月。〔案〕前碑載其脩造禮器，此碑載其脩廟、脩墓事。

第七十八　漢韓府君孔子廟碑陰

△第七十九　漢郎中鄭君碑　延熹元年四月[三]。（鄭君名固。）

第八十　漢中常侍樊安碑　延熹元年八月。〔案〕隸釋云：「安，字子仲，永壽四年卒。其子以延熹三年仲冬始刻此碑。又載延熹元年八月丁酉贈騎都尉詔，趙氏因此致誤。」

△第八十一　漢丹陽太守郭旻碑[四]　延熹元年十月。〔案〕跋：旻以元年十月卒，諸子三載禮闋，乃刻石。則此碑乃延熹三年以後立。

△第八十二　漢議郎元賓碑　延熹二年二月。

第八十三　漢孫叔敖碑　延熹三年五月。

△第八十四　漢孫叔敖碑陰

△第八十五　漢封丘令王元賞碑　延熹四年五月。

△第八十六　漢王元賞碑陰〔一五〕

△第八十七　漢冀州刺史王純碑　延熹四年八月。〔案〕顧氏藹吉云：「當作五年。」説見第十五卷中。

△第八十八　漢王純碑陰

第八十九　漢河東地界石記　延熹四年。

△第九十　漢蒼頡廟人名〔一六〕　延熹五年正月。

△第九十一　漢成皋令任伯嗣碑　延熹五年。（伯嗣名胤。）

△第九十二　漢任伯嗣碑陰

第九十三　漢桐柏廟碑　延熹六年正月。

△第九十四　漢平輿令薛君碑　延熹六年二月。

第九十五　漢山陽太守祝睦碑　延熹七年八月。

第九十六　漢祝睦後碑　〔案〕隸釋云：「祝君以延熹七年卒，故吏王堂等三年禮闋，相與刊此石。則延熹之九年也。」據此，則此下當書「延熹九年附」五字，或本有而脱去耳。

△第九十七　漢泰山都尉孔宙碑　延熹七年七月〔一七〕。〔案〕金石文字記作「二月」。

△第九十八　漢孔宙碑陰〔一八〕

△第九十九　漢西嶽華山碑〔一九〕　延熹八年四月〔二〇〕。

△第一百　漢老子銘　延熹八年七月。

第一百一　漢堯廟碑　永康元年，題延熹十年二月〔二一〕。

第一百二　漢堯廟碑陰

△第一百三　漢荊州刺史度尚碑　永康元年。

（以上跋尾在卷第十五）

△第一百四　漢車騎將軍馮緄碑　永康元年十二月。

第一百五　漢魯相史晨孔子廟碑　靈帝建寧元年四月。

△第一百六　漢史晨謁孔子冢碑　建寧元年四月。

第一百七　漢竹邑侯相張壽碑　建寧元年五月。

△第一百八　漢廣漢縣令王君神道　建寧元年十月。〔案〕此縣竹令也。辨見第十六卷中。

第一百九　漢冀州從事張表碑　建寧元年十二月〔二二〕。〔案〕金石文字記作「十一月」。

第一百十　漢堵陽長謁者劉君碑　建寧元年。〔案〕漢隸字原云：「劉子山，其名疑是『松』字。」

第一百十一　漢史晨孔子廟碑　建寧二年三月。

△第一百十二　漢金鄉守長侯君碑　建寧二年四月。〔案〕漢隸字原云：「名成。」

△第一百十三　漢柳孝廉碑　建寧二年六月〔二三〕。（孝廉名敏。）

△第一百十四　漢衛尉卿衡方碑　建寧三年二月〔二四〕。〔案〕金石文字記作「六月」，隸釋云：「元年立。」趙氏誤。

△第一百十五　漢沛相楊君碑　建寧三年四月。（楊君名統。）

第一百十六　漢楊君碑陰〔二五〕

△第一百十七　漢淳于長夏承碑　建寧三年六月。

△第一百十八　漢郎中馬君碑　建寧三年十二月。（馬君名江。）

第一百十九　漢慎令劉君碑　建寧四年五月。（劉君名脩。）

△第一百二十　漢武都太守李翕碑　建寧四年六月。

第一百二十一　漢李翕碑陰〔二六〕〔案〕上碑即西狹頌磨崖書，此乃五瑞碑，即刻於西狹頌前，非碑陰也。

△第一百二十二　漢博陵太守孔彪碑〔二七〕　建寧四年七月〔二八〕。〔案〕金石文字記作「六月」。

第一百二十三　漢孔彪碑陰

第一百二十四　漢北軍中候郭君碑　建寧四年九月。〔案〕漢隸字原云：「五年立。仲奇似其字。」

第一百二十五　漢李翕造郙閣頌　建寧五年二月。

第一百二十六　漢仲君碑　建寧五年四月。

△第一百二十七　漢成陽靈臺碑　建寧五年五月。

第一百二十八　漢靈臺碑陰〔二九〕

△第一百二十九　漢廷尉仲定碑　熹平元年七月。

△第一百三十　漢故民吴公碑　熹平元年十二月。（吴公字仲山，佚其名。）

△第一百三十一　漢司隸校尉魯峻碑　熹平二年四月。

第一百三十二　漢玄儒先生碑　熹平三年正月。〔案〕隸釋云：「姓婁名壽。」

△第一百三十三　漢桂陽太守周君頌　熹平三年五月。（周君名憬。）

△第一百三十四　漢桂陽太守周君碑陰

第一百三十五　漢繁陽令楊君碑　熹平三年〔三〇〕。（楊君名牧，震之子也。）

第一百三十六　漢繁陽令楊君碑陰

△第一百三十七　漢石經遺字上　漢史云：「熹平四年立。」

第一百三十八　漢石經遺字中

第一百三十九　漢石經遺字下

△第一百四十　漢堂谿典嵩高山石闕銘　熹平四年。

△第一百四十一　漢堯廟碑　熹平四年十二月。

第一百四十二　漢堯廟碑陰

△第一百四十三　漢蒼頡廟碑〔三一〕　熹平六年五月〔三二〕。

△第一百四十四　漢庍彰長斷碑〔三三〕　熹平六年十月〔三四〕。（庍彰長姓田氏，佚其名。）

（以上跋尾在卷第十六）

△第一百四十五　漢梁相費汎碑　無建立年月，録於其子堂邑令碑前。

△第一百四十六　漢堂邑令費君碑　熹平六年。（費君名鳳，汎之子也。）

△第一百四十七　漢堂邑令費君碑陰　〔案〕隸釋云：「此費鳳别碑。費氏父子三碑，今並列於吴興校官之壁，不知者指此爲碑陰。趙氏亦有斯誤。」

第一百四十八　漢郎中王君碑　光和元年正月。

△第一百四十九　漢太尉陳球碑　光和元年〔三五〕。〔案〕隸釋作「光和二年」。後碑亦同。

第一百五十　漢陳球後碑

第一百五十一　漢陳球碑陰
△第一百五十二　漢華嶽碑　光和二年正月。
△第一百五十三　漢太尉郭禧碑　光和二年五月。
△第一百五十四　漢郭禧碑陰
△第一百五十五　漢郭禧後碑
第一百五十六　漢郭禧後碑陰
△第一百五十七　漢樊毅西嶽碑　光和二年。
第一百五十八　漢西嶽碑　光和二年十二月。
△第一百五十九　漢劉尋禹廟碑　光和二年十二月。
△第一百六十　漢冀州從事郭君碑　光和三年十月。
△第一百六十一　漢逢童子碑　光和四年四月。（逢童子名盛。）
△第一百六十二　漢逢童子碑陰
△第一百六十三　漢三公碑　光和四年四月。
△第一百六十四　漢殽阬君神祠碑　光和四年六月。
△第一百六十五　漢殽阬君神祠碑陰

△第一百六十六　漢無極山神碑　光和四年八月。

△第一百六十七　漢揚州刺史敬使君碑〔三六〕　光和四年閏九月。（敬使君名韶。）

△第一百六十八　漢稾長蔡君頌　光和四年十二月。（蔡君名湛。）

△第一百六十九　漢稾長蔡君碑陰

△第一百七十　漢安平相孫根碑　光和四年十二月。

第一百七十一　漢孫根碑陰

△第一百七十二　漢凉州刺史魏君碑　光和四年。（魏君字元丕，佚其名。）

△第一百七十三　漢碭孔君神祠碑　光和五年六月。（孔君名耽。）

（以上跋尾在卷第十七）

△第一百七十四　漢成陽令唐君頌　光和六年五月〔三七〕。（唐君名扶。）

△第一百七十五　漢成陽令唐君碑陰

△第一百七十六　漢白石神君碑　光和六年。（白石，山名，在無極縣。）

△第一百七十七　漢幽州刺史朱龜碑　光和六年〔三八〕。

△第一百七十八　漢朱龜碑陰

第一百七十九　漢司隸從事郭究碑　中平元年。
△第一百八十　漢都鄉正街彈碑　中平二年正月。
△第一百八十一　漢太尉劉寬碑　中平二年二月〔三九〕。
△第一百八十二　漢劉寬碑陰
第一百八十三　漢劉寬後碑
第一百八十四　漢劉寬後碑陰
△第一百八十五　漢尉氏令鄭君碑　中平三年〔四〇〕。〔案〕跋尾作「二年」，金石文字記所載亦同。
（鄭君字季宣，佚其名。）
第一百八十六　漢尉氏令鄭君碑陰
△第一百八十七　漢趙相劉衡碑　中平四年三月。
第一百八十八　漢小黄門譙君碑　中平四年七月。（譙君名敏。）
△第一百八十九　漢陳君碑　中平四年九月。（陳君名度。）
△第一百九十　漢陳仲弓碑　中平五年〔四一〕。
△第一百九十一　漢陳仲弓碑陰
△第一百九十二　漢陳仲弓壇碑　〔案〕隸辨云：「中平三年。」

△第一百九十三　漢圉令趙君碑　獻帝初平元年十一月。〔案〕跋尾作「十二月」，此處誤。
△第一百九十四　漢周公禮殿記　題初平五年九月。
△第一百九十五　漢巴郡太守樊君碑　建安十年三月。（樊君名敏。）
△第一百九十六　漢綏民校尉熊君碑　建安二十一年。（熊君名缺。喬，其父也。集古録以爲名喬，非。）
第一百九十七　漢熊君碑陰
△第一百九十八　漢宗資墓天禄辟邪字
△第一百九十九　漢司空宗俱碑　〔案〕隸釋云：「熹平二年。」
第二百　漢宗俱碑陰

校證

〔一〕石鼓文　近人馬衡凡將齋金石叢稿卷五云：唐以來著録此刻者，蘇勖、竇臮皆以爲「獵碣」；其餘皆以「石鼓」名之，此尤大謬。當刻碑未興以前，祇有刻石。史記秦始皇本紀凡言頌德諸刻，多曰「刻石」。此十石之形制上小而下大，頂圓而底平。四面有略作方形者，有正圓者；刻辭即環刻於其四面。此正刻石之制，非石鼓也。特爲正其名曰「秦刻石」。關於刻石之時代，馬衡云：有以爲周宣王時者，唐張懷瓘、竇臮、韓愈也；有以爲周文王之鼓，至宣王時刻詩者，唐韋應物也；有以爲周成王時者，宋董逌、程大昌也；有以爲秦者，宋鄭樵也；有以爲宇文周者，金馬定國也。衆説雖極糾紛，而要之不過三説：一、宗周，二、秦，三、後周。三説之中，以主第一説者爲多，尤以宣王之説爲最盛。經作者馬衡考證，以爲主秦者最允當。説詳該書之石鼓爲秦刻石考一文。又增補校碑云：「近考爲秦獻公十一年。」參閲郭沫若石鼓文研究。

〔二〕秦泰山刻石　校碑云：「二世元年。」

〔三〕秦琅邪臺刻石　校碑云：「二世元年。」

〔四〕三年　吕本作「二年」。

〔五〕漢窆窒銘　「窒」，吕本作「室」，明萬曆本及清洪氏晦木齋本隸釋所載金石録「有録無説者」篇目亦作「室」。盧案謂隸釋作「石」，未知所據何本。「窒」，漢碑多有刻作「室」者，如隸釋所載韓敕脩孔廟後碑有「庫窒中郎」，「窒」即「室」字。

〔六〕張平子碑　集古録云：「世傳崔子玉撰并書。按范曄漢書張衡傳贊云：『崔子玉謂衡數術窮天地，制作侔造化。』此銘有之，則真子玉作也。」此漢書當爲後漢書。

〔七〕二年　各本及集古録、隸釋、隸辨、漢隸拾遺皆同，唯萃編所載碑文作「三年」。

〔八〕武斑　「斑」，原作「班」，隸釋與萃編所載碑文皆作「斑」，隸辨亦然，據改。

〔九〕石闕銘　「銘」，各本皆作「記」，然卷十四「跋尾」分目皆作「銘」，顧校及萃編亦作「銘」，當以作「銘」爲是，據改。

〔一〇〕楊厥　隸釋所載碑文云：「故司隸校尉楗爲武陽楊君，厥字孟文。」洪适釋云：「水經及歐、趙皆謂之『楊厥碑』，蜀中晚出楊淮碑云：『司隸校尉楊君，厥諱淮，字伯邳，大司隸孟文之玄孫也。』始知兩碑皆以『厥』爲語助。此乃後政頌其勳德，故尊而字之，不稱其名。」案華陽國志卷十中犍爲士女云：「楊渙，字孟文，武陽人也。」可證孟文名渙，作「厥」者確誤。

〔一一〕因上文而誤　據隸釋所載碑文，元嘉三年三月爲司徒吴雄、司空趙戒上奏請置卒史之時，而立碑則在永興元年六月。校碑、叙録亦作「永興元年六月」。盧案是。

〔一二〕元年九月　元年，吕本、金石文字記皆作「二年」。隸釋與萃編所載韓敕造孔廟禮器碑即此碑，亦作「二年」。盧案是。九月，隸釋所載碑文云：「惟永壽二年，青龍在涒歎，霜月之靈，皇極之日。」集古録云：「疑是九月五日。」趙氏定爲「九月」，或即據此。案錢大昕十駕齋養新録卷十七云：「霜月者，相月也。爾雅釋天篇：『七月爲相。』」王念孫讀書雜志漢隸拾遺亦云：「霜月，即爾雅之『七月爲相』也。霜、相古同聲，故霜字以相爲聲。淮南原道篇：『釣射鸕鷞。』中山經（山海經）注引作『弋釣瀟湘』，太平御覽地部三十引作『射釣瀟湘』，『瀟湘』之爲『鸕鷞』，亦猶『相月』之爲『霜月』矣。……集古録以『霜月』爲『九月』，非是。以九月霜降而謂之『霜月』，則正月雨水亦可謂之『雨月』乎？以此紀月，未之前聞也。」但劉寶楠漢石例叙仍定爲「九月」，且謂錢、王之説，「恐非漢人立文本意」。

〔一三〕四月　原作「二月」。隸釋所載碑文謂鄭固卒於四月廿四日，據改。

〔一四〕丹陽　「陽」原作「楊」，吕本、三長物齋本皆作「陽」。隸辨謂其額題云「漢故丹陽太守郭君之碑」，則應以作「陽」爲是，據改。

〔一五〕王元賞　三長物齋本案云：「王君名紹，字元賓。歐、趙皆誤作『元賞』。」隸續云：「歐、趙皆以爲『王元賞』，予所得者却是『元賓』，字畫分明，非是測度，其名仿佛是『紹』。」三長物齋本案語即據此。

〔一六〕蒼頡　「蒼」，原作「倉」，據顧校改。説見本卷「校證」〔三〕。

〔一七〕七月　此本原作「八月」，宋本、吕本作「十月」，金石文字記作「二月」。案隸釋所載碑文作「七月」，校碑、碑帖録皆同，據改。

〔一八〕孔宙　三長物齋本案云：「宙，漢書作『伷』，融之父也。」此漢書當爲後漢書。又世説新語言語注引續漢書亦作「宙」，後漢書董卓傳注引九州春秋作「胄」。當以碑文作「宙」爲是。

〔一九〕華山碑　各本皆同。顧校於「山」下增「廟」字。隸辨謂其額題爲「西嶽華山廟碑」，隸釋所題亦同。顧校是。

〔二〇〕四月　原作「七月」，吕本及金石文字記皆作「四月」。據隸釋所載，此碑文爲弘農太守袁逢於延熹四年七月所撰，會逢遷京兆尹，未及勒石。後孫璆繼任郡守，於延熹八年四月廿九日始遵而成之。則建碑年月當以呂本及金石文字記所書爲是，據改。

〔二一〕永康元年題延熹十年二月　各本皆同，隸辨唯云「永康元年」。據隸釋所載碑文，開首即題「永康元年□月」，後文雖云「延熹十年仲春二月」，然乃謂濟陰太守孟郁行縣到成陽，非指建碑之時。延熹十年六月即改元永康，則建碑當在六月之後，不應復題「延熹十年二月」。

〔二二〕十二月　各本皆同。案隸釋所載碑文爲「十一月」，趙注誤。

〔二三〕六月　各本皆同。案隸釋與萃編所載碑文皆爲「十月」，趙注誤。

〔二四〕建寧三年二月　各本皆同。據隸釋所載碑文，衡方卒於建寧元年二月五日，葬於其年九月十七日，建碑即在「元年九月」，趙氏所注「三年二月」及金石文字記作「六月」者，均誤。

〔二五〕漢　宋本「漢」下有「沛相」二字。

〔二六〕李翕碑陰　此碑陰隸釋與萃編皆作李翕黽池五瑞碑。

〔二七〕孔彪　三長物齋本案云：「『彪』，碑作『彲』。」隸辨作「彲」。萃編所載碑文亦爲「彲」，但篇目已改作「彪」。隸釋則碑文與篇目均作「彪」，但其所載韓敕碑陰中有「尚書侍郎孔彲元上」，字仍作「彲」。據此可知：碑文本作「彲」，「彲」乃訛字，「彪」則後世之通行體耳。

〔二八〕七月　隸釋所載碑文與此同。盧案中金石文字記作「六月」者誤。

〔二九〕漢　宋本「漢」下有「成陽」二字。

〔三〇〕三年　隸釋所載碑文與此同，萃編及碑帖録皆作「二年」，未知孰是。

〔三一〕蒼頡廟碑　「蒼」，原作「倉」，宋本作「蒼」，顧校亦改「蒼」。萃編所載碑文正作「蒼」。隸釋雖未録碑文，但其所載金石録此碑「跋尾」亦作「蒼」，因據改。路史前紀卷六倉帝史皇氏注云：「倉頡廟碑作『蒼』，非是。按蒼氏出於蒼舒，倉氏出於倉頡。論衡『倉頡』字盡作『倉』，春秋時倉葛，字不從『草』。」案「倉頡」之與「蒼頡」，現存先秦典籍已混而不分，如荀子解蔽作「倉」，韓非子五蠹、吕氏春秋君守皆作「蒼」，似可不必深究。

〔三二〕熹平六年五月　五月，宋本作「正月」。此蒼頡廟碑，與第九十之蒼頡廟人名實爲一碑。然此碑注「熹平六年五月」，蒼頡廟人名注「延熹五年正月」，二者相距達十五年；集古録亦作兩碑，一題後漢朔方太守碑陰，一題後漢碑陰題名，後人殊不可解。如吴玉搢金石存云：「集古録有朔方太守碑陰及碑陰題名二跋，即此碑兩側題字也。歐陽公未得前碑，故其稱名不無錯誤。金石録有蒼頡廟碑，又有蒼頡廟人名。所謂『人名』，亦即此碑兩側，然又未嘗云有『碑陰』。不知當宋時何以二公所得不全如此。」畢沅關中金石記云：「趙明誠以爲熹平中立，余案碑側已有永壽年號，則非熹平可知。」案萃編將此前碑、碑陰、碑左右側及碑額題字合而爲一，總名之爲蒼頡廟碑。其叙及年月者有二：一爲碑右側題字，云：「御（衙）令翔（朔）方臨戎孫羨……從事。永壽二年，翔方太守上郡仇君察孝，除郎中、大（太）原陽曲長，延熹四年九月乙酉詔書遷御令，五年正月到官，奉見劉明府立祠刊石，表章大聖之遺靈……」以下及碑左側皆開列出錢人姓名與錢數。一爲碑額題字，云：「左馮翊東牟平陵衡君，諱□，字□升，以熹平六年五月廿八日於□□□□□□□祠，出奉錢二百，□□□之禮。」綜觀以上碑文可知，劉明府立祠建碑當在桓帝延熹五年正月。而碑額處所題衡君，出錢僅二百，或爲其捐贈以供修葺祠廟之用。「熹平六年五月廿八日」，亦當是其自記以徽名，不能據定爲建碑之年月。故此碑篇名應移前與第九十之蒼頡廟人名合并，總題爲蒼頡廟碑，注云：「延熹五年正月。」

〔三三〕庠彰　「庠」，隸釋所載同，呂本作「斥」，但卷十六「跋尾」仍作「庠」；三長物齋本篇題與「跋尾」皆作「斥」。此本「跋尾」云：「庠彰，東、西漢史皆作『斥章』。」案斥章，西漢時屬廣平國，見漢書地理志下；東漢時屬鉅鹿郡，見後漢書郡國志二。

〔三四〕十月　宋本無此二字。

〔三五〕元年　各本皆同。隸釋據後漢書陳球傳定爲「光和二年」，隸辨亦然。當以「二年」爲是。

〔三六〕敬使君　「使」字原無，據呂本、三長物齋本補。

〔三七〕五月　宋本、呂本、三長物齋本皆作「六月」。案隸釋所載碑文爲「二月」，當以「二月」爲是。

〔三八〕光和六年　各本皆同。據水經注陰溝水載：譙縣有朱龜墓碑，龜字伯靈，光和六年卒，其碑爲中平二年造。隸釋、隸辨亦皆定爲中平二年。趙氏所注誤。

〔三九〕二月　原作「正月」，呂本作「二月」。案隸釋所載碑文，劉寬薨於中平二年二月，當以呂本爲是，據改。

〔四〇〕中平三年　各本皆同。據隸釋所載碑文，鄭君以中平二年卒，三年四月葬，故吏爲之立碑。盧案提到金石文字記作「中平二年」，誤。又本書卷十八「跋尾」唯云鄭君「卒於中平二年」，未言其立碑之年。

〔四一〕五年　隸辨與字原皆作「三年」。

金石録卷第二

目録二

漢　魏　吴　晉　僞漢　僞趙　東魏　梁

△第二百九　漢張侯殘碑（張侯，漢留侯也。）
△第二百十　漢荆州從事苑鎮碑
第二百十一　漢高君墓闕銘
第二百十二　漢武陰令高君墓闕銘
△第二百十三　漢趙相雝府君碑　闕銘附。（雝府君名勸。）
△第二百十四　漢逢府君墓石柱篆文
第二百十五　漢執金吾丞武榮碑〔一〕　〔案〕婁機漢隸字源云：「當是靈帝時。」
△第二百十六　漢永樂少府賈君闕銘
第二百十七　漢車騎將軍闕銘
△第二百十八　漢酸棗令劉熊碑
第二百十九　漢劉熊碑陰
△第二百二十　漢臨朐長仲君碑（仲君名熊〔二〕。）
第二百二十一　漢頻陽令宋君殘碑
第二百二十二　漢小黄令徽試博士墓闕
第二百二十三　漢富春丞張君碑　〔案〕隸釋云：「名髣髴如『湞』字，土人以爲張湛，非也。」

復齋碑目云：「地志：順帝分會稽置吴郡，富春屬焉。今碑除吴郡下缺，當在順帝之後。」

△第二百二十四　漢蜀郡太守任君神道

△第二百二十五　漢蜀郡屬國都尉王君神道　（王君字子雅，佚其名。）

第二百二十六　漢陽都長徐君冢闕銘

△第二百二十七　漢司空殘碑

第二百二十八　漢司空殘碑陰

△第二百二十九　漢益州太守楊宗墓闕銘

△第二百三十　漢益州刺史薛君巴郡太守劉君碑

△第二百三十一　漢巴郡太守張府君功德叙〔三〕　〔案〕隸釋云：「靈帝中平五年立。」（張府君名訥。）

第二百三十二　漢魯相謁孔子廟碑

△第二百三十三　漢南陽太守秦君碑額　〔案〕此在中平三年。（秦君名頡。）

△第二百三十四　漢河南尹蘇君碑額　（蘇君名章。）

△第二百三十五　漢禹廟碑

△第二百三十六　漢禹廟碑陰

△第二百三十七　漢司空掾陳君碑額（陳君即太丘長寔也〔四〕，趙作「寔子諶」，誤。）

第二百三十八　漢不其令董君闕銘〔五〕〔案〕碑録云：「童恢，見循吏傳。蓋孝靈時人。」

△第二百三十九　漢武氏石室畫像一

第二百四十　漢武氏石室畫像二

第二百四十一　漢武氏石室畫像三

第二百四十二　漢武氏石室畫像四

第二百四十三　漢武氏石室畫像五

第二百四十四　漢膠水縣王君廟門碑　以上諸碑皆無歲月，或殘缺。

△第二百四十五　漢戚伯著碑

第二百四十六　漢殘碑一

第二百四十七　漢殘碑二

第二百四十八　漢殘碑三

第二百四十九　漢殘碑四

第二百五十　仙人唐君碑（唐君名公房。）

第二百五十一　逢君殘碑
△第二百五十二　四皓神位刻石
△第二百五十三　相府小史夏堪碑
第二百五十四　山陽府卒史司馬留碑
第二百五十五　督郵斑碑〔六〕
第二百五十六　首山復民碑
第二百五十七　首山復户姓名
第二百五十八　鍾君碑　以上諸碑無年月，其字畫皆東漢人書。附於漢碑之次。
△第二百五十九　郭先生碑　（郭先生名輔。）
（以上跋尾在卷第十九）
△第二百六十　魏大饗碑　延康元年。唐大中五年重刊大饗碑附〔七〕。
第二百六十一　魏受禪表　魏文帝黄初元年。〔案〕金石文字記云：「元年十月。」〔八〕
第二百六十二　魏百官公卿奏上〔九〕
第二百六十三　魏百官公卿奏下

△第二百六十四　魏孔子廟碑　黄初元年。
第二百六十五　魏横海將軍吕君碑　黄初二年正月。
△第二百六十六　魏范式碑　明帝青龍三年正月。
第二百六十七　魏范式碑陰
△第二百六十八　魏太僕荀君碑　齊王正始五年六月。
第二百六十九　魏荀君碑陰
△第二百七十　魏南郡太守卞統碑　嘉平三年四月。
第二百七十一　魏襄州刺史劉君碑　高貴鄉公正元三年。
第二百七十二　魏劉君碑陰
第二百七十三　魏劉熹學生冢碑
第二百七十四　魏學生冢碑陰
第二百七十五　魏豫州刺史賈逵碑
第二百七十六　魏殘碑〔一〇〕　〔案〕此爲漢靈帝光和三年義井碑，見隸釋。
第二百七十七　魏殘碑陰　有五大夫姓名。
第二百七十八　魏太保任公神道

△第二百七十九　晉南鄉太守司馬整碑〔一〕　武帝泰始四年正月。
第二百八十　晉司馬整碑陰上
第二百八十一　晉司馬整碑陰下
△第二百八十二　晉南鄉郡建國碑
第二百八十三　晉北嶽祠堂頌　泰始六年。
第二百八十四　吴九真太守谷府君碑　孫皓鳳凰元年。（谷府君名朗。）
第二百八十五　吴臨海侯相谷府君碑　無年月，附於其父碑之次。
△第二百八十六　魏大長秋游述碑　泰始十年九月。〔案〕碑陰跋尾云：「晉咸寧中建。」
△第二百八十七　魏游君碑陰
△第二百八十八　吴禪國山碑上〔二〕
第二百八十九　吴禪國山碑下
△第二百九十　吴天璽元年紀功碑
△第二百九十一　晉右將軍鄭烈碑　太康四年七月。
△第二百九十二　晉太公碑　太康十年三月。
△第二百九十三　晉雲南太守碑　太熙元年三月。

△第二百九十四　晉護羌校尉彭祈碑　惠帝元康二年三月。
△第二百九十五　晉彭祈碑陰
第二百九十六　晉議郎陳先生碑　元康二年十二月。
第二百九十七　晉元康二年殘碑
第二百九十八　晉太子詹事裴權碑　元康九年十二月。
第二百九十九　晉裴權碑陰
第三百　晉裴權後碑
第三百一　晉裴權後碑陰
△第三百二　晉光禄勳向凱碑　永康元年十二月。
△第三百三　晉鴻臚成公重墓刻　永寧二年四月〔三〕。
第三百四　晉青山君神頌　永安元年九月。
△第三百五　僞漢司徒公劉雄碑　題「嘉平五年，歲在乙亥，二月」。晉愍帝建興三年也。
△第三百六　方城侯鄧艾碑
△第三百七　金鄉長薛君頌（薛君名諧。）
△第三百八　張平子碑〔四〕　〔案〕隸辨作「永和四年」。

第三百九　晉安邑令徐君碑　以上四碑，西晉時立，無年月。
△第三百十　僞趙浮圖澄造像碑　劉曜光初五年，元帝永昌元年也。
第三百十一　晉陸喈碑　成帝咸和七年六月。
△第三百十二　僞趙横山李君神碑〔一五〕　石虎建武六年三月，晉咸康五年也。
△第三百十三　僞趙西門豹祠殿基記　建武六年八月。
第三百十四　晉蘭亭序　穆帝永和九年。
△第三百十五　晉樂毅論
第三百十六　晉泰山君改高樓碑　升平三年六月。
第三百十七　晉夜郎太守毋稚碑　安帝隆安三年十月。
△第三百十八　宋武帝檄譙縱文〔一六〕　義熙九年。
△第三百十九　學生題名
（以上跋尾在卷第二十）
△第三百二十　大代華嶽廟碑　太武太延五年五月。
第三百二十一　後魏華嶽碑　興光二年三月。

第三百二十二　後魏中嶽碑　太安二年十二月。
第三百二十三　後魏中嶽碑陰
△第三百二十四　後魏孔子廟碑〔一七〕　孝文太和元年。
第三百二十五　後魏造三級浮圖碑　太和十二年七月。
△第三百二十六　後魏孝文弔比干文　太和十八年十一月。
△第三百二十七　後魏比干碑陰
第三百二十八　比干墓刻
△第三百二十九　後魏大鴻臚卿鄭胤伯碑
第三百三十　後魏北巡碑　太和二十年四月。〔案〕集古録云：「碑云『太和二十一年』，與本紀合，則此處脱『一』字也。」
第三百三十一　後魏北巡碑陰
第三百三十二　齊桐柏山金庭館碑　沈約撰，兒珪之正書。東昏侯永元三年三月。
△第三百三十三　後魏御射碑　沈馥正書。宣武景明三年十月。
第三百三十四　後魏御射碑陰
△第三百三十五　後魏太尉于烈碑　景明四年四月。

第三百三十六　後魏瑶光寺碑　永平三年八月。

△第三百三十七　後魏鄭羲碑上

第三百三十八　後魏鄭羲碑下

△第三百三十九　後魏鄭羲上碑上

第三百四十　後魏鄭羲上碑下

第三百四十一　後魏鄭道昭登雲峰山詩上　（道昭，羲子也。）

第三百四十二　後魏鄭道昭登雲峰山詩下

第三百四十三　後魏天柱山東堪石室銘　鄭道昭撰。以上四碑，皆永平四年。

第三百四十四　梁檀溪寺禪房碑　劉之遴撰序〔一八〕，鮑炯銘，許瑶正書。武帝天監十一年四月。〔案〕集古録作「劉建之撰」。

第三百四十五　後魏張夫人墓誌　延昌元年十月。

△第三百四十六　後魏車騎大將軍邢巒碑　延昌三年十月。

第三百四十七　後魏鄭道昭哀子詩　延昌四年。

第三百四十八　後魏宣武皇帝御講碑　延昌四年。

第三百四十九　後魏王子晉碑　延昌四年十月。

第三百五十　後魏淮陽太守梁鑒碑　延昌四年十月。

第三百五十一　後魏徐兖二州刺史傅公碑　孝明熙平元年十二月。

第三百五十二　後魏劉使君德化頌并碑陰　熙平三年十一月。

第三百五十三　後魏兖州刺史元匡碑　熙平中立。

△第三百五十四　後魏瀛州刺史孫惠蔚墓誌〔一九〕　神龜元年五月。

△第三百五十五　後魏吐誾神寶造像記〔二〇〕　神龜元年十一月。

第三百五十六　後魏兖州賈使君碑　神龜二年四月。

△第三百五十七　後魏定州刺史崔亮頌　神龜三年三月〔二一〕。

第三百五十八　後魏堯廟碑　正光元年八月。

第三百五十九　後魏堯廟碑陰

第三百六十　梁許長史舊館壇記　陶弘景撰。普通三年正月。〔案〕金石文字記云：「陶弘景正書，天監十七年。」

第三百六十一　梁許長史碑陰

第三百六十二　梁開善寺大法師碑　蕭幾撰序，蕭繹銘，蕭挹正書。普通三年九月。

第三百六十三　後魏兖州太守張猛龍碑〔二二〕　正光三年正月。〔案〕金石文字記作「魯郡太守」。

第三百六十四　後魏張猛龍碑陰
△第三百六十五　後魏贈司空元暉碑　正光三年四月。
第三百六十六　後魏郭太妃碑　正光三年四月。
第三百六十七　梁茅君碑　張繹建，孫文韜正書〔三〕。普通三年五月。（茅君，漢茅盈也。）
第三百六十八　後魏望都令侯宗碑　正光三年六月。
第三百六十九　梁招隱寺剎下銘　普通三年九月。
第三百七十　後魏邑義一千人造像記　正光五年四月。
第三百七十一　後魏孟思文等造像記　正光六年四月。
第三百七十二　後魏房曇淵等造像記　莊帝永安三年十月。
△第三百七十三　後魏范陽王誨碑　孝武帝太昌元年十二月。
第三百七十四　後魏御史臺雙塔頌　永熙二年。
△第三百七十五　後魏賀拔岳碑　永熙三年正月。
第三百七十六　東魏東平太守劉霸碑　孝靜天平元年四月。
第三百七十七　東魏造石碑像記　天平元年十月。
第三百七十八　東魏相州刺史徐雅碑〔四〕　天平二年二月。

△第三百七十九　東魏膠州刺史祖淮碑　天平三年十月。
△第三百八十　東魏大覺寺碑　韓毅隸書〔三五〕。天平四年八月。
△第三百八十一　東魏大覺寺碑陰
△第三百八十二　東魏高翻碑　元象元年。〔案〕跋尾云：「碑後題建立歲月，惟有『魏元』字可辨。又云『歲次己未』，此碑蓋元象二年建立也。」
△第三百八十三　東魏張烈碑　據青州圖經，元象元年立。
△第三百八十四　東魏賈思同碑　興和二年五月。
第三百八十五　東魏張早墓誌　興和二年十月。
第三百八十六　東魏孔子廟碑　興和三年十二月。
△第三百八十七　東魏魏蘭根碑　興和四年。
△第三百八十八　後魏化政寺石窟銘　杞嶷造。文帝大統七年十二月。
第三百八十九　後魏岐州刺史王毅墓誌　大統九年十月。
第三百九十　東魏瀛州刺史李公碑　武定二年二月。
第三百九十一　東魏樂陵太守劉公碑　武定二年二月。
第三百九十二　東魏劉起貴造像記　武定二年五月。

第三百九十三　東魏逢元彦造像記　武定二年十二月。

△第三百九十四　梁重立羊祜碑　大同十年九月。

第三百九十五　梁改墮淚碑　劉之遴撰，劉靈正書。

第三百九十六　東魏安州刺史赫連栩碑　武定五年四月。

△第三百九十七　東魏敬君像記頌　武定七年。（敬君名羲。）

（以上跋尾在卷第二十一）

第三百九十八　後魏造像記　大統十五年六月。

第三百九十九　後魏崇先寺記

第四百　漢茹君頌　字畫似後魏時人。

校證

〔一〕武榮碑　隸釋、隸辨及漢隸拾遺皆謂此碑建於靈帝建寧改元之初，校碑則謂建於桓帝永康元年。案隸釋所載碑文云：「遭孝桓大憂……憓（戚）哀悲憧（慟），加遇害氣，遭疾隕靈。」後漢書桓帝紀謂帝崩于永康元年十二月丁丑（二十八日），距年終僅二日，次年正月庚子靈帝即位，即改元建寧。武榮之卒即使在永康元年末之二日內，其建碑之時亦必已在建寧改元之後。

〔二〕仲君名熊　「熊」字誤。各本卷十九「跋尾」皆云：「君諱雄。」

〔三〕張府君功德叙　卷十九「跋尾」分目作張君碑。

〔四〕太丘長寔　「寔」，原作「實」。據卷十九「跋尾」改。

〔五〕董君　「董」，三長物齋本案云：「童君名恢。『董』即『童』字。」

〔六〕斑　原作「班」。隸釋所載碑文作「斑」，據改。

〔七〕大中五年重刊　「年」上原無「五」字。卷二十「跋尾」云：「大中五年，亳州刺史李暨以舊文刓缺，再刻于石。」則「年」上當有「五」字，據補。又「刊」，宋本作「刻」，顧校亦改「刻」。

〔八〕元年十月　隸釋所載碑文云：「維黄初元年冬十月辛未，皇帝受禪于漢氏。」是爲金石文字記所本。

〔九〕魏百官公卿奏　此碑題，集古録作魏公卿上尊號表，隸釋作魏公卿上尊號奏，萃編、校碑作上尊號碑。書碑之人，隸釋謂篆額爲鍾繇所書，集古録則云：「唐賢多傳爲梁鵠書，今人或謂非鵠也，乃鍾繇書爾，未知孰是也。」建碑之時，集古録謂「黄初元年」，校碑謂「延康元年」，葉奕苞金石後録則云：「漢紀：延康元年十月乙卯，册詔魏王禪代，丕上章辭讓再四，尚書令桓階等奏亦再四。此表則相國、安樂侯歆等最後之奏，蓋在延康未革命之時。趙目列于受禪表後，似誤。或因黄初中刻石，故後之耶？」

〔一〇〕魏殘碑　此碑篇題明言爲魏碑，而盧案竟謂即隸釋所載之漢義井碑。案趙氏於下條魏殘碑陰注云：「有五大夫姓名。」義井碑陰所列人名確有五大夫三十一人，盧案所云或即據此；然義井碑文中已有「光和三年」字樣，魏無「光和」年號，趙氏必不至誤「漢」爲「魏」。竊疑此碑或即萃編卷二十三所載之黄初殘碑（黄初五年立），然其碑萃編唯存二十三字，且亦無碑陰，故未能論定耳。

〔一一〕司馬整碑　「碑」，卷二十「跋尾」分目作「碑頌」，正文作「頌」。

〔一二〕吴禪國山碑　卷二十「跋尾」及校碑皆謂吴末帝孫皓天璽元年立。吴騫國山碑考云：「按志（指三國志吴書孫皓傳）所紀，合之碑文，頗多疑義。志於『臨平湖得函，改元大赦』下『歷陽山石成字』又云『改元大赦』。兩言『改元』，蓋上所云乃改本年爲天璽元年，下所云『明年改元』則改次年爲天紀元年也。據碑『旃蒙協洽乙未之歲得玉璽，文曰吴真□（萃編所載碑文作「皇」）帝；以柔兆涒灘之歲（丙申）改元天璽』，是以海鹽六里山得石璽在天册元年，而改次年爲天璽元年，非因臨平石函而改本年爲天璽元年。臨平湖事，碑中故（固）有之，第言湖澤闓通，却未因之以改年也。」可證此碑確在改元天璽後所建。

〔一三〕二年　宋本作「元年」。

〔一四〕張平子碑　卷二十「跋尾」及隸釋皆謂晉南陽相夏侯湛撰。

〔一五〕横山李君神碑　各本「神」字皆在「李」上，唯顧校改作「横山李君神碑」。案卷二十「跋尾」

分目，顧校是，據改。

〔一六〕宋武帝檄譙縱文　案卷二十「跋尾」分目，此篇編次在下篇學生題名之後。又「跋尾」據顔有意所書成都學館廟堂記，謂此碑爲刺史朱齡石所勒。

〔一七〕孔子廟碑　卷二十一「跋尾」分目篇題作孔宣尼廟記。

〔一八〕劉之逌　「逌」，各本皆同，顧校改「迺」。

〔一九〕瀛州刺史孫惠蔚墓誌　卷二十一「跋尾」分目篇題作安東將軍孫公墓誌，且編次在叱閭神寶造像記之後。

〔二〇〕叱閭神寶造像記　「造像記」，卷二十一「跋尾」分目作「脩關城銘」。

〔二一〕三月　顧校於「三」旁注「正」字。

〔二二〕兖州太守　據萃編所載碑文，猛龍「以熙平之年除魯郡太守」。後魏時魯郡屬兖州，但非州治所在，二者不得相混。此處「兖州」當改「魯郡」。

〔二三〕張繹建孫文韜正書　「繹」，宋本、吕本作「澤」。又宋本無「孫文韜」三字，顧校則塗去「建孫文韜」四字，謂「張澤正書」。

〔二四〕徐雅　顧校於「雅」旁注「稚」字。

〔二五〕韓毅隸書　卷二十一「跋尾」云：「毅，魯郡人，工正書。」又下篇碑陰「跋尾」引庾肩吾曰：「隸書，今之正書也。」

金石録卷第三

目録三

後魏　梁　北齊　後周　隋　唐

第四百十　北齊東兖州須昌縣玉像頌　天保八年十二月。

第四百十一　北齊二聖寺龍華讚佛碑

第四百十二　梁陶隱居碑　蕭綱撰，無年月。（隱居，陶弘景也。）

第四百十三　北齊造釋伽像碑

第四百十四　後周宇文衆造像碑　閔帝武成元年十月。

第四百十五　北齊夫子廟碑　廢帝乾明元年。

第四百十六　北齊造像碑　皇建元年。

第四百十七　北齊石像頌　皇建元年。

第四百十八　北齊崇因寺碑　陸義文，姚叙八分書〔一〕。皇建二年三月。

△第四百十九　後周延壽公碑頌　武帝保定元年三月。（延壽公，于寔也。）

△第四百二十　後周太學生拓拔府君墓誌　周弘正撰。保定元年十一月。

第四百二十一　北齊閻亮造像記　比丘道常書。齊武成河清元年十一月〔二〕。

第四百二十二　北齊捄疾經偈　河清二年二月。

第四百二十三　北齊雲峰山題記　鄭述祖撰。河清二年五月。（述祖，道昭子。）

△第四百二十四　北齊華陽公主碑　河清二年八月。（公主名秀豔。）

第四百四十　北齊隴東王胡長仁碑　武平二年四月。
第四百四十一　北齊觀世音石像碑　武平二年八月。
第四百四十二　北齊造像記　武平二年九月。
第四百四十三　後周雲州刺史胡歸德碑　天和六年十月〔八〕。
△第四百四十四　後周温州刺史烏丸僧脩墓誌　天和七年三月。
第四百四十五　北齊唐邕造像碑　武平三年五月。
△第四百四十六　北齊長樂王尉景碑　武平三年七月。
△第四百四十七　北齊馮翊王平等寺碑　武平三年八月。（馮翊王名潤。）
△第四百四十八　北齊臨淮王像碑上〔九〕（臨淮王，婁定遠也。）
第四百四十九　北齊臨淮王像碑下
△第四百五十　北齊白長命碑上　武平四年。
第四百五十一　北齊白長命碑下
△第四百五十二　北齊大安樂寺碑　武平五年四月。
第四百五十三　北齊開明寺彌勒像碑　武平五年八月。
第四百五十四　北齊賈羅侯等造像碑　武平五年十月。

第四百五十五　北齊邸珍碑上　武平六年二月。
第四百五十六　北齊邸珍碑下
第四百五十七　北齊宋悦和等造像記　武平七年七月。
△第四百五十八　北齊司空趙起碑
△第四百五十九　北齊贈司空趙奉碑
△第四百六十　北齊宜陽國太妃傅氏碑　（太妃名華，趙彦深母也。）
△第四百六十一　北齊赫連子悦清德頌
第四百六十二　北齊郎公道場碑
第四百六十三　北齊造寺碑上
第四百六十四　北齊造寺碑下
第四百六十五　北齊宋使君像碑
第四百六十六　北齊高隆之造像記　以上九碑無年月，或殘缺。
第四百六十七　隋源使君碑　文帝開皇元年。
第四百六十八　隋興福寺碑　張棻撰，龐夐正書。開皇二年二月。
第四百六十九　隋吕𪓐碑　開皇二年十一月。

第四百七十　隋老子廟碑上　薛道衡撰，龐恭之八分書〔一〇〕。開皇二年。
第四百七十一　隋老子廟碑下
第四百七十二　北齊造像碑〔一一〕　劉之遴撰。開皇四年四月立。
第四百七十三　隋尒朱敞碑　開皇五年十月。
第四百七十四　隋興國寺碑　李德林撰，丁道護正書。開皇六年正月。
△第四百七十五　隋興國寺碑陰〔一二〕
第四百七十六　隋龍藏寺碑〔一三〕　張公禮撰。開皇六年十二月。
第四百七十七　隋臨漳趙令清德頌　開皇六年。
第四百七十八　隋安定縣官寺碑　開皇八年五月。
第四百七十九　隋太平寺碑　開皇九年八月。
第四百八十　隋脩舍利塔碑　開皇九年九月。
第四百八十一　北齊徐州張長史碑　開皇九年十月。
第四百八十二　隋廣業郡守鄭君碑　韋霈正書。開皇九年。
△第四百八十三　隋齊國太夫人楊氏墓誌　開皇十年二月〔一四〕。（楊氏〔一五〕，高熲母也。）
第四百八十四　隋午卯寺碑　開皇十年五月。

第四百八十五　隋潞州頌德碑　開皇十年十一月。

第四百八十六　隋涇州興國寺碑　李德林撰。開皇十年十二月。

第四百八十七　隋九門縣令李公清德頌　開皇十一年二月。〔案〕集古録名「康」。

第四百八十八　隋鄂國公造鎮國大像碑　開皇十一年九月。（鄂國公名孝僊。）

第四百八十九　隋賈普智造像碑　開皇十一年。

第四百九十　隋董明府清德頌　開皇十二年三月。

第四百九十一　隋正解寺造像碑　劉昇卿撰。開皇十二年四月。

第四百九十二　隋益州至真觀碑　辛德源撰，劉曼才正書。開皇十二年六月。

第四百九十三　隋賈春英浮圖碑　開皇十二年七月。

第四百九十四　隋劉景韶造像碑　開皇十三年四月。

第四百九十五　隋趙君寶塔碑　開皇十三年十月〔一六〕。

第四百九十六　隋信行禪師碑　開皇十四年正月。

△第四百九十七　隋化善寺碑　尹式文。開皇十五年正月。

第四百九十八　隋驃騎將軍楊端墓誌　開皇十五年二月〔一七〕。

第四百九十九　隋造像碑　開皇十五年九月。

第五百　隋上柱國韓擒虎碑　開皇十五年十月。

第五百一　隋李氏像碑　開皇十六年七月。

第五百二　隋車騎將軍盧瞻墓誌〔一八〕　開皇十六年十一月。

第五百三　隋王明府造像碑　開皇十七年八月。

第五百四　隋梁州使君陳茂碑　開皇十八年十一月。

第五百五　隋五原國太夫人鄭氏墓誌　開皇二十年二月。

第五百六　隋賈使君墓誌　仁壽元年二月。

第五百七　隋蒙州普光寺碑　仁壽元年七月。

第五百八　隋張光墓誌　仁壽元年八月。

第五百九　隋大將軍梁恭墓誌　仁壽元年十月。

第五百十　隋舍利塔記　仁壽二年三月。

第五百十一　隋舍利寶塔下銘　仁壽二年四月。

第五百十二　隋起法寺碑〔一九〕　周彪撰，丁道護正書。仁壽二年十二月。〔案〕金石文字記作啓法寺碑。

第五百十三　隋栖巖道場舍利塔碑　仁壽二年。

第五百十四　隋願力寺雙七級浮圖銘　仁壽三年正月。
△第五百十五　隋願力寺舍利寶塔銘　仁壽三年四月。
△第五百十六　隋周羅睺墓誌〔二〇〕　徐敞撰。大業元年四月。
第五百十七　隋恒嶽寺舍利寶塔碑　大業元年。
第五百十八　隋文儒先生劉炫碑　大業元年。
第五百十九　唐高祖造像記〔二一〕　太宗造像記附。大業二年三月。
△第五百二十　隋禹廟殘碑　史陵正書。大業二年五月。
第五百二十一　隋樂州使君江夏公碑　郝士威撰，侯孝真八分書。大業二年七月。〔案〕墨池編作「江夏徐公」。
第五百二十二　隋賀蘭才墓誌　大業三年二月。
第五百二十三　隋文帝舍利塔碑上　李伯藥撰。書人姓名殘缺。大業五年四月。
第五百二十四　隋文帝舍利塔碑下
第五百二十五　隋西平太守上官政墓誌　大業六年三月。
第五百二十六　隋海州長史劉遥墓誌　大業六年十一月。〔案〕書畫譜作「劉瑶」。
△第五百二十七　隋黄門侍郎柳旦墓誌　大業六年十一月。

第五百二十八 隋開府鄭涣墓誌 大業六年十二月。

第五百二十九 隋孔子廟碑〔二二〕 仲孝俊文。大業七年七月。

第五百三十 隋屯衛大將軍姚辯墓誌〔二三〕 虞世基撰，歐陽詢正書。大業七年十月。

△第五百三十一 隋尚書左僕射元長壽碑〔二四〕 虞世基撰，歐陽詢正書。大業八年正月。

第五百三十二 隋潞城縣令段君碑 大業八年十二月。

第五百三十三 隋高陽郡隆聖道場碑 虞世南撰并行書。大業九年十二月。

第五百三十四 隋平都治碑 大業十一年八月。

第五百三十五 隋大都督袁君碑 大業十二年二月。

△第五百三十六 隋西林道場碑〔二五〕 歐陽詢撰〔二六〕。大業十三年四月。

（以上跋尾在卷第二十二）

第五百三十七 隋大興國寺碑

第五百三十八 隋滏山石窟碑上

第五百三十九 隋滏山石窟碑下

第五百四十 隋上儀同楊縉墓誌 許善心撰序，虞世基銘。

第五百四十一　隋虞世則造像記

第五百四十二　隋造等身像記　以上六碑無年月，或殘缺。

第五百四十三　隋觀德王楊雄碑　唐初立。（雄，高祖相，恭仁之父，史作「士雄」。）

第五百四十四　唐太宗賜少林寺教書　八分書，無姓名。高祖武德二年。疑後人重書。〔案〕金石文字記云：「秦王告少林寺主教，行書。」以所書之官考之，則此乃武德四年，末曰「四月卅日」。金石録所載不同，或別是一教。

第五百四十五　唐立陳平廟碑　正書，無書、撰人姓名。武德四年。

△第五百四十六　唐司空竇抗墓誌　歐陽詢撰并八分書。武德五年三月。

第五百四十七　唐德州長壽寺碑　八分書，無書、撰人姓名。武德六年五月。

第五百四十八　唐宗聖觀碑　歐陽詢撰序并八分書〔二七〕，陳叔達銘。武德七年大吕月。

△第五百四十九　後周黄羅刹碑　虞世南撰。正書，無姓名。武德八年十月。

△第五百五十　隋桂州總管侯莫陳穎墓誌　正書，無姓名。武德八年十月。

第五百五十一　唐劉亮墓誌　正書，無姓名。武德八年十二月。

△第五百五十二　唐孔子廟堂碑　虞世南撰并正書。武德九年十二月。

第五百五十三　唐鎮嶽靈仙寺碑　薛收撰。正書，無姓名。太宗貞觀二年〔二八〕。〔案〕一作「元年」。

第五百五十四　唐鄭孝王亮墓誌　正書，無書、撰人姓名。貞觀二年。（亮，太祖子，高祖之諸父也。）

第五百五十五　唐豳州昭仁寺碑　朱子奢撰。正書，無姓名。〔案〕金石文字記：「貞觀四年十一月。」〔二九〕

第五百五十六　唐吕州普濟寺碑　許敬宗撰。正書，無姓名。

第五百五十七　唐等慈寺碑　顔師古撰。正書，無姓名。已上三碑，據唐史，貞觀三年立〔三〇〕。

第五百五十八　唐正解寺碑　李伯藥撰。八分書，無姓名。貞觀四年正月。

△第五百五十九　唐杜如晦碑　虞世南撰。八分書，無姓名〔三一〕。貞觀四年。

△第五百六十　唐徐州都督房彦謙碑上　李伯藥撰，歐陽詢八分書〔三二〕。貞觀五年正月。〔案〕金石文字記作「三月」〔三三〕。（彦謙，玄齡父也。）

第五百六十一　唐房彦謙碑下

△第五百六十二　唐房彦謙碑陰

△第五百六十三　隋衛尉卿竇慶墓誌　正書，無書、撰人姓名。貞觀五年七月。〔案〕跋尾作「四年」。（慶，高祖相抗弟也。）

△第五百六十四　唐大理卿郎穎碑　李伯藥撰，宋才正書。貞觀五年十月。

第五百六十五　唐尚書左丞郎茂碑　李伯藥撰，張師立正書。貞觀五年十一月。（茂，穎兄也。茂、穎皆隋人。）
第五百六十六　唐化度寺邕禪師塔銘　李伯藥撰，歐陽詢正書。貞觀五年十一月。
第五百六十七　唐九成宮醴泉銘　魏徵撰，歐陽詢正書。貞觀六年四月。
第五百六十八　唐王悦等造像碑　正書，無姓名。貞觀六年五月。
第五百六十九　唐黄君漢碑　李伯藥撰。正書，無姓名。貞觀六年。（君漢，羅刹之子。）
第五百七十　唐逸民裴高士碑　正書，無書、撰人姓名。貞觀八年正月。（高士，裴元證也。）
△第五百七十一　唐丹州刺史張崇碑　正書，無書、撰人姓名。貞觀八年十一月。
第五百七十二　唐無量壽佛大像碑　正書，無書、撰人姓名。貞觀十年三月。
△第五百七十三　唐昭陵刻石文　太宗御製，歐陽詢八分書。貞觀十年。
△第五百七十四　唐昭陵六馬贊〔三四〕　歐陽詢八分書，殷仲容書降王名附。
第五百七十五　唐宕渠令孟略碑　正書，無書、撰人姓名。貞觀十年十二月〔三五〕。
△第五百七十六　隋益州長史裴鏡民碑　李伯藥撰，殷令名正書〔三六〕。貞觀十一年十月。
第五百七十七　唐右僕射温彦博墓誌　無撰人姓名，世傳歐陽詢書。貞觀十一年十月。
△第五百七十八　唐温彦博碑〔三七〕　岑文本撰，歐陽詢正書。

△第五百七十九　唐贈高熲禮部尚書詔　正書，無姓名。貞觀十一年十二月。
第五百八十　唐太宗登逍遥樓詩　長孫無忌、楊師道行書。貞觀十二年二月。明皇八分書詩，顔真卿正書王璵表附。
第五百八十一　唐姜寶誼碑　正書，無書、撰人姓名。貞觀十二年十月。
第五百八十二　唐令狐文軌像銘　薛純正書。貞觀十四年六月。
△第五百八十三　唐河間元王碑　岑文本撰，于立政正書。貞觀十四年。（河間元王，李孝恭也。）
△第五百八十四　唐弘濟寺碑　李伯藥撰，正書，無姓名。貞觀十四年七月〔三八〕。
第五百八十五　唐李先生碑　田世榮造，劉君謌正書。貞觀十五年五月。
第五百八十六　唐三龕碑上　岑文本撰，褚遂良正書。貞觀十五年十一月。
第五百八十七　唐三龕碑下
第五百八十八　唐孟法師碑　岑文本撰，褚遂良正書。貞觀十六年五月。（法師，孟静素也。）
△第五百八十九　唐段志玄碑　正書，無書、撰人姓名。貞觀十六年。
第五百九十　唐魏鄭公碑　太宗御製并行書。貞觀十七年正月。（鄭公，魏徵也。）
第五百九十一　唐樂鄉縣令長孫迥墓誌　正書，無書、撰人姓名。貞觀十七年九月。
第五百九十二　唐神劍碑　正書，無書、撰人姓名。貞觀十七年十月。

第五百九十三　唐瑶臺寺碑　許敬宗撰，諸葛思禎正書。貞觀十八年。

第五百九十四　唐贈比干詔　薛純陁八分書。貞觀十九年二月。

△第五百九十五　唐獨孤使君碑　正書，無書、撰人姓名。貞觀十九年八月。（使君字延壽，佚其名。）

第五百九十六　唐帝京篇　太宗御製，褚遂良行書。貞觀十九年八月。

第五百九十七　唐秦州都督姜確碑　于志寧撰，僧智辨正書。貞觀十九年十月。

△第五百九十八　唐晉祠銘　太宗御製并行書。貞觀二十年七月〔三九〕。（晉祠，唐叔虞祠也。）

第五百九十九　唐殷元嗣墓誌　正書，無書、撰人姓名。貞觀二十一年六月。

△第六百　唐相州刺史侯莫陳肅碑　正書，無書、撰人姓名。貞觀二十一年。

校證

〔一〕姚叙　「叙」，宋本作「溆」，顧校亦改「溆」。

〔二〕十一月　宋本、吕本作「九月」。

〔三〕九月　宋本、吕本作「十月」。

〔四〕人　三長物齋本作「等」。

〔五〕華嶽廟碑 增補校碑作華嶽頌。

〔六〕趙文淵書 「書」，增補校碑作「隸書」，金石文字記作「八分書」。

〔七〕隴東王感孝頌 據萃編所載碑文，隴東王爲胡長仁，撰碑者申嗣邕，書者梁恭之，文後附有唐濟州別駕楊傑重叙題記。案此碑顧炎武金石文字記作孝子郭巨墓碑，云「正書」，增補校碑云「隸書」。授堂金石跋云：「此係唐人重叙刻者，而顧氏以爲齊，又云正書，與余所見八分書亦懸殊，或顧氏所收爲北齊原碑與？」

〔八〕十月 吕本作「七月」。

〔九〕臨淮王像碑 據萃編所載碑文，此碑當建於「武平四年六月」。

〔一〇〕龐恭之 顧校於「龐」旁注「梁」字。

〔一一〕北齊造像碑 趙氏云此碑劉之遴撰。案梁書劉之遴傳謂其卒於武帝太清二年，時北齊猶未建立，之遴何由爲其造像撰寫碑文？疑「北齊」二字有誤。或者當時北齊别有一劉之遴，然史無明文。

〔一二〕興國寺碑陰 卷二十二「跋尾」云：「丁道護書。」

〔一三〕龍藏寺碑 金石文字記、校碑皆云「正書」。

〔一四〕二月 宋本作「三月」。

〔一五〕楊氏 卷二十二「跋尾」謂楊氏字季姜。

〔一六〕十三年　顧校於「三」旁注「一」。

〔一七〕二月　宋本、吕本作「三月」。

〔一八〕瞻　宋本、吕本作「贍」。

〔一九〕起　宋本、吕本、集古録、增補校碑皆作「啓」。

〔二〇〕周羅睺墓誌　卷二十二「跋尾」以此碑爲歐陽率更所書。歐陽率更即歐陽詢，因詢曾任太子率更令，故稱。

〔二一〕唐高祖造像記　寶刻叢編卷五引訪碑録作李淵造石像記，所書建碑年月同。萃編所載碑末署「大業元年□□□」；又寰宇訪碑録有鄭州刺史李淵爲子造像記，當即此碑，云：「正書，大業元年五月。」二者所書建碑年月皆與趙氏異，未知孰是。

〔二二〕孔子廟碑　金石文字記題作陳明府修孔子廟碑，云：「八分書。」萃編所載碑文云：「明府，名叔毅，字子嚴。」

〔二三〕屯衛大將軍姚辯　「屯衛大將軍」，金石文字記作「左光禄大夫」。又「辯」原作「辨」，案萃編所載碑文作「辯」，據改。

〔二四〕元長壽　卷二十二「跋尾」分目作「元壽」。案隋書云：「元壽字長壽。」

〔二五〕西林道場碑　集古録碑題「西林」上有「廬山」二字，疑此碑爲渤海公自書。案新唐書歐陽詢傳，詢封渤海男。渤海公即指歐陽詢，集古録訛「男」爲「公」耳。

〔二六〕撰 原作「譔」，誤。吕本、三長物齋本皆作「撰」，據改。

〔二七〕歐陽詢撰序并八分書 金石文字記未言書者姓名。

〔二八〕二年 宋本、吕本作「元年」。

〔二九〕四年十一月 增補校碑同。集古録作「二年」。

〔三〇〕已上三碑據唐史貞觀三年立 案唐會要卷四十八寺云：貞觀三年十二月一日詔，仍命虞世南、李百藥、褚遂良、顔師古、岑文本、許敬宗、朱子奢等爲碑記銘功業。破劉武周於汾州，立弘濟寺，宗正卿李百藥爲碑銘；破宋老生於吕州，立普濟寺，著作郎許敬宗爲碑銘；破竇建德於汜水，立等慈寺，秘書監顔師古爲碑銘。以上並貞觀四年五月建造畢。據此，則普濟寺、等慈寺二碑當立於貞觀四年五月，趙注誤。

〔三一〕八分書無姓名 卷二十三「跋尾」謂歐陽詢所書。

〔三二〕歐陽詢八分書 金石文字記未言書者姓名。

〔三三〕金石文字記作三月 萃編、校碑亦作「三月」。

〔三四〕昭陵六馬贊 卷二十三「跋尾」以此贊爲唐太宗自撰。

〔三五〕貞觀十年十二月 宋本無此七字。

〔三六〕殷令名 「名」，原作「民」，何校作「名」。案萃編所載碑文及本書卷二十三「跋尾」正作「名」，何校是，據改。

〔三七〕温彦博碑　金石文字記、校碑皆謂碑建於「貞觀十一年十月」，萃編唯言「貞觀十一年」。

〔三八〕貞觀十四年七月　據唐會要所載，此碑當建成於貞觀四年五月。參見本卷「校證」〔三〇〕。

〔三九〕二十年　楊賓鐵函齋書跋云：「碑首『貞觀二十一年七月』八字，乃文皇飛白書。」萃編云：「按唐書本紀：太宗以貞觀十九年十二月幸并州，二十年正月在并州。此文當即在是時撰、書；而碑首題『貞觀二十一年七月』者，殆摹勒上石在明年七月也。」

金石録卷第四

目録四

唐　僞周

△第六百一　唐孔穎達碑　于志寧撰。正書，無姓名。貞觀二十二年。

第六百二　唐長廣長公主墓誌　正書，無書、撰人姓名。貞觀二十二年十一月。（公主，高祖第五女。）

△第六百三　唐太府卿李襲譽墓誌　正書，無書、撰人姓名。貞觀二十三年三月。

第六百四　唐晉州刺史裴府君碑　上官儀撰。正書，姓名殘缺。貞觀二十三年。（裴府君名藝。）

第六百五　唐温泉銘　太宗御製并行書。

△第六百六　周大宗伯唐瑾碑〔一〕　于志寧撰，歐陽詢正書〔二〕。

△第六百七　隋皇甫誕碑〔三〕　于志寧撰，歐陽詢正書。碑在京兆府〔四〕。

（以上跋尾在卷第二十三）

第六百八　隋工部尚書段文振碑〔五〕　潘徽撰，歐陽詢八分書。以上四碑，皆貞觀中立。

△第六百九　唐益州學館廟堂記　撰人姓名殘缺〔六〕。顔有意正書。高宗永徽元年二月〔七〕。

第六百十　唐學館廟堂記碑陰

第六百十一　唐光禄大夫豆盧寛碑　李義甫撰〔八〕。正書，無姓名。永徽元年六月。

第六百十二　唐慶陶縣令李明府清德頌　正書，無書、撰人姓名。永徽元年。（李明府名懷仁。）

第六百十三　唐聞喜縣令江彦碑　正書，無書、撰人姓名。永徽二年十月。

第六百十四　唐宜州别駕楊昱墓誌〔九〕　正書，無書、撰人姓名。永徽二年十二月。

第六百十五　唐鄧慈碑　正書，無書、撰人姓名。永徽三年正月。

第六百十六　唐房仁裕母李夫人碑　八分書，無書、撰人姓名。永徽三年二月。

第六百十七　唐光化縣主墓誌　正書，無書、撰人姓名。永徽三年三月。

第六百十八　唐三藏聖教序　太宗撰，褚遂良正書。永徽四年十月〔一〇〕。在京兆府慈恩塔中〔一一〕。

第六百十九　唐述三藏聖教序記　高宗撰，褚遂良正書。永徽四年十二月。

第六百二十　唐定州刺史張萬福墓誌　正書，無書、撰人姓名。永徽五年四月〔一二〕。

第六百二十一　唐張令隝浮圖銘　張士貴撰。正書，無姓名。永徽五年十一月。

第六百二十二　唐穀州刺史裴君清德頌　正書，無書、撰人姓名。永徽五年。（裴君名律師。）

第六百二十三　唐裴君清德頌碑陰

第六百二十四　唐右衛將軍豆盧承基墓誌　正書，無書、撰人姓名。永徽六年二月。

第六百二十五　唐萬年宮銘　高宗撰并行書。永徽六年五月〔一三〕。在鳳翔府麟遊縣。

△第六百二十六　唐萬年宮碑陰題名　「長孫無忌」以下自書。

△第六百二十七　唐薛收碑　于志寧撰。正書，無姓名。永徽六年八月。

第六百二十八　唐潤州刺史竇志寂墓誌　八分書，無書、撰人姓名。顯慶元年三月。

△第六百二十九　唐中書令崔敦禮碑　于志寧撰。正書，無姓名。顯慶元年十月。

△第六百三十　唐贈左僕射楊達碑　正書，無書、撰人姓名。顯慶元年。（達，武后外祖，隋人也。）

第六百三十一　唐三藏聖教序并記　太宗、高宗撰〔一四〕，王行滿正書。顯慶二年十二月。

第六百三十二　唐散騎常侍張後胤碑　正書，無書、撰人姓名。顯慶三年三月。

第六百三十三　唐乞伏士幹墓誌　正書，無書、撰人姓名。顯慶三年五月。

△第六百三十四　唐李靖碑上　許敬宗撰，王知敬正書。顯慶三年五月。

第六百三十五　唐李靖碑下

△第六百三十六　唐辨法師碑　李儼撰，薛純陁正書。顯慶三年八月。（法師名辨機。）

第六百三十七　隋辛寀墓誌　正書，無書、撰人姓名。顯慶三年十二月。

第六百三十八　唐尉遲敬德碑上　許敬宗撰。正書，無姓名。顯慶四年三月〔一五〕。

第六百三十九　唐尉遲敬德碑下

第六百四十　唐紀公碑　正書，無書、撰人姓名。顯慶四年三月。（紀公，太宗第八子紀王慎也。）

第六百四十一　唐辨英法師碑　正書，無書、撰人姓名。顯慶四年六月。

第六百四十二　唐紀功碑上　高宗撰并行書，飛白題額。顯慶四年八月。

第六百四十三　唐紀功碑下

△第六百四十四　唐蘭陵長公主碑　李義甫撰。正書，無姓名。顯慶四年十月。（公主，太宗第十九女。）

第六百四十五　唐涼國太夫人郁久閭氏碑　許敬宗撰，殷仲容八分書。顯慶四年十月。

第六百四十六　唐李汪墓誌　正書，無書、撰人姓名。龍朔元年十一月。

第六百四十七　唐脩三寺舍利塔碑　楊武英撰，張延壽正書。龍朔二年六月。

第六百四十八　唐齊興寺碑　正書，無書、撰人姓名。龍朔二年六月。

第六百四十九　唐改造彌勒閣碑　行書，無書、撰人姓名。龍朔三年正月。

第六百五十　唐岐州法門寺舍利塔銘　賀蘭敏之撰并行書。龍朔三年二月。

第六百五十一　唐三藏聖教序并記　太宗、高宗撰，褚遂良正書。龍朔三年六月〔一六〕，同州重立。

第六百五十二　唐道因法師碑　李儼撰，歐陽通正書。龍朔三年十月。

第六百五十三　唐雲麾將軍燕巒碑〔一七〕　正書，無書、撰人姓名。麟德元年正月。

第六百五十四　唐乙速孤晟碑　正書，無書、撰人姓名。麟德元年二月。

△第六百五十五　唐清河公主碑〔一八〕　李儼撰，暢整正書。麟德元年十月。（公主，太宗第十一女。）

第六百五十六　唐孫仁師百濟班師碑　馬大斌撰。正書，無姓名。麟德元年。

第六百五十七　後魏郢州刺史劉賓碑　八分書，無書、撰人姓名。麟德二年四月，其孫立。

第六百五十八　唐益州都督程知節碑　許敬宗撰，暢整正書。麟德二年十月。

第六百五十九　唐趙弘智碑額　殷仲容正書并篆。

△第六百六十　唐趙弘智碑　于志寧撰，殷仲容正書。麟德二年。

第六百六十一　唐蘭長史碑〔一九〕　正書，無書、撰人姓名。麟德二年。

△第六百六十二　唐登封紀號文一〔二〇〕　高宗撰并行書，飛白書額。乾封元年二月。

第六百六十三　唐登封紀號文二

第六百六十四　唐登封紀號文三

第六百六十五　唐登封紀號文四

第六百六十六　唐登封紀號文五

第六百六十七　唐登封紀號碑側　正書，在泰山頂。

第六百六十八　唐小字登封紀號文一　高宗撰并行書，飛白書額。

第六百六十九　唐小字登封紀號文二

第六百七十　唐小字登封紀號文三　小字，在泰山下。

第六百七十一　唐登封碑陰一

第六百七十二　唐登封碑陰二

第六百七十三　唐登封碑陰三

第六百七十四　唐老子册文　行書，無姓名。乾封元年三月。

第六百七十五　唐舒州刺史楊承仙碑　張昌齡撰，正書，無姓名。乾封元年五月。

第六百七十六　唐蒲州刺史李公德政碑　正書，無書、撰人姓名。乾封元年九月。

△第六百七十七　唐司元太常伯竇德玄碑　李儼撰，姪懷節正書。乾封元年十一月。

△第六百七十八　唐于志寧碑　令狐德棻撰，于立政書。乾封元年十一月。〔案〕「書」字上有脱文。金石文字記云：「子立政正書。」〔二〕

第六百七十九　唐紀國先妃陸氏碑　正書，無書、撰人姓名。乾封元年十二月。（陸氏，紀王慎之妃。）

第六百八十　唐孔宣尼碑上　崔行功撰，孫希範八分書。乾封元年。〔案〕金石文字記作「孫師範」。

第六百八十一　唐孔宣尼碑下

第六百八十二　唐鄭國夫人武氏碑上　李安期撰，殷仲容八分書。乾封二年二月。（武氏，賀蘭安石妻，則天妹也。）

第六百八十三　唐鄭國夫人武氏碑下

第六百八十四　唐滁州刺史劉君碑　李儼撰，顏有意正書。乾封二年二月。

△第六百八十五　唐弘文館學士顧君墓誌　正書，無書、撰人姓名。乾封二年三月。（顧君名允。）

第六百八十六　唐法師王先生碑　于敬之撰，王玄宗正書。乾封二年十一月。（王法師名軌。）

第六百八十七　唐相州刺史許圉師德政碑　正書，無書、撰人姓名。乾封二年。

第六百八十八　唐寶義寺碑　正書，書、撰人姓名殘缺。乾封三年正月。

第六百八十九　唐杜延基造心經　蘇休奕正書，總章元年六月。

第六百九十　唐曹王府典軍劉公碑　趙務玄撰。正書，無姓名。總章二年二月。

第六百九十一　唐齊州刺史薛寶積清德頌　正書，無書、撰人姓名。總章二年八月。

第六百九十二　唐大興善寺舍利塔銘　李儼撰，殷仲容八分書。總章二年。

第六百九十三　唐歷城令劉文恪清德頌　正書，無書、撰人姓名。總章二年。〔案〕書畫譜作「劉彦恪」。

第六百九十四　唐武師模碑　崔松客撰。正書，姓名殘缺。總章三年正月。

第六百九十五　唐尉遲寶琳碑　許敬宗撰，王知敬正書。咸亨元年正月。（寶琳，敬德子也。）

第六百九十六　唐淄川公李孝同碑〔二三〕　撰人姓名殘缺，諸葛思楨正書〔二三〕。咸亨元年五月。

△第六百九十七　唐碧落碑　篆書，無書、撰人姓名〔二四〕。咸亨元年〔二五〕。

第六百九十八　唐三藏聖教序并述聖記　太宗、高宗撰，沙門懷仁集王書〔二六〕。咸亨三年十二月。

第六百九十九　唐張士相墓誌　正書，無書、撰人姓名。咸亨四年二月。

△第七百　唐興昔亡單于阿史那彌射碑　正書，無書、撰人姓名。咸亨四年二月。

第七百一　唐幽州都督盧承慶碑　八分書，無書、撰人姓名。咸亨四年五月。

第七百二　唐金剛經　正書，無姓名。咸亨四年七月〔二七〕。〔案〕金石文字記作「王知敬正書。咸亨三年□月」。

第七百三　唐太常卿裴君妻韋氏墓誌　正書，無書、撰人姓名。咸亨四年七月。

第七百四　唐瑞氣觀天尊像碑　何彦先撰。正書，無姓名。咸亨四年九月。

第七百五　唐戎州刺史董寶亮碑　李儼撰，張遂隆八分書。咸亨四年十月。

第七百六　唐臨汾縣令于府君德政碑　謝祐撰，柳洋正書。咸亨四年十二月。

第七百七　唐寶智乘寺禪院碑〔二八〕　阮立德撰，李承福正書。咸亨四年。

第七百八　唐馬周碑　許敬宗撰，殷仲容八分書〔二九〕。上元元年十月。

第七百九　唐越州長史李基碑　張太素撰。行書，無姓名。上元二年九月。

△第七百十　唐阿史那忠碑　正書，無書、撰人姓名。上元二年十二月。

第七百十一　唐尹府君碑　正書，無書、撰人姓名。上元二年十二月。

第七百十二　唐李德攜造像碑　正書，無書、撰人姓名。上元二年。

第七百十三　唐平原寺舍利塔銘　撰人姓名缺，僧仁基正書。上元三年二月。

△第七百十四　唐明徵君碑　高宗撰，高正臣行書〔三〇〕，王知敬篆。上元三年四月。（徵君，梁明山賓也。）

第七百十五　唐任丘縣令王君碑　崔融撰。八分書，無姓名。儀鳳元年。

△第七百十六　唐黎尊師碑　盧子昇字照鄰撰，王大義行書。儀鳳二年正月。

△第七百十七　唐李勣碑上　高宗撰并行書。儀鳳二年十月。

第七百十八　唐李勣碑下

第七百十九　唐金剛經上　正書，無姓名。儀鳳三年四月。

第七百二十　唐金剛經下

第七百二十一　唐觀音十大願品經　同上。

第七百二十二　唐大興國寺舍利塔碑　越王貞撰，集王書。儀鳳四年二月〔三二〕。

第七百二十三　唐國子司業于立政碑　撰人姓名殘缺，陳遺玉八分書。調露元年十二月〔三三〕。（立政，志寧子也。）

第七百二十四　唐葛仙公碑　梁陶弘景撰，陳昇正書。調露二年正月。（仙公，葛玄也。）

第七百二十五　唐恒嶽嶺路銘　正書，無書、撰人姓名。調露二年二月。

第七百二十六　唐任城令元明府清德頌　八分書，無書、撰人姓名。調露二年十二月。（元明府名思哲。）

第七百二十七　唐善化府折衝張君墓誌　正書，無書、撰人姓名。永隆二年二月。

△第七百二十八　唐陽翟侯夫人陸氏墓誌　周思茂撰。正書，無姓名。開耀二年正月。（陸

氏，褚遂賢之妻。）

第七百二十九　唐開業寺李公碑上　李尚一撰，蘇文舉正書。開耀二年二月。（李公名裔。）

第七百三十　唐開業寺李公碑下

第七百三十一　唐無量壽佛像碑上　張昌齡撰，吴知禮八分書。永淳元年四月。

第七百三十二　唐無量壽佛像碑下

△第七百三十三　唐少姨廟碑　楊炯撰，沮渠智烈書。永淳元年十二月。（少姨，少室山神。）

△第七百三十四　唐啓母碑　崔融撰，沮渠智烈書。永淳二年正月。

第七百三十五　唐劉思仁等造徘徊碑〔三三〕　行書，無書、撰人姓名。永淳二年七月。〔案〕本作「劉黑仁」，何氏改。

第七百三十六　唐天后發願文　王知敬正書。永淳二年九月。

第七百三十七　唐天后少林寺碑〔三四〕　同上〔三五〕。

第七百三十八　唐司馬山彌勒石像碑　篆書，無書、撰人姓名。永淳二年十月。

第七百三十九　唐恒州刺史陶雲德政碑　張義咸撰。行書，無姓名。永淳三年。〔案〕一作「張義感」。

第七百四十　唐道藏經序　高宗、則天撰，王懸河行書。弘道元年十二月。

第七百四十一　唐追尊玄元皇帝詔　王懸河行書。弘道元年十二月。

△第七百四十二　唐房玄齡碑〔三六〕　撰人姓名殘缺，褚遂良正書。

△第七百四十三　唐高士廉塋兆記〔三七〕　許敬宗撰，趙模正書。

（以上跋尾在卷第二十四）

△第七百四十四　唐褚亮碑〔三八〕　八分書，無書、撰人姓名〔三九〕。（亮，遂良父也。）

△第七百四十五　唐洛州刺史賈公清德頌　正書，無書、撰人姓名〔四〇〕。上四碑皆高宗時立，年月殘缺。（賈公名敦賾。）

△第七百四十六　唐歐陽詢妻徐夫人墓誌　鄧玄廷撰〔四一〕，子通正書。武后文明元年三月。

第七百四十七　唐述聖紀上　武后撰，中宗正書。文明元年八月。

第七百四十八　唐述聖紀中

第七百四十九　唐述聖紀下

第七百五十　唐武强縣令梁君德政碑　撰人名缺，劉玄明正書。垂拱元年四月。（梁君名胙。）

第七百五十一　唐美原神泉詩序　韋元旦撰。篆書，無姓名〔四二〕。垂拱元年四月〔四三〕。〔案〕美原，縣名，或作「姜原」，誤。金石文字記云「垂拱四年四月」。

第七百五十二　唐八都壇神君實録　正書，無書、撰人姓名。垂拱元年十月。〔案〕集古録云：「撰人名元質，但不見其姓。垂拱三年立。」

△第七百五十三　唐襄州刺史封公碑　撰人姓名殘缺，宋之愻正書。垂拱元年十月。

第七百五十四　唐奉先觀老君像碑　李審幾撰，沮渠智烈書。垂拱元年。

△第七百五十五　唐襄州孔子廟堂碑　于敬之撰。正書，無姓名。垂拱元年。

第七百五十六　唐會真法師紀德碑　馮内直撰。正書，無姓名。垂拱二年二月。

第七百五十七　唐中山法果寺碑上　姚璹撰，鞠處信正書。垂拱二年四月。

第七百五十八　唐法果寺碑下

第七百五十九　唐鞠君碑〔四四〕　正書，無書、撰人姓名。垂拱二年十一月。〔案〕舊作「六年」，則次第不應在此，疑非也。

△第七百六十　唐奉禮郎岑子輿墓誌　弟羲撰。正書，無姓名。垂拱三年十月。

第七百六十一　唐舍利塔銘　陳思順造。正書，無姓名。垂拱四年二月。

第七百六十二　唐建興寺彌勒像碑　薛寶積撰。行書，無姓名。垂拱四年五月。

第七百六十三　唐介休令張君清德碑　李願撰，李敬八分書。永昌元年九月。

第七百六十四　周邛州刺史狄知愻碑　書、撰人姓名殘缺。載初元年正月。（知愻，仁傑父也。）
第七百六十五　周乙速孤府君碑　苗神客撰〔四五〕，釋行滿書。載初元年〔四六〕。（府君名神慶。）
第七百六十六　周贈箕州刺史成公碑　楊炯撰。正書，無姓名。天授二年二月。〔案〕楊盈川集有贈荊州刺史成公碑云：「諱知禮，曾任箕州平城令。」
第七百六十七　周祭玄元皇帝碑　行書，無姓名。天授二年二月。
第七百六十八　周化善寺石井碑　劉詡行書〔四七〕。天授二年十月。
第七百六十九　周冠軍大將軍楊公碑　蘇味道撰，姪楚材正書。長壽元年。
第七百七十　周王仁恭祭嶽頌　嚴浚撰序，邢令均頌，杜行均八分書。長壽二年正月。
第七百七十一　周密州司馬康遂誠墓誌　行書，無書、撰人姓名。
△第七百七十二　周醴泉縣令張仁藴德政碑〔四八〕　齊處仲撰，顔真卿正書〔四九〕。長壽三年四月〔五〇〕。
第七百七十三　周冬官尚書李冲玄墓誌　正書，無書、撰人姓名。證聖元年五月〔五一〕。
第七百七十四　周大德昉法師塔銘　武三思撰。正書，無姓名。證聖元年五月。
第七百七十五　周少林寺敕書　八分書，無撰人姓名〔五二〕。天册萬歲二年十一月〔五三〕。
△第七百七十六　周昇中述志碑一　武后撰，相王旦正書。萬歲登封元年二月〔五四〕。

第七百七十七　周昇中述志碑二

第七百七十八　周昇中述志碑三

第七百七十九　周昇中述志碑四

第七百八十　周昇中述志碑五

△第七百八十一　周封中嶽碑上　李嶠撰，相王旦正書。萬歲登封元年二月〔五五〕。

第七百八十二　周封中嶽碑中

第七百八十三　周封中嶽碑下

第七百八十四　周襄州静真觀碑　何彦先撰。正書，無姓名。萬歲登封元年二月。

第七百八十五　周封祀壇碑上　武三思撰，薛曜正書。萬歲登對元年十二月。〔案〕金石文字記云：「天册萬歲二年。」

第七百八十六　周封祀壇碑下

第七百八十七　周封中嶽碑上　書、撰人姓名殘缺，類薛稷正書〔五六〕。萬歲登封元年十二月。

第七百八十八　周封中嶽碑下

第七百八十九　周南宫昌墓誌　正書，無書、撰人姓名。萬歲通天元年。

第七百九十　周杳冥君銘　正書，無書、撰人姓名。神功元年十月。〔案〕鄭樵通志以爲薛稷書。何氏焯曰：「此學諸公書者。以其無姓名，後人遂歸之薛稷〔五七〕。」

第七百九十一　周龐君碑　行書，無書、撰人姓名。神功元年十月。

第七百九十二　周長安主簿龐君碑　與前碑同。

第七百九十三　周渭南令李君清德碑　馬吉甫撰。正書，無姓名。聖曆元年十月。（李君名思古。）

第七百九十四　周中嶽潘尊師碑　王適撰。八分書，無姓名。聖曆二年三月〔五八〕。〔案〕金石文字記云：「司馬承禎八分書。」又「三月」作「二月」，「碑」作「碣」。（尊師，潘師正也。）

△第七百九十五　周昇仙太子碑上　武后撰并行書。聖曆二年六月。（昇仙太子，周靈王子子晉也。）

第七百九十六　周昇仙太子碑下　碑陰薛稷書附。

第七百九十七　周護軍王君碑　行書，無書、撰人姓名。聖曆二年六月〔五九〕。

第七百九十八　周永和故寺碑　僧仲英撰。正書，人名殘缺。聖曆二年七月。

第七百九十九　周柏仁令鄭君紀德碑　李義仲撰。正書，無姓名。聖曆三年十一月。

第八百　周濮陽縣丈八像碑　行書，無書、撰人姓名。聖曆三年七月〔六〇〕。〔案〕一作「溽陽縣丈人像」，誤。

校證

〔一〕周大宗伯唐瑾碑　案唐瑾爲後周（北周）人，然碑則爲唐時所建，應按通例書作唐立後周大宗伯唐瑾碑（如本書卷六第一千五十二有唐立漢光武皇帝碑，卷八第一千五百六十七有唐立漢黄公碣），始可使讀者免生疑竇。又本書卷二十三「跋尾」謂此碑爲貞觀中唐瑾之孫皎所立。「皎」，新唐書本傳作「暖」。

〔二〕歐陽詢正書　吕本此下有「碑在京兆府」五字，當爲衍文。説見本卷「校證」〔四〕。

〔三〕隋皇甫誕碑　此題按例應在「隋」上加「唐立」二字。又卷二十三「跋尾」謂此碑爲貞觀中誕子無逸所追建。

〔四〕碑在京兆府　顧校云：「驗葉本字畫，非趙氏元文。」按吕本上行亦有此五字，疑衍。

〔五〕隋工部尚書段文振碑　此題按例應在「隋」上加「唐立」二字。

〔六〕撰人姓名殘缺　卷二十四「跋尾」引碑陰所載後人題云：「此記賀遂亮撰。」

〔七〕二月　吕本作「六月」。

〔八〕李義甫　「甫」，吕本作「府」，新、舊唐書亦作「府」。下同。

〔九〕楊旻　三長物齋本作「楊文」。

〔一〇〕十月　金石文字記作「十二月」。

〔一〕慈恩塔中　宋本無此四字。

〔二〕永徽五年四月　宋本此下有「三藏聖教序在京兆府慈恩塔中」十三字。

〔三〕六年　案萃編所載碑文作「五年」，趙注非。

〔四〕太宗高宗撰　吕本無「太宗」二字。

〔五〕三月　案萃編所載碑文作「四月」，趙注非。

〔六〕龍朔三年六月　金石文字記云：「按舊唐書褚遂良傳，永徽元年出爲同州刺史，顯慶三年卒於愛州。至龍朔三年，則遂良之亡已五年矣，恐是後人追刻也。」

〔七〕燕巒　顧校於「巒」旁注「巒」字。

〔八〕清河公主碑　三長物齋本案云：「『清河』上當有『長』字。」案「長」當在「清河」下，增補校碑正作清河長公主碑。

〔九〕蘭長史　吕氏原校「蘭」改「藺」。

〔一〇〕登封紀號文　顧校「紀」改「記」。以下四篇皆然。

〔一一〕子立政正書　三長物齋本與此同。

〔一二〕李孝同　宋本、錢本無「孝」字。

〔一三〕諸葛思楨　「楨」，各本原皆作「禎」，顧校作「楨」。萃編所載碑文亦作「楨」，據改。

〔一四〕無書撰人姓名　集古録云：「據李璿之以爲陳惟玉書，李漢以爲黄公譔（李譔）書，莫知孰是。」本書卷二十四「跋尾」云：「其詞則唐宗室黄公譔所述。或云陳遺玉書，或云譔自書，皆莫可知。」叙録云：「碑係李訓、李誼、李譔、李諶兄弟四人，爲紀念其母修建廟舍時有碧落天真像，因書此碑（書者有謂陳惟玉或李譔），故此後即稱碧落碑。」

〔二五〕咸亨元年　各本皆同。集古録跋文謂「總章三年（集本有「立碑」二字）」，但篇題下却注「咸亨元年」。萃編作「總章三年」。金石文字記、叙録皆作「咸亨元年」。案總章三年即咸亨元年。新唐書高宗紀云：總章三年三月甲戌朔，改元咸亨。則立碑之日當在總章三年正、二月間；作「咸亨元年」者，史家追叙之詞耳。

〔二六〕王書　金石文字記謂「王右軍書」。

〔二七〕咸亨四年七月　萃編所載碑文年月作「□次壬申□月戊午玥（朔）□日庚申」。案「次」上當是「歲」字。咸亨之「壬申」當是「三年」。咸亨三年朔日爲「戊午」之月當是「十月」。趙氏所注年、月均誤。

〔二八〕寶智乘寺　宋本、吕本無「寶」字。

〔二九〕許敬宗撰殷仲容八分書　宋本「許敬宗撰」在「殷仲容八分書」下。

〔三〇〕高正臣行書　舊唐書明崇儼傳：「潤州棲霞寺是其五代祖梁處士山賓故宅，帝特爲製碑文，親書於石。」以書者爲唐高宗。金石文字記云：「此碑乃高正臣書，史家以御製，并訛爲御書耳。」

〔二一〕二月　宋本作「三月」。

〔二二〕十二月　吕本作「十月」。

〔二三〕思　宋本作「黑」。

〔二四〕少林寺碑　顧校「碑」改「詩」。

〔二五〕同上　宋本作「王知敬正書永淳二年九月」十一字。顧校亦如是改。

〔二六〕房玄齡碑　本書卷二十四「跋尾」云：「其後題『脩國史、河南公』而名姓殘闕者，褚遂良也。」萃編云：「太宗本紀（新唐書）書房玄齡薨在（貞觀）二十二年七月癸卯……而碑有『今上緬惟過隙』及『班劍卌人，葬事所須，並令優給，乃特降旨許□墓碑』之語，是立碑在永徽初年也。褚遂良傳：『高宗即位，封河南縣公，進郡公，出爲同州刺史。再歲，召拜吏部尚書、同中書門下三品，監修國史。』高宗本紀：『永徽三年正月己巳，褚遂良爲吏部尚書、同中書門下三品。』則褚公之書碑在永徽三年矣。本紀又書『四年二月甲申，駙馬都尉房遺愛謀反伏誅』，而碑未見及此事，則碑立于永徽三年更無可疑者。」案王氏所論，信而有徵，可從。

〔二七〕高士廉塋兆記　萃編云：「新唐書許敬宗傳：高宗即位，將立武昭儀。敬宗陰揣帝私，妄言於帝；得所欲，詔敬宗待詔武德殿西闥，頃拜侍中監、修國史，爵郡公。高宗本紀：永徽六年十月己酉，廢皇后爲庶人。乙卯，立宸妃武氏爲皇后。據敬宗以廢立事得進爵郡公，則立碑當在永徽六年矣。」

〔三八〕褚亮碑　萃編云：「太宗本紀：貞觀二十一年十月癸丑，褚遂良罷。二十二年二月起復。新書遂良傳：進黄門侍郎，參綜朝政。會父喪免，起復爲中書令。舊書傳：二十一年，以本官（原作「木宮」，據舊唐書本傳改）檢校大理卿，尋丁父憂解。明年起復舊職，俄拜中書令。據此則亮之薨在貞觀二十一年十月癸丑也，而其陪葬昭陵當即在二十二年二月以前。」

〔三九〕無書撰人姓名　林佶蘭話堂碑目注云：「貞觀年殷仲容書。」石墨鐫華云：「分隸與馬周碑如出一手，疑亦殷仲容書。遂良能書，非仲容輩，恐不得汙其父碑也。」

〔四〇〕無書撰人姓名　卷二十五跋尾云：「案法書要録，此碑王知敬書。以知敬所書他石刻較之，字畫不類，未知果知敬書否也。」

〔四一〕鄧玄廷　「廷」，顧校改「挺」，新、舊唐書皆作「挺」，顧校是。

〔四二〕篆書無姓名　萃編以此序爲尹元凱所書。

〔四三〕元年　案萃編所載碑文作「四年」，趙注誤。

〔四四〕鞠君　「鞠」，宋本、吕本作「麴」。

〔四五〕苗神客　各本皆誤作「苗仲容」。集古録、萃編、全唐文及新、舊唐書均作「苗神客」，據改。

〔四六〕載初元年　萃編所載碑末有「歲次□寅二□戊申朔十九□□□立」。其所載碑末之立碑年月，可補全爲「歲次庚寅二月戊申朔十九日丙寅立」。

〔四七〕劉詡　宋本「詡」作「翊」。

〔四八〕周　各本皆同，然卷二十五「跋尾」分目皆作「唐」。

〔四九〕顔真卿正書　此碑書者有疑，見卷二十五「跋尾」。

〔五〇〕三年　吕本作「二年」。

〔五一〕五月　宋本、吕本作「十月」，顧校「十」改「二」。

〔五二〕八分書無撰人姓名　原作「八分撰人姓名」，據三長物齋本改。

〔五三〕十一月　宋本、吕本作「十二月」。

〔五四〕二月　宋本作「一月」。

〔五五〕二月　宋本作「一月」，又顧校「二」改「一」。

〔五六〕類薛稷　吕本無此三字。

〔五七〕後人遂歸之薛稷　三長物齋本案云：「款題鳳閣舍人河東薛稷爲文并書丹。」

〔五八〕三月　案萃編所載碑文作「二月」，趙注誤。

〔五九〕二年六月　三長物齋本案云：「近出王仁求碑，在雲南安寧州。周聖曆元年十月立。成都閭丘均撰，長子善寶正書。其人亦官上護軍，爲河東州刺史，與趙氏所載稍異，未知是一人否。」

〔六〇〕聖曆三年七日　按本條時間應在上條「聖曆三年十一月」之前，此處叙次有誤。

金石録卷第五

目録五

僞周　唐

第八百一　周明堂令于大猷碑　正書，書、撰人姓名殘缺。聖曆三年十一月〔一〕。

第八百二　周洛陽縣令鄭敞碑　薛稷撰并正書。久視元年六月。

第八百三　周舍利寶函記　篆書，無姓名。久視元年七月〔二〕。

第八百四　周流杯亭侍宴詩序　李嶠撰，殷仲容正書。久視元年九月。

第八百五　周流杯亭碑陰　陸長源撰。八分書，無姓名。貞元五年立附。

第八百六　周濮州長史蕭府君碑　員半千撰，次子令臣正書。大足元年四月。（蕭府君名珪。）

第八百七　周許由廟碑　則天撰，相王旦正書。大足元年五月。

△第八百八　周懷州大雲寺碑上　賈膺福撰并八分書〔三〕。大足元年五月。

第八百九　周大雲寺碑下

第八百十　周大雲寺碑陰　蕭懷素正書〔四〕。長安二年立附。

第八百十一　周福昌縣令張君清德頌　薛稷撰并正書。大足元年九月。（張君名及。）

第八百十二　周閔居士夫人塔銘　正書，無書、撰人姓名。大足元年十月。

第八百十三　周静法師方墳碑　張嘉貞撰，鍾紹京正書。長安元年十二月。

△第八百十四　周武士彠碑一　李嶠撰，相王旦正書。長安元年十二月。

第八百十五　周武士彠碑二　（士彠，則天之父，追尊爲孝明皇帝。）

第八百十六　周武士彠碑三

第八百十七　周武士彠碑四

第八百十八　周武士彠碑五

第八百十九　周孝明皇后碑一　武三思撰，相王旦正書。長安二年六月。〔案〕金石文字記作「正月」。（孝明皇后，則天母也，姓楊氏。）

第八百二十　周孝明皇后碑二

第八百二十一　周孝明皇后碑三

第八百二十二　周孝明皇后碑四

第八百二十三　周孝明皇后碑五

第八百二十四　周紀信碑　盧藏用撰并八分書。長安二年七月。
第八百二十五　周紀信碑陰
第八百二十六　周司刑寺大脚跡敕　正書，無姓名。長安二年七月。
第八百二十七　周棲巖寺詩　高宗、則天撰，韓懷信正書。長安二年。
第八百二十八　周稷山縣梁君孝義碑　李泰授文〔五〕。八分書，無姓名。長安三年正月。
△第八百二十九　周都官郎中孔昌寓碑　盧藏用撰并八分書。長安三年二月。
第八百三十　周晉州長史韋公碑　楊炯撰，孫希弼八分書。長安三年四月。
第八百三十一　周司刑寺佛蹟碑〔六〕　前碑閻朝隱撰，范元哲正書。後碑范元哲撰，吴守劼八分書。長安三年七月。
第八百三十二　周寇法師道德銘　王道珪撰，段元述正書。長安三年十月〔七〕。（法師後魏人，名謙之。）
△第八百三十三　周崔敬嗣墓誌〔八〕　行書，無書、撰人姓名。長安三年十月。〔案〕一本有「房州刺史」字。
第八百三十四　周思簡律師塔銘〔九〕　正書，無書、撰人姓名。長安四年三月。
第八百三十五　周幸閒居寺詩　高宗、睿宗、太平公主詩。八分書，無姓名。武后詩自草書。

長安四年四月。

第八百三十六　周東鎮沂山碑　房晉撰，韓景陽八分書。長安四年五月。

第八百三十七　周石柱銘　裴談撰。八分書，無姓名。

第八百三十八　周幽林思〔一〇〕　韓覃撰。正書，無姓名。

第八百三十九　周整法師龍門石龕像碑　僧波崙撰，袁元悊正書。

第八百四十　周游仙篇　武后撰，薛曜正書。

第八百四十一　周信行禪師碑一　越王貞撰，張廷珪八分書。

第八百四十二　周信行禪師碑二

第八百四十三　周信行禪師碑三

第八百四十四　周信行禪師碑四

第八百四十五　周信行禪師碑五

第八百四十六　周信行禪師碑六

第八百四十七　周宴石淙序上〔一一〕　張易之撰，薛曜正書〔一二〕。〔案〕金石文字記云：「久視元年五月。序亦武后撰。」

第八百四十八　周宴石淙序下

第八百四十九　周石淙詩上　諸公撰〔三〕，薛曜正書。
第八百五十　周石淙詩下
第八百五十一　周堯廟碑　盧承慶撰，劉濟物正書。
第八百五十二　周光武皇帝碑　正書，無書、撰人姓名。上九碑，皆武后時立，無年月，或殘缺。
第八百五十三　唐澠池縣宗人爲高宗造像碑　邵炅撰。正書，無姓名。中宗神龍元年五月〔四〕。〔案〕書畫譜作「邵林撰」。
第八百五十四　唐福先寺浮圖碑上　武后撰，武三思正書。神龍元年七月。
第八百五十五　唐福先寺浮圖碑下
第八百五十六　唐龍興聖教序上　中宗撰，相王旦正書。神龍元年九月。
第八百五十七　唐龍興聖教序下
△第八百五十八　唐祝府君碑　子欽明撰。正書，姓名殘缺。神龍元年九月。（祝府君名琳。）
第八百五十九　唐益州學館廟堂記　史𤨏撰，釋曠正書。神龍元年。
第八百六十　唐學館廟堂碑陰
△第八百六十一　唐贈秦州都督唐宗碑　岑羲撰，族孫從心正書。神龍二年。（宗，中宗相休璟之祖，隋洛陽令也。）

第八百六十二　唐懷寧縣令慕容府君碑　徐堅撰。正書，無姓名。神龍二年二月。

第八百六十三　唐沙州司馬楊榮碑　元伯儀撰，韋同八分書。神龍二年三月。

第八百六十四　唐衛州司馬楊恪碑　張柬之撰。八分書，姓名殘缺。神龍二年三月。（恪，榮子也。）

△第八百六十五　唐工部尚書姚璹碑　正書，書、撰人姓名殘缺。神龍二年四月。

第八百六十六　唐信行禪師碑上　越王貞撰，薛稷正書。神龍二年八月〔一五〕。

第八百六十七　唐信行禪師碑下　并碑陰在長安縣西北八里。

△第八百六十八　後周并州總管宇文舉碑　盧思道撰，楊略正書。神龍二年十月立〔一六〕。〔案〕「思道」一作「師道」，又作「忠道」〔一七〕。

△第八百六十九　唐魏叔瑜夫人王氏墓誌　無撰人姓名。子華正書。神龍二年十一月。

第八百七十　唐崔仁縱碑　正書，無書、撰人姓名。神龍二年。

第八百七十一　唐王仲詳等造像碑　正書，無書、撰人姓名。神龍三年正月。

△第八百七十二　唐兵部侍郎崔兢墓誌　正書，無書、撰人姓名。神龍三年五月。

△第八百七十三　唐中興聖教序碑　中宗撰，唐奉一八分書。神龍三年五月。

△第八百七十四　唐中興聖教序碑側　在濟南長清縣界西禪寺〔一八〕。

第八百七十五　唐葉縣令宋君遺愛頌　吴師道撰。正書，無姓名。神龍三年五月。
第八百七十六　唐句容令岑公德政碑　張景毓撰，釋翹徵正書。景龍二年二月。（岑公名植。）
△第八百七十七　唐徐有功碑　徐彦伯撰。正書，姓名殘缺。景龍二年四月。
第八百七十八　唐孔子贊　撰人姓名殘缺。武盡禮正書。
第八百七十九　唐太子中舍人楊承源碑　王獻忠撰。集王羲之、歐陽詢、褚遂良等真行書。
上二碑，皆景龍二年。
第八百八十　唐洛陽尉馬克忠碑　張説撰，盧藏用八分書。景龍三年三月〔一九〕。
△第八百八十一　唐國子祭酒武承規墓誌　蘇頲撰，顔叔堅正書。景龍三年八月。
第八百八十二　唐騎都尉劉君墓誌　正書，無書、撰人姓名。景龍三年十月。
第八百八十三　唐寧照寺鐘銘　武承泰撰，武盡禮正書。景龍三年。碑在懷州〔二〇〕。
第八百八十四　唐杭州龍興寺碑　盧季珣撰，李涉八分書。景龍四年四月。
第八百八十五　唐龍興寺碑　張説撰，盧藏用八分書。景龍四年五月。
第八百八十六　唐白鶴觀碑　八分書，無書、撰人姓名。中宗時立，無年月。
第八百八十七　唐天竺寺碑　蘇頲撰，蘇詵八分書〔二一〕。睿宗景雲元年十月。
第八百八十八　唐蘇瓌碑　盧藏用撰并八分書〔二二〕。景雲元年十一月。

第八百八十九　唐王陰二真君碑　薛鏡一撰。正書，無姓名。景雲二年正月。

第八百九十　唐王陰二真君碑　李虎之撰，施楚玉正書。景雲二年正月。

△第八百九十一　唐左僕射劉延景碑〔二三〕　徐彦伯撰，張廷珪八分書。景雲二年二月。

第八百九十二　唐勝業寺雙彌勒像碑　褚慶文撰，趙冬曦正書。景雲二年二月。

△第八百九十三　唐脩封禪壇記　賈膺福撰并正書。景雲二年八月。

（以上跋尾在卷第二十五）

第八百九十四　唐景龍觀鐘銘　睿宗撰。正書，無姓名。景雲二年九月。〔案〕金石文字記：「睿宗御書。」

△第八百九十五　唐并州長史崔敬嗣碑〔二四〕　胡皓撰，郭謙光八分書。景雲二年九月。

第八百九十六　唐王思泰碑　李振撰并正書。景雲二年。

第八百九十七　唐大雲寺石燈臺頌　景初陽撰。殷子陽八分書。景雲二年。

第八百九十八　唐王美暢碑　薛稷撰并正書。景雲二年。

第八百九十九　唐洛州長史盧公善政頌　撰人姓名殘缺。蘇詵八分書〔二五〕。景雲二年。

第九百　唐玄通居士張萬迴墓誌〔二六〕　崔湜撰。正書，無姓名。太極元年十一月。

第九百一　唐同州河瀆紀瑞頌　崔禹錫撰，王崇敬八分書。先天元年八月。
第九百二　唐司農卿盧萬石碑　李義撰。八分書，無姓名。先天元年十月。
第九百三　唐楊乾緒碑　褚琇撰，權瓌八分書。先天元年十一月。
第九百四　唐荆王神祠記　正書，無書、撰人姓名。先天二年三月〔二七〕。（荆王，高祖第五子，名元景。）
第九百五　唐荆王神祠記〔二八〕　正書，無書、撰人姓名。先天二年八月。
第九百六　唐元公浮圖祠堂頌　八分書，無書、撰人姓名。先天二年八月。
第九百七　唐遵善寺大像碑　羅邈撰。行書，無姓名。明皇開元元年五月。
△第九百八　唐贈右僕射王洎碑〔二九〕　盧藏用撰，甘獻誠八分書。開元二年二月。
第九百九　唐安樂府典軍田孝胤碑　王澂撰。正書，無姓名。開元二年閏二月。
第九百十　唐南亭記　王翼撰。八分書，無姓名。開元二年三月。
第九百十一　唐辨機法師塔銘　趙冬曦撰。正書，無姓名。開元二年九月。
第九百十二　唐韋公夫人王氏墓誌　正書，無書、撰人姓名。開元二年十一月。
第九百十三　唐尹孝子妻韋夫人墓誌　正書，無書、撰人姓名。開元二年十一月。（尹孝子，謝本作「張」。）

第九百十四　唐襄州偏學寺碑　韋承慶撰，鍾紹京行書。開元二年。

第九百十五　唐少林寺戒壇銘　三藏法師義净撰，張偁八分書〔三〇〕。開元三年正月。

第九百十六　唐睦州龍興寺碑　康希銑撰，徐嶠之正書。開元三年二月。

△第九百十七　唐嶲州都督姚懿碑　胡皓撰，徐嶠之正書。開元三年七月〔三一〕。（懿，崇父也。）

第九百十八　唐杭州刺史裴惓碑　族子子餘撰，孫令行書〔三二〕，盧曉八分題額。開元三年九月。

第九百十九　唐汾陰后土祠銘　胡愔撰并八分書。開元四年八月。

第九百二十　唐建福寺三門碑　盧藏用撰，集王右軍行書。開元五年正月。

第九百二十一　唐有道先生葉公碑　李邕撰并行書。開元五年三月〔三三〕。碑在開封府〔三四〕。（葉名國重，道士法善之祖。）

第九百二十二　唐杯渡師墓石柱頌　盧若虚撰，盧重玄八分書。開元五年四月。

第九百二十三　唐光禄少卿姚彝碑　撰人姓名殘缺〔三五〕，徐嶠之正書。開元五年四月。（彝，崇子也。）

第九百二十四　唐贈歙州刺史葉慧明碑　韓擇木撰并八分書〔三六〕。開元五年七月。（慧明，道士法善之父。）

△第九百二十五　唐盧懷慎碑　蘇頲撰，明皇八分書。開元五年。（懷慎，杞之祖也。）

第九百二十六　唐陳延喜妻穆氏墓誌　齊望之撰，蕭元皎正書。開元六年正月。

△第九百二十七　唐琅邪王冲墓誌　正書，無書、撰人姓名。開元六年正月。

第九百二十八　唐懷素律師碑　崔融撰，僧行敦集王書。開元六年二月〔三七〕。碑在京兆府〔三八〕。

第九百二十九　唐楊元琰碑〔三九〕　崔沔撰，梁昇卿八分書。開元六年四月。（玄琰，國忠之從父。）

第九百三十　唐豫州刺史魏叔瑜碑　張説撰，子華正書。開元六年五月。

第九百三十一　唐鄭國夫人鄭氏碑　崔日用撰，徐嶠之正書。開元六年十月。

第九百三十二　唐太子少傅竇希瑊碑　李湛然撰，魏華正書。開元六年十月。

第九百三十三　唐蘇氏造觀音像碑　李畬撰，劉升八分書。開元六年十月。

第九百三十四　唐中嶽韓先生碑　崔友本撰〔四〇〕，司馬絢八分書。開元六年十月。

第九百三十五　唐鬱林觀東嵓壁記上　崔逸文。八分書，無姓名。開元七年正月。

第九百三十六　唐東嵓壁記中

第九百三十七　唐東嵓壁記下

第九百三十八　唐永豐陂堰頌　徐嶠之撰并八分書。開元七年五月。

第九百三十九　唐善達法師碑　郭庭誨撰。正書，無姓名。開元七年五月。

第九百四十　唐于知微碑　姚崇撰。正書，無姓名。開元七年六月。

第九百四十一　唐益州府學孔子廟堂碑　周顒撰。正書，姓名殘缺。開元七年七月。

第九百四十二　唐造文翁高眣像記〔四一〕　周顒撰，胡履虚八分書。

第九百四十三　唐徐州刺史蘇詵碑　裴耀卿撰，劉升八分書。開元七年八月。

第九百四十四　唐孔子廟碑上　李邕撰，張廷珪八分書。開元七年十月。〔案〕一作「庭珪」。今從本傳，下並同。

第九百四十五　唐孔子廟碑下

△第九百四十六　唐玄元觀尹尊師碑　裴子餘撰，郭謙光八分書。開元八年四月。（尹尊師名文操。）

第九百四十七　唐李思訓碑上　李邕撰并行書。開元八年六月〔四二〕。

第九百四十八　唐李思訓碑下

第九百四十九　唐嘉禾寺禪院碑　徐楚璧撰〔四三〕，姚思義八分書。開元八年八月。

第九百五十　唐高士楊府君墓誌　行書，無書、撰人姓名。開元八年九月。

第九百五十一　唐懷州刺史陶大舉碑　姚崇撰，徐嶠之正書。開元八年。

第九百五十二　唐北嶽府君碑　韋虚心撰，陳懷志行書。開元九年三月。

△第九百五十三　唐河侯新祠頌　秦崇撰〔四四〕，王晏行書。開元九年四月。（河侯，謂馮夷也。）

第九百五十四　唐侍御史王瑜墓誌　八分書，無書、撰人姓名。開元九年十月立〔四五〕。

第九百五十五　唐遂城令康府君碑　沈淮南撰，徐浩正書。開元九年十月。

第九百五十六　唐兖州刺史韋府君遺愛頌　狄光嗣撰，張廷珪正書〔四六〕。開元九年十一月。

第九百五十七　唐萬回法師碑　徐堅撰。行書，無姓名。開元十年閏五月。

△第九百五十八　唐郭知運碑　蘇頲撰，魏華正書。開元十年七月。

第九百五十九　唐右庶子于府君碑〔四七〕　姪儒卿撰，沙門重閏八分書。開元十年七月。

第九百六十　唐萊州刺史唐府君碑〔四八〕　撰人姓名缺〔四九〕，沙門重閏八分書。開元十年七月。（府君，唐貞休也。舊本作「于」，蓋沿上文而誤耳。）

第九百六十一　唐狄梁公生祠記　李邕撰，張廷珪八分書。開元十年十一月。

第九百六十二　唐吴季子廟碑　八分書，書、撰人姓名殘缺。開元十年。

第九百六十三　唐上黨宫述聖頌　張説撰，裴漼正書。開元十一年正月。

第九百六十四　唐述聖宫碑陰上　蕭誠行書。

第九百六十五　唐述聖宫碑陰下

第九百六十六　唐高行先生徐公碑　姚奕撰序，賀知章銘，徐嶠之正書。開元十一年四月。

（徐名師道，浩祖也。）

△第九百六十七　唐大雲寺禪院碑　李邕撰并行書。開元十一年四月。

第九百六十八　唐郭知運後碑　張説撰，梁昇卿八分書。開元十一年五月。

第九百六十九　唐香嚴寺碑　康希銑撰，徐嶠之正書。開元十一年六月。

第九百七十　唐莎羅樹碑　李邕撰并行書。開元十一年十月。

第九百七十一　唐張松質與李邕書

第九百七十二　唐老子孔子顔子贊　睿宗撰，李邕行書。開元十一年十二月。

△第九百七十三　唐六公詠　李邕撰，胡履虚八分書。開元十一年。（六公，五王及狄梁公也〔五〇〕。）

第九百七十四　唐御史臺精舍碑　崔湜撰，梁昇卿八分書。開元十一年。

第九百七十五　唐御史臺精舍碑陰題名

第九百七十六　唐普寂禪師碑　盧鴻撰并八分書。開元十二年正月。

第九百七十七　唐神泉寺石經西塔銘　唐昭明撰，田吕正書〔五一〕。開元十二年正月。

第九百七十八　唐静泰法師碑　吕向撰，劉懷信正書。開元十二年八月。

△第九百七十九　唐凉國長公主碑上　蘇頲撰，明皇八分書。開元十二年八月〔五二〕。〔案〕金石文字記作「十一月」。（公主，睿宗第六女，史作「沇國」〔五三〕。）

第九百八十　唐涼國長公主碑下

第九百八十一　唐寶相寺釋迦像碑　陳子傑撰，陳思光正書。開元十二年。

第九百八十二　唐真定令柳君紀德碑　裴抗撰并八分書。開元二年。

第九百八十三　唐鄭司農碑　史承節撰，雙思貞行書。開元十三年正月。

第九百八十四　唐乙速孤行儼碑　劉憲撰，白義晊八分書。開元十三年二月。

第九百八十五　唐李公元始天尊像碑　鄒𤩽撰，甘遺榮八分書。開元十三年二月。

第九百八十六　唐文蕩律師碑　盧渙撰，魏栖梧正書。開元十三年十月。

第九百八十七　唐明皇行次成皋詩　史叙行書〔五四〕。開元十三年十月。

第九百八十八　唐興州司馬王公碑　郭子晉撰，趙崇德行書。開元十三年十月。

第九百八十九　唐索法師清德碑　馬克麾撰，范希璧行書。開元十四年三月。

第九百九十　唐西嶽大洞張尊師碑　王延齡撰，李慈正書。開元十四年四月。（尊師名敬忠。）

第九百九十一　唐紀太山銘一　明皇撰并八分書。開元十四年九月。

第九百九十二　唐紀太山銘二

第九百九十三　唐紀太山銘三

第九百九十四　唐紀太山銘四

第九百九十五　唐紀太山銘五

第九百九十六　唐紀太山銘六

第九百九十七　唐紀太山銘七

第九百九十八　唐紀太山銘八

第九百九十九　唐紀太山銘九

第一千　唐紀太山銘十

校證

〔一〕聖曆三年十一月　金石文字記卷三云：「碑非此時立也。蓋後續爲之，故其書並不用武后所製字。」潛研堂跋尾云：「此碑乃大猷之兄兗州刺史辯機所立。」

〔二〕元年　三長物齋本作「二年」。

〔三〕賈膺福撰并八分書　萃編載其碑題有「武盡禮勒上」。

〔四〕蕭懷素　吕本於「素」旁注「遠」字。

〔五〕李泰授文　「授」，吕本作「撰」。如是，則撰文者爲李泰。

〔六〕司刑寺佛蹟碑　集古録謂前第八百二十六大脚跡敕并此碑銘二皆閻朝隱撰。

〔七〕十月　宋本作「九月」，顧校於「十」旁注「九」。

〔八〕崔敬嗣　「嗣」，本作「詞」，誤。吕本作「嗣」，各本卷二十五「跋尾」亦皆作「嗣」，據改。

〔九〕周思簡　「思」，三長物齋本作「師」。

〔一〇〕幽林思　吕本「思」下有「碑」字。集古録謂此詩武后時撰。

〔一一〕宴石淙序　萃編卷六十四載石淙序有二，一爲夏日遊石淙詩碑（詩前有序，金石文字記題爲夏日遊石淙詩並序），在登封縣石淙山北崖上；一爲秋日宴石淙序（無詩），在石淙山南崖。夏日遊石淙詩序，朱彝尊以爲武后所撰（曝書亭集），王昶謂作於久視元年（萃編），又碑題云此序與詩皆薛曜奉敕書；秋日宴石淙序，景日昣以爲張易之所撰（説嵩），王昶謂作於大足元年，但未言書者姓名。本書篇目所列之序與詩，趙氏皆云「薛曜正書」，則當爲久視元年所作之夏日遊石淙詩并序，趙氏在序下注「張易之撰」，誤。當以金石文字記爲是。又篇題「宴」當改作「遊」。

〔一二〕張易之撰薛曜正書　宋本無此八字。

〔一三〕諸公　指從遊群臣李顯、李旦、武三思、狄仁傑等十六人。

〔一四〕五月　宋本、吕本作「三月」。

〔一五〕神龍二年八月　吕本無此六字。

〔一六〕神龍二年十月立　「十月」，吕本作「十一月」。卷二十五「跋尾」云：「神龍中，其曾孫敞追建。」

〔一七〕一作師道又作忠道　三長物齋本案云：「皆非也。思道，字子行，隋武陽太守。蓋舊文而唐初書刻者。思道姓名上應加『隋』字。」

〔一八〕在濟南長清縣界西禪寺　顧校云：「疑非元文。」

〔一九〕三月　宋本、吕本作「二月」。

〔二〇〕碑在懷州　顧校云：「非趙氏元文。」

〔二一〕蘇詵「詵」，原作「銑」。吕本作「詵」，據改。參見本卷「校證」〔二五〕。

〔二二〕盧藏用撰并八分書　萃編所載碑文云：「張説撰銘，盧藏用撰序並書。」

〔二三〕左僕射　卷二十五「跋尾」分目作「陜州刺史」。新唐書劉延景傳云：「終陜州刺史。睿宗初，以后父追贈尚書右僕射。」

〔二四〕崔敬嗣　三長物齋本案云：「此崔敬嗣與八百三十三崔敬嗣，别是一人。」

〔二五〕蘇詵「詵」，原作「説」，誤。吕本、三長物齋本皆作「詵」，據改。

〔二六〕張萬迴「迴」，本作「迴」，非。三長物齋本作「回」，吕本作「迴」。「迴」與「回」同。三長物齋本案云：「萬回，沙門也，高宗時封玄通居士。目内有萬回法師碑、萬回神跡記，見後。舊本作『萬迴』，誤。」據改。

〔二七〕三月　顧校於「三」旁注「二」字。

〔二八〕唐荆王神祠記　宋本無「荆王神祠記」五字，小字注文亦無。

〔二九〕王洎　「洎」，本作「泊」，誤。呂本、三長物齋本及各本卷二十六「跋尾」皆作「洎」，據改。

〔三〇〕張傑八分書　萃編所載碑銘云：「正書。三藏法師義净製，括州刺史李邕書。」王澍虚舟題跋云：「考都氏金薤琳瑯所載，文同而款特異，爲南館學生張傑書。余未見張本，疑不能釋，豈此或係重刻歟？然觀其筆法蒼秀，定非重刻。及以此本細按金薤琳瑯，彼闕九字，此一字無闕，其間多寡異同者又有數字，然後知當時蓋有兩刻，而曹秋岳金石表亦並載之，其爲兩刻無疑也。」王昶則曰：「所謂邕者，竟是託名。蓋其時少林寺正當興建戒壇之時，寺僧立碑，假邕書以取重。」

〔三一〕七月　校碑作「十月」。

〔三二〕孫令　三長物齋本案云：「『孫令』下原缺一字。」

〔三三〕李邕撰并行書開元五年三月　宋本「李邕撰并行書」在「開元五年三月」下。

〔三四〕碑在開封府　顧校云：「疑非元文。」

〔三五〕撰人姓名殘缺　校碑云：「舊拓本博陵崔□撰。」寰刻類編、潛研堂跋尾皆以爲崔沔撰。

〔三六〕韓擇木撰并八分書　碑帖録、增補校碑皆謂李邕撰，韓擇木書。

〔三七〕二月　呂本作「正月」。

〔三八〕碑在京兆府　宋本無「碑」字。又，此句顧校云：「非趙氏元文。」

〔三九〕楊元琰　應爲「楊玄琰」，宋代避始祖趙玄朗諱改爲「元」。以下有此類問題，不再一一出校説明。

〔四〇〕崔友本　「友」，宋本、呂本、三長物齋本皆作「叒」。

〔四一〕高眹　「眹」，宋本、呂本作「朕」。

〔四二〕開元八年六月　潛研堂跋尾云：「碑文稱『姪吏部尚書兼中書令……晉國公林甫』，而唐書宰相表載，林甫於開元二十四年十一月兼中書令，然則北海（李邕）製文當在廿四年以後，而金石録、寶刻類編諸書皆題爲開元八年，蓋因碑文有八年六月廿八日合祔之文，而不知祔葬之與立碑，非一時也。」

〔四三〕徐楚璧　人物事跡見新唐書儒學傳下。

〔四四〕秦崇　各本卷二十六「跋尾」皆作「秦宗」。

〔四五〕立　宋本無此字。

〔四六〕正書　顧校改「八分書」。

〔四七〕于府君　金石論叢貞石證史云：「考元和姓纂云：『唐中書舍人于季子，今居齊郡歷城，姪儒卿。』以此推之，府君殆季子無疑。」

〔四八〕唐府君　「唐」原作「于」，據三長物齋本改。

〔四九〕撰人姓名缺　宋本無「名」字。又，顧校於「名」下增「殘」字。

〔五〇〕五王及狄梁公　五王：漢陽郡王張柬之，扶陽郡王桓彦範，平陽郡王敬暉，博陵郡王崔玄暐，南陽郡王袁恕己。狄梁公，狄仁傑，因睿宗時追封梁國公，故稱。

〔五一〕田吕　吕本同，顧校於「吕」旁注「昌」字，三長物齋本亦作「昌」。

〔五二〕八月　據萃編所載碑文，公主薨於八月，而立碑則在仲冬（十一月），金石文字記所注是。

〔五三〕睿宗第六女史作沅國　案新唐書諸帝公主傳列涼國公主爲第六女，謂其「始封仙源」，然全唐文卷十六中宗封仙源縣主制及卷九十五武后壽昌仙源縣主出降制均言仙源縣主爲睿宗第五女，新唐書誤。參閲岑仲勉唐史餘瀋郇國公主初降薛儆。又新唐書無「沅國」之稱，三長物齋本案語，未知何據。

〔五四〕史叙　「史」，原作「艾」。顧校於「艾」旁注「史」字。三長物齋本及書史會要卷五皆作「史」，據改。

金石録卷第六

目録六

唐

第一千一　唐太山碑側題名上
第一千二　唐太山碑側題名中
第一千三　唐太山碑側題名下
第一千四　唐封禪壇殘碑　陸堅八分書。
第一千五　唐崔慧爽傳　薛僅撰[一]。行書，無姓名。開元十四年二月。
第一千六　唐造太山御碑記　孫文慶撰。正書，無姓名。開元十四年十一月。
第一千七　唐造太山御碑陰
第一千八　唐彭思義建父至德碑　行書，無姓名。開元十四年。
第一千九　唐合州刺史上官濟墓誌　正書，無書、撰人姓名。開元十五年正月立。

第一千十　唐重開梁公堰碑　趙居貞撰，王象正書。開元十五年二月　。（梁公名睿。）

第一千十一　唐濟源令蕭公墓誌　權澂撰。正書，無姓名。開元十五年二月。

△第一千十二　唐衛尉正卿泉君碑　長子隱奉撰叙，仲子伯逸正書；蘇晉撰銘，彭杲正書。開元十五年三月。（泉君名寶，蓋蘇文之孫也。）

第一千十三　唐房山湯記　張嘉貞撰。行書，無姓名。開元十五年四月。

第一千十四　唐北嶽碑上　張嘉貞撰并行書。開元十五年八月。

第一千十五　唐北嶽碑下

△第一千十六　唐左驍衛大將軍趙元禮碑上　潘肅撰，陸堅八分書。開元十五年閏九月。

第一千十七　唐趙元禮碑下

第一千十八　唐施石臺銘　趙僎撰并行書。

第一千十九　唐梁思楚碑　郭翥撰，衛秀集王書。上兩碑皆開元十五年〔二〕。

第一千二十　唐下博令許君德政頌　王懷惠撰，馮靈仙正書〔三〕。開元十六年正月。

第一千二十一　唐盧舍那珉像碑上〔四〕　趙僎撰，蔡有鄰八分書。開元十六年三月〔五〕。碑在定州。

第一千二十二　唐盧舍那珉像碑下

第一千二十三　唐武臨令慕容公德政碑　正書，書、撰人姓名殘缺。開元十六年四月。

△第一千二十四　唐王方翼碑　張説撰，陸堅八分書。開元十六年十月。

第一千二十五　唐薛王府典軍李無慮墓誌　賈彦璿撰〔六〕。正書，無姓名。開元十七年七月〔七〕。〔案〕書畫譜作「李無虞」。

第一千二十六　唐堂陽令元府君德政頌　正書，無書、撰人姓名。開元十七年四月〔八〕。

第一千二十七　唐佛馱禪師碑　李訥撰，張廷珪八分書。開元十七年七月。

第一千二十八　唐佛馱禪師塔碑後序　李湜撰，明乾節行書。開元十八年五月建附。

第一千二十九　唐養病坊碑　邵閏之撰，韋季莊行書。開元十七年七月。

第一千三十　唐養病坊敕

△第一千三十一　唐龍角山紀聖銘　明皇撰并八分書。開元十七年九月。

第一千三十二　唐龍角山碑陰〔九〕

第一千三十三　唐大雲寺丈八佛像碑　段履冰撰。行書，無姓名。開元十七年九月。

第一千三十四　唐張嘉貞碑　王丘撰，陸堅八分書。開元十七年十一月。

第一千三十五　唐太武皇帝駐馬碑　僧貞慶文并八分書〔一〇〕。

第一千三十六　唐龍興觀碑　李邕撰。行書，無姓名，類邕書。上二碑皆開元十七年。

第一千三十七　唐游擊將軍薛侯碑　趙含章撰并行書。開元十八年正月。（薛侯名彦。）
第一千三十八　唐老子廟詩　于孺卿〔一二〕、房自謙撰，自謙正書。開元十八年三月〔一三〕。
第一千三十九　唐東夏師資正傳　僧慧超述，李巖正書。開元十八年四月。
第一千四十　唐平南蠻碑　蕭晉用撰序，蔡希周詞，韋悟微正書。開元十八年五月。
第一千四十一　唐曇榮禪師碑〔一三〕　崔禹撰，蘇峴銘〔一四〕，韋鑒八分書。開元十八年八月。
第一千四十二　唐麓山寺碑　李邕撰并行書。開元十八年九月。
△第一千四十三　唐冠軍大將軍臧希亮碑〔一五〕　李邕撰并行書。開元十八年十月。〔案〕通志作「臧懷亮」。
第一千四十四　唐貞法師旌德記　八分書，無書、撰人姓名。開元十八年十二月。
△第一千四十五　唐蕭灌碑〔一六〕　張説撰，梁昇卿八分書〔一七〕。
第一千四十六　唐大忍寺門樓碑　沙門釋具撰〔一八〕，裴抗八分書。上二碑皆開元十八年〔一九〕。
第一千四十七　唐東方朔碑　柳令譽撰。行書，無姓名。開元十九年三月。
△第一千四十八　唐楊曆碑　李邕撰序，鍾紹京撰銘并行書。開元十九年五月。（曆，宦官思勖父也。）
△第一千四十九　唐汝陽王長女墓誌　寧王撰〔二〇〕，崔廷玉行書〔二一〕。開元十九年六月。（汝陽

王，讓皇帝子璡也。）

第一千五十　唐東林寺碑　李邕撰并行書。開元十九年七月。

第一千五十一　唐亳州刺史李行正碑　崔圓月撰，魏包八分書。開元十九年九月。

第一千五十二　唐立漢光武皇帝碑　李雲撰，盧規行書。開元十九年十月。

第一千五十三　唐膠水令徐公德政頌　封利建撰序，杜暐銘。正書，姓名殘缺。開元十九年十月。

第一千五十四　唐北嶽真君碑　房鳳文，八分書。開元二十年正月。

第一千五十五　唐青城山丈人祠廟碑　徐大亨撰，甘遺榮八分書。開元二十年正月。

第一千五十六　唐使者徵祥記　潘翽撰并正書。開元二十年三月。

第一千五十七　唐愛州刺史徐元貴碑　鍾紹京撰并行書。開元二十年五月。

第一千五十八　唐阿彌陀佛讚　殷彦方撰，鍾紹京正書。開元二十年五月。

△第一千五十九　唐南嶽真君碑　趙頤真撰，蕭誠正書。開元二十年十月。

第一千六十　唐玄元皇帝廟額碑　敬抱忠撰，吕獻臣八分書。開元二十年十月。

第一千六十一　唐歙州刺史郭茂貞碑　賀知章撰。八分書，姓名殘缺。開元二十年十月。

第一千六十二　唐源公石幢記上　封利建撰，賀遂回八分書。開元二十一年。

第一千六十三　唐源公石幢記下

第一千六十四　唐北嶽恒山碑上　釋逖詞，釋曠書。開元二十一年八月。

第一千六十五　唐北嶽恒山碑下

第一千六十六　唐后土神祠碑上　明皇撰并八分書。開元二十一年八月。

第一千六十七　唐后土神祠碑中

第一千六十八　唐后土神祠碑下　碑在河中府〔二二〕。

第一千六十九　唐后土神祠碑陰上　蕭嵩正書。

第一千七十　唐后土神祠碑陰下

第一千七十一　唐京兆尹張公德政碑　孟匡朝撰，史惟則八分書。

△第一千七十二　唐立梁宣帝明帝二陵碑上　韓休撰。行書，姓名殘缺。

第一千七十三　唐立梁宣帝明帝二陵碑下

第一千七十四　唐大忍寺門樓碑　楊逖撰，裴抗書。上三碑并是開元二十一年。

第一千七十五　唐孝義寺碑　陳徐陵撰，徐嶠之正書。開元二十二年正月〔二三〕。

△第一千七十六　唐孝義寺碑陰記　徐嶠之撰并正書。

△第一千七十七　唐景陽井銘　一八分書，一正書。書、撰人姓名殘缺。開元二十二年三月〔二四〕。

第一千七十八　唐光武即位壇碑　王預撰。行書。開元二十二年四月。

第一千七十九　唐老子廟碑　崔季友撰，鄭鉉正書。開元二十二年四月。

第一千八十　唐老子聖母碑　李昇卿撰，吕獻誠八分書〔二五〕，開元二十二年九月。

△第一千八十一　唐代國長公主碑　鄭萬鈞撰并行書。開元二十二年十二月。（公主，睿宗第五女。萬鈞，其壻也。碑爲其子聽正書。）

第一千八十二　唐涇州刺史牛意碑　張九齡撰。八分書，姓名殘缺。開元二十二年。（意，玄宗相仙客父也。）

第一千八十三　唐贈太子詹事王同晊碑　孫逖撰，史惟則八分書。開元二十三年正月。

第一千八十四　唐趙冬曦祭堯廟文　八分書。開元二十三年二月。

△第一千八十五　唐趙冬曦祭仲山父文　同上。

第一千八十六　唐珪禪師碑　宋儋撰并行書〔二六〕。開元二十三年四月。

△第一千八十七　唐同州刺史解琬碑　蘇頲撰，梁昇卿八分書。開元二十三年五月。

第一千八十八　唐五羖大夫碣銘　撰人姓名殘缺。鄭璡正書。開元二十三年六月。

第一千八十九　唐謁郭巨祠堂記　楊傑撰，李皋八分書。開元二十三年七月。王緒祭文附。

第一千九十　唐相州刺史侯莫陳涉墓誌　鄭同昇撰，盧自勸正書〔二七〕。開元二十三年十一月。

第一千九十一　唐秦望山法華寺碑　李邕撰并行書。開元二十三年十二月。

第一千九十二　唐華州刺史楊公遺愛頌　王暐撰，史惟則八分書。開元二十三年。（楊公名瑒。）

第一千九十三　唐楊公遺愛碑陰記　史惟則八分書。

第一千九十四　唐長豐縣興城碑上　沙門邈文。八分書，無姓名。開元二十三年十二月。

〔案〕别本「文」下添「撰」字，非。

第一千九十五　唐長豐縣興城碑下

△第一千九十六　唐贈兖州都督裴守真碑　崔沔撰，梁昇卿八分書。開元二十四年二月。（守真，玄宗相耀卿父也。）

（以上跋尾在卷第二十六）

第一千九十七　唐令長新戒一〔二八〕　汜水。正書。

第一千九十八　唐令長新戒二　房子縣。正書。

第一千九十九　唐令長新戒三　八分書。

第一千一百　唐光禄少卿鄭曾碑　梁昇卿撰并八分書。開元二十四年五月。

第一千一百一　唐御注道德經一　明皇撰并御書。諸王書額〔二九〕。開元二十四年八月。懷州本。

第一千一百二　唐御注道德經二

第一千一百三　唐御注道德經三

第一千一百四　唐御注道德經四

第一千一百五　唐御注道德經五

第一千一百六　唐御注道德經六

第一千一百七　唐御注道德經七

第一千一百八　唐御注道德經八

第一千一百九　唐御注道德經九

第一千一百十　唐御注道德經十

第一千一百十一　唐元氏令龐公清德頌　邵混之撰，蔡有鄰八分書。開元二十四年八月〔三〇〕。

（龐公名履温。）

第一千一百十二　唐大智禪師碑　嚴復撰〔三一〕，史惟則八分書〔三二〕。開元二十四年九月。〔案〕

金石文字記云：「嚴挺之撰。」

第一千一百十三　唐大智禪師碑陰　陽伯成撰，史惟則八分書。開元二十九年立附〔三三〕。
第一千一百十四　唐盧奂聽事讚〔三四〕　明皇撰并行書。開元二十四年十月。
第一千一百十五　唐盧奂謝表并批詔　表，正書，無姓名。詔，行書。
第一千一百十六　唐潁王府司馬蕭擢墓誌　正書，無書、撰人姓名。開元二十四年十月。
第一千一百十七　唐館陶令徐君遺愛頌　張孚撰，宋瑗八分書〔三五〕。開元二十四年十月。
第一千一百十八　唐普照王寺碑　李邕撰并行書。開元二十四年十二月。咸通中重刻。
第一千一百十九　唐崔禹傳〔三六〕　權倕撰，党撫八分書。開元二十五年春。
第一千一百二十　唐扶陽郡太君韋夫人碑　韓休撰。八分書，姓名殘缺。開元二十五年四月。
第一千一百二十一　唐萬回神跡記　徐彦伯撰，史惟則八分書。開元二十五年五月。
第一千一百二十二　唐傳菩薩戒頌　楊仲昌撰，沙門温古行書。開元二十五年六月。
第一千一百二十三　唐懷道律師碑　李邕撰并行書。開元二十五年七月。
第一千一百二十四　唐玄覽律師碑　徐安貞撰、褚庭誨正書。開元二十五年八月。
第一千一百二十五　唐智遠律師塔銘　啖彦珍撰，陳環行書〔三七〕。開元二十五年九月。

△第一千一百二十六　唐八馬坊碑　郗昂撰，韋崇訓行書。

第一千一百二十七　唐八馬坊碑陰

第一千一百二十八　唐真定令杜府君遺愛頌　李琚撰并八分書。上三碑，皆開元二十五年。

第一千一百二十九　唐尉遲迥廟碑　閻伯璵撰序〔三八〕，顏真卿撰銘〔三九〕，蔡有鄰八分書。開元二十六年正月。

第一千一百三十　唐尉遲迥碑陰上〔四〇〕　孫士良撰，蔡有鄰八分書。開元二十六年二月。

第一千一百三十一　唐尉遲迥碑陰下（士良，迥之玄孫也，作「孫」誤。）

第一千一百三十二　唐大行禪師玄德幢銘〔四一〕　韓覃撰并行書。開元二十六年二月。

第一千一百三十三　唐大行禪師義訓〔四二〕　何榮光行書。開元二十六年二月〔四三〕。

第一千一百三十四　唐許王素節碑　李邕撰，孫夔國公隨行書。開元二十六年四月。（許王，高宗第三子。）

第一千一百三十五　唐張嘉貞後碑上　李邕撰，蔡有鄰八分書。開元二十六年四月。

第一千一百三十六　唐張嘉貞後碑下

第一千一百三十七　唐張嘉貞碑陰上　陸據撰〔四四〕，蔡有鄰八分書。

第一千一百三十八　唐張嘉貞碑陰下

第一千一百三十九　唐實諦寺碑　撰人姓名殘缺。蘇靈芝行書。開元二十六年六月。

第一千一百四十　唐明皇誡牧宰敕　八分書，無姓名。開元二十六年六月。

第一千一百四十一　唐洛陽縣食堂記　裴總述，韓擇木八分書。開元二十六年七月。

第一千一百四十二　唐益州大千秋觀碑　李邕撰，管卿行書。開元二十六年七月。

第一千一百四十三　唐千秋觀碑陰

第一千一百四十四　唐任城縣橋亭記　游芳撰，王子言八分書。開元二十六年閏八月。

第一千一百四十五　唐定進巖碑　嚴浚撰，蔡有鄰八分書。開元二十六年十月。

第一千一百四十六　唐濟源令李造遺愛頌　梁涉撰，徐浩正書。開元二十六年十一月。

第一千一百四十七　唐重脩李造遺愛碑記　高從規撰，高從彦正書。貞元二十一年立附。

第一千一百四十八　唐江州刺史戴希謙墓誌　從子休璇撰〔四五〕，次子崿八分書。開元二十六年十一月。

第一千一百四十九　唐述靈記　張嘉祐撰。行書，無姓名。開元二十七年三月。

第一千一百五十　唐李適之清德頌　蕭誠行書〔四六〕。開元二十七年三月。

第一千一百五十一　唐李適之碑陰記　吕巖説撰，郭瓘正書。開元二十七年六月。

第一千一百五十二　唐易州鐵象頌　王端撰〔四七〕，蘇靈芝行書。開元二十七年五月〔四八〕。

第一千一百五十三　唐長孫君夫人李氏墓誌　正書，無書、撰人姓名。開元二十七年八月。

第一千一百五十四　唐孝經雙石臺碑　楊諫撰，劉景廉八分書。開元二十七年九月。

△第一千一百五十五　唐忠武將軍王晪墓誌　行書，無書、撰人姓名。開元二十七年十月。

第一千一百五十六　唐太原尹王冰墓誌　崔宗之撰并行書。開元二十七年十月。

第一千一百五十七　唐叢臺賦　嚴浚撰，蔡有鄰八分書。開元二十七年。

第一千一百五十八　唐薛僅善政頌　徐季鷄文，崔黄中行書。開元二十七年。

第一千一百五十九　唐内常侍趙泰宗碑　男尚容撰，胡秀八分書。開元二十八年二月。

第一千一百六十　唐幽州刺史元懷景碑　皇甫彬撰。正書，無姓名。開元二十八年二月。

第一千一百六十一　唐將軍慕容嘉勖墓誌　馮璩撰。正書，無姓名。開元二十八年二月。

第一千一百六十二　唐牛仙客父祖贈官記　彭杲撰，褚庭誨行書。開元二十八年二月。

（仙客父意，祖會，皆見前。）

△第一千一百六十三　唐淄州開元寺碑　李邕撰并行書。開元二十八年七月。

第一千一百六十四　唐太子賓客龐承宗碑　蘇頲撰，梁昇卿八分書。開元二十八年八月。

第一千一百六十五　唐易州刺史田琬德政碑〔四九〕　徐安貞撰，蘇靈芝行書〔五〇〕。開元二十八年十月。

△第一千一百六十六　唐吏部尚書楊仲昌碑　席豫撰，鄔繇篆書。開元二十八年。（仲昌，元琰子也[五一]。）

第一千一百六十七　唐楊仲昌後碑　韓擇木八分書。大曆六年七月建附。

△第一千一百六十八　唐唐儉碑　行書[五二]，無書、撰人姓名。開元二十九年二月。

第一千一百六十九　唐安公美政頌　撰人姓名殘缺。房璘妻高氏書。開元二十九年三月。（安公名庭堅。）

第一千一百七十　唐玄元皇帝應現碑　八分書，無姓名。開元二十九年六月。

第一千一百七十一　唐夢真容敕　正書，無姓名。開元二十九年六月。

第一千一百七十二　唐夢真容碑　吴郁正書。開元二十九年六月。

第一千一百七十三　唐夢真容碑　蘇靈芝行書。開元二十九年六月。

第一千一百七十四　唐石壁寺鐵彌勒像頌　林諤撰，房璘妻高氏行書。開元二十九年六月。〔案〕「頌」字本闕，從金石文字記增。

第一千一百七十五　唐章仇公脩玉局觀碑　夏侯銛撰，管卿行書。開元二十九年七月。（章仇公名兼瓊。）

第一千一百七十六　唐崇福觀魏尊師碑　宋遥撰。八分書，姓名殘缺。開元二十九年九月。

第一千一百七十七　唐尚書省郎官廳石記　陳九言撰〔五三〕，張旭正書。開元二十九年十月。

第一千一百七十八　唐郎官題名上

第一千一百七十九　唐郎官題名下

第一千一百八十　唐裴大智碑　李邕撰，蕭誠行書。開元二十九年十一月。

第一千一百八十一　唐候臺記　梁德裕撰，蘇靈芝行書。

第一千一百八十二　唐扶溝令馬光淑頌　崔顥撰。八分書，姓名殘缺。

第一千一百八十三　唐掖縣令趙公德政頌　行書，無撰人姓名〔五四〕。

第一千一百八十四　唐潁考叔碑　劉彙撰，李琚八分書。上四碑，并開元二十九年立。

第一千一百八十五　唐延安縣幽堂碑　王光庭撰，于經野正書。

△第一千一百八十六　唐龍門西龕石像銘　張九齡撰。八分書，姓名殘缺。

第一千一百八十七　唐魏文侯廟碑　楊仲昌撰，田琦八分書。

第一千一百八十八　唐述聖頌　達奚珣撰序，吕向銘并正書。

△第一千一百八十九　唐金仙長公主碑　徐嶠之撰〔五五〕，明皇行書。（公主，睿宗第九女。）

第一千一百九十　唐韓公井碑記〔五六〕　正書，無書、撰人姓名。（韓公名朝宗。）

第一千一百九十一　唐龍興寺浄土院碑　李邕撰，韋同八分書。上七碑，皆開元中立。

△第一千一百九十二　唐雲麾將軍李秀碑〔五七〕　李邕撰并行書。天寶元年正月〔五八〕。

第一千一百九十三　唐大照禪師碑　盧僎撰，史惟則八分書。天寶元年二月。

第一千一百九十四　唐大照禪師碑上　李邕撰并行書。天寶元年二月。

第一千一百九十五　唐大照禪師碑下　碑在嵩岳寺〔五九〕。

第一千一百九十六　唐真容應現碑　陳知温行書。天寶元年二月。

第一千一百九十七　唐鄂州刺史盧府君碑　李邕撰并行書。天寶元年二月。（盧府君名正道。）

第一千一百九十八　唐興州司馬王府君碑　郭子晉撰，趙崇德行書。天寶元年二月。

第一千一百九十九　唐桐柏觀碑　崔尚撰，韓擇木八分書。明皇正書題額。天寶元年三月。

第一千二百　唐脩東鎮沂山記　范正則撰并八分書。天寶元年三月。

校證

〔一〕薛僅　吕本作「薛瑾」。

〔二〕開元十五年　「十五」，原作「十」，吕本、三長物齋本皆作「十五」。據前後碑之編次，當以「十五」爲是，據改。

〔三〕馮靈仙　「馮」，吕本作「馬」。

〔四〕郙　宋本作「那」，下「一千二十二唐盧舍郙珉像碑下」同。

〔五〕三月　吕本作「二月」。

〔六〕賈彦璿　姓纂卷七有賈彦璿，爲唐工部員外。

〔七〕七月　吕本作「正月」，依編次，吕本是。

〔八〕四月　顧校「四」改「正」。

〔九〕碑陰　三長物齋本「碑」上有「紀聖銘」三字。

〔一〇〕八分書　宋本無「八分」二字。

〔一一〕于孺卿　顧校於「孺」旁注「儒」。全唐文卷三九九、姓纂卷二皆作「儒」，御史臺題名考卷二作「孺」。

〔一二〕三月　三長物齋本作「二月」。

〔一三〕曇榮禪師碑　此碑以下至蕭灌碑五篇，宋本、吕本、三長物齋本排列次序與此本不同，其篇次爲：第一千四十一唐蕭灌碑，第一千四十二唐曇榮禪師碑，第一千四十三唐麓山寺碑，第一千四十四唐冠軍大將軍臧希亮碑，第一千四十五唐貞法師旌德記。

〔一四〕蘇峴　宋本、吕本作「蘇晛」。

〔一五〕臧希亮　「希」，三長物齋本作「懷」，又各本卷二十六「跋尾」分目及正文皆作「懷」，「希」

字誤。

〔一六〕蕭灌　「灌」，三長物齋本作「瓘」。新唐書宰相世系表一下作「灌」，新唐書蕭鈞傳作「瓘」。

〔一七〕梁昇卿八分書　「昇」，原作「升」。全唐文卷三五七、全唐詩卷一二四及新唐書韋安石傳皆作「昇」，據改。又宋本、吕本、三長物齋本此句下皆有「開元十八年五月」一句。

〔一八〕具　宋本作「某」。

〔一九〕上二碑皆開元十八年　吕本删「上二碑皆」四字。

〔二〇〕寧王　睿宗長子李憲，玄宗開元四年封爲寧王，死後又追謚爲讓皇帝。見舊唐書睿宗諸子傳。

〔二一〕崔廷玉　「廷」，宋本、吕本作「庭」，新唐書宰相世系表二下亦作「庭」。

〔二二〕碑在河中府　顧校云：「非趙氏元文。」

〔二三〕二十二年　「跋尾」作「二十三年」，説見卷二十六「校證」〔二九〕。

〔二四〕二十二年　吕本與集古録皆作「二十一年」。

〔二五〕吕獻誠　吕本作「吕誠獻」，原校「誠」改「承」。

〔二六〕宋儋　「儋」，原作「澹」。吕本、三長物齋本作「儋」，全唐文卷三九六、書小史卷九、書史會要卷五亦皆作「儋」，據改。

〔二七〕盧自勸　「勸」，三長物齋本作「勵」。

〔二八〕唐令長新戒　集古録定其所作之時爲「開元中」。又云：「新戒凡六，其一河内，其二虞城，其三不知所得之處，其四汜水，其五穰，其六舞陽。」

〔二九〕諸王書額　顧校於「額」旁注「注」字。

〔三〇〕八月　萃編所載龐履温碑末云：「開元二十四年，歲在困敦，律中夾鍾□□建。」案禮記月令云：「仲春之月……其音角，律中夾鍾。」是建碑當在二月。趙注誤。

〔三一〕嚴復　顧校於「復」旁注「濬」。「濬」同「浚」，嚴挺之名浚。金石文字記、萃編皆以碑文爲挺之所撰，與顧校正合。疑原刻誤。

〔三二〕八分書　金石文字記下有「并篆額」三字。

〔三三〕二十九年　金石文字記謂「二十九年五月」。

〔三四〕聽事　「聽」，吕本與集古録皆作「廳」。

〔三五〕宋瑗　「宋」，宋本作「朱」。「瑗」，吕本作「爰」。

〔三六〕崔禹　三長物齋本「崔」上有「坊州刺史」四字。

〔三七〕陳環　「環」，吕本作「瓌」。

〔三八〕閻伯璵撰序　宋本無此五字。

〔三九〕顏真卿撰銘　宋本無「銘」字。

〔四〇〕尉遲迴　顧校於「迴」下增「廟」字。

〔四一〕大行禪師　顧校於「大」旁注「太」。下同。

〔四二〕義訓　三長物齋本「義」下有「方」字。

〔四三〕二月　吕本作「三月」。

〔四四〕陸據撰　吕本無此三字。

〔四五〕休璇　顧校「璇」改「琁」。郎官題名考「璇」、「琁」、「珽」三字雜作。

〔四六〕蕭誠　「誠」，原作「城」，誤。吕本、三長物齋本作「誠」，新唐書宰相世系表一下及此本第一千一百八十篇題注亦皆作「誠」，因據改。

〔四七〕王端　「端」，宋本、吕本作「湍」。全唐文卷三六二、登科記考卷八有王端，書史會要卷五有王湍，未知孰是。

〔四八〕開元二十七年五月　此碑與上碑「開元二十七年六月」叙次應誤。

〔四九〕田琬　原作「田仁琬」。三長物齋本作「田琬」，其案語云：「碑無『仁』字。」萃編所載碑文正無「仁」字，據删。

〔五〇〕徐安貞撰蘇靈芝行書　徐安貞，即徐楚璧。「行書」，校碑作「正書」。

〔五一〕元琰　「琰」，三長物齋本原作「炎」，據新、舊唐書本傳改。

〔五二〕行書　校碑作「正書」。

〔五三〕陳九言　「陳」，原作「張」，吕本作「陳」，全唐文卷三六五、姓纂卷三、御史臺題名考卷二皆作「陳」，據改。

〔五四〕無撰人姓名　各本皆同。據本書通例，「撰」上當有「書」字。

〔五五〕徐嶠之　各本皆同，顧校删「之」字。案新唐書儒學傳中謂徐嶠爲齊聃孫，湖州長城人，開元中爲集賢院直學士、中書舍人、河南尹，封慈源縣公；全唐文卷四四五載張式東海徐公神道碑銘謂徐嶠之爲徐浩父，任銀青光禄大夫、洛州刺史，贈左散騎常侍，是嶠與嶠之顯爲兩人，而舊唐書徐浩傳乃將浩父之名書作「嶠」，可見二者易致混淆。然各本卷二十七「跋尾」亦皆作「嶠之」，顧未出校，是趙注不誤。

〔五六〕碑　宋本無此字。

〔五七〕李秀　金石文字記引孫承澤春明夢餘録曰：「李秀，字元秀，范陽人，以功拜雲麾將軍、左豹韜衛、翊府中郎將，封遼西郡開國公。開元四年卒，葬范陽之福禄鄉。此碑爲靈昌郡太守李邕文并書，逸人太原郭卓然模勒并題額。」

〔五八〕天寶元年正月　據卷二十七「跋尾」所云，「年」字趙氏所見碑文原作「載」。又據岑仲勉考定，此碑寫成于天寶元年二月以後，説見卷二十七「校證」〔八〕。

〔五九〕碑在嵩岳寺　宋本「碑在」下有「□州」二字。顧校云：「非趙氏元文。」

金石録卷第七

目録七

唐

第一千二百一　唐兖公頌　張之宏撰，包文該正書。天寶元年四月。（兖公〔一〕，謂顔淵也。）

第一千二百二　唐韓賞祭華嶽文　韓擇木八分書。天寶元年四月。在華山〔二〕。

第一千二百三　唐法現禪師碑　李通文撰，吕向正書。天寶元年九月。

第一千二百四　唐靈巖寺頌　李邕撰并行書。天寶元年〔三〕。

第一千二百五　唐蒙泉湯記　趙冬曦撰。八分書，姓名殘缺。天寶二年三月。

第一千二百六　唐監察御史李希倩碑　李邕撰，梁昇卿八分書，徐浩篆額。天寶二年四月。

第一千二百七　唐立後漢世祖祠堂記　張邈撰，梁遊楚八分書。天寶二年四月。

第一千二百八　唐玉真公主脩功德頌　李成裕撰，吴郁行書。天寶二年七月。（公主，睿宗第十女。）

第一千二百九　唐金籙齋頌　崔明允撰，史惟則八分書。天寶二年十月。碑在晉州〔四〕。

第一千二百十　唐立漢樊君祠堂碑　王利器撰，史惟則八分書，徐浩篆額。天寶二年十月〔五〕。（樊君，漢舞陽侯噲也。）

第一千二百十一　唐讀樊丞相傳詩　鄭炅之撰，胡霈八分書〔六〕。天寶二載〔七〕。〔案〕别本作「鄭靈芝撰」。「胡霈」疑是「胡霈然」，但金石略不著其曾書此。（丞相，即樊噲。）

第一千二百十二　唐玉真公主受道祥應記　蔡瑋撰，蕭誠行書。天寶二載。

第一千二百十三　唐襄陽令厙狄履温頌　周擇從撰，蕭誠行書。天寶三載正月。

△第一千二百十四　唐嵩陽觀紀聖德頌上　李林甫撰，徐浩八分書。天寶三載二月。〔案〕金石文字記有「裴迴題額」〔八〕。

第一千二百十五　唐嵩陽觀紀聖德頌下

第一千二百十六　唐香谷渠記　撰人姓名殘缺。史惟則書篆。天寶三載二月。

第一千二百十七　唐靈州都督李琳碑上　撰人姓名殘缺。杜温元八分書〔九〕。天寶三載析木月〔一〇〕。

第一千二百十八　唐李琳碑中

第一千二百十九　唐李琳碑下

第一千二百二十　唐真源觀鐘銘　明皇撰并八分書。天寶三載六月。

第一千二百二十一　唐資州刺史韋光碑　趙良器撰，族子若訥八分書。天寶三載七月。

第一千二百二十二　唐宓子賤碑　李少康撰，李景參正書。天寶三載七月。

第一千二百二十三　唐小魯真人僊解謠　魯國清述，陳錫正書。天寶三載七月。（真人名成。）

△第一千二百二十四　唐駙馬都尉豆盧建碑　張垍撰，韓擇木八分書。天寶三載八月〔一一〕。

第一千二百二十五　唐封孔子弟子詔上　吕巖説撰記，□□正書〔一二〕。天寶三載十二月。

第一千二百二十六　唐封孔子弟子詔下

△第一千二百二十七　唐陳隱王祠堂記　張謂撰。八分書，無姓名。天寶三載。

第一千二百二十八　唐常覺寺銅鐘銘　韋迥撰并八分書。天寶四載五月〔一三〕。

第一千二百二十九　唐窣堵波幢銘　劉仲丘撰，薛希昌八分書〔一四〕。天寶四載七月。

第一千二百三十　唐明皇注孝經一　明皇八分書〔一五〕。天寶四載九月。

第一千二百三十一　唐明皇注孝經二

第一千二百三十二　唐明皇注孝經三

第一千二百三十三　唐明皇注孝經四
第一千二百三十四　唐郇國公碑　季子適之撰，史惟則篆書。天寶四載九月〔一六〕。（郇國公，太宗孫，名象。）
第一千二百三十五　唐北齊范陽令宋君碑　郭慎微撰，史惟則八分書。天寶四載十月。
第一千二百三十六　唐善才寺大德玄秘塔碑　楊琦撰，張乾護八分書。天寶五載四月。
第一千二百三十七　唐故一切導師碑　撰人姓名殘缺。沙門智謙行書。天寶五載六月。
第一千二百三十八　唐洪福寺彌勒像碑　韓滉撰并正書。天寶五載七月。
第一千二百三十九　唐潁陽觀碑　張粲撰，史惟則八分書。天寶五載七月〔一七〕。
第一千二百四十　唐陳留郡太守徐惲碑　李邕撰，徐浩行書。天寶五載八月。〔案〕「徐」字從葉本，與金石略正同。謝本誤作「陳」。
第一千二百四十一　唐貪泉銘　陳元伯撰〔一八〕，薛希昌八分書。天寶五載八月。
第一千二百四十二　唐蒙山祠記　李瑗撰，上官燦行書。天寶五載十一月。
△第一千二百四十三　唐崔潭龜詩　蔡有鄰八分書。天寶五載十一月。
第一千二百四十四　唐孝子尹仁恕旌表闕文　行書，無姓名。
第一千二百四十五　唐尹氏孝德記　張柬之撰。正書，無姓名。（尹氏仁述，曾祖養伯，祖怦，父慕先也，四世孝子，皆武后時旌。）
第一千二百四十六　唐西河太守杜公遺愛碑　書、撰人姓名殘缺。上三碑，皆天寶五載。
第一千二百四十七　唐張尊師碑　何思遠撰，郭懷漸行書。天寶六載正月。（張尊師名敬忠。）
第一千二百四十八　唐薛氏追贈夫人碑　房琯撰，王曾八分書。天寶六載二月。
第一千二百四十九　唐洛祠志　行書，無書、撰人姓名。天寶六載三月。在同州〔一九〕。
第一千二百五十　唐明禪師院石燈臺頌　正書，無書、撰人姓名。天寶六載六月。
第一千二百五十一　唐王四娘塔銘　裴炫詞，張少悌行書。天寶六載六月。
第一千二百五十二　唐潯陽郡司馬程玄封碑〔二〇〕　邢韶撰，徐浩行書。天寶六載七月。碑在西京上東門外三里道北積閏村〔二一〕。
第一千二百五十三　唐開梁公堰頌上　祁順之撰，徐浩八分書并篆額。天寶六載七月。（梁公名，見前。）
第一千二百五十四　唐開梁公堰頌下
第一千二百五十五　唐梁公堰碑陰記　平致和撰并正書。
△第一千二百五十六　唐貞一先生廟碣　衛憑撰，薛希昌八分書。天寶六載七月。（貞一，司馬承禎也。）

第一千二百五十七　唐太一寺功德頌　裴炫撰并八分書。天寶六載十月。〔案〕「并」字從葉本增。

第一千二百五十八　唐顔惟貞碑　陸據撰，蔡有鄰八分書。天寶六載十月。

第一千二百五十九　唐林慮縣記　正書，無書、撰人姓名。天寶六載。〔案〕别本「縣」作「縣」。

第一千二百六十　唐北海太守竇誠盈碑　徐浩撰并八分書題額，李遇正書。天寶七載正月。

第一千二百六十一　唐尊勝陀羅尼經　正書，無姓名。天寶七載二月。

第一千二百六十二　唐濟源令房公遺愛頌〔三〕　平洌撰，徐浩行書。天寶七載二月。

第一千二百六十三　唐孝女雙石樓記　張璿之撰。正書，姓名殘缺。天寶七載三月。（孝女，東漢蜀郡太守王子雅之二女也。）

第一千二百六十四　唐安天王碑陰　八分書，無姓名。天寶七載七月〔三〕。〔案〕金石文字記云：「封安天王之銘，李荃撰；碑陰文，康傑撰；戴千齡八分書。」（安天王，北嶽神也。）

第一千二百六十五　唐度人經　八分書，無姓名。天寶七載七月。

第一千二百六十六　唐乘真禪師碑　王雄風撰，胡霈然行書。天寶七載八月。

第一千二百六十七　唐百家巖寺記　崔禹錫撰，劉軫行書。天寶七載九月。

第一千二百六十八　唐太子司議郎王元碑〔二四〕　李華撰，朱燦八分書。天寶七載十月。

第一千二百六十九　唐任丘縣令王公清德碑　傅衡之文〔二五〕，崔倚正書。天寶八載正月。

第一千二百七十　唐百家巖寺碑　崔巨撰，崔倚正書。天寶八載二月。

第一千二百七十一　唐陽城郡太守公奭碑　馮用之撰，韓擇木八分書，衛包篆額。天寶八載五月。

第一千二百七十二　唐郭先生碑　李造撰，徐浩行書。天寶八載七月。

第一千二百七十三　唐徐嶠之碑　李邕撰，季子浩正書。天寶八載十月。

第一千二百七十四　唐美原縣夫子廟碑　王巖撰并行書。天寶八載十二月〔二六〕。

第一千二百七十五　唐華嶽碑堂脩飾記　衛包撰并正書。天寶九載正月。

第一千二百七十六　唐金天王廟靈異述　衛包撰并正書。天寶九載四月。（金天王，西嶽神也。）

第一千二百七十七　唐鄭預注心經　正書，無姓名〔二七〕。天寶九載四月。

第一千二百七十八　唐靈臺觀金籙齋頌　衛包撰并篆書〔二八〕。天寶九載四月。

第一千二百七十九　唐靈臺觀脩三方功德頌　衛包撰并篆書。天寶九載四月。在華州〔二九〕。

第一千二百八十　唐華嶽廟古松詩　衛包撰并篆書〔三〇〕。

第一千二百八十一　唐陳隱王祠碣　衛憑撰。八分書，無姓名。天寶九載五月。

第一千二百八十二　唐尊勝石幢銘　崔恁撰，王士則八分書。天寶九載六月。

第一千二百八十三　唐瑶臺寺敕書　八分書，無姓名。天寶九載十月。

第一千二百八十四　唐陳太丘祖德碑　系孫兼撰序，伾撰銘，伾子膺書。天寶九載十一月。

第一千二百八十五　唐内常侍陳叔文碑　李邕撰，劉泰行書〔三一〕。天寶九載十一月。碑在京兆府〔三二〕。

第一千二百八十六　唐開元寺浄土堂碑　張泉撰，吴郁行書。天寶九載十二月。

△第一千二百八十七　唐劉飛造像記　史惟則八分書。天寶九載十二月。

第一千二百八十八　唐西河太守劉寂德政頌　孫宰撰〔三三〕，鄔彤行書。天寶九載。

△第一千二百八十九　唐棣王墓誌　王齊同撰，韓擇木八分書。天寶十載二月。（棣王名琰〔三四〕，玄宗第三子。）

第一千二百九十　唐康珽告　徐浩行書。天寶十載三月。

第一千二百九十一　唐宓子賤碑　賈至文，梁耿篆書。天寶十載四月。

第一千二百九十二　唐七祖堂碑　陳章甫撰，胡霈然行書。天寶十載四月。

第一千二百九十三　唐明禪師碑　鄭炅之撰，徐浩正書。天寶十載七月。

△第一千二百九十四　唐金城寺放生池碑　八分書，書、撰人姓名殘缺。天寶十載七月。

第一千二百九十五　唐淄川郡述德記并詩序　序，崔尚祖撰〔三五〕；記，崔器撰。天寶十載九月。

第一千二百九十六　唐張君神碑　王靈岳撰序，宋昱銘，李史奂正書。天寶十載十月。

第一千二百九十七　唐新安郡太守張公碑　韋述撰，徐浩正書，史惟則篆。天寶十載十月〔三六〕。

第一千二百九十八　唐曹溪能大師碑　宋泉撰，史惟則八分書。天寶十一載二月。

第一千二百九十九　唐玄隱律師塔銘　徐浩撰并正書。天寶十一載二月。

第一千三百　唐工部尚書郭虛己碑　顏真卿撰并正書。

第一千三百一　唐河南府參軍郭揆碑　顏真卿撰并正書。天寶十一載三月。（揆，虛己子也。）

第一千三百二　唐東光縣主碑　李華撰，徐浩八分書。天寶十一載閏三月。

△第一千三百三　唐多寶塔感應碑　岑勛撰，顏真卿正書。天寶十一載四月。

△第一千三百四　唐滎陽王妣朱氏墓誌　洪孝偉撰，韓擇木正書。天寶十一載七月。

第一千三百五　唐大智禪師碑　嚴浚撰，胡霈然集王右軍書。天寶十一載八月。

第一千三百六　唐鉅鹿郡夫人魏氏墓誌　李楨撰〔三七〕，薛邕八分書。天寶十一載九月。

第一千三百七　唐明皇賜道士蔡守冲詩　并謝表批答，行書。天寶十一載九月。

第一千三百八　唐明皇賜上黨故吏敕書　天寶十一載十月。

第一千三百九　唐杜夫人碑　翟頙撰〔三八〕，徐浩正書。天寶十一載十月。〔案〕葉本作「瞿頎撰」。

第一千三百十　唐處子瑗墓誌　行書，無書、撰人姓名。天寶十一載十一月。

第一千三百十一　唐瑶臺寺大德碑　撰人姓名殘缺。韓擇木八分書。天寶十一載十二月。（大德名圓寂。）

第一千三百十二　唐四禪寺萬菩薩像記　趙子餘撰，林混元八分書。天寶十一載。

第一千三百十三　唐冶浦橋記　蔡希綜撰并行書。天寶十二載正月。

第一千三百十四　唐上黨啓聖宮頌上　明皇撰并八分書。天寶十二載二月。

第一千三百十五　唐啓聖宮頌下

△第一千三百十六　唐武部尚書楊珣碑上　明皇撰并八分書。天寶十二載八月。（珣，國忠父也。）

第一千三百十七　唐楊珣碑中

第一千三百十八　唐楊珣碑下

第一千三百十九　唐長孫公崔夫人墓誌　行書，無書、撰人姓名。天寶十二載八月。

第一千三百二十　唐哥舒翰等造阿彌陀經　正書，無姓名。天寶十二載九月。

△第一千三百二十一　唐宇文顥山陰述　竇公衡撰，史惟則八分書。天寶十三載。

第一千三百二十二　唐贈文部郎中薛悌碑　蘇頌撰〔三九〕，徐浩八分書。天寶十三載二月。

第一千三百二十三　唐栖霞山亭記　史翊撰，韓畛八分書。天寶十三載七月。

第一千三百二十四　唐立巫馬期碑　賈賁撰，韓畛八分書。天寶十三載十月。

第一千三百二十五　唐西楚霸王祠堂頌　賀蘭進明撰，賀蘭誠書。天寶十三載十月。

第一千三百二十六　唐東方朔畫贊上　夏侯湛撰，顔真卿正書。天寶十三載十二月。

第一千三百二十七　唐東方朔畫贊下

第一千三百二十八　唐畫贊碑陰記上　顔真卿撰并正書。

第一千三百二十九　唐畫贊碑陰記下

第一千三百三十　唐資州刺史裴仲將碑　陸據撰，徐浩八分書并篆。

第一千三百三十一　唐宇文顥山陰述　竇公衡撰，史惟則八分書。上兩碑，皆天寶十三載。

〔案〕已見上一千三百二十一，此重出。

△第一千三百三十二　唐永陽郡太守姚奔碑〔四〇〕　達奚珣撰，徐浩正書并八分題額。天寶十四載二月。（奔，崇子也。）

第一千三百三十三　唐苗公歸鄉記　撰人姓名殘缺。胡霈然八分書。天寶十四載二月。

第一千三百三十四　唐淮陰太守趙悦遺愛碑　張楚金撰。行書，無姓名。

第一千三百三十五　唐趙悦碑陰　王昕撰。

第一千三百三十六　唐蘇源明正德表〔四一〕　無撰人。周良弼八分書。上三碑，皆天寶十四載。〔案〕葉本作「正德表」，金石略亦同。

第一千三百三十七　唐玄儼律師碑　萬齊融撰，徐浩行書。天寶十五載六月。

第一千三百三十八　唐壽張令劉公仁政頌　無撰人姓名。周良弼八分書。

第一千三百三十九　唐李峰途經劍門詩　程昂正書。上二碑，皆天寶十五載。

第一千三百四十　唐徐浩題經　天寶中立。

第一千三百四十一　唐明皇注金剛經上　八分書，無姓名。

第一千三百四十二　唐明皇注金剛經中

第一千三百四十三　唐明皇注金剛經下

第一千三百四十四　唐石經藏贊　蔡有鄰等八分并正書。

第一千三百四十五　唐襄陽令盧君德政碑　閻寬文，史惟則八分書。（盧君名僎，官襄州長史，非襄陽令。）

第一千三百四十六　唐襄州牧獨孤册遺愛頌　李邕撰，蕭誠行書。

第一千三百四十七　唐鶺鴒頌　明皇撰并行書。

第一千三百四十八　唐宴濟瀆記〔四一〕　達奚珣撰，薛希昌八分書。

第一千三百四十九　唐明皇上黨宫宴群臣故老詩　行書。

第一千三百五十　唐明皇謁玄元廟詩　行書。

第一千三百五十一　唐觀世音像碑　陶翰撰，徐浩正書。

△第一千三百五十二　唐雲門山投龍詩　趙居貞撰。行書。上十碑，皆天寶中立。

第一千三百五十三　唐烏程令韋君德政碑　沈務本撰，沈仲昌正書。肅宗至德二載二月。（韋君名承慶。）

第一千三百五十四　唐金剛經　鄔彤行書。乾元元年八月〔四三〕。

第一千三百五十五　唐尊勝經上　序，沈洽撰。鄔彤行書。乾元元年八月立〔四四〕。

第一千三百五十六　唐尊勝經下

第一千三百五十七　唐祭姪季明文　顔真卿撰并行書。乾元元年九月〔四五〕。（季明，杲卿子也。）

第一千三百五十八　唐祭伯父濠州刺史文　顔真卿撰并行書。乾元元年十月〔四六〕。（濠州名元孫，杲卿之父，真卿世父也。）

第一千三百五十九　唐金天王題名　顔真卿正書。乾元元年十月〔四七〕。

第一千三百六十　唐南曳訓　祁順之撰，皇三從姪延宥正書。乾元二年三月。

第一千三百六十一　唐五原太守郭英奇碑　蘇預撰銘，顧誠奢八分書。韋述撰序。乾元二年五月〔四八〕。（英奇，知運次子也。）

第一千三百六十二　唐任城尉韋公惠愛記　苗藏緒撰〔四九〕。正書，無姓名。乾元二年五月。

第一千三百六十三　唐城隍神祠記　李陽冰撰并篆書。乾元二年八月。

△第一千三百六十四　唐忘歸臺銘　李陽冰撰并篆書。

第一千三百六十五　唐贈鴻臚卿魯仲瑜墓誌　賴棐撰，姚南仲行書。乾元二年九月。

第一千三百六十六　唐鄭陳節度使彭元曜墓誌　李潮撰并八分書。乾元二年十一月。

第一千三百六十七　唐岑先生銘　嚴浚撰。正書，無姓名。乾元三年四月。

第一千三百六十八　唐蘄州刺史杜敏生祠頌　張粲撰，史惟則八分書。乾元三年五月。

第一千三百六十九　唐楚州脩城記　范昭撰，鄭蕚正書。上元元年七月。

第一千三百七十　唐縉雲縣孔子廟記　李陽冰撰并篆書。上元元年七月。

第一千三百七十一　唐王公城河中頌　陳翃撰〔五〇〕，盧耿正書。上元元年十月。〔案〕本作「陳翊」，何氏改作「翃」。

第一千三百七十二　唐梁思楚碑　郭翥撰，梁思楚集王右軍書〔五一〕。上元元年十月。

第一千三百七十三　唐工部尚書來曜碑　張鎬撰序，蕭昕撰銘，韓擇木八分書，肅宗御篆額。上元二年正月。

第一千三百七十四　唐王粲石井欄記　甄濟文，彭朝議行書。上元二年七月。後記：其一，于頔文，胡証八分書，貞元十七年六月〔五二〕；其二，盧鈞撰，正書，會昌二年四月附。

△第一千三百七十五　唐渭南令路公遺愛表　蘇源明撰。行書。上元二年。

△第一千三百七十六　唐呂公祠廟碑　衛密撰，顧誠奢八分書〔五三〕。上元二年。（呂公名諲。後表同。）

第一千三百七十七　唐贈太保郭敬之碑　苗晉卿撰，蕭華正書。元年建寅月〔五四〕。（敬之，子儀父也。）

第一千三百七十八　唐山谷寺璨大師碑　房琯撰，徐浩八分書。元年建辰月〔五五〕。

△第一千三百七十九　唐吕公表　元結撰，顧誠奢八分書。元年建巳月〔五六〕。

△第一千三百八十　唐玉真公主墓誌　王縉撰〔五七〕，姪粲書。元年建巳月。

第一千三百八十一　唐離堆記上　顏真卿撰并正書。寶應元年。

第一千三百八十二　唐離堆記中

第一千三百八十三　唐離堆記下

第一千三百八十四　唐顏惟貞并殷夫人贈告　子真卿正書。寶應二年十一月。

第一千三百八十五　唐鳳翔李梁公遺愛頌　房琯撰，韓擇木八分書。代宗廣德二年五月。碑在鳳翔府，今在長安〔五八〕。

第一千三百八十六　唐贈太保郭敬之廟碑　顏真卿撰并正書。廣德二年十一月。碑在京兆府〔五九〕。

第一千三百八十七　唐太尉李光弼碑　顏真卿撰，張少悌行書。廣德二年十一月〔六〇〕。

第一千三百八十八　唐澤潞李抱玉紀功碑上　元載撰，史惟則八分書。廣德二年。

第一千三百八十九　唐李抱玉紀功碑下

第一千三百九十　唐李抱玉碑陰　王志安撰，男自正正書。

第一千三百九十一　唐滑臺銘　李季卿撰，令狐彰行書。永泰元年正月。

第一千三百九十二　唐宋武受命壇記　張謂撰，陸宗八分書〔六二〕，竇蒙篆。永泰元年三月。

〔案〕葉本作「陸淙」。

第一千三百九十三　唐黄鶴樓記　閻伯瑾撰，魏萬理行書，李陽冰篆。永泰元年四月。

第一千三百九十四　唐長明燈頌　邵真撰，王世則行書并篆。永泰元年五月。

第一千三百九十五　唐怡亭銘　裴虬撰，李莒八分書，李陽冰篆。永泰元年五月。

第一千三百九十六　唐顔魯公東林題名　正書。永泰元年六月。

第一千三百九十七　唐顔魯公西林題名　正書。永泰元年六月。

第一千三百九十八　唐吏部侍郎鄭嬰齊碑　張楚金撰，史惟則八分書并篆。永泰元年十一月。

第一千三百九十九　唐富平尉韋器墓誌　趙早撰，吴通微正書。永泰二年十一月。

第一千四百　唐鄂州長史游浦碑　八分書，書、撰人姓名殘缺。永泰二年十一月。

校證

〔一〕兖公　據舊唐書禮儀志載，玄宗開元二十七年八月，追贈顔淵爲兖公。

〔二〕在華山　顧校云：「非趙氏元文。」

〔三〕元年　增補校碑謂「元年十一月」。

〔四〕碑在晉州　顧校云：「非趙氏元文。」

〔五〕十月　宋本作「二月」。顧校於「十」旁注「二」字。

〔六〕胡霈　呂本同。三長物齋本作「胡霈然」。書小史卷十亦有胡霈然。此處疑奪「然」字。

〔七〕天寶二載　宋本無此四字。又，據新唐書玄宗紀，天寶三年正月丙申朔，改「年」爲「載」，二年不應稱「載」，此處當爲趙氏誤書。下篇同。

〔八〕裴迴題額　增補校碑云：「額篆書……裴迴額。」「迴」字誤，當作「迥」。

〔九〕杜温元　「温」，宋本、三長物齋本作「混」；呂氏所據本原亦作「混」，校改作「温」。

〔一〇〕析木月　漢書律曆志下：「析木：初，尾十度，立冬。中，箕七度，小雪。」原注：「於夏爲十月。」是析木月即夏曆十月。則此碑編次應移後。

〔一一〕八月　呂本作「七月」。

〔一二〕□□正書　宋本無「□□」二字。三長物齋本作「紀王正書」。

〔一三〕五月　三長物齋本無此二字。

〔一四〕薛希昌　「昌」，原作「吕」，誤。呂本、三長物齋本皆作「昌」，後之貪泉銘書者正作「薛希昌」，據改。

〔一五〕明皇八分書　金石文字記引其前第二行題曰：「御製序并注及書。」又引其下小字曰：「皇太子臣亨奉敕題額。」是孝經序及注均爲明皇所撰，題額者爲太子李亨。

〔一六〕九月　顧校改「十月」。

〔一七〕七月　吕本作「八月」。

〔一八〕陳元伯　「元」，吕本作「九」。

〔一九〕在同州　顧校云：「非趙氏元文。」

〔二〇〕潯陽郡　「潯」，顧校改「尋」。

〔二一〕碑在西京上東門外三里道北積閏村　顧校云：「非趙氏元文。」

〔二二〕濟源令房公　吕本於「房」旁注「唐」字。

〔二三〕八分書無姓名天寶七載七月　宋本無「無姓名」三字。又，「七月」，宋本、吕本與增補校碑皆作「五月」。

〔二四〕王元　三長物齋本作「王允」。

〔二五〕傅衡之　「衡」，三長物齋本作「衍」。

〔二六〕十二月　吕本作「十一月」。

〔二七〕正書無姓名　集古録疑爲鄭預自書。

〔二八〕衛包撰并篆書　集古録云：「雖不著書人姓氏，而字爲古文，實爲包書也。」

〔二九〕在華州　顧校云：「非趙氏元文。」

〔三〇〕衛包撰并篆書　三長物齋本案云：「集古録作『韋元志撰，衛包書』。」案今本集古録未録此碑，亦無上述引語。

〔三一〕劉泰　「泰」，吕本作「秦」。

〔三二〕碑在京兆府　顧校云：「非趙氏元文。」

〔三三〕孫宰　顧校於「宰」旁注「寧」字。

〔三四〕棣王名琰　「琰」，三長物齋本原作「炎」。案新、舊唐書棣王皆名琰，此本及吕本卷二十七「跋尾」亦作「琰」，三長物齋本誤，因改正。

〔三五〕崔尚祖　宋本作「崔尚等」。吕本「祖」下有「等」字。

〔三六〕十月　宋本、吕本、三長物齋本皆作「十一月」。

〔三七〕李楨　「楨」，宋本作「禎」。顧校亦改「禎」。

〔三八〕翟頲　「頲」，宋本作「頣」。顧校於「頲」旁注「頎」字。

〔三九〕蘇頌　「頌」，宋本、吕本、錢本皆作「預」。蘇預，一名源明，新唐書有傳。

〔四〇〕姚弈　「弈」，原作「奕」。案舊唐書姚崇傳載崇有三子，名彝、异、弈，字皆從「廾」，當以作「弈」爲是，因改正。下同。

〔四一〕蘇源明正德表　「正」，三長物齋本作「貞」。

〔四二〕宴濟瀆記　萃編謂此碑建於天寶六載十二月。則編次應移前。

〔四三〕元年　宋本、吕本作「二年」。

〔四四〕元年　宋本、吕本作「二年」。

〔四五〕元年　宋本作「二年」。

〔四六〕元年　宋本、吕本作「二年」。

〔四七〕元年　宋本、吕本作「二年」。

〔四八〕五月　顧校於「五」旁注「二」字。如作「二月」，編次當移前。

〔四九〕苗藏緒　「緒」，宋本作「諸」。顧校於「緒」旁注「諸」字。

〔五〇〕陳翃　顧校於「翃」旁注「翊」字。

〔五一〕梁思楚集王右軍書　三長物齋本案云：「寶刻叢編作『衛秀集右軍書』，非思楚自集也。」

〔五二〕十七年　顧校於「七」旁注「六」字。

〔五三〕顧誠奢　宋本「誠」作「戒」。

〔五四〕建寅月　夏曆正月。

〔五五〕建辰月　夏曆三月。

〔五六〕建巳月　夏曆四月。下同。

〔五七〕王縉　顧校於「縉」旁注「晉」字。

〔五八〕碑在鳳翔府今在長安　顧校云：「非趙氏元文。」

〔五九〕碑在京兆府　顧校云：「非趙氏元文。」

〔六〇〕十一月　宋本、吕本作「十二月」。

〔六一〕陸宗「宗」，宋本、吕本、三長物齋本皆作「淙」。

金石録卷第八

目録八

唐

第一千四百一　唐庴亭銘〔一〕　元結撰，瞿令問篆書〔二〕。永泰二年十一月。

第一千四百二　唐令暉令皎二禪師塔銘　趙巷撰并正書。大曆元年二月。

第一千四百三　唐永泰寺鐘銘　崔巨撰，房集書。大曆元年十二月。

第一千四百四　唐淮南節度使崔圓頌德碑　李華撰，張從申正書。大曆二年正月。

△第一千四百五　唐京兆尹鮮于仲通碑上　顏真卿撰并正書。大曆二年正月。

第一千四百六　唐鮮于仲通碑下

第一千四百七　唐絳州刺史李公德政碑　崔巨撰，劉鈞八分書。大曆二年二月。

第一千四百八　唐峿臺銘〔三〕　元結撰。篆書，無姓名〔四〕。大曆二年六月。〔案〕元次山愛祁陽山水，名其溪曰浯溪，築臺曰峿臺，亭曰庴亭。三字各不同，此臺當作

「峿」字。

第一千四百九　唐左驍衛將軍郭英傑碑　徐浩撰，張芬正書。大曆二年七月〔五〕。（英傑，知運長子也。）

第一千四百十　唐顔魯公靖居寺題名　正書。大曆二年十月。

第一千四百十一　唐亳州刺史劉瓌碑　路薤撰，李著八分書并篆。大曆二年十月。

第一千四百十二　唐新築隴州城記　邵説撰，史惟則八分書。大曆二年十一月。

△第一千四百十三　唐慧義寺彌勒像碑上　韓佽撰，李潮八分書。大曆二年十二月。

第一千四百十四　唐彌勒像碑下〔六〕

（以上跋尾在卷第二十七）

△第一千四百十五　唐嚴浚碑　席豫撰，徐浩行書。

第一千四百十六　唐李氏移先塋碑〔七〕　李季卿撰，李陽冰篆書。

第一千四百十七　唐李氏三墳記　李季卿撰，李陽冰篆書。上三碑，皆大曆二年立。（三墳，一曜卿，字華；一字萬，一字榮，佚其名，皆季卿兄也。）

△第一千四百十八　唐郭英乂碑　元載撰，史惟則八分書。大曆三年正月。（英乂，知運季

子也。）

第一千四百十九　唐沛縣令于默成碑　子休烈撰，劉單銘，史惟則八分書。大曆三年正月。

第一千四百二十　唐魏少游碑　徐浩撰并行書。大曆三年三月。

第一千四百二十一　唐邠寧馬璘德政碑　韓雲卿撰，張少悌行書。大曆三年四月。

第一千四百二十二　唐河橋城樓記　張勛撰，李著八分書并篆。大曆三年六月。

第一千四百二十三　唐河瀆祠碑　王廷昌撰〔八〕，趙復行書。大曆三年九月。

△第一千四百二十四　唐潘孝子頌　崔稱撰，屈突寘八分書。大曆三年十月。（潘字季通〔九〕，佚其名。）

第一千四百二十五　唐禹廟碑　崔巨撰，段季展行書。大曆三年十一月。

第一千四百二十六　唐大證禪師碑　王縉撰，徐浩行書〔一〇〕。大曆四年三月〔一一〕。〔案〕金石文字記作「徐浩正書」。

△第一千四百二十七　唐萬年縣令徐昕碑　韓雲卿撰，韓擇木八分書，李陽冰篆。大曆四年三月。（昕，有功從弟也。）

△第一千四百二十八　唐富平尉顔喬卿墓碣　弟真卿撰并正書。大曆四年四月。（喬卿，真

卿之第三兄也。）

第一千四百二十九　唐徐州副元帥廳街記　嚴倰撰，蕭良童正書。大曆四年五月。〔案〕葉本作「嚴仍」。

第一千四百三十　唐王延昌碑　邵説撰，徐浩八分書。大曆四年八月。

第一千四百三十一　唐雙廟碑記〔一二〕　齊嵩撰，杜勸正書〔一三〕。大曆四年八月。

第一千四百三十二　唐贈揚州都督段府君碑　楊炎撰，蕭正正書。大曆四年十月。（段府君名寛。）

第一千四百三十三　唐立晉太尉郄公祠廟碑　十一代孫昂撰，郭昇行書。大曆四年十二月。

第一千四百三十四　唐崇徽公主手痕詩　李山甫等正書〔一四〕。（公主，僕固懷恩女也，以爲帝女，嫁於回紇。）

第一千四百三十五　唐左武衛中郎將臧希忱碑　韓擇木撰并八分書。上兩碑，皆大曆四年。（希忱，懷恪子也。）

第一千四百三十六　唐左僕射裴冕墓誌　程浩撰并書〔一五〕。大曆五年二月。

第一千四百三十七　唐裴冕碑　元載撰，吴通微正書。

第一千四百三十八　唐贈梁州都督徐秀碑上　顏真卿撰，韓擇木八分書，李陽冰篆。大曆五年三月。

第一千四百三十九　唐徐秀碑下

第一千四百四十　唐麗正學士殷踐猷碑上　顏真卿撰并正書。大曆五年五月。

第一千四百四十一　唐殷踐猷碑下

第一千四百四十二　唐大斌令殷攝碑　顏真卿撰并正書，附。（攝，踐猷子也。）

第一千四百四十三　唐龔丘令庾公德政碑　李陽冰撰并篆。大曆五年九月。（庾公名賁。）

第一千四百四十四　唐庾公碑陰〔一六〕

第一千四百四十五　唐李庶子新泉銘　李陽冰撰并篆書。大曆六年三月。

第一千四百四十六　唐李陽冰琅邪泉題名　篆書。大曆六年三月。

第一千四百四十七　唐義井記　邵真撰，王佐□書〔一七〕。大曆六年三月。

第一千四百四十八　唐再脩信行禪師塔碑　于益撰，張楚昭行書。大曆六年閏三月。

第一千四百四十九　唐右堂銘　元結撰。篆書，無姓名〔一八〕。大曆六年閏三月。〔案〕葉本作「石堂銘」。

△第一千四百五十　唐麻姑仙壇記〔一九〕　顏魯公撰并正書。大曆六年四月。

第一千四百五十一　唐小字麻姑仙壇記〔二〇〕　附。

第一千四百五十二　唐特進梁公碑　王脩然撰，王軌行書。大曆六年四月。

△第一千四百五十三　唐郭子儀夫人李氏碑〔二一〕　韓雲卿撰，史惟則八分書并篆額。大曆六年五月。

△第一千四百五十四　唐呂府君敕葬碑　喻伯僑八分書〔二二〕。大曆六年五月。（呂府君名惠恭，僧大濟之父也。）

第一千四百五十五　唐中興頌上　元結撰，顏真卿正書。大曆六年六月。

第一千四百五十六　唐中興頌中

第一千四百五十七　唐中興頌下　在永州〔二三〕。

△第一千四百五十八　唐高陵令李峴德政頌〔二四〕　蘇端撰，張譚行書。大曆六年七月。

第一千四百五十九　唐慈恩寺住莊地碑〔二五〕　顏真卿撰，韓擇木八分書，代宗篆額。大曆六年八月。

第一千四百六十　唐顏含大宗碑上　顏真卿撰并正書。大曆六年十一月。

第一千四百六十一　唐顏含大宗碑中

第一千四百六十二　唐顏含大宗碑下

第一千四百六十三　唐重建顏含碑上　晉李闡傳〔二六〕，曾孫延之銘，十四代孫真卿正書。大曆七年四月。

第一千四百六十四　唐重建顔含碑下

第一千四百六十五　唐桂州都督程元英碑　李邕撰，張庭珪八分書〔二七〕。大曆七年五月。

第一千四百六十六　唐項王碑陰述　顔真卿撰并正書。大曆七年五月。

第一千四百六十七　唐廣德禪師碑　杜鴻漸撰，徐浩正書。大曆七年七月。

第一千四百六十八　唐玄靖先生碑〔二八〕　柳識撰，張從申行書，李陽冰篆〔二九〕。大曆七年八月。〔案〕何氏焯云：「此李含光也。別本『先生』上衍『張』字，誤。」

△第一千四百六十九　唐宋璟碑一　顔真卿撰并正書。大曆七年九月。

第一千四百七十　唐宋璟碑二

第一千四百七十一　唐宋璟碑三

第一千四百七十二　唐宋璟碑四

△第一千四百七十三　唐宋璟碑陰記　顔真卿撰。正書，無姓名。大曆十二年三月立附。〔案〕「跋尾」作「碑側記」。以金石文字記證之，「跋尾」是也。

第一千四百七十四　唐謝公碑陰記　行書，無書、撰人姓名。大曆七年十一月。（謝公，晉謝安也。碑在湖州。顔真卿撰并書。）

第一千四百七十五　唐聰明山神記　張造撰。正書，無姓名。

第一千四百七十六　唐般若臺銘　李陽冰篆。

第一千四百七十七　唐八關齋會記一〔三〇〕　顔真卿撰并書，崔倬補書。上三碑，皆大曆七年立。〔案〕金石文字記則此「并書」當作「并正書」。又崔倬得模本，命工補刻，在大中五年正月。此作「補書」，亦當作「補刻」。

第一千四百七十八　唐八關齋會記二

第一千四百七十九　唐八關齋會記三

第一千四百八十　唐八關齋會記四

第一千四百八十一　唐八關齋會記五

第一千四百八十二　唐八關齋會記六

第一千四百八十三　唐令狐公開河碑　元載撰，徐浩行書并篆額。大曆八年正月。（令狐公名彰。）

第一千四百八十四　唐黄石公祠記　李卓撰。八分書，姓名殘缺。大曆八年七月。（李卓即栖筠，未遇時元名也。）

第一千四百八十五　唐黄石公祠碑陰記

第一千四百八十六　唐徐偃王廟碑　徐安貞撰，張宙正書。大曆八年十月。
第一千四百八十七　唐徐偃王廟碑陰記　張宙撰并八分書。大曆八年十月。
第一千四百八十八　唐法慎律師碑　李華撰，張從申行書，李陽冰篆。大曆八年十二月。
第一千四百八十九　唐司命真君碑　楊埱撰并行書〔三一〕，徐浩八分書題額。大曆八年十二月。
第一千四百九十　唐鏡智禪師碑　獨孤及撰，張從申行書，李陽冰篆。大曆八年十二月。
第一千四百九十一　唐文宣王廟新三門記　裴孝智撰，裴平八分書并篆額。大曆八年十二月。
第一千四百九十二　唐明州刺史裴公紀德碣　王密撰，李陽冰篆。（裴公名儆。下同。）
第一千四百九十三　唐明州刺史裴公紀德碣　八分書，姓名殘缺。
第一千四百九十四　唐堯山神碑〔三二〕　李誕撰〔三三〕，王羨行書。上三碑，皆大曆八年立。
第一千四百九十五　唐干禄字書　顏元孫撰，真卿正書。大曆九年正月。
第一千四百九十六　唐干禄字書模本〔三四〕
第一千四百九十七　唐放生池碑上　顏真卿撰并正書。大曆九年正月。
第一千四百九十八　唐放生池碑下
第一千四百九十九　唐乞題放生池碑額表　肅宗批答附。

△第一千五百　唐放生池碑陰記

△第一千五百一　唐滑臺新驛記　李勉撰，李陽冰篆。大曆九年八月。

第一千五百二　唐滑臺新驛記　裴□撰。八分書，名缺〔三五〕。

第一千五百三　唐徐浩先塋題名　正書。大曆九年十月。

第一千五百四　唐顔杲卿殘碑　顔真卿撰并正書。大曆九年。

第一千五百五　唐立漢高祖頌　晉陸機撰，郭陶正書。大曆十年正月。

第一千五百六　唐贈兵部尚書王忠嗣碑上　元載撰，王一行書。大曆十年四月。〔案〕金石文字記云「正書」。

第一千五百七　唐王忠嗣碑下

第一千五百八　唐商州刺史歐陽琟碑上　顔真卿撰并正書。大曆十年十月〔三六〕。

第一千五百九　唐歐陽琟碑下

第一千五百十　唐怪石銘　樊晃撰，張從申行書。大曆十年十月。

第一千五百十一　唐大曆十年具官名氏　李陽冰篆。

△第一千五百十二　唐右僕射裴遵慶碑　楊綰撰，盧曉八分書并篆額。大曆十一年二月。

第一千五百十三　唐張同敬碑　程休撰，戴千齡書。大曆十一年三月。

第一千五百十四　唐章仇公夫人魏氏墓誌　李稹撰〔三七〕，薛邕八分書。大曆十一年九月。
（魏氏，兼瓊妻也。）

第一千五百十五　唐壽安縣甘棠館記　蕭昕撰，史鎬八分書，盧璟篆。大曆十一年十月。

第一千五百十六　唐董孝子碣　崔殷撰，徐浩行書。大曆十二年二月。（孝子，漢董黯也。）

第一千五百十七　唐汝州刺史李深遺愛碑　撰人名缺，韓秀弼八分書。大曆十二年三月。

第一千五百十八　唐兗州都督劉好順碑　梁乘撰〔三八〕，元訥正書，盧曉八分題額〔三九〕。大曆十二年四月。

第一千五百十九　唐湖州射堂記　撰人姓名殘缺，世傳顏魯公正書〔四〇〕。大曆十二年四月。

第一千五百二十　唐李抱玉碑　楊綰撰，顏真卿正書。大曆十二年五月。碑在長安京兆府〔四一〕。

第一千五百二十一　唐玄靖李先生碑上　顏真卿撰并正書。大曆十二年五月。

第一千五百二十二　唐玄靖李先生碑下

第一千五百二十三　唐鮮于氏里門記上　韓雲卿撰，韓秀弼八分書，李陽冰篆。大曆十二年五月。

第一千五百二十四　唐鮮于氏里門記下

第一千五百二十五　唐慧解寺三門樓讚　李宥撰，周籯金行書。大曆十二年六月。

第一千五百二十六　唐巴州刺史鮮于昱碑　喬林撰〔四二〕，陶千歲正書。大曆十二年七月。（昱，仲通子也。）

第一千五百二十七　唐僧懷素自叙〔四三〕　大曆十二年十月。草書。

第一千五百二十八　唐杜濟碑上　顔真卿撰并正書。大曆十二年十一月。

第一千五百二十九　唐杜濟碑下

△第一千五百三十　唐杜濟墓誌　顔真卿撰并正書〔四四〕。大曆十二年十一月。

第一千五百三十一　唐台州刺史康希銑碑上〔四五〕　顔真卿撰并正書。大曆十二年十一月〔四六〕。

第一千五百三十二　唐康希銑碑下

第一千五百三十三　唐懷圓寂上人詩　顔真卿撰并正書。大曆十二年十二月〔四七〕。

第一千五百三十四　唐大聖真身塔銘　張彧撰，楊播行書。大曆十三年四月。

第一千五百三十五　唐王師乾碑　楊綰撰，張從申行書。大曆十三年四月。〔案〕集古録目云：「在句容。」

第一千五百三十六　唐開元寺三門樓碑　封演撰。八分書。大曆十三年七月。

第一千五百三十七　唐題朝陽巖詩　李舟撰并正書。大曆十三年九月。李當、牛崧詩附。

第一千五百三十八　唐太子典膳郎鄭君碑　李翰撰，徐珙八分書，李陽冰篆。大曆十三年十月。

第一千五百三十九　唐兵部郎中張君碑　撰序人姓名殘缺，郗昂撰銘，史惟則八分書。大曆十三年。

第一千五百四十　唐馬璘新廟碑　程浩撰，顔真卿正書。大曆十四年七月。

第一千五百四十一　唐重脩延陵季子廟記　蕭定撰，張從申正書。大曆十四年十月。

〔案〕潘氏未所記乃「八月」。

△第一千五百四十二　唐重模延陵季子墓刻

第一千五百四十三　唐壽州刺史張鎰去思頌　趙亘撰〔四八〕，王湍八分書。大曆十四年十二月。

第一千五百四十四　唐張敬因碑上〔四九〕

第一千五百四十五　唐張敬因碑下

△第一千五百四十六　唐顔勤禮碑上〔五〇〕（勤禮，隋人〔五一〕，真卿之高祖。）

第一千五百四十七　唐顔勤禮碑下

第一千五百四十八　唐臧懷恪碑上〔五二〕（懷恪，懷亮弟也。）

第一千五百四十九　唐臧懷恪碑下

第一千五百五十　唐興唐寺主碑　撰人姓名殘缺。

第一千五百五十一　唐顔處士殘碑

第一千五百五十二　唐顔魯公宣州殘碑

△第一千五百五十三　唐顔默殘碑（默，魏人，真卿十五世祖。）

△第一千五百五十四　唐開元寺僧殘碑

△第一千五百五十五　唐元結碑上〔五三〕

第一千五百五十六　唐元結碑下　上九碑，皆顔真卿正書。

△第一千五百五十七　唐顔魯公與郭僕射書〔五四〕（僕射，郭英乂也。）

第一千五百五十八　唐顔魯公乞米帖　寒食帖附。

第一千五百五十九　唐顔魯公馬病帖

第一千五百六十　唐顔魯公與蔡明遠帖　上五帖皆行書。

第一千五百六十一　唐鳳翔孫志直碑　裴士淹撰，韓擇木八分書。

第一千五百六十二　唐寶林寺禹廟詩　徐浩撰并正書。上十五碑，皆大曆中立〔五五〕。

△第一千五百六十三　唐張九齡碑上　徐浩撰并正書。大曆中書、撰，長慶中刻石。

第一千五百六十四　唐張九齡碑下

第一千五百六十五　唐蕭和尚靈塔銘　正書，姓名殘缺。德宗建中元年二月。

第一千五百六十六　唐聰明山銘　洪經綸撰，張沔八分書。建中元年六月。

第一千五百六十七　唐立漢黄公碣　李翰撰，張從申行書，李陽冰篆。建中元年三月。

第一千五百六十八　唐顔氏家廟碑上　真卿撰并正書，李陽冰篆〔五六〕。建中元年七月。

第一千五百六十九　唐顔氏家廟碑中

第一千五百七十　唐顔氏家廟碑下

△第一千五百七十一　唐右神武將軍史繼先墓誌　徐浩撰并行書。建中元年八月。

第一千五百七十二　唐明州刺史王公德政碑　李舟撰，顔真卿正書，李陽冰篆。建中二年十月。（王公名密。）

△第一千五百七十三　唐三藏和尚不空碑　嚴郢撰，徐浩正書。建中二年十一月。

第一千五百七十四　唐觀無量壽佛經　比丘道秀正書。建中三年十月。

第一千五百七十五　唐張茂昭功德碑　王璿撰并行書。建中三年。

第一千五百七十六　唐扶陽郡君韋氏墓誌　杜黄裳撰。正書，無姓名。建中四年三月〔五七〕。

第一千五百七十七　唐元魯山墓碣　李華撰，顔真卿正書，李陽冰篆。建中四年秋。（魯山，元德秀也。）

第一千五百七十八　唐段秀實碑上　德宗撰，皇太子誦行書。貞元元年四月。

第一千五百七十九　唐段秀實碑下

第一千五百八十　唐定光上人塔銘　吉中孚撰。行書，姓名殘缺。貞元元年十月。

第一千五百八十一　唐夏縣令韋公遺愛頌　鄭士林撰，胡証八分書。貞元二年八月。〔案〕金石略作「胡証」，別本誤作「誕」。（韋公名澳〔五八〕。）

第一千五百八十二　唐郭汾陽廟碑　高參撰，張誼行書。貞元二年九月。

第一千五百八十三　唐鄭州司馬元待聘碑　劉太真撰，韓秀弼八分書。貞元二年九月。

第一千五百八十四　唐均法師碑　沙門惟心撰，高述書。貞元三年五月。

第一千五百八十五　唐張延賞碑　趙贊撰，歸登八分書。貞元三年七月〔五九〕。

第一千五百八十六　唐張延賞碑　正書。元和八年十二月建附。

第一千五百八十七　唐樗里子墓碣　獨孤及撰〔六〇〕，張誼行書。貞元三年。（樗里子，秦人，名疾，惠王異母弟也。）

△第一千五百八十八　唐內侍監魚朝恩碑　吴通玄撰，吴通微行書〔六一〕。貞元四年五月。

第一千五百八十九　唐麟德殿宴群臣詩　德宗撰，皇太子誦行書。顏防書渾瑊表附。貞元四年六月。

第一千五百九十　唐嗣曹王戢碑　趙贊撰。行書，無姓名。貞元四年七月。

第一千五百九十一　唐藏用上座院序　程浩撰，吳通微行書。貞元四年冬。

第一千五百九十二　唐襄州新學記　盧群撰，羅讓行書。貞元五年六月。

第一千五百九十三　唐戲馬臺銘　劉復撰，薛空正書。貞元五年七月。

第一千五百九十四　唐滑州新井銘　賈耽撰，徐璹正書，李騰篆。貞元五年九月。

第一千五百九十五　唐説文字源上　賈耽撰序，李騰篆，徐璹正書。貞元五年十月。

第一千五百九十六　唐説文字源下

第一千五百九十七　唐李公棶功昭德頌上　張濛撰，韓秀弼八分書，李彝篆〔六二〕。貞元五年十月。〔案〕此華州刺史李元諒也。

第一千五百九十八　唐李公棶功昭德頌下

△第一千五百九十九　唐康日知墓誌　李紓撰，李彝正書。貞元五年十二月。

第一千六百　唐明皇哀册文　王縉撰，史鎬八分書。貞元五年。

校證

〔一〕唐亭　「唐」，原作「容」，誤。三長物齋本作「唐」。案第一千四百八唐峿臺銘盧案云：元次山愛祁陽山水，名其亭曰㾊亭。當以作「㾊」爲是，據改。

〔二〕瞿令問　書小史卷十作「瞿令聞」。

〔三〕峿臺　「峿」，原作「浯」。案萃編所載碑文作「峿」。吕本、三長物齋本及集古録亦皆作「峿」，據改。

〔四〕篆書無姓名　三長物齋本案與增補校碑皆謂瞿令問書。

〔五〕七月　顧校於「七」旁注「十」字。

〔六〕唐　宋本「唐」下有「慧義寺」三字。

〔七〕移　萃編所載碑文作「拪」。説文辵部云：「拪，古文『遷』。」故增補校碑作「遷」。但集韻平支云：「迻，古作『拪』，通作『移』。」則趙氏所改亦有據。

〔八〕王廷昌　「廷」，吕本作「延」。全唐文卷四三五、郎官題名考卷三有王延昌，似以作「延」爲是。

〔九〕季通　「季」，三長物齋本原作「孝」，誤。各本卷二十八「跋尾」皆作「季」，據改。

〔一〇〕行書　金石文字記、校碑皆作「正書」。

〔一一〕三月　「三」，吕本作「二」，金石文字記作「□」。

〔一二〕碑　宋本無此字。

〔一三〕杜勸　顧校於「勸」旁注「節」字。

〔一四〕李山甫等正書　集古録謂李山甫撰。

〔一五〕并　宋本「并」下有「正」字。

〔一六〕唐庾公　宋本此下有「德政」二字。

〔一七〕王佐□書　「王佐」，吕本作「王佑」。「□書」，宋本作「書」，三長物齋本作「正書」。

〔一八〕篆書無姓名　三長物齋本案云：「亦瞿令問篆書。」

〔一九〕麻姑　校碑「姑」下有「山」字。

〔二〇〕小字麻姑仙壇記　集古録云顔真卿撰并書。黄魯直則謂慶曆中一學佛者所書，見本書卷二十八「跋尾」。

〔二一〕郭子儀夫人　卷二十八「跋尾」分目作「凉國夫人」。

〔二二〕喻伯僑　顧校於「僑」旁注「喬」字。

〔二三〕在永州　顧校云：「非趙氏元文。」三長物齋本案云：「在湖南永州府祁陽縣治。」

〔二四〕李峴德政頌　「峴」，宋本作「現」。「頌」，原作「碑」，據卷二十八「跋尾」正文改，説見該卷「校證」〔二〕。

〔二五〕住莊地碑　宋本、吕本「住」上有「常」字。

〔二六〕李闐　吕本作「李闠」。

〔二七〕張庭珪　「庭」，三長物齋本作「廷」。案全唐文卷二六九及新、舊唐書本傳皆作「廷」，唐文拾遺卷十七、郎官題名考卷四及書小史卷十皆作「庭」。未詳孰是。

〔二八〕玄靖先生　呂本「先生」上有「張」字。何校云：「李含光也。『張』字衍。」三長物齋本「先生」上有「李」字。案茅山志卷二十三有顏真卿茅山玄靜先生廣陵李君碑銘，「靖」作「靜」。

〔二九〕李陽冰篆　校碑謂「李陽冰篆額」。

〔三〇〕八關齋會記　萃編所載碑文「會」下有「報德」二字，金石文字記、校碑皆同。

〔三一〕楊琡　顧校於「琡」旁注「俶」字。

〔三二〕堯山神碑　「碑」，宋本、呂本作「記」。

〔三三〕李誕　顧校於「誕」旁注「延」。

〔三四〕干禄字書模本　集古録謂開成中楊漢公模。

〔三五〕裴□撰八分書名缺　「裴□」，宋本作「裴某」。顧校抹去「撰」與「名缺」三字，即謂「裴□八分書」。

〔三六〕大曆十年十月　以上六字宋本注於「第一千五百九唐歐陽琟碑下」下。

〔三七〕李稹　呂氏原校「稹」改「植」。

〔三八〕梁秉　顧校於「秉」旁注「乘」字。

〔三九〕題額　顧校於「題」旁注「書」字。

〔四〇〕世傳顏魯公正書　集古録謂顏真卿（魯公）書。

〔四一〕碑在長安京兆府　顧校云：「非趙氏元文也。」

〔四二〕喬林　「林」，呂本作「琳」。案集古録唐郭忠武公將佐略謂碑文有喬琳，新唐書叛臣傳下亦有喬琳，曾貶巴州司户參軍，其時約當大曆年間。呂本近是。

〔四三〕自叙　集古録作「法帖」。

〔四四〕顔真卿撰并正書　集古録謂其銘文但云「顔真卿撰而不云書」。指書者爲真卿，乃歐公揣測之詞。

〔四五〕刺史　「史」，原作「使」，誤。呂本、三長物齋本皆作「史」，據改。

〔四六〕十一月　顧校謂「十一月」三字當抹去。

〔四七〕十二月　呂本作「十一月」。

〔四八〕趙亘　呂本作「趙巨」。

〔四九〕張敬因碑　集古録云：「大曆十四年」，「顔真卿撰并書」。

〔五〇〕顔勤禮碑　集古録云：「大曆十四年」，「顔真卿撰并書」。增補校碑云：「顔真卿正書。」案歐陽脩撰集古録時，此碑銘文尚存，其序顔、温二家之盛云：「思魯、大雅，在隋俱仕東宫；愍楚、彦博，同直内史省；遊秦、彦將，皆典祕閣。」然據金石録卷二十八「跋尾」所載，至宋哲宗元祐間，其銘文已悉被摩去。

〔五一〕勤禮隋人　據舊唐書忠義下顔杲卿傳載，勤禮已仕于唐，不當稱其爲隋人。

〔五二〕臧懷恪碑　萃編所載碑文謂顏真卿撰并書，李秀巖題額。又錢大昕潛研堂跋尾云：「趙氏金石録以爲大曆中立。顧氏金石文字記據碑文載廣德元年十月贈官詔書，因繫之廣德元年。予以魯公署銜證之，而知德甫（趙明誠字）爲可信也。魯公麻姑仙壇記云：大曆三年，真卿刺撫州，具撰。李含光碑云：大曆六年，真卿罷刺臨川（即撫州），旋舟建鄴。今此碑題『金紫光禄大夫、行撫州刺史、上柱國、魯郡開國公』，則必在大曆三年以後矣。寶刻類編以爲開元十二年立，則但據其（臧懷恪）卒之年月，并未讀其全文，尤爲疏舛。」案萃編據集古録目所載顏真卿乞御書放生池碑額表并碑陰記，定真卿刺湖州在大曆九年，謂其刺撫州又在九年之前。叙録作「廣德元年」，亦沿金石文字記之誤。

〔五三〕元結碑　據卷二十八「跋尾」分目，此碑編次在顏魯公與郭僕射書之後。又萃編所載碑文謂元結葬於大曆七年十一月，校碑即定此爲建碑之年月。金石文字記作「大曆□年十一月」，「□」當爲「七」。又卷二十八「跋尾」與集古録皆謂此碑真卿（魯公）撰并書。

〔五四〕顏魯公與郭僕射書　王澍竹雲題跋謂書於廣德二年十一月。

〔五五〕徐浩撰并正書上十五碑皆大曆中立　宋本無此十五字。

〔五六〕李陽冰篆　萃編、金石文字記「篆」下皆有「額」字。

〔五七〕三月　宋本、吕本作「二月」。

〔五八〕韋公名澳　岑仲勉謂韋公當名「奥」，作「澳」者誤。其金石論叢貞石證史韋奥與韋澳云：

「集古録目有唐韋奧遺愛頌，云：『奧字又玄，京兆杜陵人，嘗爲夏縣令，此碑夏縣人所立，以貞元二年八月刻，在夏縣。』……考元和姓纂，嗣立生濟，濟生奧，濟天寶末尚爲馮翊太守，時代正可相當。」又云：「金石録八止云『夏縣令韋公』，盧文弨云『案韋公名澳』，誤也。澳爲貫之子，舊唐書一五八稱其大(太)和六年始擢進士第，在立碑後四十六年矣。」

〔五九〕貞元三年七月　「七月」，當作「十月」。潛研堂跋尾云：「碑首云『貞元三年秋七月壬申，丞相張公薨于位』；又云『冬十月乙酉』，蓋其葬之日。趙氏金石録題爲『貞元三年七月』，似未諦審其文矣。」

〔六〇〕獨孤及　宋本作「獨孤寔」。

〔六一〕吴通微　宋本無「吴」字。

〔六二〕李彝篆　金石文字記「篆」下有「額」字。

金石録卷第九

目録九

唐

△第一千六百一　唐工部尚書辛京杲碑　李竦撰，韓秀榮八分書。貞元六年七月。

第一千六百二　唐大聖真身舍利塔銘　吴通微撰并正書。貞元六年。

第一千六百三　唐仙巖四瀑布詩　路應等唱和。行書。貞元七年三月。

第一千六百四　唐秋日登戲馬臺詩　侯莫陳遂等。正書，無姓名。貞元七年六月。

第一千六百五　唐安國寺大德律師塔銘　徐峴撰并正書〔一〕。貞元七年十月。

第一千六百六　唐無量壽經　沙門法昭行書〔二〕，在遺教經陰。貞元八年八月。

第一千六百七　唐登封脩縣記　劉深撰，徐項正書〔三〕。貞元八年八月。

第一千六百八　唐姜嫄公劉廟碑　高郢撰，張誼行書〔四〕。貞元九年四月。

第一千六百九　唐鄭叔清碑　于翰撰，韓秀榮八分書。貞元九年七月。

第一千六百十　唐左僕射韋安石碑　賈至撰，孫元行書。貞元九年八月。

第一千六百十一　唐澤潞李抱真德政碑上　董晉撰，班宏正書〔五〕。貞元九年〔六〕。

第一千六百十二　唐李抱真德政碑下

第一千六百十三　唐李抱真碑陰上　行書。貞元九年九月。

第一千六百十四　唐李抱真碑陰下

第一千六百十五　唐新鸛鵲樓記　陳翔撰〔七〕。正書，無姓名。貞元九年十一月。

△第一千六百十六　唐茶山詩并詩述〔八〕　詩述，于頔撰；詩，袁高撰；徐璹正書。

第一千六百十七　唐詩述碑陰記　李吉甫撰，徐璹正書。貞元十年正月。

第一千六百十八　唐長安尉王之咸碑　于邵撰，韓秀榮八分書。貞元十年正月。

第一千六百十九　唐濟遠寺功德碑　郭邕撰，劉雲行書。貞元十年二月。

第一千六百二十　唐丘公夫人虞氏石表碑〔九〕　梁肅撰，黎燧正書。貞元十年十月。

〔案〕葉本作「石表銘」。

第一千六百二十一　唐徑山大覺師碑　王穎撰〔一〇〕，王偁正書。貞元十年十一月。〔案〕錢本作「王顔撰」。

第一千六百二十二　唐軒轅鑄鼎原碑〔一一〕　王顔撰，袁滋篆書〔一二〕。貞元十一年正月〔一三〕。

第一千六百二十三　唐兵部郎中韋晊墓誌　宇文邈撰。正書，無姓名。貞元十一年二月。

第一千六百二十四　唐菩薩戒石壇記　長爪請問經附。沙門大觀述，屈賁正書。貞元十一年二月。

第一千六百二十五　唐會善寺戒壇記　陸長源撰，陸郢書。貞元十一年七月。〔案〕金石文字記，陸郢八分書并篆額〔一四〕。一本原有「八分」字。

△第一千六百二十六　唐崔淙謝廣利方表　行書。貞元十二年五月。

（以上跋尾在卷第二十八）

第一千六百二十七　唐忠武公將佐略上　陳翊撰〔一五〕，胡証八分書。貞元十二年六月。（忠武公，郭子儀也。）

第一千六百二十八　唐忠武公將佐略下

第一千六百二十九　唐幽州復舜廟頌　韋稔撰，顏頵正書并篆。貞元十二年閏八月。（書頌之顏頵，魯公長子也。）

第一千六百三十　唐劉居簡歸鄉拜高廟詩　正書。貞元十二年十月。

第一千六百三十一　唐漢陽王張柬之碑　李邕撰，瞿令聞八分書〔一六〕。貞元十二年十一月。

第一千六百三十二　唐顧少連張式嵩山聯句　正書。貞元十二年十二月。

第一千六百三十三　唐相國趙憬碑　權德輿撰，歸登八分書，李騰篆。貞元十三年五月。

第一千六百三十四　唐鹽池靈慶公神祠碑〔一七〕　崔敖撰，韋縱正書〔一八〕。貞元十三年八月。

第一千六百三十五　唐濟瀆廟祭器銘　張洗撰。八分書，無姓名。貞元十三年。〔案〕張洗，字濯纓，爲濟源令。別本作「張洪」，非也。

第一千六百三十六　唐王陰二真君碑　李吉甫撰，儲伯陽行書。貞元十四年正月。

第一千六百三十七　唐李吉甫神女祠詩〔一九〕　正書。貞元十四年正月。

第一千六百三十八　唐澄城令鄭君德政碑　陳京撰，鄭雲逵行書〔二〇〕。貞元十四年正月。（鄭君名楚相。）

第一千六百三十九　唐蜀守李公碑　韋行儉撰，王綸行書。貞元十四年七月。

第一千六百四十　唐任要謁夫子廟詩　正書。貞元十四年十二月。

第一千六百四十一　唐政刑箴　德宗撰。八分書，無姓名。貞元十四年十二月。〔案〕一作「政行箴」。

第一千六百四十二　唐少林寺廚庫記　顧少連撰，崔溉正書。

第一千六百四十三　唐送張建封還鎮詩　德宗撰，太子誦行書。

第一千六百四十四　唐馬寔墓誌〔二一〕　歐陽詹撰。正書，無姓名〔二二〕。上三碑，皆貞元十四年。

第一千六百四十五　缺　〔案〕跋尾有唐義興縣重脩茶舍記，其次序正當在此，疑所缺者即是也。

第一千六百四十六　唐彭王傅徐浩碑〔二三〕　張式撰，次子現正書。貞元十五年十一月。〔案〕本作「彭正傅」，何氏改。

△第一千六百四十七　唐昭義軍節度使王虔休碑　撰人姓名殘缺。徐現正書。貞元十六年四月。

第一千六百四十八　唐白楊新廟碑　令狐楚撰，鄭造正書。貞元十六年七月。

第一千六百四十九　唐四皓舊隱圖畫文　韋渠牟撰，竇群正書〔二四〕。貞元十六年七月。

第一千六百五十　李説碑〔二五〕　鄭儋撰，柳公權正書。貞元十六年十月卒，文宗朝追建。

第一千六百五十一　唐韋渠牟步虛詞　正書。貞元十六年十二月。

第一千六百五十二　唐同州刺史崔淙遺愛碑〔二六〕　楊憑撰，韋縱正書。

第一千六百五十三　唐重脩金銅普賢菩薩像記　韋皋撰并行書。貞元十七年十一月。

第一千六百五十四　唐段文昌與房式往還書〔二七〕　正書。貞元十七年十一月。

第一千六百五十五　唐惠昕大師碑　齊推撰。正書，姓名殘缺。貞元十七年。

第一千六百五十六　唐焦婋碑　從弟郁撰，朱獻任行書。貞元十八年七月。

第一千六百五十七　唐廬州刺史羅公德政碑　楊憑撰，徐瑠正書并篆。貞元十九年四月。

第一千六百五十八　唐鸜鵒舍利塔記　韋皋撰并行書。貞元十九年八月。

第一千六百五十九　唐黄州長史楊公墓誌〔二八〕　孫佋撰，荀穎正書〔二九〕。貞元十九年八月。（楊公名瓊。）

第一千六百六十　唐凌雲寺石像記一　韋皋撰，張綽行書。貞元十九年十月〔三〇〕。

第一千六百六十一　唐凌雲寺石像記二

第一千六百六十二　唐凌雲寺石像記三

第一千六百六十三　唐凌雲寺石像記四

第一千六百六十四　唐凌雲寺石像記五

第一千六百六十五　唐舉廢功述　王仲舒撰，韋固正書。貞元二十年八月。

第一千六百六十六　唐揔悟上人林下集序　石洪撰，正書〔三一〕。貞元二十年十二月〔三二〕。

第一千六百六十七　唐韋皋紀功德碑上　德宗撰，太子誦正書。貞元二十年十二月。

第一千六百六十八　唐韋皋紀功德碑下

第一千六百六十九　唐楚金禪師碑　沙門飛錫撰，吴通微行書。貞元二十一年七月。〔案〕金石文字記云「正書」。

第一千六百七十　唐送李愿歸盤谷序　韓愈撰〔三三〕。正書，無姓名。貞元中刻石。〔案〕金石文字記云：「其末記『貞元辛□歲建丑月〔三四〕，渤海高從□書』。」

第一千六百七十一　唐萬州刺史苗拯碑　張槩撰，王山從八分書〔三五〕，苗端題額。順宗永貞元年十二月。

第一千六百七十二　唐晉祠新松記　令狐楚撰，顔頵正書。憲宗元和元年三月。（書記之顔頵，魯公弟允臧子也。）

第一千六百七十三　唐顧少連謚議　正書，無姓名。元和元年五月。

第一千六百七十四　唐安邑縣新亭記　劉師老撰，李銑正書。元和元年閏六月。

第一千六百七十五　唐歙州刺史盧瑗碑　裴度撰，裴璘正書。元和元年。

△第一千六百七十六　唐顔杲卿碑上　真卿撰，盧佐元正書。元和元年十月。

第一千六百七十七　唐顔杲卿碑下

第一千六百七十八　唐東渭橋河運院記　席夔撰，韓瑗八分書〔三六〕。元和二年五月。

△第一千六百七十九　唐乘廣禪師碑　劉禹錫撰并正書。元和二年五月。

第一千六百八十　唐武寧軍大將軍新廳記　張仲素撰，崔縉正書。元和二年七月。

第一千六百八十一　唐大昰禪師碑　張和靖撰〔三七〕。八分書，姓名殘缺。元和二年七月。

〔案〕書畫譜作「張弘靖」，當是也。又下「虞頊」作「盧頊」，「瞿參」作「翟參」。

第一千六百八十二　唐禱聰明山記　虞頊撰〔三八〕，正書。元和二年七月。

第一千六百八十三　唐二聖金剛碑　瞿參撰并八分書篆額。元和三年正月。

第一千六百八十四　唐立漢高祖頌　晉陸機撰，王遹篆書。元和三年七月。

第一千六百八十五　唐虞城縣令長新戒　王遹篆書。

第一千六百八十六　唐左拾遺竇叔向碑　羊士諤撰，竇公直正書〔三九〕。元和三年十月。

第一千六百八十七　唐新開常熟塘記　劉允文撰，劉苑正書。元和四年二月。

△第一千六百八十八　唐韓退之題名　正書。元和四年閏三月。

△第一千六百八十九　唐國子助教薛公達墓誌　韓愈撰。正書，無姓名。元和四年閏三月。

第一千六百九十　唐游琅邪山新寺詩　柳遂正書，無年月。錢可復元和四年四月題名附。

第一千六百九十一　唐國子司業辛璿碑　姪宗撰。正書，無姓名。胡季良篆。元和四年五月。

△第一千六百九十二　唐虞城令李公去思頌　李白撰，王遹篆書。元和四年六月〔四〇〕。（李公名錫。）

第一千六百九十三　唐徐州使院石柱記　劉公輿撰，盧自烈八分書。元和四年十月。

第一千六百九十四　唐京河新開水門記　韋處厚撰，唐衢八分書。元和五年正月。

△第一千六百九十五　唐贈吏部尚書武就碑　權德輿撰，鄭餘慶正書。元和五年二月。（就，元衡父也。）

第一千六百九十六　唐圯上圖贊　李德裕撰，齊推正書。元和五年三月。

第一千六百九十七　唐相國賈耽碑　鄭餘慶撰并正書。元和五年五月〔四一〕。〔案〕一本次第與上互易。

第一千六百九十八　唐杜岐公郊居記　權德輿撰。正書，無姓名。元和五年八月。（岐公，杜佑也。）

第一千六百九十九　唐杜岐公莊居記〔四二〕　佑自撰，沈傳師正書。元和五年十月。

第一千七百　唐明皇送李邕赴滑州詩　柏元封行書。元和五年十月。

第一千七百一　唐題巫山詩　蔡穆撰，沈幼真行書。元和五年十二月。

第一千七百二　唐成紀王祭北嶽碑　李穆撰，令狐靖正書。

△第一千七百三　唐彌陀和尚碑　柳宗元撰并正書。上兩碑，並元和五年。

△第一千七百四　唐魏博田緒遺愛碑上　裴垍撰，張弘靖正書。元和六年四月。

第一千七百五　唐田緒遺愛碑下

第一千七百六　唐烏承玼碑上　許孟容撰，胡証八分書并篆。元和七年正月。

第一千七百七　唐烏承玼碑下

第一千七百八　唐左常侍路公碑　韓愈撰，鄭餘慶正書。元和七年十月。（路公名應。）

△第一千七百九　唐右僕射裴耀卿碑　許孟容撰，歸登八分書并篆。元和七年十一月。

第一千七百十　唐尚書省新脩記　許孟容撰，鄭餘慶正書，袁滋篆。元和八年正月。

第一千七百十一　唐尚書省石幢記　胡証撰并八分書。元和八年二月〔四三〕。

第一千七百十二　唐華州新廳堂記　吴丹撰并正書。元和八年二月。

第一千七百十三　唐華州後閣記　李正辭撰并正書。元和八年三月。

第一千七百十四　唐靈珍禪師塔銘　徐現撰并正書。元和八年八月。

第一千七百十五　唐襄州樊成公遺愛碑上〔四四〕　李絳撰，鄭餘慶正書。元和八年十二月。

（樊公名澤，官襄州刺史，謚曰成。舊本作「樊城公」，誤。）

第一千七百十六　唐樊成公遺愛碑下

△第一千七百十七　唐劉統軍碑　韓愈撰，歸登八分書。（統軍名昌裔。）

第一千七百十八　唐田弘正家廟碑　韓愈撰，胡証八分書。上兩碑，皆元和八年。

第一千七百十九　唐會善寺誌〔四五〕　王凝撰并行書。元和九年八月。

第一千七百二十　唐濟亭記　李蟠述，裴璘正書，鄭冠篆。元和九年十月。

△第一千七百二十一　唐興元節度使裴玢碑　裴度撰，劉遵古行書。元和九年十一月。

第一千七百二十二　唐智浩律師碑　段文昌撰，蕭延慶正書。元和九年十二月。

第一千七百二十三　唐紫玉山禪師碑　李承翟撰，屈師穆書。元和九年。

第一千七百二十四　唐建鎮南碣記　孟簡撰，陳構正書。元和十年十月。

第一千七百二十五　唐胥山銘　盧元輔撰〔四六〕，王遹正書。元和十年十一月。

第一千七百二十六　唐孔子弟子贊　明皇與宋璟等撰。元和十年十二月孟簡立。

第一千七百二十七　唐太子賓客孔述睿碑　鄭絪撰，鄭餘慶書。元和十一年六月。

第一千七百二十八　唐經禹廟詩〔四七〕　庾肩吾撰，孟簡立〔四八〕。行書，無姓名。元和十一年八月。

第一千七百二十九　唐無量寺多寶塔記〔四九〕　裴度撰，王凝正書。元和十二年二月。

△第一千七百三十　唐贈司空于夐碑　張躬撰〔五〇〕，劉伯芻八分書。元和十二年六月。（夐，憲宗相頔之父也。）

第一千七百三十一　唐太府寺丞李泳墓誌　令狐楚撰，段全緯行書〔五一〕。元和十二年十二月〔五二〕。

第一千七百三十二　唐崔融題東林寺詩　正書，無姓名。元和三年二月重刻。

第一千七百三十三　唐左常侍李衆碑　李絳撰，裴璘正書。元和十三年十二月。

第一千七百三十四　唐上弘和尚塔碑　白居易撰，李克恭正書。元和十三年。

第一千七百三十五　唐大聖舍利塔銘　張仲素撰，沈傳師正書〔五三〕。元和十四年二月。

第一千七百三十六　唐陽翟縣令壁記〔五四〕　許堯佐撰，吴宗冉正書。元和十四年五月〔五五〕。

第一千七百三十七　唐元浩和尚靈塔碑　崔恭撰并正書。元和十四年十一月。

第一千七百三十八　唐平淮西碑　段文昌撰，陸邳八分書。元和十四年十二月。

第一千七百三十九　唐鄆州刺史廳記　馬總撰。八分書，無姓名。元和十四年十二月。

△第一千七百四十　唐左常侍薛苹碑　孟簡撰，柳公權正書。元和十五年閏正月。

第一千七百四十一　唐感化詩　竇牟撰。正書，無姓名。元和十五年三月。

△第一千七百四十二　唐太子賓客吕元膺碑　李絳撰，裴璘正書。元和十五年七月。

△第一千七百四十三　唐太子少保田公碑〔五六〕　李宗閔撰。篆書，姓名殘缺。元和十五年九月。（田公名融。）

第一千七百四十四　唐土洲記　段文昌撰，王玄同正書。元和十五年十一月。

第一千七百四十五　唐張中丞許使君南特進廟碑　韋臧孫撰，趙晏正書。

第一千七百四十六　唐南海神廟碑　韓愈撰，陳諫正書。上兩碑，並元和十五年。〔案〕金石文字記載此碑十五年十月。

△第一千七百四十七　唐昭義軍節度使辛祕碑　牛僧孺撰，陳諫正書。

第一千七百四十八　唐王處士引瀑泉記　武少微撰〔五七〕。正書，無姓名。上兩碑，皆元和中立。〔案〕舊作「武少儀」，何氏改。（王處士名易簡。）

第一千七百四十九　唐羅池廟碑　韓愈撰，沈傳師正書。長慶元年正月。（羅池神，柳宗元也。廟在柳州。）

△第一千七百五十　唐黄陵廟碑　韓愈撰，沈傳師正書。長慶元年。

第一千七百五十一　唐張誠碑〔五八〕　白居易撰，武翊黄正書，姪孫磻篆。長慶二年六月。

第一千七百五十二　唐律大德湊公塔銘　白居易撰，僧雲皐正書。長慶二年閏十月。

第一千七百五十三　唐心經　竇鞏正書。長慶二年十一月〔五九〕。〔案〕别本與下一碑俱作「元和」，非也。今從錢本。

第一千七百五十四　唐明州南樓詩　陳右撰，胡師模八分書。長慶二年十二月。

第一千七百五十五　唐谿堂詩　韓愈撰，牛僧孺正書。

△第一千七百五十六　唐贈太保李良臣碑　李宗閔撰，楊正正書。上兩碑，皆長慶二年。〔案〕楊正是人姓名，别本「正」字不重，乃誤脱。何氏焯云：「今此碑尚在太原，斷而爲二。」

第一千七百五十七　唐題怪石詩　世傳李德裕作。長慶三年二月。

第一千七百五十八　唐平盧薛公紀績碑〔六〇〕　柏元封撰。八分書。長慶三年三月。（薛公名平。）

第一千七百五十九　唐題東林寺影堂碑陰　李渤撰，僧雲皋正書。長慶三年三月〔六一〕。

第一千七百六十　唐少府監胡珦碑〔六二〕　韓愈撰，胡証八分書。長慶三年四月。

△第一千七百六十一　唐絳守居園池記　樊宗師撰。正書，無姓名〔六三〕。長慶三年五月。

第一千七百六十二　唐江西使院小史記　崔祐甫撰，陸蔚之正書。長慶三年五月。在洪州〔六四〕。

第一千七百六十三　唐贈左僕射郭公碑　李宗閔撰，蕭佑正書。長慶三年八月。

△第一千七百六十四　唐柳州井銘　柳宗元撰，沈傳師正書〔六五〕。長慶三年。

第一千七百六十五　唐大海寺玉像碑　張仲方撰，韓齊申八分書并篆。長慶四年正月。

第一千七百六十六　唐熙怡大師石墳志　侯高撰，僧雲皋正書。長慶四年正月〔六六〕。

第一千七百六十七　唐大覺禪師塔銘　李渤撰，柳公權正書。胡証篆。長慶四年六月。

第一千七百六十八　唐銘幡竿石　竇鞏撰并正書。長慶四年十月。

第一千七百六十九　唐相里友諒墓誌　撰人姓名缺。王玄弼正書。長慶四年十二月。

△第一千七百七十　唐溆州刺史高公德政碑　王起撰，裴潾正書〔六七〕。長慶中立。（高公名

承簡。）

第一千七百七十一　唐脩浯溪記　韋詞撰，羅洧正書〔六八〕。寶曆元年五月。

第一千七百七十二　唐紫陽先生碑　李白撰，柳公綽正書。

第一千七百七十三　唐紫陽先生碑陰　李繁撰，柳公綽正書。寶曆二年三月。（紫陽，姓胡氏，佚其名，李含光道侣也〔六九〕。）

第一千七百七十四　唐蒙泉詩　沈傳師正書。寶曆二年四月。宇文鼎詩，太和九年附。

第一千七百七十五　唐三像記　李德裕撰并八分書。寶曆二年八月。

第一千七百七十六　唐禹穴碑　鄭魴撰序，元稹銘，韓特材行書〔七〇〕。寶曆二年九月。

第一千七百七十七　唐桂陽巖銘　李涉撰。八分書，無姓名。寶曆中立。

第一千七百七十八　唐辨石鐘山記　李渤撰。正書，無姓名。太和元年八月。

第一千七百七十九　唐冲虛真人廟記　劉三復撰，李德裕八分書。太和元年十二月。（冲虛，周列禦寇也。）

△第一千七百八十　唐西平王李晟碑上〔七一〕　裴度撰，柳公權正書。太和二年四月〔七二〕。〔案〕金石文字記作「三年」。

第一千七百八十一　唐李晟碑下

△第一千七百八十二　唐烏重胤碑上　裴度撰，竇易直正書。太和二年四月。

第一千七百八十三　唐烏重胤碑下（重胤，承玭子也。）

第一千七百八十四　唐涅槃和尚碑　武翊黄撰，柳公權正書。太和二年七月。

第一千七百八十五　唐清泉寺大藏經記　韓特材撰并行書〔七三〕，劉蔚篆。太和二年九月。

第一千七百八十六　唐衡嶽寺大德瑗公碑　皇甫湜撰，王翊正書。太和三年正月。

第一千七百八十七　唐薛平增脩家廟碑　馮宿撰，裴潾正書，李寓篆。太和三年九月。

第一千七百八十八　唐塔陰文　楊承和撰，唐玄度篆書。太和三年十月。

△第一千七百八十九　唐李祐墓誌　庾敬休撰，王無悔八分書。太和三年十一月。

第一千七百九十　唐裴度白居易聯句　正書，無姓名。太和三年十二月。

第一千七百九十一　唐處州孔子廟碑　韓愈撰，任迪行書。太和三年〔七四〕。

第一千七百九十二　唐太尉王播碑　李宗閔撰，柳公權正書。太和四年正月。

第一千七百九十三　唐太尉王播墓誌　牛僧孺撰，柳公權正書。太和四年四月。

第一千七百九十四　唐節堂記　劉三復撰，李德裕八分書。太和四年五月。

第一千七百九十五　唐玭禪師碑〔七五〕　劉軻撰，僧雲皐正書。太和四年七月。

第一千七百九十六　唐何文悊碑　王源中撰，劉禹錫正書。太和四年八月。

第一千七百九十七　唐秋日望贊皇山詩　李德裕撰并八分書。太和四年八月。

第一千七百九十八　唐侯仲莊碑　杜黄裳撰，崔元略正書。太和四年閏十一月。

第一千七百九十九　唐桃源詩　劉禹錫撰，李某書，名缺。太和四年〔七八〕。

第一千八百　唐將作監韋文恪墓誌　庾敬休撰，柳公權正書。太和五年二月。

校證

〔一〕徐峴撰并正書　顧校删「正」字。

〔二〕法昭　顧校於「昭」旁注「照」字。

〔三〕徐頊　吕本、三長物齋本皆作「徐瑱」。

〔四〕張誼行書　萃編所載碑文又有「張瑁篆額」一句。

〔五〕班宏正書　宋本無「正」字。又此條萃編所載碑文謂「韓秀弼篆額」。

〔六〕貞元九年　萃編謂班宏卒於貞元八年七月，則書碑似當在八年七月以前，然不能確定，故仍從金石録附於九年。

〔七〕陳翔　宋本、三長物齋本作「陳翃」。

〔八〕并詩述　宋本此三字作小注。

〔九〕唐丘公夫人虞氏石表碑　「丘」原作「邱」。案孔子名丘，據茶香室續鈔卷三引橋西雜記所載雍正三年上諭云：「孔子諱理應迴避」，「嗣後除四書五經外，凡遇此字，並加『阝』爲『邱』。」是清代此後凡「丘」字皆改作「邱」，此據吕本改正。特附誌於此。其他凡遇「邱」字，皆徑改，不出校。又，「碑」，宋本作「銘」。

〔一〇〕王穎　「穎」，三長物齋本作「顔」，山右石刻叢編卷十四引作「穎」；宋本、吕本亦作「穎」，顧校於其旁注「顔」字。案乾道臨安志卷三云：「王顔，貞元六年爲杭州刺史，見國一禪師塔銘。」國一禪師，名道欽，居徑山，死後謚大覺禪師。徑山大覺師碑即此塔銘，撰者當以王顔爲是。

〔一一〕原碑　萃編總目作「原銘」，其卷一百四所載碑文作「原碑銘」。

〔一二〕袁滋篆書　廣川書跋謂韋諷書。據萃編所載碑文，當是袁滋。

〔一三〕貞元十一年正月　廣川書跋、中州金石記皆謂碑刻于貞元十七年。萃編云：「碑但存『貞元十』字，以下並泐，其爲十七年，本無明文。」案碑末所存原文爲「唐貞元十□年歲次辛□」，據陳垣二十史朔閏表，貞元十一年至十九年之間，其干支上字爲「辛」者唯「辛巳」，正是「十七年」。趙氏原注誤。

〔一四〕陸郢八分書并篆額　萃編所載碑文作「陸郢書并篆額」。吕本及金石文字記皆以碑文爲八分書，未知所據。

〔一五〕陳翃　宋本、呂本、三長物齋本及集古録皆作「陳翃」。案新唐書藝文志二著録陳翃所作郭公家傳，又注云翃嘗爲郭子儀寮屬，則似以作「陳翃」爲是。

〔一六〕瞿令聞　「聞」，宋本、呂本、三長物齋本皆作「問」。

〔一七〕靈慶公　「慶」，各本原皆作「應」。萃編所載碑文作「慶」，據改。

〔一八〕韋縱正書　萃編所載碑文謂韋縱書并篆額。

〔一九〕唐李吉甫神女祠詩　集古録作唐神女廟詩，其「跋尾」云：「李吉甫、丘玄素、李貽孫、敬騫等作。」是作詩者有數人，趙氏篇題不當唯出李吉甫一人。

〔二〇〕鄭雲逵行書　萃編所載碑文謂姜元素篆額。

〔二一〕馬寔　「寔」，原作「實」，呂本及集古録、通志金石皆作「寔」，據改。

〔二二〕正書無姓名　集古録及通志金石皆謂歐陽詹撰并書。

〔二三〕唐彭王傅徐浩碑　呂本此碑編次在「第一千六百四十五」，而「第一千六百四十六」下則空缺。

〔二四〕竇群　通志金石作「竇庠」。

〔二五〕李説碑　宋本、呂本、三長物齋本「李」上皆有「唐」字，是。

〔二六〕崔淙遺愛碑　顧校增建碑年月爲「貞元十七年十二月」。寶刻類編卷四則云：「貞元十七年十月立。」

〔一七〕段文昌　原作「黄州書」，不可解。今據宋本改。

〔一八〕黄州　三長物齋本作「晉州」。

〔一九〕荀潁　顧校「荀」改「苟」。

〔二〇〕十月　顧校「十」下增「一」字。

〔二一〕石洪撰正書　通志金石云：「石洪文并書。」是書者亦爲石洪。

〔二二〕十二月　吕本作「十月」。

〔二三〕韓愈撰　宋本無此三字。

〔二四〕貞元辛□歲　貞元凡二十年，其干支上字爲「辛」者有二，一爲辛未，即貞元七年；一爲辛巳，即貞元十七年。韓昌黎集舊註云：「此序貞元十七年作，公年才三十四耳。」則「□」字當爲「巳」。

〔二五〕王山從　顧校改「山從」二字爲一「嵸」字。

〔二六〕韓瑗　顧校「瑗」改「□」。錢本作「暖」。

〔二七〕張和靖　盧案謂書畫譜作「張弘靖」。案三長物齋本作「張宏靖」，「宏」當爲避清高宗弘曆諱改，則此本「和」似應作「弘」。

〔二八〕虞頊　當從書畫譜作「盧頊」。唐代無虞頊。盧頊，見新唐書宰相世系表三上。

〔二九〕竇公直　「公」，宋本、吕本同，顧校於「公」旁注「易」，三長物齋本及舊唐書、新唐書、元和姓纂皆作「易」。

〔四〇〕六月　卷二十九「跋尾」作「二月」。

〔四一〕五月　宋本作「三月」。

〔四二〕杜岐公莊居記　全唐文無杜岐公莊居記，杜佑所撰之記亦不至自稱杜岐公，趙氏所書篇題必有誤。查全唐文卷四七七，杜佑别有杜城郊居王處士鑿山引泉記，開首云：「佑此莊貞元中置。」文末署云：「司徒、平章事、岐國公京兆杜佑記。」或即趙氏所録之杜岐公莊居記。

〔四三〕二月　三長物齋本作「三月」。下一條同。

〔四四〕樊成公　「成」，此本與吕本原作「城」，宋本作「成」，顧校亦改「成」，三長物齋本亦作「成」。案新唐書樊澤傳云：「謚曰成。」作「成」者是，據改。下條同。

〔四五〕會善寺誌　「誌」，吕本作「記」。

〔四六〕盧元輔　「盧」，原作「孟」。三長物齋本作「盧」，其案云：「盧元輔，杞之子也，官杭州刺史。胥山在杭州。舊本作『孟元輔』，誤。」據改。

〔四七〕經禹廟詩　寶刻叢編謂庾肩吾、孟簡立撰，謝楚正書，與趙氏所注異。

〔四八〕立　宋本無此字。

〔四九〕無量寺　顧校「量」改「㝵」。案「㝵」同「礙」。

〔五〇〕張躬撰　集古録謂盧景亮撰。參閲卷二十九「跋尾」。

〔五二〕段全緯　原作「段企緯」。呂本作「金緯」，顧校「金」改「全」。案全唐文卷七二一、新唐書藝文志四皆作「段全緯」，據改。

〔五三〕十二月　宋本、呂本作「十一月」。

〔五四〕沈傳師　呂氏原校改作「吴宗冉」，未知孰是。

〔五五〕陽翟縣令壁記　三長物齋本無「縣」字。

〔五六〕五月　顧校「五」改「二」。

〔五七〕太子少保　卷二十九「跋尾」「太」上有「檢校」二字。

〔五八〕武少微　「微」，宋本、呂本作「儀」，全唐文卷六一三、全唐詩卷三三〇亦皆作「儀」。似以作「儀」爲是。

〔五九〕張誠　呂本作「張誠」。

〔六〇〕長慶　宋本作「元和」，顧校亦改作「元和」。下一條同。盧案以爲「元和」非是。

〔六一〕薛公紀績碑　宋本「碑」作「述」，呂本「碑」下有「述」字，顧校改「碑」爲「述」。

〔六二〕三月　原作「二月」。呂本、三長物齋本皆作「三月」，據改。

〔六三〕少府監胡珦碑　集古録作胡良公碑。

〔六四〕正書無姓名　集古録云：「或云此石宗師自書。」

〔六五〕在洪州　宋本無此三字。

〔六五〕沈傳師正書　卷二十九「跋尾」云：「字畫頗不工，疑後人僞爲。」

〔六六〕正月　吕本作「五月」。

〔六七〕裴潾　「潾」，原作「璘」。全唐文、全唐詩及新、舊唐書皆作「潾」，據改。

〔六八〕羅洧　萃編所載碑文作「羅涓」。

〔六九〕李含光　即玄靖先生。參見卷八「校證」〔二八〕。

〔七〇〕韓特材　「特」，吕本作「杼」，寶慶四明志亦作「杼」，三長物齋本作「抒」，墨池編續書斷作「梓」。下第一千七百八十五同。

〔七一〕西平王　據萃編所載碑文，「王」上當有「郡」字。

〔七二〕二年　金石文字記、校碑皆作「三年」。據萃編所載碑文，當以「三年」爲是。

〔七三〕韓特材　宋本「特」作「杼」。

〔七四〕三年　吕本「三年」下有「十二月」。據萃編所載碑文，當作「六月」。

〔七五〕玭禪師　顧校「玭」改「砒」。

〔七六〕四年　吕本「四年」下有「十二月」。

金石録卷第十

目録十

唐　五代　國朝

第一千八百一　唐天平軍節度使廳記　劉禹錫撰，沙門有璘八分書〔一〕。太和五年四月。
第一千八百二　唐小洞庭五太守讌集記〔二〕　蘇源明撰。後序，令狐楚撰。太和五年七月。
第一千八百三　唐白居易遊濟源詩　正書。太和五年九月。馮宿詩附。
第一千八百四　唐太清宮鐘銘　馮宿撰，柳公權正書。太和五年十二月。
△第一千八百五　唐令狐公先廟碑　劉禹錫撰并正書。太和五年。（先廟，令狐楚作。）
△第一千八百六　唐殿中侍御史韋翃墓誌　劉禹錫撰，裴休正書。太和六年正月。
（以上跋尾在卷第二十九）
第一千八百七　唐六譯金剛經上　唐玄度集王右軍書。太和六年春。

第一千八百八　唐六譯金剛經下

第一千八百九　唐襄州文宣王廟記　裴度撰，崔倬正書，盧弘宣篆。太和六年四月。

第一千八百十　唐義成李德裕德政碑上　賈餗撰，歸融八分書。太和六年八月。

第一千八百十一　唐李德裕德政碑中

第一千八百十二　唐李德裕德政碑下

第一千八百十三　唐游王屋詩　白居易撰。正書。太和六年十月。

第一千八百十四　唐四望亭記　李紳撰。正書，無姓名。太和七年二月。

第一千八百十五　唐李紳法華寺詩　正書。太和七年三月。

第一千八百十六　唐散騎常侍張昔墓誌　馮宿撰。正書，無姓名。太和七年四月。

第一千八百十七　唐昇玄劉先生碑　馮宿撰，柳公權正書。太和七年四月。（劉先生名從政。）

第一千八百十八　唐沈傳師攝山題名　正書。太和七年六月。

第一千八百十九　唐太倉箴　李商隱撰。行書，無姓名。太和七年十月。

第一千八百二十　唐育王山常住田碑〔三〕　萬齊融撰，范的行書，太和七年十二月。〔案〕「育王山」當作「育王寺」〔四〕。潘氏末云：「正書。在今鄞縣。」

△第一千八百二十一　唐義陽郡王苻璘碑　題中書侍郎同平章事李宗閔撰。宗閔太和七年爲此官〔五〕。柳公權正書。

第一千八百二十二　唐脩龍宫寺碑　李紳撰。行書，無姓名。太和九年四月。

第一千八百二十三　唐春城院佛殿記　劉慥撰，鄭師仁八分書。太和九年五月。

第一千八百二十四　唐東林寺白氏文集記　白居易撰，僧雲皋正書。太和九年八月。

第一千八百二十五　唐馬先生廟録　盧中規撰，崔植正書。太和九年十一月。

第一千八百二十六　唐沈傳師墓誌　權璩撰，姪堯章正書。太和九年十一月。

第一千八百二十七　唐李紳題少林寺詩　正書。開成元年七月。

第一千八百二十八　唐皇甫曙題石佛谷詩　李道夷正書。開成元年十一月〔六〕。

△第一千八百二十九　唐贈太尉王智興碑　裴度撰，柳公權正書。開成元年十一月。

第一千八百三十　唐文宣王新廟碑　劉禹錫撰，盧遥正書〔七〕。開成二年三月〔八〕。

第一千八百三十一　唐陰符經序　鄭澣撰〔九〕，柳公權正書，丁居晦篆〔一〇〕。開成二年七月。

第一千八百三十二　唐黄公記　李漢撰。八分書，無姓名。開成二年十一月。

第一千八百三十三　唐檢校金部郎中崔稹碑　李絳撰，柳公權正書。開成三年正月。

△第一千八百三十四　唐丞相崔群碑　裴度撰，劉禹錫正書。開成三年正月。

第一千八百三十五　唐淮南監軍韋元素碑　丁居晦撰，柳公權正書。開成三年七月。
第一千八百三十六　唐寶稱律師塔銘　劉軻撰，陳去病正書。開成四年七月〔二〕。
第一千八百三十七　唐淄王傅元公碑　李宗閔撰，柳公權正書。開成四年七月。（元公名錫。）
第一千八百三十八　唐白蘋洲五亭記　白居易撰，馬纘正書。開成四年十月。
第一千八百三十九　唐宣州觀察使王質碑　劉禹錫撰并正書。開成四年十一月。
第一千八百四十　唐山南西道驛路記　劉禹錫撰，柳公權正書。開成四年。
△第一千八百四十一　唐魏博何進滔德政碑一　柳公權撰并正書，開成五年正月。
第一千八百四十二　唐何進滔德政碑二
第一千八百四十三　唐何進滔德政碑三
第一千八百四十四　唐何進滔德政碑四
第一千八百四十五　唐何進滔德政碑五
△第一千八百四十六　唐李聽碑上　李石撰，柳公權正書。開成五年二月。
第一千八百四十七　唐李聽碑下
第一千八百四十八　唐贈禮部尚書羅讓碑　王起撰，柳公權正書。開成五年二月。
第一千八百四十九　唐常侍裴恭碑　盧術撰，鄭還古正書。開成五年四月。

第一千八百五十　唐没賀舍利傳　崔璘撰。正書，無姓名。開成五年十月。
第一千八百五十一　唐李德裕平泉草木記　開成五年。
第一千八百五十二　唐李德裕平泉山居詩　上二碑，皆李德裕八分書。
第一千八百五十三　唐左真人仙堂記　張虚白撰，龔真子書。開成五年。
第一千八百五十四　唐沈傳師嶽麓寺詩　行書。文宗時作。
△第一千八百五十五　唐贈太尉李憕碑上　李紓撰，沈傳師正書。文宗時立〔一二〕。
第一千八百五十六　唐李憕碑下
第一千八百五十七　唐新脩紫極宫記　賈島撰。正書，無姓名。武宗會昌元年五月〔一三〕。
△第一千八百五十八　唐贈太師崔陲碑　劉禹錫撰，柳公權正書。會昌元年五月。
第一千八百五十九　唐大達法師碑〔一四〕　裴休撰，柳公權正書。會昌元年十二月。
第一千八百六十　唐宣公律院碣　嚴厚本撰，柳公權正書。會昌元年。
第一千八百六十一　唐荇溪新亭記　李濆撰，楊紹復正書。會昌二年正月。
第一千八百六十二　唐昊天觀碑　王起撰，柳公權正書。會昌三年十月。
第一千八百六十三　唐巡幸左神策軍碑上　崔鉉撰，柳公權正書。會昌三年。
第一千八百六十四　唐巡幸左神策軍碑下

第一千八百六十五　唐張弘靖祭唐叔文　李德裕撰。正書，無姓名。會昌四年二月。

第一千八百六十六　唐金剛經　柳公權正書。會昌四年四月。

第一千八百六十七　唐蔚州刺史馬紓墓誌　楊倞撰。正書，無姓名。會昌四年七月。

第一千八百六十八　唐贈太子少保高重碑　姪元裕撰，柳公權正書。會昌四年十月。

第一千八百六十九　唐李貽孫神女廟詩　正書，無姓名。會昌五年九月。

第一千八百七十　唐脩文宣王廟記　裴坦撰，盧匡書〔一五〕。會昌五年十月。

第一千八百七十一　唐李德裕大孤山賦　篆書，無姓名。會昌五年。

△第一千八百七十二　唐相國李凉公碑　李德裕撰，柳公權正書。會昌六年三月〔一六〕。（凉公，李石也。）

第一千八百七十三　唐商於新驛記　韋琮撰，柳公權正書。宣宗大中元年正月。

第一千八百七十四　唐山南西道節度使王起碑　李回撰，柳公權正書。大中元年四月。

第一千八百七十五　唐吕温祭舜廟文　裴昇之正書。大中元年五月。

△第一千八百七十六　唐牛僧孺碑　李珏撰，柳公權正書。大中二年十月。

△第一千八百七十七　唐太子太傅劉沔碑　韓博撰〔一七〕，柳公權正書。大中二年十二月。

〔案〕舊作「韋博撰」。

第一千八百七十八　唐淮陽太守李公廟記　李謙撰，慕容鎬正書。大中三年三月。

第一千八百七十九　唐般若心經　徐璋撰〔一八〕。大中三年五月。

第一千八百八十　唐普光王寺碑　李邕撰，柳公權正書。

第一千八百八十一　唐潁亭記　陳寬撰。正書，無姓名。上兩碑，皆大中四年。

△第一千八百八十二　唐醉吟先生傳并墓誌〔一九〕　傳，白居易自撰；碑，李商隱撰；譚郃正書。大中五年四月。

△第一千八百八十三　唐贈太尉李固言碑　李珏撰，三從姪儔正書。大中六年二月。

第一千八百八十四　唐幽州納降軍使李巖碑　正書，書、撰人姓名殘缺。大中六年六月。

第一千八百八十五　唐嶺南節度使韋正貫碑　蕭鄴撰，柳公權正書。大中六年七月。

第一千八百八十六　唐魏公謩先廟碑　崔絢撰〔二〇〕，柳公權正書。大中六年十一月。（謩，魏徵之來孫。）

第一千八百八十七　唐河東監軍康約言碑　柳公權撰并正書。大中七年二月〔二一〕。

第一千八百八十八　唐蕭穎士庭莎賦　正書，無姓名。大中七年十月。

△第一千八百八十九　唐吏部尚書高元裕碑　蕭鄴撰，柳公權正書。大中七年十月〔二二〕。

第一千八百九十　唐四證臺記〔二三〕　李商隱撰。正書，無姓名。大中七年十一月。〔案〕

舊作「四證堂碑」。

△第一千八百九十一　唐司徒薛平碑　李宗閔撰，柳公權正書。

第一千八百九十二　唐觀音院記　段成式撰，柳公權正書。

△第一千八百九十三　唐起居郎劉君碑　劉三復撰，柳公權正書。上三碑，皆大中七年。

第一千八百九十四　唐元魯山琴臺記　宋整撰。正書，無姓名。大中八年正月。

第一千八百九十五　唐姚勖復真記　自撰。正書，無姓名。大中八年三月。〔案〕謝本脱「姚」字。

第一千八百九十六　唐陳杲仁告身夫人捨宅疏序　俞珣述并書。大中八年五月。

第一千八百九十七　唐重陽亭銘　李商隱撰。正書，無姓名。大中八年九月。

第一千八百九十八　唐大覺禪師碑　李吉甫撰，蕭起正書。大中八年十二月。

第一千八百九十九　唐淮南節度使崔從碑　蔣伸撰，柳公權正書。大中八年。

第一千九百　唐圭峰禪師碑　裴休撰并正書。大中九年正月〔二四〕。〔案〕金石文字記云：「柳公權篆額。又『正月』作『十月』。」

第一千九百一　唐大覺禪師碑　丘丹撰，蕭起行書。大中九年五月〔二五〕。

第一千九百二　唐勸農敕　正書，無姓名。大中十年五月。

第一千九百三　唐陽翟縣水亭記　魏庾撰并正書〔二六〕。大中十年五月。

第一千九百四　唐興唐寺記　撰人姓名殘缺。李衮正書。大中十年。

第一千九百五　唐杜佑莊居記　佑自撰，孫愉重立，李衮正書〔二七〕。大中十年〔二八〕。

第一千九百六　唐復東林寺碑　崔黯撰，柳公權正書。大中十一年四月。

第一千九百七　唐南瀆廣源公碑　李景讓撰，蓋巨源八分書。大中十一年正月〔二九〕。

第一千九百八　唐楊滌妻張氏墓誌　滌自撰并正書，行書銘。大中十三年五月〔三〇〕。

第一千九百九　唐西明寺金剛經　柳公權正書。大中十三年六月。

第一千九百十　唐兵部尚書盧綸碑〔三一〕　盧言撰，崔倬正書。大中十三年七月。

第一千九百十一　唐定州文宣王廟記　盧肇撰并正書。大中十三年八月。

第一千九百十二　唐儒宮碑　沈佐黄撰，杜英正書并篆。大中十三年八月〔三二〕。

第一千九百十三　唐萬石君廟記　石晏撰，王藩行書并篆。大中十三年十一月。

第一千九百十四　唐義昌軍節度使杜中立碑　裴坦撰，杜宣猷正書。大中十四年八月。

△第一千九百十五　唐禮部尚書許康佐碑　書、撰人姓名殘缺。

第一千九百十六　唐崇聖寺佛牙碑　孫朴撰，王平君行書〔三三〕。上三碑，皆大中立〔三四〕。

第一千九百十七　唐司空扶風公寫真記　李澄撰，蓋巨源書。懿宗咸通元年十一月。

（扶風公，馬植也。）

第一千九百十八 唐令狐楚登白樓賦 令狐澄書。咸通二年三月。

第一千九百十九 唐六譯金剛經 蓋巨源八分書。咸通四年六月。

第一千九百二十 唐尊勝陀羅尼經 于僧翰八分書。咸通五年。

△第一千九百二十一 唐潛谿記 杜宣猷撰。正書，無姓名。咸通八年十月。

第一千九百二十二 唐鄭薰雪霽開講詩 正書，無姓名。咸通九年九月。

第一千九百二十三 唐兵部尚書王承業墓誌 鄭言撰，柳仲年正書。咸通十年二月。

△第一千九百二十四 唐贈司空孔岑父碑 鄭絪撰，柳知微正書。咸通十一年正月。

第一千九百二十五 唐同昌公主碑 韋保衡撰，柳仲年正書。咸通十一年二月。（公主，懿宗長女。）

第一千九百二十六 唐宿惠山寺詩 王武陵、朱宿、竇群正書。咸通二年七月。

第一千九百二十七 唐脩繁城廟記〔三五〕 曹分撰〔三六〕。篆書，無姓名。咸通十二年九月。

第一千九百二十八 唐鄭畋謁昇仙太子廟詩 正書，無姓名。僖宗乾符四年閏二月〔三七〕。

第一千九百二十九 唐李商隱佛頌 吴華篆書。廣明元年十月。

第一千九百三十 唐昭覺寺碑 蕭遘撰，劉崇龜正書。中和五年正月。

第一千九百三十一 唐安昌寺碑 周庾信撰，令狐渙重書〔三八〕。昭宗乾寧元年十一月。

△第一千九百三十二　唐瘞鶴銘〔三九〕　華陽真逸撰〔四〇〕。行書，無姓名。無時代歲月。〔案〕此梁陶弘景書。

△第一千九百三十三　唐千字文　世傳智永書〔四一〕。

△第一千九百三十四　唐冬日陪群公泛舟詩　謫丹陽功曹掾王某（名缺）行書，無年月。

第一千九百三十五　唐金字般若碑　正書，無姓名。

第一千九百三十六　唐柘城令李公德政頌　封利建撰，魏崇行書。

第一千九百三十七　唐立郭林宗碑　行書，無姓名。

第一千九百三十八　唐郭林宗碑陰

第一千九百三十九　唐草堂寺報願碑　宋儋文，蒯敬宗正書。

第一千九百四十　唐寂照寺雙浮圖碑　單江撰，八分書。

第一千九百四十一　唐孟浩然碣　樊澤撰。正書，無姓名。

第一千九百四十二　唐李氏窪尊銘　篆書，無姓名。（李氏，左相適之也。）

△第一千九百四十三　唐題阮客舊居詩〔四二〕　篆書，無姓名。

第一千九百四十四　唐椒陵陂詩　韋瓘撰。正書。

第一千九百四十五　唐金剛經上　正書，無姓名。

第一千九百四十六　唐金剛經下

第一千九百四十七　唐心經　正書，無姓名。

△第一千九百四十八　唐遺教經　正書，無姓名。

第一千九百四十九　唐玉蕊詩倡和　沈傳師、李德裕撰〔四三〕。正書，無姓名。

第一千九百五十　唐大智禪師碑　正書，書、撰人姓名殘缺。

第一千九百五十一　唐通神寺鳳陽門銘　八分書，無書、撰人姓名。

第一千九百五十二　唐尊勝幢贊〔四四〕　韓拯文〔四五〕，鄔員行書。

第一千九百五十三　唐楊公史傳記　行書，無姓名。

第一千九百五十四　唐唐玄度十體書

第一千九百五十五　唐教戒經　正書，無姓名。

△第一千九百五十六　唐中書舍人王無競碑〔四六〕　姚汭撰。行書，無姓名。

第一千九百五十七　唐梵網經上　正書，無姓名。

第一千九百五十八　唐梵網經下

第一千九百五十九　唐無名碑　正書，無書、撰人姓名。

第一千九百六十　唐夏日登戲馬臺詩　鄭遂文，盧僎撰。八分書，無姓名。

第一千九百六十一　唐楠木歌　嚴武撰，史俊行書。

第一千九百六十二　唐郗昂光福寺詩　行書，無姓名。

第一千九百六十三　唐嚴武題龍日寺西龕石壁詩　行書，無姓名。

第一千九百六十四　唐白居易與劉禹錫書　行書。

第一千九百六十五　唐立王右軍祠堂記　王師乾撰。正書，無姓名。

第一千九百六十六　唐知制誥郭慎微碑　姪汭撰〔四七〕。八分書，姓名殘缺。京兆金石録云：「顧誡奢書。」〔四八〕

第一千九百六十七　唐皇甫湜浯溪詩

第一千九百六十八　唐沙門湛然題井陘山壁詩　正書，無姓名。

第一千九百六十九　唐吴興太守歷官記　正書，無姓名。

第一千九百七十　唐李幼卿題瑯琊山詩〔四九〕　八分書，無姓名。柳遂、皇甫智詩附〔五〇〕。

第一千九百七十一　唐李陽冰琴銘

△第一千九百七十二　唐冰清琴銘

第一千九百七十三　唐齊州刺史封公德政碑　李迥秀撰，李思惲行書。

第一千九百七十四　唐玄元皇帝道德銘　李華撰，張敬仙書。

第一千九百七十五　唐然燈經　正書，無姓名。已上諸碑，皆無年月，或殘缺。

第一千九百七十六　唐華嶽題名一

第一千九百七十七　唐華嶽題名二

第一千九百七十八　唐華嶽題名三

第一千九百七十九　唐華嶽題名四

第一千九百八十　唐華嶽題名五

第一千九百八十一　唐泰山石闕題名上

第一千九百八十二　唐泰山石闕題名下

第一千九百八十三　唐老子廟石闕題名上

第一千九百八十四　唐老子廟石闕題名下

△第一千九百八十五　後唐汾陽王真堂記　李棁撰，李鶚正書〔五一〕。末帝清泰三年八月。

第一千九百八十六　晉楊凝式書上

第一千九百八十七　晉楊凝式書中

第一千九百八十八　晉楊凝式書下

第一千九百八十九　漢大藏經旨序　郭忠恕撰并篆，袁正己正書。乾祐元年四月。

△第一千九百九十　漢重脩高祖廟碑　趙穎撰，郭忠恕八分書。乾祐二年。
第一千九百九十一　漢説文字源　郭忠恕篆并正書。乾祐三年七月。
第一千九百九十二　南唐喬公亭記　徐鉉撰并篆書。李璟保大十三年四月。
第一千九百九十三　許真人井銘　徐鉉撰并篆。
第一千九百九十四　宓子賤碑　徐鉉撰并篆書。
△第一千九百九十五　紫極宫石磬銘　徐鍇撰并篆書。上三碑，皆無歲月。
△第一千九百九十六　文宣王廟記〔五二〕　郭忠恕撰并小篆，太祖皇帝乾德元年〔五三〕。
第一千九百九十七　陰符經　郭忠恕小篆、古文、八分三體。乾德四年四月。
第一千九百九十八　永安院佛殿記　劉從義撰，郭忠恕篆，袁正己正書。乾德五年二月。
第一千九百九十九　懷嵩樓記　李德裕撰，郭忠恕八分書并篆。無歲月。
△第二千　日本國誥
（以上跋尾在卷第三十）

遺目〔五四〕

唐屯留令邢義碑　卷二十六。

唐義興縣重脩茶舍記　卷二十九。

唐般舟和尚碑　柳宗元撰。卷二十九。〔案〕四庫提要云：「『跋尾』中有邢義、李證、義興茶舍、般舟和尚四碑，『目録』中不列其名。」其實止上三碑。「李證」乃「李憕」之誤，「目録」在一千八百五十五，云「文宗時立」，而「跋尾」乃在代宗大曆六年麻姑壇記之前，蓋錯編，非漏載也。李易安後序云「有題跋者五百二卷」，今「跋尾」乃有五百五篇〔五五〕，則邢義等三篇易安所未見，疑後人增入。

校證

〔一〕有璘　「璘」，宋本作「鄰」，顧校「璘」改「鄰」。

〔二〕集　宋本作「籍」。

〔三〕育王山　萃編所載碑文作「阿育王寺」。

〔四〕育王寺　三長物齋本案「育」上有「阿」字。又云：「原碑開元間萬齊融撰，徐嶠之行書；此則于季友重刻，范的正書。在鄞縣。」

〔五〕宗閔太和七年爲此官　金石録此語未明言「太和七年」即建碑之年。山右石刻叢編卷十引諸道石刻録及寶刻類編卷四皆云「太和七年立」。萃編則據新唐書宰相表謂碑文當撰於太和八年而書於開成三年，建立亦當在是年。案碑文所載書者柳公權結銜有「工部侍郎」一職，金石論叢貞石證史再跋苻璘碑云：「今考重修學士壁記『柳公權』下云：『(開成)三年九月十八日，遷工部侍郎，知制誥，加承旨。五年三月九日，加散騎常侍出院。』與結銜比觀而嚴義言之，則此碑應書於開成三年九月十八日後，五年三月九日前。」

〔六〕十一月　宋本、吕本作「十月」。

〔七〕盧逕　顧校於「逕」旁注「匡」字。三長物齋本作「經」。

〔八〕三月　宋本、吕本作「二月」。

〔九〕鄭澣　顧校於「澣」旁注「幹」。集古録作「澣」。

〔一〇〕丁居晦篆　顧校删。葉本此四字作空格。

〔一一〕七月　宋本、吕本作「四月」。

〔一二〕文宗時立　案此説有誤。集古録謂碑建於大曆四年，近是。説見卷二十八「校證」〔七〕。

〔一三〕五月　宋本、吕本作「三月」。

〔一四〕大達法師碑　金石文字記、校碑「師」下皆有「玄祕塔」三字。萃編作玄祕塔碑。

〔一五〕盧匡書　吕本於「書」上補「正」字。

〔一六〕六年三月　集古録作「三年」。

〔一七〕韓博　「韓」，吕本作「韋」，新唐書、郎官題名考及金石論叢金石證史劉沔碑亦皆作「韋」，當以作「韋」爲是。

〔一八〕徐璋撰　般若心經爲佛經，必非徐璋所撰。宋本、吕本「撰」作「篆」，疑是。

〔一九〕墓誌「誌」，顧校改「碑」。此本與三長物齋本卷三十「跋尾」正文亦皆作「碑」，但分目却作「誌」，據文意，應以作「誌」爲是。

〔二〇〕崔絢撰　三長物齋本案云：「今碑已殘缺。撰文者乃崔璵，武宗相珙之弟也，非崔絢。」

〔二一〕二月　原作「十二月」，吕本作「二月」。據其前後碑編次之年月，當以吕本爲是，據改。

〔二二〕十月　原作「七月」，吕本及中州金石記皆作「十月」。據其前後碑編次之年月，當以「十月」爲是，據改。

〔二三〕四證臺記　宋本作「四證堂碑」，吕本作「四證堂記」。

〔二四〕正月　據萃編所載碑文，當作「十月」，趙注誤。

〔二五〕九年　顧校於「九」旁注「五」字。

〔二六〕魏庾撰并正書　此句吕本作：「魏庾撰，蕭起行書。」

〔二七〕李衮　宋本無此二字。

〔二八〕十年　宋本作「十一年四月」。

〔二九〕十一年　宋本、吕本作「十二年」。

〔三〇〕十三年　吕本作「十二年」。

〔三一〕唐兵部尚書　顧校於「唐」下補「贈」字。

〔三二〕八月　吕本作「十一月」。

〔三三〕王平君　三長物齋本作「王君平」。

〔三四〕皆大中立　顧校「中」下補「中」字。三長物齋本「中」下有「年間」二字。

〔三五〕脩繁城廟記　顧校於「繁」旁注「築」字。

〔三六〕曹分　顧校「分」改「玢」。

〔三七〕閏二月　原作「四月」，案萃編所載碑文，當作「閏二月」，呂本正作「閏二月」，據改。

〔三八〕重書　呂氏原校「書」改「立」。

〔三九〕瘞鶴銘　卷三十「跋尾」分目此銘在千字文之後。

〔四〇〕華陽真逸　集古録云：「或云華陽真逸是顧況道號。」案此説非是，見卷三十「校證」〔一三〕。

〔四一〕世傳智永書　卷三十「跋尾」以爲非智永書。

〔四二〕題阮客舊居詩　集古録以爲撰、書人皆李陽冰。本書卷三十「跋尾」謂書者乃縉雲令李莒。

〔四三〕沈傳師李德裕撰　原本無「撰」字。呂本「撰」字在「師」下。案全唐詩卷四七五有李德裕招隱山觀玉蕊樹戲書即事奉寄江西沈大夫閣老詩，卷四六六有沈傳師和李德裕觀玉蕊花見懷之作。此處碑題既言「倡和」，則所録必爲兩人之詩，故於「裕」下補「撰」字。

〔四四〕贊　呂本作「銘」。

〔四五〕韓拯　「拯」，呂本作「極」。全唐文卷四〇五亦作「極」，原注云：「極，一作『拯』。」

〔四六〕王無競碑　卷三十「跋尾」分目此碑編次在唐冰清琴銘（總目第一千九百七十二）之後。

〔四七〕 汭　吕本作「訥」。

〔四八〕 顧誡奢　宋本作「顧戒奢」。

〔四九〕 李幼卿　三長物齋本案云：「李幼卿，大曆間人，見全唐詩。非撰三墳記之李幼卿。」

〔五〇〕 皇甫智　顧校「智」改「曾」。全唐詩無皇甫智，當以作「曾」爲是。

〔五一〕 李鶚　「鶚」，原作「鄂」，誤。其餘各本卷三十「跋尾」及書小史卷十皆作「鶚」，據改。

〔五二〕 文宣王廟記　卷三十「跋尾」分目「文」上有「周」字。

〔五三〕 太祖皇帝乾德元年　乾德爲宋太祖年號。據卷三十「跋尾」，此碑建於周世宗顯德元年四月。趙氏此注誤。

〔五四〕 遺目　此遺目三篇，據三長物齋本補。

〔五五〕 今跋尾乃有五百五篇　案本書卷十一至三十，實有「跋尾」五百零三篇，與盧案五百五篇之數不合，而較李易安後序所言僅多出一篇。至於後人所增究屬何篇，已不可得詳。

金石録卷第十一

跋尾一

三代

古器物銘第一　古鐘銘。方鼎銘。䕫鼎銘。祖丁彝銘。
古器物銘第二　兄癸彝銘。
古器物銘第四　甗銘。秦鐘銘。周敦銘。
古器物銘第五　文王尊彝銘。宋公䜌餗鼎銘。寶龢鐘銘。楚鐘銘。
古器物銘第六　毛伯敦銘。簠銘。匜銘。商雒鼎銘。周姜敦銘。
古器物銘第七　大夫始鼎銘。季娟彝銘。

古器物銘第一

古鐘銘

右古鐘銘，五十二字，藏宗室仲爰家。象形書，不可盡識。以其書奇古，故列於諸器銘之首。後又得一鐘銘，文正同；一鐸銘，字畫亦相類，皆録於後。

方鼎銘

右方鼎銘，藏岐山馮氏。張侍郎舜民云：「夏時器也。」字畫奇怪不可識。

蠆鼎銘

右蠆鼎銘，藏祕閣。銘一字象蠆形。吕氏考古圖云：「即古文『蠆』字。」

祖丁彝銘

右祖丁彝銘，藏蔡肇天啓舍人家。吕氏考古圖載李氏録云：「祖丁者，商之十四世帝祖丁也。」余案夏、商時人淳質，皆以甲、乙爲號；今世人家所藏彝器銘文，如此類甚衆，未必帝祖丁也。李氏名公麟，字伯時父，有古器圖一卷行於世云〔一〕。

古器物銘第二

兄癸彝銘

右兄癸彝銘，藏潁昌韓氏〔二〕。蓋、底皆有銘。凡商器款識，多者不過數字，而此器獨二十餘字，尤爲奇古。

古器物銘第四

〔案〕別本於此上添寫「古器物銘第三」一條者，誤也。其所藏金石刻甚多，豈皆有跋乎？

甗銘

右甗銘。案真宗皇帝實録：「咸平三年，乾州獻古銅鼎，狀方而有四足〔三〕，〔案〕謝本無「有」字。上有古文二十一字。詔儒臣考正，而句中正、杜鎬驗其款識，以爲史信父甗〔四〕。中正引説文：『甗，甑也。』又引墨子：『夏后鑄鼎，四足而方。』〔五〕春秋傳：『晉侯賜子産二方鼎。』〔六〕云：『此其類也。』」余嘗見今世人家所藏古甗，形製皆圜，而此器其下正方，故中正等疑爲方鼎之類，然方鼎與甗自是兩器名，今遂以爲一物，非也。楊南仲曰：「史，當讀爲『中』，音『仲』。」

秦鐘銘〔七〕

右秦鐘銘，云：「丕顯朕皇祖受天命，奄有下國，十有二公。」歐陽文忠公集古録以爲太史公史記於秦本紀云襄公始列爲諸侯，而諸侯年表則以秦仲爲始。今據年表始秦仲，則至康公爲十二公，此鐘爲莊公時作也；〔案〕「莊」當作「共」〔八〕，各本俱訛。據本紀自襄公爲始，則桓公爲十二公，而銘鐘者爲景公也。余案秦本紀〔九〕，自非子爲周附庸，邑於秦，至秦仲始爲大夫。仲死，子莊公伐破西戎，於是予之。〔案〕「予之」當從史記作「復予」。秦仲後，及其先大駱地犬丘并有之，爲西垂大夫。莊公卒，子襄公代立。犬戎之難，襄公有功周室，於是平王始封襄公爲諸侯，賜之岐以西之地，曰：「戎無道，侵奪我岐、豐之地，秦能攻逐戎〔一〇〕，即有其地。」與誓，封爵之。襄公於是始國，與諸侯通使聘享之禮，而詩美襄公，亦以能取周地，始爲諸侯受顯服。蓋秦仲初未嘗稱公；莊公雖追稱公，然猶爲西垂大夫，未立國；至襄公始國，爲諸侯矣。則銘所謂「奄有下國，十有二公」者，當自襄公爲始。然則銘斯鐘者，其景公歟！

周敦銘

右周敦而下器銘五，皆藏御府。初，皇祐間修大樂，有旨付有司攷其聲律、制度而模其銘文〔一一〕，以賜公卿，楊南仲爲圖刻石者也。然其器尋歸禁中，故模本世間絶難得〔一二〕。余所藏公私古器款識略盡，蓋獨闕此，求之久而不獲。有董之明子上者，家藏古今石刻甚富，適有此銘，因以遺余。之明云：「即皇祐賜本也。」

古器物銘第五

文王尊彝銘〔一三〕

右文王尊彝銘。紹聖間〔一四〕，宗室仲忽獲此器以獻。有旨下祕閣考驗，而館中諸人皆以爲後世詐僞之物，不當進於御府。於是仲忽坐罰金，然其器猶藏祕閣。初，仲忽以器銘上一字與小篆「鹵」字相類〔一五〕，遂讀爲「魯」，因以「文王」爲周之文王，曰：「此魯公伯禽享文王廟器也。」其言頗近乎夸，故當時疑以爲僞。然兹器製作精妙，文字奇古，決非僞物，識者當能辨之。惟遂以爲魯公器者，初無所據爾。

宋公䜌餗鼎銘〔一六〕

右宋公䜌餗鼎銘，元祐間得於南都〔一七〕。藏祕閣。底、蓋皆有銘。案史記世家宋公無名「䜌」者，莫知其爲何人也。

寶龢鐘銘〔一八〕

右寶龢鐘銘，藏太常。凡四鐘〔一九〕，款識並同。初，景祐間李照脩雅樂，所鑄鐘其形皆圜，與古制頗異。時又别詔胡瑗自以管法製鐘磬。會官帑中獲此鐘，其形如鈴而不圜，馮元等案其款識，以爲漢、魏時器。於是令瑗仿其狀作新鐘一縣十六枚，然不獲奏御，但藏諸樂府而已。今案此銘文字皆古文，爲周以前所作無疑，而元以爲漢、魏時器，蓋失之矣。

楚鐘銘

右楚鐘銘，政和三年獲於鄂州嘉魚縣，以獻。字畫奇怪。友人王壽卿魯翁得其墨本見遺。銘文云：「楚公下一字不可識，必其名也。自作。」案楚自周成王時封熊繹，以子男田居楚，至熊渠乃立其三子爲王，後復去其王號，至熊通始自立爲楚武王。則是楚未嘗稱公，不知此鐘爲何人作也。

古器物銘第六

毛伯敦銘〔二〇〕

右毛伯敦銘，凡四〔二一〕：其一惟蓋存，藏劉原父家；其一底、蓋具，藏京兆孫氏；其一不知所從得，銘文皆同。原父釋「足」下一字爲「鄭」〔二二〕，〔案〕謝本「足」誤作「祝」。遂以爲司馬遷史記所載毛叔鄭器，曰：「武王克商。尚父牽牲，毛叔鄭奉明水〔二三〕。銘稱『伯』者，爵也；史稱『叔』者，字也。敦乃文、武時器也〔二四〕。」今究其點畫，殊不類「鄭」字，而吕氏考古圖釋爲「郱」，皆莫可考。

簠銘〔二五〕

右簠銘，本兩器，底、蓋皆有銘，文悉同。其一原父以遺歐陽公。案集古録以「中」上一字爲「張」字，引詩六月篇「侯誰在矣？張仲孝友」，曰：「此周宣王時張仲器也。」吕大臨考古圖以偏傍推之，其字從「巨」不從「長」，以隸字釋之，當爲「弡」。「弡」字雖見玉篇，然古文與隸書多不合，未知果是否。〔案〕黄長睿東觀餘論云：「弡，其勿反。」非「張」字。

匜銘〔二六〕

右匜銘。劉原父既以前一篚爲張仲所作，又以此匜爲張伯器，曰：「仲之兄也。」尤無所據。原父於是正之學號稱精博，惟以意推之，故不能無失爾。

商雒鼎銘〔二七〕

右鼎銘，劉原父得於商雒。銘云：「維十有四月。」蔡君謨嘗問原父：「『十有四月』者何？」原父不能對。吕氏考古圖云：「古器銘多有是語，或云十三月，或云十九月。疑人君即位居喪，踰年未改元，故以月數。」余嘗考之〔二八〕，古人君即位，明年稱元年，蓋無踰年不改元之事。又余所藏牧敦銘有云：「惟王十年十有三月。」〔二九〕以此知吕氏之説非是。蓋古語有不可曉者，闕之可也。

周姜敦銘〔三〇〕

右周姜敦銘。本二器，其一原父以遺歐陽公。「伯」下一字，集古録讀爲「冏」〔三一〕，曰：「此書所載伯冏，穆王時人也。」而吕氏考古圖訓作「百」〔三二〕。皆未詳。〔案〕書畫譜作「考古圖訓作『首』」。

古器物銘第七

大夫始鼎銘

右大夫始鼎銘。案説文「對」字本從「口」，漢文帝以爲「責對而爲言，多非誠對」，故去其「口」以從「士」。今驗兹鼎銘及周以後諸器款識，「對」字最多，皆無從「口」者。然則古文、大篆固已不從「口」矣。又疑李斯變古法作小篆，「對」字始從「口」，至文帝復改之耳，然書傳不載，未敢遂以爲然也。

季娟彝銘〔三三〕

右季娟彝銘，藏洛陽趙氏〔三四〕。銘字畫與大篆小異，蓋古文也，當是周初接商時器。余徧閲商、周諸器銘，所謂古文者大率如此；而唐人所書皆別作一體，筆畫疎瘦，與彝、鼎間字絶異，雖李陽冰亦爲之，不知何所依據。余以謂學古文當以彝、鼎間字爲法。

〔案〕葉本「以謂」下多「學者」二字。

校證

〔一〕古器圖　鐵圍山叢談卷四及籀史皆云李公麟所作爲考古圖。金石論叢四庫提要古器物銘非金石録辨（篇名較長，以下凡「校證」卷十一、十二、十三中古器物銘及家藏古器物銘引此篇時，均只出書名，不出篇名）云：「意既有吕大臨考古圖，時人遂别厥稱歟？」案宋史藝文志一著録李公麟古器圖一卷。

〔二〕潁昌韓氏　金石論叢云：「韓氏，羅更翁考訂爲韓持正。潁昌，考古（即吕大臨考古圖。以下凡云考古圖而不出姓氏者，皆爲吕著）作『潁川』，或郡望、占籍之異。」

〔三〕有　宋本無此字。

〔四〕史信父甗　金石論叢云：「按此即考古之仲信父方旅甗。」考古圖云：「按舊圖云：咸平三年，好時令黄傳鄆獲是器，詔闕以獻。詔句中正、杜鎬詳其文，惟『𡭔』字楊南仲謂不必讀爲『史』，當爲『中』，音『仲』。」

〔五〕夏后鑄鼎四足而方　藝文類聚卷七十三鼎引墨子曰：「夏后開（啓）使飛廉折金於山，以鑄鼎於昆吾……鼎成，四足而方。」案今本墨子耕柱「四足」作「三足」。孫詒讓間詁云：「此書多古字，舊本蓋作『亖足』，故譌爲『三』。」

〔六〕晉侯賜子産二方鼎　左傳昭公七年：「晉侯有間，賜子産莒之二方鼎。」

〔七〕秦鐘銘　集古録作秦昭和鐘銘，考古圖作秦銘勳鐘。

〔八〕莊當作共　薛尚功鐘鼎款識引此題跋正作「共」，集古録亦作「共」。

〔九〕余案秦本紀　宋本「本紀」下有「自紀」二字。

〔一〇〕秦能攻逐戎　此句宋本作「秦遂能攻戎」。

〔一一〕制度　「制」，原作「製」，據三長物齋本改。下寶龢鐘銘之「制」，與此同。

〔一二〕世間絶難得　原作「以仲紀難得」，殊不可解。據宋本改。

〔一三〕文王尊彝銘　鐘鼎款識作魯公鼎，博古圖作周文王鼎。

〔一四〕紹聖間　仲忽獻此器之時間，博古圖謂「元祐間」，宋史哲宗紀謂「元符二年閏九月」，三説不同，未詳孰是。

〔一五〕卤　鐘鼎款識卷九所載魯公鼎銘文，字作「田」。金石論叢云：「田，今人云『周』字也。」

〔一六〕宋公緣餗鼎銘　博古圖作周緣鼎蓋，鐘鼎款識作宋公樂鼎，銘文凡六字。

〔一七〕南都　指北宋之南京應天府，即今河南商丘。

〔一八〕寶龢鐘銘　考古圖作走鐘，鐘鼎款識作寶和鐘。

〔一九〕凡四鐘　考古圖、鐘鼎款識皆言鐘有五具。考古圖云：「五鐘聲制異，銘文同。」唯翟耆年籀史謂鐘有四具，與此題跋同。金石論叢云：「此鐘搨本，北宋末流傳極罕，購求不易，既五鐘銘文皆同，當有裁出其一以別售得價者，趙、翟都云鐘四，由斯故歟？」

〔一〇〕毛伯敦銘　考古圖、鐘鼎款識皆作郙敦。

〔一一〕凡四　金石論叢云：「趙跋稱四銘者，劉氏蓋銘，孫氏敦、蓋兩銘，又一不知所從，故曰四也。」

〔一二〕足下一字爲鄭　「足」，宋本作「祝」。盧案以爲「祝」誤。

〔一三〕武王克商尚父牽牲毛叔鄭奉明水　事見史記周本紀。

〔一四〕敦乃文武時器也　「文武」，集古録引劉原父説作「武王」，是。

〔一五〕簠銘　考古圖作弡中簠，鐘鼎款識作張仲簠。

〔一六〕匜銘　集古録作張伯煮匜，考古圖作弡伯旅匜，博古圖與鐘鼎款識皆作張伯匜。

〔一七〕商雒鼎銘　考古圖作公諴鼎，博古圖作周雒公緘鼎，鐘鼎款識作公緘鼎。

〔一八〕嘗　原作「常」，吕本、三長物齋本皆作「嘗」，據改。

〔一九〕十年　金石論叢云：「牧敦之『十年』，應正作『七年』。」案「七」字甲、金文多作「十」、「十」，後人易訛作「十」。

〔二〇〕周姜敦銘　集古録作周姜寶敦，考古圖作伯百父敦，鐘鼎款識作伯冏父敦。

〔二一〕冏　原作「冋」，又下文「伯冏」之「冏」原亦作「冋」，吕本皆作「冏」，據改。

〔二二〕考古圖訓作百　「百」，宋本作「𦣻」，顧校亦改作「𦣻」。金石論叢云：「盧校云『案書畫譜作考古圖訓作首』，今按考古實訓作『白（伯）𦣻（首）』，傳鈔者不識『𦣻』字，遂闕一畫而訛爲『百』耳，盧校未諦。」

〔三〕季娟彝銘　鐘鼎款識作季娟鼎。

〔四〕洛陽趙氏　金石論叢云：「考古圖收藏姓氏有淮陽趙而無洛陽趙，跋太空洞，難以推證，姑識其可疑者如此。」

金石録卷第十二

跋尾二

三代　秦　漢

古器物銘第八　父丙彝銘。宋君夫人鼎銘。

古器物銘第九　敦銘。宋穆公孫盤銘。散季敦銘。

古器物銘第十　井伯敦銘。

古器物銘第十一　鼎銘。

古器物銘第十二　楚鐘銘。中姞匜銘。車敦銘。

古器物銘第十三　齊侯盤銘。

古器物銘第十四　秦權銘。汾陰侯鼎銘。銅釜銘。武安侯器銘。周陽家鐘銘。上林供官銅鼎銘。平周金銅鉦銘。

古器物銘第十五　谷口銅甬銘。律管銘。

古器物銘第八

父丙彝銘

右父丙彝銘，舊藏祖擇之舍人家，後歸故人王偁。唯蓋存，已破闕。此周器也，而猶稱父丙者，當是周初接商時器。

宋君夫人鼎銘〔一〕

右宋君夫人鼎銘，其文云：「宋君夫人之餗釪鼎。」〔二〕呂氏考古圖云：「藏祕閣。」今乃在宗室仲爰家，而祕閣所藏自有宋公緣鼎，蓋考古之誤也。

古器物銘第九

敦銘

右敦銘，藏宗室仲爰家。銘文凡二百餘字。余所録諸器銘文字之多，無踰此者。

宋穆公孫盤銘

右宋穆公孫盤銘。元祐間，臨淄縣民於齊故城得數器，此其一也。藏趙元考内翰家。驗其文，蓋送女器。

散季敦銘〔三〕

右散季敦銘，藏長安吕微仲丞相家。底、蓋皆有銘。考古圖以太初曆推之，爲武王時器，未知是否。又云「武王時，散氏惟有宜生，季疑其字」者，亦何所據哉？士大夫於考正前代遺事，其失常在於好奇，故使學者難信。孔子曰：「君子於其所不知，蓋闕如也。」〔四〕

古器物銘第十

井伯敦銘〔五〕

右井伯敦銘，云：「惟六月既生霸戊戌旦，王格於大室，師某父即位，井伯右〔六〕，内史册命錫赤芾。對揚王休，用作寶敦，其萬年子子孫孫其永寶用。」古器銘文字難盡通，故時有斷續不可次第處。今此銘四十餘字，所不識者一字而已，因并載其語。案左氏春秋傳有井伯，然古人姓名或有同者，未可知也。「師」下一字不可識。

古器物銘第十一

鼎銘

右鼎銘，藏蜀人鄧氏。銘有云：「王格大室，即立。」案古器物銘凡言「即立」，或言「立中庭」，皆當讀爲「位」，蓋古字假借。其説見鄭氏注儀禮〔七〕。秦泰山頌詩刻石猶如此。

古器物銘第十二

楚鐘銘〔八〕

右楚鐘銘，藏方城范氏。云：「惟王五十六祀，楚王下一字不可識章〔九〕。」案楚惟惠王在位五十七年，又其名爲章，然則此鐘爲惠王作無疑也。方是時，王室衰弱，六國争雄，楚尤强大，遂不用周之正朔。嗚呼，可謂僭矣！鐘背又有兩「商」字，一「穆」字，其義未曉。〔案〕何氏焯云：「惟稱王僭耳。諸侯在國者各自改元，不得責其不用正朔也。」又案顧氏炎武辨之綦詳，見金石文字記。

中姞匜銘〔一〇〕

右中姞匜銘，與後兩器皆藏李伯時家。初伯時得古方鼎，遂以爲晉侯賜子産者；

後得此匜，又以爲晉襄公母偪姞器，殊可笑。凡三代以前諸器物，出於今者皆可寶，何必區區附託書傳所載姓名然後爲奇乎！此好古者之蔽也。

古器物銘第十三

車敦銘

右車敦銘〔一〕。其文云：「作旅車敦。」莫詳其義。

齊侯盤銘〔二〕

右齊侯盤銘。政和丙申歲，安丘縣民發地得二器，其一此盤，其一匜也。驗其文，蓋齊侯爲楚女作。

古器物銘第十四 秦、漢器。

秦權銘

右秦權銘。今世人家所藏秦權至多，銘文悉同。余所得者凡四銘：〔案〕此「銘」字衍〔一三〕。其二不知所從得；其一藏王禹玉丞相家，皆銅權也；其一近歲出於濟州，以石爲之。歐陽文忠公集古録載祕閣校理文同家有二銘，其一乃銅鐶，上有銘，循環刻之，不知爲何器，余嘗考之，亦權也。案班固漢書律曆志：「五權之制……圜而環之，令之肉倍好者，周旋無端，終而復始，無窮已也。」孟康注以謂「錘之形如環也」。然古權亦有與今稱錘相似者，蓋形製不一，各從其便爾。

汾陰侯鼎銘

右汾陰侯鼎銘，舊藏劉原父家，今歸御府。案漢書：周昌以高祖六年封汾陰侯，至其孫國除。

銅釜銘〔一四〕

右銅釜銘，云：「長信賜館陶家。」案漢書外戚傳，竇皇后女嫖封館陶長公主。又百官公卿表：「長信詹事，掌皇太后宫，景帝中六年更名長信少府。」張晏注曰：「以太后所居宫爲名也。居長信則曰長信少府，居長樂則曰長樂少府。」然則景帝時官名長信，則竇太后居是宫無疑。銘雖無年月，然知其爲竇太后賜館陶公主，亦無疑也。

武安侯器銘〔一五〕

右武安侯家器銘，不知所從得。案漢書，景帝後三年，封田蚡武安侯；又楚思王子馁，元壽、元始中再封武安侯。〔案〕「元壽」當作「建平」。銘無年月，未知果誰所作。又案帝紀，楚懷王嘗封高祖爲武安侯。然驗其刻畫，疑非高祖時器。

周陽家鐘銘〔一六〕

右鐘銘，藏歐陽公家。其器壺也，銘云「畔邑家，今周陽家金鐘〔一七〕，容十斗，重三十八斤，第四十」云。

上林供官銅鼎銘〔一八〕

右上林供官銅鼎銘，不知所從得。銘有「監工李負芻」。案後漢人絶無二名者，此鼎蓋西漢器也。〔案〕「二名」，别本作「二字名」，非也。公羊以仲孫何忌爲譏二名〔一九〕，此文所本也。何氏焯云：「後漢人自有二名，但少耳。」〔二〇〕

平周金鉶鉦銘〔二一〕

右鉶鉦銘，云：「平周金鉶正，〔案〕一作「鉦」〔二二〕。重十六斤八兩。」背文云：「平定五年受圜陰。」士大夫頗疑前代年號無爲「平定」者，余嘗考之，蓋非年號也。案西漢書地里志，平周、平定、圜陰三縣皆屬西河郡。圜陰，漢惠帝五年置。此鉦先藏平周，後歸圜陰，復以授平定，故再刻銘爾。所謂「五年」，當是景帝以前未有年號時也。前世既無「平定」年號，而三縣皆隷西河，故知其如此。又漢書地里志圜陰，王莽改曰方陰，顔師古云：「『圜』字本作『圁』，縣在圁水之陰，因以爲名。王莽改爲方陰，則是當時已誤爲『圜』。今有銀州、銀水，即是舊名猶存，但字變爾。」其説出於酈道元注水經〔二三〕。今案玆器漢時所刻，乃爲「圜」字，然則師古何所依據遂以爲「圁」乎？恐亦臆説也。

古器物銘第十五

谷口銅甬銘〔二四〕

右谷口銅甬銘，舊藏劉原父家，一器而再刻銘。始歐陽公集録金石遺文〔二五〕，自三代以來法書皆備，獨無西漢文字，求之累年不獲。會原父守長安，長安故都，多古物奇器，原父好奇博識，皆購求藏去〔二六〕，〔案〕「去」與「弆」同。最後得斯器及行鐙、博山香爐〔二七〕，模其銘文以遺歐陽公，於是西漢之書始傳於世矣。蓋收藏古物，實始於原父，而集録前代遺文，亦自文忠公發之，後來學者稍稍知搜抉奇古，皆二公之力也。

律管銘

右律管銘，藏晁无咎學士家，云：「始建國元年正月癸酉朔日制。」案晉書律曆志：律，古以竹或玉爲之，至平帝時，王莽始易以銅。又漢書：莽「以十二月朔癸酉爲建國元年正月之朔」〔二八〕。二説皆合也。

校證

〔一〕宋君夫人鼎銘　考古圖作宋君夫人餗釪鼎。

〔二〕釪　原作「釪」，呂本、三長物齋本皆作「釪」，據改。

〔三〕散季敦銘　集古録作寶敦。

〔四〕君子於其所不知蓋闕如也　語見論語子路。

〔五〕井伯敦銘　博古圖作毛父敦，鐘鼎款識作師毛父敦。

〔六〕師某父即位井伯右　「某」，鐘鼎款識釋爲「毛」，「井伯」作「邢伯」。

〔七〕其説見鄭氏注儀禮　案儀禮當作周禮，其春官小宗伯「掌建國之神位」鄭玄注：「故書『位』作『立』。鄭司農云：『立』讀爲『位』，古者『立』『位』同字。古文春秋經『公即位』爲『公即立』。」

〔八〕楚鐘銘　鐘鼎款識作曾侯鐘。

〔九〕楚王　鐘鼎款識於「楚王」之下直書作「韻章」。

〔一〇〕中姞匜銘　考古圖作仲姞旅匜，博古圖與鐘鼎款識皆作義母匜。

〔一一〕車敦銘　「車」字原無，據三長物齋本補。

〔一二〕齊侯盤銘　博古圖作楚姬匜，鐘鼎款識作齊侯槃。

〔一三〕案此銘字衍　金石論叢云：「盧校云，『案此銘字衍』，大誤。揣盧之意，不外兩端，如謂所得是四權，則下文明云其一藏王禹玉丞相家，趙何從取而有之？如謂所得自是四銘，『銘』字可衍，則上文固云『秦權至多，銘文悉同』，讀者安從知『凡四』之爲『權』抑『銘』乎？是知『銘』字之萬不可衍。」

〔一四〕銅釜銘　鐘鼎款識作館陶釜。

〔一五〕武安侯器銘　鐘鼎款識作武安侯鈁。

〔一六〕周陽家鐘銘　鐘鼎款識作周陽侯鐘。

〔一七〕畔邑家今周陽家金鐘　「今」，原作「令」，據吕本改。金石論叢云：「據薛識，『畔邑家』三字自爲一行……此鐘初藏畔邑家，繼而轉入周陽家，故曰『今周陽』，今本趙録訛『今』爲『令』（三長物齋本、槐廬本與此本均然），遂若『家令』連讀，諸家皆失校矣。」

〔一八〕上林供官銅鼎銘　鐘鼎款識作上林鼎。

〔一九〕以仲孫何忌爲譏二名　見公羊傳定公六年。

〔二〇〕後漢人自有二名但少耳　後漢書竇融傳有竇會宗，又列女傳有安衆令程文矩，皆爲後漢有二名之證。

〔二一〕平周金銅鉦銘　鐘鼎款識作平周鉦。

〔二二〕平周金銅正　金石論叢云：「據薛氏摹文，原刻作『正』，『鉦』則後人所釋。」

〔二三〕其説出於酈道元注水經　見水經注卷三河水。

〔二四〕谷口銅甬銘　鐘鼎款識作谷口甬。

〔二五〕始歐陽公　「始」字原無，吕本及鐘鼎款識引此題跋皆有，據補。

〔二六〕去　通「弆」。吕本即作「弆」。廣韻上語云：「弆，藏也。」

〔二七〕香爐　「爐」，原作「鼎」，鐘鼎款識引此題跋作「爐」，據改。

〔二八〕建國　三長物齋本案云：「『建國』上當有『始』字。金石論叢云：『宋劉攽見本漢書已無『始』字。』」

金石録卷第十三

跋尾三

三代　秦　漢

秦泰山刻石

秦琅邪臺刻石

秦之罘山刻石

秦嶧山刻石

安州所獻六器銘

右六器銘，重和戊戌歲，安州孝感縣民耕地得之，自言於州，州以獻諸朝。凡方鼎三，圜鼎二，甗一，皆形製精妙，款識奇古。案此銘文多者至百餘字，其義頗難通；又稱作父乙、父己寶彝，若非商末，即周初器也。

齊鐘銘

右齊鐘銘。宣和五年，青州臨淄縣民於齊故城耕地得古器物數十種，其間鐘十枚，有款識，尤奇，最多者幾五百字，今世所見鐘鼎銘文之多，未有踰此者。驗其詞，有「余一人」及「齊侯」字，蓋周天子所以命錫齊侯，齊侯自紀其功勳者。初，鐘既出，州以獻於朝；又命工圖其形製及臨仿此銘刻石，既非善工，而字有漫滅處，皆以意增損之，以此頗失真。今余所藏，乃就鐘上摹拓者〔一〕，最得其真也。

家藏古器物銘上

父乙彝銘

右父乙彝銘。其器鼎也，而謂之彝者，案說文：「彝，宗廟常器。」然以古器款識考之，商以前，凡器通謂之彝；至周以後，有六彝之名，於是直以盛鬱鬯之尊爲彝，其名與諸器始分矣。此鼎蓋商器云〔二〕。

爵銘

右爵銘。大觀中，濰之昌樂丹水岸圮，得此爵及一觶。案考工記：「爵，一升。觚，三升。獻以爵而酬以觚，一獻而三酬，則一豆矣。」鄭氏云：「豆，當讀爲斗。」〔三〕而漢儒皆以爲「爵一升，觚二升」。今此二器同出，以觚量之，適容三爵，與考工記合。以此知古器不獨爲翫好，又可以決經義之疑也。

戟銘

右戟銘。其器得於青之益都〔四〕，傍枝爲鉤形，製作甚工，與今世人家所藏古戈戟形製不同。案揚雄方言：「戟，其曲者謂之鉤孑鏝胡。」〔案〕今方言「鉤孑」作「鉤釨」。郭璞注曰：「即今雞鳴句孑戟也。」春秋左氏傳〔五〕：「欒樂車乘槐本而覆，或以戟鉤之。」吕氏春秋：「晏子與崔杼盟，直兵造匈〔六〕，句兵鉤頸。」高誘注曰：「句，戟也。」賈誼過秦論云：「鉤戟長鎩。」此戟蓋古所謂鉤戟也。

家藏古器物銘下

孟姜盥匜銘〔七〕

右孟姜盥匜銘。余所録古器款識有叔匜銘，「匜」字作「鉇」；後又得伯公父匜銘，字作「盬」；今此銘作「鹽」。蓋古書不必同文，然三字意義皆通。

田鼎銘〔八〕

右田鼎銘，云：「自作田鼎。」疑田獵所用也。

漢麃丘宫鐙銘

右漢麃丘宫鐙銘，得於澶淵，云：「麃丘宫銅鐙，重二十斤八兩。甘露三年，工郭從、都吏李定造〔九〕。」蓋宣帝時物也。所謂「麃丘宫」者，不見於史；蓋秦、漢離宫别館所在有之，故史家不能盡記。麃丘，在漢屬東郡。

石本古器物銘〔一〇〕

右石本古器物銘。余既集録公私所藏三代、秦、漢諸器款識略盡，乃除去重複，取其刻畫完好者，得三百餘銘，皆模刻於石；又取墨本聯爲四大軸，附入録中。近世士大夫間有以古器銘入石者，然往往十得一二，不若余所有之富也。

吉日癸巳字

右吉日癸巳字，世傳周穆王書。案穆王時所用皆古文科斗書，此字筆畫反類小篆，又穆天子傳、史記諸書皆不載，以此疑其非是。姑録之以待識者。

石鼓文

右石鼓文，世傳周宣王刻石，史籀書。歐陽文忠公以謂「今世所有漢桓、靈時碑往往而在，距今未及千載，大書深刻而摩滅者十猶八九；自宣王時至今，實千有九百餘年，鼓文細而刻淺，理豈得存？」以此爲可疑。余觀秦以前碑刻，如此鼓文及詛楚文、泰山秦篆皆麤石，如今世以爲碓臼者，石性既堅頑難壞，又不堪他用，故能存至今。漢以後碑碣，石雖精好，然亦易剥缺，又往往爲人取作柱礎之類。蓋古人用意深遠，事事有理，類如此。況此文字畫奇古，決非周以後人所能到，文忠公亦以謂「非史籀不能作」，此論是也。

秦詛楚文

右秦詛楚文。余所藏凡有三本〔二〕：其一祀巫咸，舊在鳳翔府廨，今歸御府，此本是也；其一祀大沈久湫，藏於南京蔡氏；其一祀亞駝，藏於洛陽劉氏。秦以前遺蹟，見於今者絶少，此文皆出於近世而刻畫完好，文詞字札奇古可喜。元祐間，張芸叟侍郎、黄魯直學士皆以今文訓釋之，然小有異同。今盡録二家所釋於左方，俾覽者詳焉。

玉璽文

右玉璽文，元符中咸陽所獲傳國璽也。初至京師，執政以示故將作監李誠，誠手自摹印之，凡二本，以其一見遺焉。〔案〕「李誠」，别本作「李誡」〔一三〕。

秦泰山刻石

右秦泰山刻石。大中祥符歲，真宗皇帝東封此山，兖州太守模本以獻，凡四十餘字。其後宋莒公模刻于石〔一三〕，歐陽公載於集古録者皆同。蓋碑石爲四面，其三面稍摩滅，故不傳；世所見者，特二世詔書數十字而已。大觀間，汶陽劉跂斯立親至泰山絶頂，見碑四面有字，乃模以歸。文雖殘缺，然首尾完具，不可識者無幾，於是秦篆完本復傳世間矣〔一四〕。以史記本紀考之，頗多異同。史云「親巡遠方黎民」，而碑作「親軵遠黎」；史云「大義休明」，而碑作「著明」；史云「垂于後世」，而碑作「陲于後嗣」；史云「皇帝躬聖」，而碑作「躬聽」；史云「男女禮順」，而碑作「體順」；史云「施于後嗣」，而碑作「昆嗣」；史云「具刻詔書刻石」，而碑作「金石刻」，皆足以正史氏之誤。然則斯碑之可貴者，豈特翫其字畫而已哉！碑既出，斯立模其文刻石，自爲後序，謂之泰山秦篆譜云。〔案〕金石文字記云：「今所存惟『臣斯、臣去疾、御史夫臣昧死言，臣請具刻詔書金石刻，因明白矣。臣昧死請』二十九字，在嶽頂碧霞元君之東廡〔一五〕。」

秦琅邪臺刻石

右秦琅邪臺刻石，在今密州。其頌詩亡矣，獨從臣姓名及二世詔書尚存，然亦殘缺。熙寧中，蘇翰林守密，令廬江文勛模搨刻石，即此碑也。從臣姓名，「五大夫」作「夫夫」，泰山秦篆亦如此。或以謂古「大」與「夫」同，爲一字，恐不然。余家所藏古器款識，有周大夫始鼎及秦權銘，「黔首大安」皆用「大」字。蓋古人簡質，凡字點畫相近及音同者，多假借用之，别無它義。東漢時碑刻尚多如此。

秦之罘山刻石

右秦之罘山刻石。案史記本紀，始皇二十九年登之罘山，凡刻兩碑，今皆摩滅，獨二世詔二十餘字僅存。後人鑿石，取置郡廨。歐陽公集古録以爲非真，又云：「麻温故學士於登州海上得片木，有此文，豈杜甫所謂『棗木傳刻肥失真』者耶〔一六〕？」此論非是。蓋杜甫指嶧山碑，非此文明矣。之罘在秦屬東萊，今屬登州。

秦嶧山刻石

右秦嶧山刻石者，〔案〕別本作「昔」。鄭文寶得其摹本於徐鉉〔一七〕，刻石置之長安，此本是也。唐封演聞見記載此碑云：「後魏大武帝登山，使人排倒之，然而歷代摹拓之，以爲楷則。邑人疲於供命，聚薪其下，因野火焚之，由是殘缺，不堪摹寫，然猶求者不已。有縣宰取舊文勒於石碑之上，置之縣廨。今人間有嶧山碑者，皆是新刻之本。」而杜甫詩直以爲「棗木傳刻」者，豈又有別本歟？案史記本紀：「二十八年，始皇東行郡縣，上鄒嶧山，立石，與魯諸儒生議刻石頌秦德。」而其頌詩不載。其他始皇登名山凡六刻石，史記皆具載其詞，而獨遺此文，何哉？然其文詞簡古，非秦人不能爲也。秦時文字見於今者少，此雖傳摹之餘，然亦自可貴云。

校證

〔一〕上　原作「工」，義不可通。宋本、吕本作「上」，據改。

〔二〕云　吕氏原校改作「也」。

〔三〕豆當讀爲斗　今本周禮考工記鄭玄注云：「豆，當爲斗。」案「當爲」與「讀爲」，其義有別：云

「當爲」者，謂「豆」乃訛字，當改正作「斗」，云「讀爲」者，謂「豆」可通「斗」。趙注引誤。

〔四〕其器得於青之益都　金石論叢云：「廣川書跋三臨淄戟銘云：『或得戟於臨淄故城，趙氏售之……戟有鉤，其曲甚利。』趙即明誠，同一器也。」案宋之益都在臨淄故城東南數十里，二者非一地，當以明誠所記爲是。

〔五〕春秋左氏傳　以下引文見襄公二十三年。

〔六〕匈　今本吕氏春秋知分作「胷」，即「胸」字。

〔七〕孟姜盥匜銘　鐘鼎款識作孟姜匜，引古器物銘（即金石録）云：「此銘得於淄之淄川。」金石論叢謂此語「必今本奪佚也」。

〔八〕田鼎銘　鐘鼎款識作宋右君田鼎，引古器物銘云：「田鼎得於青之臨朐。」金石論叢亦謂此語係今本所佚。

〔九〕都吏　「吏」，原作「史」。漢無「都史」之官，吕本作「都吏」。案漢書文帝紀云：「二千石遣都吏循行。」顔師古注引如淳曰：「都吏，今督郵是也。」應以吕本爲是，據改。

〔一〇〕石本古器物銘　總目分爲「第二十三」、「第二十四」、「第二十五」、「第二十六」四卷，跋尾所謂「取墨本聯爲四大軸」者，即指此。金石論叢云：「今卷目及卷内删併爲一，又不著一、二、三、四字，非也。」

〔一一〕余所藏凡有三本　古文苑詛楚文附王厚之説云：「詛楚文有三，皆出於近世。初得告巫咸文於鳳翔。東坡鳳翔八觀詩嘗記其事。舊在府廨，徽皇時歸御府。次得告大沈久湫文於渭，時蔡挺帥平凉，攜之以歸，在南京蔡氏。最後得告亞駝文於洛，在洛陽劉忱家。」又云：「巫咸，在解州鹽池西南；久湫，在安定郡，即朝那湫也；亞駝，即呼沱河，顧野王考其地在靈丘。竹書紀年：『穆公十一年取靈丘。』故亞駝自穆公以來爲秦境也。」

〔二〕李誠別本作李誡　當以「李誡」爲是。誡著有營造法式三十四卷，元陸友研北雜志書其名作「誠」，四庫全書總目謂「范氏天一閣影鈔宋本及宋史藝文志、文獻通考俱作『誡』字」。

〔三〕宋莒公模刻于石　金石文字記云：「金薤琳琅言宋莒公摹本僅二世詔五十一字。」增補校碑云：「宋莒公於慶曆間摹石於東平郡，凡四十七字。」

〔四〕秦篆完本復傳世間矣　增補校碑云：「計得字二百二十三。」金石文字記云：「金石録言劉跂作秦篆譜，凡一百四十四字。」案本篇下文言及秦篆譜，無字數。

〔五〕在嶽頂碧霞元君之東廡　金石文字記「君」下原有「宮」字。又三長物齋本此句下有云：「今已焚燬，存石二段，計十字。」

〔六〕棗木傳刻肥失真　見杜甫李潮八分小篆歌。

〔七〕鄭文寶得其摹本於徐鉉　金石文字記云：「秦刻久亡。宋淳化四年，太常博士鄭文寶以徐鉉摹本刻之於石。」校碑云：「有記，正書。」

金石録卷第十四

跋尾四

漢

漢陽朔塼字

漢居攝墳壇刻石二

漢巴官鐵量銘

漢會稽東部都尉路君闕銘

漢南武陽功曹闕銘

漢王稚子闕銘

漢謁者景君表

漢謁者景君碑陰

漢郯令景君闕銘

漢麟鳳贊并記
漢國三老袁君碑
漢西嶽石闕銘
漢張平子碑
漢張平子殘碑
漢北海相景君碑
漢北海相景君碑陰
漢敦煌長史武斑碑〔一〕
漢武氏石闕銘
漢費亭侯曹騰碑
漢司隷楊厥開石門頌
漢吳郡丞武開明碑
漢祝長嚴訢碑
漢從事武梁碑
漢平都侯相蔣君碑

漢陽朔塼字

右漢陽朔塼字〔二〕，云：「尉府壺壁，陽朔四年正朔始造設，已所行。」字畫奇古〔三〕。西漢文字，世不多有，此字完好可喜，然所謂「尉府壺壁」，又云「已所行」者，莫曉其爲何等語。

漢居攝墳壇刻石二

右居攝墳壇刻石二，其一云「上谷府卿墳壇」，其一云「祝其縣卿墳壇」〔四〕，〔案〕謝本無「縣」字，此疑衍。皆居攝二年三月造〔五〕。上谷，郡名；祝其，縣名，不知所謂「府卿」與「縣卿」爲何官〔六〕。蓋自王莽居攝，官名日易，故史家不能盡紀也。其曰「墳壇」者，古未有土木像〔七〕，故爲壇以祀之〔八〕。兩漢時皆如此。

漢巴官鐵量銘〔九〕

此盆色類丹砂。魯直石刻云：『其一曰：『秦刀。巴官三百五十戊。永平七年弟二十七酉。』』余紹興庚午歲親見之，今在巫山縣治。韓暉仲云〔一〇〕。〔案〕魯直誤以「斤」爲「戊」，趙氏作「三百五斤」，疑脱一「十」字〔一一〕。

右漢巴官鐵量銘，云：「巴官，永平七年，三百五斤，弟二十七。」前代以「永平」紀年者凡五：漢明帝、晉惠帝、後魏宣武、李密、僞蜀王建。惟明帝至十八年，其他皆無及七年者，以此知爲明帝時物也。此銘王無競見遺。

漢會稽東部都尉路君闕銘

右漢路君闕銘二，其一云：「會稽東部都尉路君闕，永平八年四月十四日庚申造。」其一云：「故豫州刺史、温令、元城令、公車司馬令、開陽令、謁者、議郎、徵試博士路君。」不知爲何人。案漢書志〔三〕，建武六年，省諸郡都尉，唯邊郡往往有之。豈會稽邊海，故置此官歟？又任延嘗爲會稽西部都尉，而此云東部，疑當時會稽分東、西部，各置都尉，史不載爾。〔案〕何氏焯云：「前書地理志會稽但有西部、南部都尉，東部以東都所置〔三〕，其見於史者惟張紘耳〔四〕。」

漢南武陽功曹闕銘

右漢南武陽功曹墓闕銘，云：「南武陽功曹、鄉嗇夫。」又云：「以爲國三老。」又云：「章和元年。」其它族系、名字皆摩滅不可考究。墓在今沂州，有兩闕，其一元和中立，文字尤殘闕難讀。〔案〕「其一」下，別本有「銘」字。

漢王稚子闕銘

右漢王稚子闕銘二，其一云：「漢故先〔案〕一作「光」〔一五〕。靈侍御史、河内縣令王君稚子闕。」其一云：「漢故兖州刺史、洛陽令王君稚子之闕。」案范曄後漢書循吏傳，王涣，字稚子，嘗爲温令，而刻石爲「河内令」者，蓋史之誤〔一六〕。涣以元興元年卒，然則闕銘蓋和帝時所立也。

漢謁者景君表

右漢謁者景君表，其額題「漢故謁者景君墓表」，而其文云：「惟元初元年五月丁卯，故謁者任城景君卒。」其他文字摩滅；時有可讀處〔一七〕，皆斷續不復成文矣。元初，安帝時年號也。此在漢時石刻中殘缺爲甚，特以安帝以前碑碣存者無幾，不可棄也，故録之。

漢謁者景君碑陰

右漢謁者景君碑陰，其前題云：「諸生服義者。」又云：「義士北海劇張敏，字公輔；

弟子濟北荏平甯尊〔一八〕，字伯尊。」凡十五人，皆完好可讀云。

漢郯令景君闕銘

右漢郯令景君闕銘，云：「維元初四年三月丙戌，郯令景君卒。」又云：「君存時，恬然無欲，樂道安貧，信而好古，非法不言。治歐陽尚書傳。祖父，河南尹。父，步兵校尉。業門徒上録三千餘人。」又云：「三司聘請，流化下邳。」又云：「司空、太常博士並舉高經，君爲其元。假涂郯城，姦邪洗心〔一九〕。」又云：「被病喪身，歸於幽冥。門人服義〔二〇〕，百有餘人。」案漢人爲景君刻銘，本欲傳於不朽，而不著其族系、名字，何哉？

漢麟鳳贊并記

右漢麟鳳贊，其上刻麟鳳像，各爲贊附於下，又别有記，云：「永建元年秋七月，「七」字筆畫類「十」字，蓋石本殘缺難辨〔二一〕。秋無十月，當讀爲「七」也。〔案〕婁機漢隸字源云：「孔廟置卒史碑：『元嘉三年三月二十日。』袁君碑：『有十國之謀。』『十』字義皆作『七』。」山陽太守河内孫君新刻瑞像麟鳳。」最後有銘，銘凡五句，句九字。案漢史，安帝時頻有鳳凰、麒麟之瑞，而順帝永建中則無之，不知孫君刻此碑何謂也。〔案〕顧氏藹吉云：「其小篆云：『永建元年秋七月饗，時山陽太守河内孫君見碑不合禮，掾夔造新刻瑞儀麟鳳。』比此文爲詳，故録之。」

漢國三老袁君碑

右漢國三老袁君碑。案元和姓纂云：「袁幹封貴鄉侯，始居陳郡爲著姓。八代孫良生昌、璋。昌生安；璋生滂，爲司徒。」唐書宰相世系表云：「袁生玄孫幹封貴鄉侯。八世孫良，二子：昌、璋。昌，成武令，生安；璋生滂。」以此碑及後漢書攷之，姓纂與唐表殊爲踈謬。袁安列傳云：「安祖父良，平帝時舉明經，爲太子舍人。建武中〔三〕，至成武令。」今據此碑，良以永建六年卒，相距蓋百餘年，以此知非一人無疑。又安以永元四年薨，良之卒乃在其後三十九年，以此知非安之祖亦無疑也。蓋安汝南汝陽人，滂乃陳郡扶樂人，其鄉里、族系亦自不同，而安與滂相去歲月甚遠，不得爲從父兄弟明矣。豈二人之祖，其名偶同，遂爾差謬邪？又此碑與李利涉編古命氏皆云「良，幹五世孫」，而姓纂、唐史皆以爲八代孫。碑云「幹，袁生之曾孫」，而唐史以爲玄孫。諸書皆云「幹以討公孫勇功封爲貴鄉侯」，而碑獨作「公先勇」。又云「封關内侯，食遺鄉六百户」者，皆莫可考。安列傳稱祖良爲成武令，而唐史謂昌爲此官者，疑唐史之誤也。又酈道元水經注：「扶溝城北有袁梁碑。」云：「梁，陳國扶樂人。」事與碑合，惟水經誤以「良」爲「梁」

爾〔二三〕。袁氏自漢以來，世爲著姓，安與滂皆一時顯人，而諸書於其族系錯謬如此，以此知典籍所載，其失可勝道哉！

漢西嶽石闕銘

右漢西嶽石闕銘，云：「永和元年五月癸丑朔六日戊午，弘農太守、常山元氏張勳爲西嶽華山作石闕，高二丈二尺。」其後爲韻語，文詞頗怪，又字多假借，時有難曉處。永和，漢順帝、晉穆帝、姚泓皆有此號。穆帝時，華陰不屬晉；以此碑字畫驗之，恐非姚泓時，蓋漢刻也〔二四〕。又案晉書載記姚興與泓傳、本朝宋莒公紀年通譜，皆云泓以義熙十二年即僞位，改元永和，獨帝紀作「十一年」，未知孰是，因考永和年號，并記之。〔案〕通鑑考異云：「晉本紀、三十國晉春秋皆云：『義熙十一年二月，姚興卒。』魏本紀、北史本紀皆云『十二年』。案後魏書崔鴻傳：『太祖天興二年，姚興改號，鴻以爲元年。』故晉本紀、三十國春秋皆由鴻而誤。」

漢張平子碑

右漢張平子碑。案後漢書列傳云〔二五〕：「平子永元中舉孝廉，連辟公府，不就。安帝雅聞衡善術學，公車特徵，拜郎中。」而碑乃云「舉孝廉，爲尚書侍郎」。傳云「再遷爲太史令」，而碑乃「一遷」。碑云「遷公車司馬令，遂相河間」；而傳不載其爲公車司馬令。傳云「在河間三年，上書乞骸骨，徵拜尚書，乃卒」；而碑不載其爲尚書。此數事，皆當以碑爲據。惟傳云：「順帝初，再徵爲太史令。」其事見平子所爲應間〔三〕，可信不疑，而碑無之。豈平子初嘗罷免，後復拜此官，而碑不書歟？

漢張平子殘碑

右漢張平子殘碑。政和中，亡友劉斯立以此本見寄，云其石新得於南陽，凡七十有二字。今世所傳平子碑有兩本，其一亡其首，其一亡其尾，以二本相補，其文乃足。此碑蓋後段之亡失者也，字畫尤完好云。

漢北海相景君碑

右漢北海相景君碑，在濟州任城縣。景氏在漢世爲任城人。今有三碑尚存，余皆得之，此碑最完。

漢北海相景君碑陰

右漢景君碑陰。案後漢書百官志注，河南尹官屬有循行一百三十人〔二七〕，而晉書職官志州縣吏皆有循行，今此碑陰載故吏都昌台丘暹而下十九人皆作「脩行」，他漢及晉碑數有之，亦與此碑陰所書同，豈「循」、「脩」字畫相類，遂致訛謬邪〔二八〕？碑陰又有故午營陵是遷等六人名姓，莫知其爲何官。又台丘不見於姓氏書，惟見於此者兩人云。

漢敦煌長史武斑碑〔二九〕

右漢敦煌長史武斑碑。歐陽公集古録云：「漢斑碑者，蓋其字畫殘滅，不復成文。其氏族、官閥、卒葬皆不可見〔三〇〕，其可見者『君諱斑』爾。」今以余家所藏本考之，文字雖漫滅，然猶歷歷可辨。其額題云：「漢故敦煌長史武君之碑。」知其姓武而官爲敦煌長史也。碑云：「君諱斑，字宣張。昔殷王武丁，克伐鬼方〔三一〕，元功章炳，勳藏王府，官族析分〔三二〕，因以爲氏。」知其名字與氏族所出也。又云：「永嘉元年卒。」知其卒之年月也。

漢武氏石闕銘

右漢武氏石闕銘，云：「建和元年，太歲在丁亥，三月庚戌朔。四日癸丑，孝子武始公，弟綏宗、景興、開明，使石工孟季、季弟卯造此闕，直錢十五萬；孫宗作師子〔三三〕，直四萬。開明子宣張仕濟陰，年二十五，曹府君察舉孝廉，除敦煌長史，被病云歿〔三四〕，苗秀不遂，嗚呼哀哉！士女痛傷〔三五〕。」武氏有數墓在任城，開明者，仕爲吴郡府丞；綏宗名梁，仕爲郡從事；宣張名斑，皆自有碑。

漢費亭侯曹騰碑

右漢費亭侯曹騰碑，云：「維建和元年七月二十二日己巳，皇太后曰：『其遺費亭侯之國，爲漢輔藩。』」而歐陽公集古録乃言「皇帝若曰『其遺費亭侯之國』」〔三六〕，誤也。案後漢書：「建和元年，桓帝即位，梁太后臨朝稱制。」蓋此碑所載遺騰之國詔書，乃梁太后，非桓帝也。東漢自安、順以來，閹豎尊寵用事，往往封侯貴顯，其後騰之孫操及其曾孫丕，再世數十年，憑藉勢力，卒移漢祚而有之。以此觀之，閹豎用事之禍，可勝言哉！

漢司隸楊厥開石門頌

右漢司隸楊厥開石門頌。余嘗讀范曄後漢書鄧騭傳有云：「時遭元二之災，人士荒饑〔三七〕。」章懷太子注以謂「元二即元元也。古書字當再讀者，即於上字下爲小『二』字，後人不曉，遂讀爲『元二』，或同之陽九，或附之百六，良由不悟，致斯乖舛。今岐州石鼓銘凡重言者皆爲『二』字，明驗也」。其説甚辨，學者信之。今此碑有曰：「中遭元二〔三八〕，西戎虐殘〔三九〕，橋梁斷絶。」若讀爲「元元」，則不成文理，疑當時自有此語，漢書注未必然也。〔案〕隸釋云：「碑云：『司隸校尉楊君，厥字孟文。』水經及歐、趙皆謂之楊厥碑，蜀中晚出楊淮碑云：『司隸校尉楊君，厥諱淮，字伯邳，大司隸孟文之玄孫也。』始知兩碑皆以『厥』爲語助。華陽國志云：『楊涣，字孟文。』」

漢吴郡丞武開明碑

右漢吴郡丞武開明碑，云「君字開明」，而其名已殘缺。又云：「永和二年，舉孝廉，除郎、謁者。漢安二年，遷大長秋丞、長樂太僕丞。永嘉元年，喪母去官，復拜郎中，除吴郡府丞。壽五十七，建和二年十一月十六日遭疾卒。」其可見者如此，其他摩滅不能盡讀。案後漢書志：「大長秋丞一人，秩六百石。本注宦者。」又：「長樂少府，位在長秋上，及職吏皆宦者。又有太僕，二千石，在少府上。丞，六百石〔四〇〕。」〔案〕後書不見有太僕丞。據志所載，中宮及長樂宮官屬，皆以宦者爲之，而以史傳及漢魏石刻參考，如大長秋、少府之類，皆雜用士人。今武君以孝廉爲郎、謁者、郎中、吴郡府丞，皆非宦者之職，然則兩宫官屬，蓋亦雜用士人也。

漢祝長嚴訢碑

右漢祝長嚴訢碑，政和中，下邳縣民耕地得之。碑云：「惟漢中興，卯金休烈。和平元年，歲治東宫。星屬角、房，月建朱鳥。中呂之均，萬物慈射，華澤青葱。跂行蠕動，咸守厥常。人物同受，獨遭災霜。顛隕徂落，壽不寬弘。經設三命，君獲其央〔四一〕。年六十九。」又云：「伊欺嚴君，〔案〕謝本作「伊歎」，非是。此當如詩「噫嘻成王」之例。諱訢，字少通。兆自楚莊，祖考相承，昭命道術〔四二〕，〔案〕「昭」，謝本作「招」。治嚴氏春秋〔四三〕、馮君章句〔四四〕。」又云：「幼爲郡掾史，會稽、諸暨尉，烏程、毗陵、餘暨、章安、山陰長。以病去官，後爲丹陽〔四五〕、陵陽丞，〔案〕晉志「丹楊縣」下云：「丹楊山，多赤柳。」故知當作「楊」無疑。漢、魏史亦多作「楊」字。守春穀長。舉孝廉，遷東牟侯相、下邳祝□長〔四六〕，典牧十城，所在若神。」其後有銘，銘爲五言，頗殘缺難讀云。〔案〕漢無祝縣，「祝」字下碑本闕一字。下邳本屬東海，東海有祝其縣，疑此邑亦嘗割隸，但後志失載耳。

漢從事武梁碑

右漢從事武梁碑〔四七〕，云：「故從事武掾，掾諱梁，〔案〕隸釋不重出「掾」字〔四八〕。字綏宗。掾體德忠孝，岐嶷有異，治韓詩，闕幘傳講，〔案〕幘，謝本作「憤」。兼通河、洛〔四九〕、諸子傳記。」又云：「州郡請召，辭疾不就。安衡門之陋，樂『朝聞』之義〔五〇〕。」又云：「年七十四，元嘉元年季夏三日，遭疾隕靈。」其後有銘云：「懿德玄通，幽以明兮。隱居靖處，休曜章兮。樂道忽榮，垂蘭芳兮。身殁名存，傳無疆兮。」其他刻畫皆完，可讀，文多不盡録。碑在濟之任城。余崇寧初嘗得此碑，愛其完好，後十餘年再得此本，則缺其最後四字矣。

漢平都侯相蔣君碑

右漢平都侯相蔣君碑，文字殘缺，其名字、官閥皆不可考，惟其額題「漢故平都侯相蔣君之碑」，而碑云：「年六十有五，元嘉二年三月甲午卒〔五一〕。」爾有劉季孫景文者〔五二〕，知名士，與余先公有舊，家藏金石刻千餘卷，既没，其子不能保，爲一武人購得之。其後，余故人王偁定觀復得數百卷，其中漢碑數本，余所未有者，悉以見贈，此其一也。

校證

〔一〕漢敦煌長史武斑碑　「敦」，宋本作「燉」。「斑」，宋本作「班」。按本碑所涉「斑」字，及漢武氏石闕銘跋所涉「斑」字，宋本均作「班」。下不再一一出校。

〔二〕陽朔塼字　隸續作尉府靈壁甎文，隸辨「靈」作「壺」，與趙氏所引字同。

〔三〕字畫奇古　隸續云：「西漢字見於彝器者皆是篆文，此甎略有隸體。」

〔四〕祝其縣卿　萃編所載刻石文無「縣」字，吕本亦無。

〔五〕三月　萃編所載刻石文皆作「二月」。

〔六〕不知所謂府卿與縣卿爲何官　隸釋蜀郡屬國辛通達李仲曾造橋碑洪适釋云：「漢志（後漢書百官志五）：『屬國置都尉一人，丞一人。』又注引應劭云：『大縣有丞、左右尉，所謂命卿三人；小縣一丞一尉者，命卿二人。』隸刻有武開明碑，終於吴郡府丞，其子榮碑中書爲『吴郡府卿』。沈子琚碑有云：『縣丞犍爲王卿，諱某，字季河。』據史及碑，則漢人蓋有稱其丞爲卿者。」漢石例卷五云：「隸續南安長王君平鄉道碑：『丞汁邡王卿，尉綿竹楊卿。』是丞、尉皆稱卿。」案漢時以卿通稱丞、尉之官，史與碑皆有明文，趙氏失考耳。

〔七〕古未有土木像　容齋隨筆四筆土木偶人云：「予案戰國策所載，蘇秦謂孟嘗君曰：『有土偶人與桃梗相語，桃梗曰：子西岸之土也，埏子以爲人，雨下水至，則汝殘矣。土偶曰：子東國之桃梗也，刻削子以爲人，雨降水至，流子而去矣。』所謂土木爲偶人，非像而何？漢至寓龍，寓車馬，皆以木爲之，像其真形，謂之兩漢未有，則不可也。」授堂金石跋云：「案宋玉招魂所言『像設居室』及抱朴子云『汲郡塚中書言黄帝既仙去，其臣有左徹者削木爲黄帝之像，帥諸侯朝奉之』，故司空張茂先撰博物志亦云『黄帝仙去，其臣思戀罔極，或刻木立像而朝之』。據此，則像設用土木，古已有是矣。」以上諸説，可證趙氏之誤。

〔八〕故爲壇以祀之　漢石例卷五云，古人墳與墓别，稱墳不稱墓，稱墓不稱墳。自漢以來，有墳無墓，因以墳統名墓，而以墓旁封土之壇别名墳。墓碑立於墓前，壇碑立於墳上。據此，則墳壇非爲祭祀而設。

〔九〕鐵量銘　隸續作鐵盆銘。洪适云：「首行惟有一字，如『乙』而反，最後一字如『西』而有連筆。魯直以爲前『刀』而後『酉』，亦謂之秦篆，又以『斤』爲『戊』，皆誤也。」

〔一〇〕韓暉仲云　案本書通例，凡小注皆趙明誠所加，然此注似屬例外。王學初李清照集校注卷三云：「趙明誠死於建炎三年（公元一一二九年），而此注則叙及紹興二十年（公元一一五〇年）事，近人頗以爲此注乃清照所作。唯清照未嘗至蜀，無由親見是器。明曹學佺蜀中廣記卷六十八引作韓暉仲跋。如爲韓暉仲跋語，則頗似後人所附。『余紹興庚午歲親見之』，極似紹興以後之語，或非李清照所加注。」王説言之成理，可從。

〔一一〕疑脱一十字　隸續所載銘文「五」下有「十」字，盧案是。

〔一二〕漢書志　其下云：「建武六年，省諸郡都尉，唯邊郡往往有之。」案此文具載於後漢書百官志五。

〔一三〕東部以東都所置　東漢定都於洛陽（東都），此言會稽東部都尉始置於東漢。案三國志吴書虞翻傳裴松之注引會稽典録曰：「〔漢武帝〕元鼎五年，除東越，因以其地爲治（原作「治」，據王國維説改），并屬於此，而立東部都尉。」則會稽東部都尉始置於西漢，史有明文，何氏乃云「以東都所置」，趙氏「跋尾」亦云「疑當時會稽分東、西部，各置都尉，史不載爾」，皆失考。參閲王國維觀堂集林卷十二漢會稽東部都尉治所考。

〔一四〕其見於史者惟張紘耳　「紘」，當作「紘」。三國志吴書張紘傳云：「〔曹操〕出紘爲會稽東部都尉。」又虞翻傳云：「會稽東部都尉張紘又與融書。」何氏所謂「見於史者惟張紘耳」，即據此。案前注〔一三〕已論及何氏此説之誤，兹更引數證，以見其考訂之疏。漢書揚雄傳下「東南一尉」顔師古注引孟康曰：「會稽東部都尉也。」後漢書順帝紀云：「曾旌等寇會稽，殺句章、鄞、鄮三縣長，攻會稽東部都尉。」又律曆志中劉昭注引袁山松書曰：「劉洪字元卓……遷謁者、穀城門候、會稽東部都尉。」此爲見於正史者。隸釋卷八所載衛尉衡方碑云：「舉孝廉，除郎中……遷會稽東部都尉。」此爲見於當時碑誌者。

〔一五〕一作光　作「光」者誤。隸釋及萃編所載碑文皆作「先」。

〔一六〕嘗爲温令而刻石爲河内令者蓋史之誤　隸釋云：「其説非也。温者河内之邑，河内是郡名，無令也。碑云『河内縣令』者，以郡爲尊，蓋謂河内之縣令爾，即温也。」

〔一七〕有　宋本無此字。

〔一八〕茌平　「茌」，原作「茬」，誤。隸釋所載碑文作「荏」，即「茌」字，吕本正作「茌」，據改。

〔一九〕洗心　「洗」，隸釋所載碑文作「洒」，與「洗」通。

〔二〇〕門人　隸釋所載碑文作「諸生」。

〔二一〕七字筆畫類十字蓋石本殘缺難辨　案「十」字甲文作「丨」，金文作「●」或「♦」，「七」則甲、金文皆作「十」（見漢語古文字字形表）。此蓋刊刻者仿古所致，非因石本殘缺而難辨，趙説誤。

〔二二〕建武中　「中」，標點本後漢書作「初」。

〔二三〕惟水經誤以良爲梁爾　顧校云：「按『梁』、『良』古通用。戰國策『大梁造』，商子境内篇作『大良造』。隸續嚴舉碑陰云：『敬□賢梁。』以『賢梁』爲『賢良』也。李仲琁孔廟碑引禮記『梁木其摧』作『良木』。」

〔二四〕恐非姚泓時蓋漢刻也　金石論叢金石證史云：「據朔閏考一，順帝永和元年，五月癸丑朔，若姚泓永和元年，五月丁丑朔，與癸丑相差甚遠。」趙説是。

〔二五〕後漢書　原作「漢書」，吕本、三長物齋本「漢」上皆有「後」字，據補。

〔二六〕其事見平子所爲應間　案平子（張衡字）於順帝初再轉爲太史令，其事見後漢書本傳，非應間。

〔二七〕一百三十人 「二百」，標點本後漢書百官志五劉昭注引漢官作「二百」，孫星衍輯本漢官亦作「二百」，趙氏引誤。

〔二八〕豈循脩字畫相類遂致訛謬邪 經義述聞禮記上謹脩其法云：「隸書『循』、『脩』二字相似，故書傳中『循』字多譌作『脩』……隸續曰：『循、脩二字，隸法只争一畫，書碑者好奇，所以從省借用。』」是王氏以爲此碑之「脩行」當作「循行」，然標點本後漢書百官志注却改「循」爲「脩」。當以王説爲是。

〔二九〕武斑 「斑」，原作「班」，據隸釋與萃編所載碑文改。下同。本卷分目亦據改。

〔三〇〕氏族官閥卒葬 今本集古録「氏族」下有「州里」二字。

〔三一〕克伐鬼方 「克」，萃編所載碑文同，隸釋作「久」。

〔三二〕析分 隸釋與萃編所載碑文皆作「分析」。

〔三三〕師子 即獅子。

〔三四〕云殁 「云」，桂馥札樸卷八金石文字武氏石闕引作「芺」。案「芺」通「夭」，是；作「云」者誤。

〔三五〕士女 「士」，萃編所載碑文原作「土」。金石論叢貞石證史唐之公士云：「漢隸書『士』字下畫皆長，與『水土』字無别，韓敕碑『四方士仁』，史晨碑『百辟卿士』，周憬碑『濟濟吉士』，石門頌『庶士悦雝』，侯成碑『遐邇士仁』，皆然。」

〔三六〕皇帝　「帝」，原作「后」，吕本及集古録皆作「帝」，據改。

〔三七〕饑　標點本後漢書作「飢」，趙氏引誤（或其所據本原誤）。説文食部云：「穀不孰（熟）爲饑。」又云：「飢，餓也。」二字古不相混。

〔三八〕元二　指元年、二年。隸釋云：「王充論衡云：『今上嗣位，元、二之間，嘉德布流；三年，零陵生芝草五本；四年，甘露降五縣……』論衡所云『元二』者，蓋謂即位之元年、二年也。鄧君（騭）傳云：『永初元年夏，凉部畔羌摇蕩西州，詔騭將羽林軍五校士擊之。冬，徵騭班師，迎拜爲大將軍（安帝紀謂在永初二年十一月）。時遭元二之災，人士荒飢，盜賊群起，四夷侵畔。騭崇儉，罷力役，進賢士，故天下復安。四年，以母病求還侍養。』則此傳所云『元二』者，亦謂元年、二年也。安帝紀書兩年之間，萬民飢流，羌貊叛戾，又與傳同。此碑所云『西戎虐殘，橋梁斷絶』，正是鄧騭出師時，則史傳碑碣皆與論衡合。……乃知東漢之交所謂『元二』者如此。」

〔三九〕西戎　「戎」，隸釋及萃編所載碑文皆作「夷」。

〔四〇〕丞六百石　案此四字爲後漢書百官志四劉昭注引丁孚漢儀文，趙氏不當羼入正文，盧案是。

〔四一〕央　三長物齋本作「殃」。案原文當作「央」。隸辨平聲下陽云：「無極山碑：『來福除央。』隸釋云：『以央爲殃。』按吴仲山碑：『而遭禍央。』嚴訢碑：『君獲其央。』『殃』皆作『央』。」

〔四二〕昭命　「昭」，宋本、吕本作「招」。

〔四三〕嚴氏春秋　嚴氏謂嚴彭祖，東漢東海下邳人，治公羊春秋。見後漢書儒林傳。

〔四四〕馮君章句　馮君謂馮顥，東漢廣漢郪縣人，曾著易章句。

〔四五〕丹陽　「陽」，原作「楊」，據吕本改。顧校云：「隸續丹陽太守郭旻碑跋云：『東漢史皆作丹陽。』隸刻如費鳳、嚴訢碑亦然。」案史記秦本紀、漢書地理志上、後漢書郡國志四皆作「丹陽」。通鑑周赧王三年「秦師及楚戰於丹陽」胡三省注云：「此丹陽謂丹水之陽。」則應以作「陽」爲是，盧案以晉證漢，且謂漢史多作「楊」字，非。參見卷一「校證」〔一四〕。

〔四六〕祝□　「□」，宋本無此字。據盧案補，當是「其」字。

〔四七〕武梁　顧校於「梁」旁注「良」字。參見本卷「校證」〔三〕。

〔四八〕隸釋不重出掾字　案明萬曆本隸釋所載碑文已殘缺，無此句；晦木齋本「掾」字仍重出，與趙氏所引同，未知盧氏所據爲何本。

〔四九〕河洛　指河圖、洛書。

〔五〇〕朝聞　取義于論語里仁：「朝聞道，夕死可矣。」吕氏原校注云：「『朝聞』，疑『槃澗』之訛。」案「槃澗」，語出詩經衛風考槃：「考槃在澗。」

〔五一〕午　原作「子」，吕本及隸釋所載碑文皆作「午」，據改。

〔五二〕爾　通「邇」。吕本正作「邇」。

金石録卷第十五

跋尾五

漢

漢孔子廟置卒史碑
漢東海相桓君海廟碑
漢孔君碣
漢韓明府孔子廟碑
漢吉成侯州輔碑
漢州輔碑陰
漢州輔墓石獸膊字
漢郎中鄭君碑
漢丹陽太守郭旻碑[一]

漢議郎元賓碑
漢孫叔敖碑陰
漢封丘令王元賞碑
漢王元賞碑陰
漢冀州刺史王純碑
漢王純碑陰
漢蒼頡廟人名〔二〕
漢成皋令任伯嗣碑
漢任伯嗣碑陰
漢平輿令薛君碑
漢泰山都尉孔宙碑
漢孔宙碑陰
漢西嶽華山廟碑
漢老子銘
漢荊州刺史度尚碑

漢孔子廟置卒史碑〔三〕

右漢孔子廟置卒史碑。其前有司徒吴雄、司空趙戒奏章，歐陽文忠公具載於集古録。其後又有魯相奏記司徒、司空府文字，尤爲完好，云：「永興元年六月甲辰朔。十八日辛酉，魯相平，行長史事、卞守長擅叩頭死罪〔四〕，敢言之司徒、司空府，壬寅詔書：『爲孔子廟置百石卒史一人，掌主禮器，選年四十以上、經通一藝、雜試能奉弘先聖之禮、爲宗所歸者。』平叩頭死罪死罪，謹案文書守、文學掾魯孔龢，師孔憲，户曹史孔覽等雜試，龢修春秋嚴氏，經通高第，事親至孝，能奉先聖之禮，爲宗所歸，除龢補名狀如牒。平惶恐叩頭死罪死罪〔五〕，上司空府。」其詞彬彬可喜，故備録之，且以見漢時郡國奏記公府，其體如此也。案華陽國志〔六〕、後漢書注皆云「趙戒字志伯」〔七〕，而此碑乃作「意伯」，疑其避桓帝諱故改焉。

漢東海相桓君海廟碑〔八〕

右漢東海相桓君海廟碑，云：「惟永壽元年春正月，有漢東海相桓君〔九〕。」又云：「熹平元年夏四月，東海相山陽滿君。」其餘文字，完者尚多，大略記修飭祠宇事，而其銘詩有云：「浩浩倉海，百川之宗。」知其爲海廟碑也。桓君與滿君，皆不著其名，莫知其爲何人。碑在今海州。

漢孔君碣

右漢孔君碣，在孔子墓林中，其額題「孔君之墓」，文已殘闕；其前云「元年乙未」，而「元年」上闕二字。案東漢自建武以後，惟桓帝永壽元年歲次乙未，其他有三乙未，皆非元年，然則此碣所闕二字當爲「永壽」也。

漢韓明府孔子廟碑〔一〇〕

右漢韓明府孔子廟碑，其略云：「君造立禮器，樂之音符。鐘磬瑟鼓，雷洗觴觚。爵鹿柤梪〔一一〕，籩柉禁壴〔一二〕。〔案〕「壴」當作「豈」，仲句切。謝本訛「喜」，別本改作「壺」，皆非是。修飾宅廟〔一三〕，更造二輿。」所謂「鹿」者，禮圖不載，莫知爲何器。又據字書：「柉，木皮，可爲索。」「壴，陳樂也。」亦非器名，皆不可曉，故并著其語，以俟知者。余後見汶陽陳氏所藏古彝，爲伏鹿之形，近歲青州獲一器，亦全爲鹿形，疑所謂「鹿」者，因其形而名之耳。〔案〕錢氏穀鈔本記其上云：「射禮有鹿，中高一尺五寸，爲鹿形，背設圜箭，以納筭籌，射畢以釋之器也。又有乏，如屏風，所以爲獲者御矢，恐即杙也，其有『木』旁，正猶『俎豆』之爲『柤梪』也。」

漢吉成侯州輔碑

右漢吉成侯州輔碑，名字已殘闕，其額題云〔一四〕：「漢故中常侍、長樂太僕、吉成侯州君之銘。」輔名姓見范曄後漢書宦者傳，以定策立桓帝，與曹騰等七人同時封爲亭侯。今此碑載當時詔書，有云：「其封輔爲吉成侯。」以此知其名輔，而酈道元注水經云：「犨縣湍水南有漢中常侍、長樂太僕、吉成侯州苞冢，冢前有碑，其詞云：『六帝四后，是諮是諏。』」今驗其銘文，實有此語，獨以「輔」爲「苞」，蓋水經之誤，當取漢史及此碑爲正。

漢州輔碑陰

右漢州輔碑陰，京兆尹延篤叔堅而下，題名者凡四十餘人。自東漢以後，一時名卿賢大夫，死而立碑，則門生故吏往往寓名其陰，蓋欲附託以傳不朽爾。今輔一宦者，而碑陰列名者數十人，雖當代顯人如延叔堅亦預焉，有以見權勢之盛如此。雖然，區區挂名於此者，亦可恥也夫！

漢州輔墓石獸膊字

右漢州輔墓石獸膊字。酈道元注水經云：「州君墓有兩石獸，已淪没。人有掘出一獸，猶不全破，甚高壯，頭去地丈許，製作甚工，左膊上刻作『辟邪』字〔一五〕。」余初得州君墓碑，又覽水經所載，意此字猶存。會故人董之明守官汝、潁閒，因託訪求之。逾年，特以見寄，其一「辟邪」，道元所見也；其一乃「天禄」，字差大，皆完好可喜。之明又云：「『天禄』近歲爲郫民所毀，『辟邪』雖存，然字畫已殘闕難辨。此蓋十年前邑人所藏，今不可復得矣。」

漢郎中鄭君碑

右漢郎中鄭君碑。賈誼過秦論云：「九國之師遁巡而不敢進。」顏師古曰：「遁，音千旬反；流俗書本『巡』字誤作『逃』，讀者因之而爲遁逃之意。潘岳西征賦云『遁逃以奔竄』，斯亦誤矣。」今此碑有云：「推賢達善，逡遁退讓〔一六〕。」詳其文義，亦是逡巡之意，〔案〕謝本「義」「意」二字互易。然二字決非一音。蓋古人用字，與後世頗異，又多假借，故時有難曉處。不知顏氏何所據，遂音「遁」爲「逡」乎？

漢丹陽太守郭旻碑

右漢丹陽太守郭旻碑，云：「君諱旻，字巨公，有周之裔也。」又云：「治律小杜〔一七〕，幼仕州郡，舉孝廉〔一八〕，除郎中、謁者，遷敬陵園令、廷尉左平、治書侍御史。獄刑無頗，憲臺如砥。以父憂去官，還，拜郎中、侍御史。遭母憂，服除，復拜郎中、治書侍御史，遷冀州刺史，徵拜尚書。是時淮夷蠢迪〔一九〕，〔案〕「迪」，疑當作「逋」字。帝疇官綏〔二〇〕，策書褒釐〔二一〕，俾守丹陽，爲政四年，以公事去官。年過耳順，寢疾殞頹。延熹元年十月戊戌卒，其十二月丙申葬。微言絶矣，諸子曷仰！三載禮闋，乃群相與刻石勒銘。」最後云：「昔君即世，雖立碑頌，裁足載字，加有瑕下闕一字。君之弟故太尉薨，歸葬舊陵。於是從子故五原太守、鴻議郎某〔二二〕〔案〕此「某」字，錢鈔作「果」，隸釋作「呆」〔二三〕。及胤孫某，名殘闕〔二四〕。懷祖之德，乃更刻石，不改舊文，蓋用昭明祖勳焉。」郭氏爲陽翟著姓，自躬以來〔二五〕，世以通法律顯名，此碑所謂太尉公者〔二六〕，禧也。

漢議郎元賓碑

右漢議郎元賓碑，在今亳州。姓名已殘闕，所可見者云：「字元賓，魯相之孫。」又云：「舉孝廉，除倉龍司馬、衛尉，察尤異，遷吴令。視事二稔，民用寧康。州辟從事，公車徵拜議郎。年四十八，延熹二年二月卒。使者臨弔，賻賵特加。」其餘文字完好者尚多，惜其名氏皆亡也。

漢孫叔敖碑陰

右漢孫叔敖碑陰，云：「延熹二年[二七]，〔案〕金石文字記云「三年」，與目録正同，此「二年」誤書也。中夏之節，政在封表，期思長光，視事一紀[二八]，訪問國中耆年，素聞孫君楚時良輔。」又云：「博求遺苗[二九]，曾玄孫子。考龜吉辰，五月癸卯。宜以存廢，可立碑祀。招請諸孫，都會國右。郭西道北，處所顯好。興上宰祭[三〇]，倡優鼓舞。」又云：「相君有三嗣，長子即封食邑固始，少子在江陵，中子居三。」下一字摩滅。又云：「相君卒後十有餘世，有渤海太守[三一]。」其後歷叙子孫名字甚詳，而文字斷續，不可次第。案期思長光，碑陰不載姓氏，叔敖碑雖有之，然已殘闕矣。〔案〕碑云：「先有固始令段君立石銘碑，期思縣宰段光又爲刻石。」則姓氏尚可考。漢時令、長有在官一紀不遷者，乃知前世官吏重於移易如此，不惟吏民免送迎之擾，而士人亦皆安於其職，無僥倖苟進之心，與後世異矣。

漢封丘令王元賞碑

右漢封丘令王君碑，其姓名已殘闕，所可見者「字元賞」而已。云：「察舉孝廉，郎、謁者、考工，菀陵、葉、封丘令。」而銘文亦有「撫臨三國」之語。歐陽公集古録云「爲菀陵丞」者，蓋誤以「葉」字爲「丞」爾。〔案〕隸續云：「歐、趙皆以爲王元賞，予所得者却是『元賓』，字畫分明，非是測度，其名仿佛是紹。」

漢王元賞碑陰

右漢王元賞碑陰，載門生姓名，有云「右奔喪」，「右斬杖三年」。予嘗謂聖人之制禮，爲可繼也，無過與不及之弊，務合於中庸而已。禮曰〔三〕：「事師無犯無隱，服勤至死，心喪三年。」「孔子之喪，門人疑所服，子貢曰：『昔者夫子之喪顏淵，若喪子而無服，喪子路亦然。請喪夫子若喪父而無服。』」彼漢人爲王君乃爲斬衰之服，於禮無乃過乎！

漢冀州刺史王純碑

右漢冀州刺史王純碑，延熹四年立。桑欽水經云：「濟水北逕須句城西。」〔三〕酈道元注：「濟水西有安民山，山西有漢冀州刺史王紛碑，漢中平四年立。」案地里書，須朐即今中都縣〔三四〕。此碑在中都，又其官與姓氏皆合，疑其是也。然以「純」爲「紛」，以「延熹」爲「中平」，則疑水經之誤。〔案〕顧氏藹吉云：「案碑文，王君以延熹四年卒，五年始葬立碑，此以爲四年立，亦非也。」

漢王純碑陰

右漢王純碑陰，其前題門生人名，自東平馮定伯而下，文字完好可識者百九十餘人，摩滅不可識者又九十餘人，字畫淳勁可喜。其後題義士名，云：「各發聖心，共出義錢，埤碑石直，刊紀姓名。」埤，當讀爲「裨助」之「裨」。漢時墓碑，多其門生故吏所立，往往各紀姓名於碑陰，或載所出錢數；其非門生故吏而出錢者，謂之義士。今漢人爲王君出錢造碑，而云「各發聖心」，可謂陋矣。

漢蒼頡廟人名〔三五〕

右漢蒼頡廟人名。歐陽公集古録云〔三六〕：「此碑有『蓮勺左鄉有秩』〔三七〕、『池陽左鄉有秩』、『池陽集水有秩』〔三八〕，皆不知是何名號。又有夏陽候長〔三九〕、祋祤候長〔四〇〕，則是縣吏之名。其字畫不甚精〔四一〕，又無事實可考，姑録其名號〔四二〕，以俟知者爾。」案前漢書：「張敞以鄉有秩補太守卒史。」後漢書百官志：「鄉置有秩、三老、游徼。本注曰：有秩，郡所署，秩百石，掌一鄉人。」注引漢官曰：「鄉户五千，則置有秩。」風俗通曰：「秩則田閒大夫，言其官裁有秩爾。」然則「有秩」蓋亦鄉吏名也。

漢成皋令任伯嗣碑

右漢成皋令任伯嗣碑，其首已殘闕，其可見者云：「字伯嗣，南郡編人也。其先蓋任座之苗胄〔四三〕。」又云：「舉孝廉，除郎中、蜀郡府丞、江州令，以服去官，爲筑陽侯相。延熹五年遷來臨縣。」其後歷叙政績，又云：「遷居桂陽。」〔四四〕最後云：「都邑謡詠，甄勒勳績，永昭於後。」碑在今汜水縣，汜水在漢爲成皋。此碑蓋成皋令德政頌爾。後漢書桓帝紀延熹八年有桂陽太守任胤，以此碑校之，歲月相符，又名與字協，知其名胤也。

漢任伯嗣碑陰

右漢任伯嗣碑陰。大觀初獲此碑，寘於汜水，輦運司廨舍壁間。余聞其陰有字，因託人諷邑官破壁出之，遂得此本。蓋漢碑有陰者十七八，世多棄而不録爾。

漢平輿令薛君碑

右漢平輿令薛君碑，文字完好，云：「惟延熹六年春二月，平輿令薛君卒，烏虖哀哉！吏民其咨，咨君之德，乃建碑石於墓之側。」其後有銘三百餘言，叙述甚詳，惟不載其名字、世系，故莫得而考焉。

漢泰山都尉孔宙碑

右漢泰山都尉孔宙碑。孔宙，北海父也，見後漢書融列傳。又據桓帝紀，泰山都尉，元壽元年置，延熹八年罷。宙以延熹四年卒，蓋卒後四年官遂廢矣。〔案〕隸釋云：「宙以延熹六年正月卒，碑以次年七月立。」

漢孔宙碑陰

右漢孔宙碑陰，門生有鉅鹿廣宗捕巡，字升臺。案氏族書如姓苑、姓纂皆無捕姓，獨見於此碑爾。

漢西嶽華山廟碑

右漢西嶽華山廟碑，其略云：「孝武皇帝脩封禪之禮，巡省五嶽，立宮其下，宮曰集靈宮，殿曰存仙殿，門曰望仙門〔四五〕。」歐陽公集古録云：「所謂集靈宮者，他書不見，唯見於此碑爾。」余案班固漢書地里志：「華陰有集靈宮，武帝起。」而酈道元注水經亦云：「敷水北逕集靈宮。」引地里志所載，其語皆同，然則不獨見於此碑矣。而所謂存仙殿、望仙門者，諸書不載〔四六〕。

漢老子銘

右漢老子銘，舊傳蔡邕文并書，蓋杜甫李潮小篆八分歌有曰：「苦縣光和尚骨立，書貴瘦硬方通神。」世云此碑是也。今驗其詞，乃邊韶延熹八年作，非光和中所立，未知甫所見是此碑否。而本朝周越書苑遂以爲韶撰文而邕書，初無所據。碑言孔子學禮時，「計其年紀，聃以二百餘歲〔四七〕，聃然老旄之貌也」，而史記言「謚曰聃」〔四八〕。案古謚法無「聃」字。又碑云：「孔子以周靈王二十年生。」今以年表及世家考之，孔子以魯襄公二十二年生，實靈王二十一年，未知孰是。史書周太史儋事云：「孔子死後百二十九年。」徐廣注曰：「實百一十九年。」〔四九〕今此碑所書正與史合，不知徐廣何所據也。

漢荆州刺史度尚碑

右漢度尚碑，其首題曰：「漢故荆州刺史度侯之碑。」碑云：「其先出自顓頊，與楚同姓，熊下闕一字之後。」又曰：「統國法度。」其下殘闕不可辨。案元和姓纂「度姓」但云：「古掌度之官〔五〇〕，因以命氏。」不言其與楚同姓也。又范曄後漢書列傳：「度尚自右校令擢爲荆州刺史，破長沙零陵賊，以功封右鄉侯，遷桂陽太守，徵還京師，以中郎將破賊胡蘭等，復爲荆州刺史，後爲遼東太守，卒於官。」今以碑考之，云：「封右鄉侯，遷遼東太守，拜中郎將，復拜荆州刺史，以故秩居。」蓋未嘗爲桂陽太守，而曰卒於遼東者，皆史之誤。余每得前代名臣碑版以校史傳，其官閥、歲月少有同者，以此知石刻爲可寶也。

校　證

〔一〕漢丹陽太守郭旻碑　「陽」，原作「楊」，據呂本改，「跋尾」同。參見卷一「校證」〔一四〕、卷十四「校證」〔四三〕。郭旻，三長物齋本作「郭文」，「跋尾」同。

〔二〕蒼頡　「蒼」，原作「倉」，呂本作「蒼」，據改。説見卷一「校證」〔三一〕。

〔三〕孔子廟置卒史碑　隸釋題爲孔廟置守廟百石孔龢碑，萃編題爲孔廟置守廟百石卒史碑。

〔四〕卞　原作「下」，吕本作「卞」。案隸釋與萃編所載碑文皆作「卞」，隸辨歸于去聲線韻，吕本是，據改。

〔五〕惶恐　「惶」，原作「皇」，吕本及隸釋、萃編所載碑文皆作「惶」，據改。

〔六〕華陽國志　此下引文見華陽國志卷三蜀志。

〔七〕後漢書注　此下引文見後漢書順帝紀注。

〔八〕東海相桓君海廟碑　隸釋題爲東海廟碑。

〔九〕桓君　隸釋所載碑文「桓」上有「南陽」二字。

〔一〇〕韓明府孔子廟碑　隸釋題爲魯相韓敕造孔廟禮器碑，萃編無「魯相」二字，餘同隸釋。

〔一一〕鹿　漢隸拾遺謂「鹿」通「角」，飲器，容四升。

〔一二〕籩柉禁壴　案此四字並列，當皆爲盛器。漢隸拾遺謂「柉」通「豐」，豐似豆而卑，可以承尊。壴，宋本作「喜」，隸釋所載碑文作「壴」。洪适釋云：「『壴』與上下文『符』『觚』『輿』『汙』協韻，當是『壺』字也。」隸辨與字彙補皆從洪説。下同。

〔一三〕修飾　「飾」，原作「飭」，隸釋與萃編所載碑文皆作「飾」，吕本同，據改。

〔一四〕額題　原作「題額」，據吕本改。

〔一五〕左　原作「右」，吕本及水經注滍水皆作「左」，據改。

〔一六〕逡遁退讓　案「逡遁」，叠韻聯綿詞，爲先秦、兩漢時常語。周禮夏官司士「王還揖門左」鄭玄注云：「王揖之，皆逡遁。」孫詒讓正義云：「蓋遷延擵辟之皃。」此「遁」與「循」、「巡」音同，「逡遁」亦書作「逡循」、「逡巡」，如漢書外戚傳下：「逡循固讓。」莊子讓王：「子貢逡巡而有愧色。」又説文辵部云：「遁，一曰逃也。」此别一義唐韻音「徒困切」。史記秦始皇本紀引賈誼過秦論原作「逡巡遁逃而不敢進」，文選引作「遁逃而不敢進」，雖有節略，然未破其詞，而漢書則將「逡巡遁逃」引作「遁巡」，則不僅破詞，且亦顛倒其字序，遂使後人無從索解矣。顏之推匡謬正俗云：「『遁』者蓋取『循』聲以爲『逡』字，當音『七均切』。」此於音、於義皆無所本，唯據常語有「逡巡」而附會之。可知師古之謬，其始作俑者爲顏之推。

〔一七〕小杜　指杜延年。後漢書郭躬傳云：躬父弘，習小杜律。李賢注謂杜周，武帝時爲廷尉、御史大夫，斷獄深刻；其少子延年亦明法律，任御史大夫。後因稱延年爲小杜。

〔一八〕舉孝廉　「舉」，宋本作「察」。

〔一九〕蠢迪　三長物齋本案云：「前漢書揚雄傳云：『蠢迪檢押。』蠢迪，猶言蠢動也。盧疑『迪』作『連』，非是。」案「迪」無「動」義。盧氏疑「迪」當作「連」，「連」爲「動」之古字，或是。

〔二〇〕帝疇盲綬　「盲」，原作「官」，顧校改「盲」，注云：「盲，隸體『克』字。」案隸續所載碑文正作「盲」，據改。

〔二一〕褒𠪨　「𠪨」，三長物齋本作「厲」，吕本作「勵」，古字通。厲，説文厂部作「𠩺」，又作「厲」，云：「𠩺，從厂，蠆省聲。」「𠪨」即「厲」之變體。

〔二二〕鴻議郎某　「某」，吕本作「果」，顧校「果」改「呆」，注云：「此『枽』字之壞，見隸續。」案「枽」即「柔」字。

〔二三〕隸釋作呆　隸釋未載此碑，當作隸續。

〔二四〕名殘闕　宋本「名」字上有一「其」字。

〔二五〕躬　謂郭躬。後漢書卷四十六有傳。

〔二六〕太尉公　後漢書郭鎮傳謂郭禧建寧二年代劉寵爲太尉。

〔二七〕二年　隸釋所載碑文作「三年」，盧案是。

〔二八〕視事一紀　隸釋卷三楚相孫叔敖碑云：「期思縣宰段君諱光，字世賢……臨縣一載，志在惠康。」孫叔敖碑陰洪适釋云：「前云『臨縣一載』，此云『視事一紀』，蓋以一紀爲一年爾。」王楙野客叢書卷十七漢碑疑字云：「僕觀漢人文字，罕有以一紀爲一年用者，疑此『祀』字耳，借『紀』爲『祀』，『祀』與『紀』字亦相似也。毛詩：『終南何有？有紀有堂。』注：『紀，曰祀。』可證也。」案古時多以十二年爲一紀，趙氏「跋尾」似亦從此説，於義未切。洪、王二氏謂此「一紀」乃一年，近是。

〔二九〕求　原作「采」，據隸釋所載碑文改。

〔三〇〕窂　「窂」，原作「窂」，宋本作「窂」，顧校改「窂」，注云：「『窂』字是也，見隸釋。」案隸釋所載碑文正作「窂」，顧校是，據改。「窂」同「牢」。

〔三一〕渤海　「渤」，原作「勃」，據隸釋所載碑文改。

〔三二〕禮曰　以下引文均見禮記檀弓上。

〔三三〕須句　「句」，水經注濟水作「朐」。案左傳僖公二十一年有「須句」，「風姓國名，」公羊傳作「須朐」。

〔三四〕須朐即今中都縣　左傳僖公二十年「須句」杜預注云：「在東平須昌縣西北。」漢書地理志上云：「須昌，故須句國。」又云：「壽良（當作壽張），蚩尤祠在西北泲（濟）上，有朐城。」水經注濟水引京相璠曰：「須朐一國二城，兩名，蓋遷都須昌，朐是其本。」則春秋時之須句，當是西漢東平國壽張縣西北、濟水旁之朐城，在今山東東平西北；而宋代之中都縣，在今山東東平東南之汶上，二者相距達六七十里，決非一地，則王純與王紛亦必非一人，故立碑之年不同。趙氏唯因其官與姓氏相合，遂疑其爲一，非是。

〔三五〕蒼頡　「蒼」，原作「倉」，吕本作「蒼」，據改。下同。説見卷一「校證」〔三二〕。

〔三六〕集古録　案集古録此碑題爲後漢碑陰題名。

〔三七〕有秩　史記范雎張澤列傳載秦昭王之前即有「有秩」之官，爲最低級官吏。

〔三八〕集水　「水」，集古録作「丞」。案萃編所載碑文題名中未見此名號，故無以論定。

〔三九〕候長　「候」，原作「侯」，下同。案萃編所載碑文作「侯」，據改。

〔四〇〕祋祤　原作「祋祤」，呂本及漢書地理志上皆作「祋祤」，據改。

〔四一〕字畫　顧校於「字畫」旁注「隸字」。案集古録正作「隸字」，顧校是。

〔四二〕録其名號　「録」，各本原皆作「疑」，不可通，據集古録改。

〔四三〕任座　「座」，何校作「痤」。任座始見於呂氏春秋自知。漢書古今人表亦作「任座」，顔師古注云：「座，音才戈反。」則「座」似有平聲一讀，通「痤」，何校或據師古音改。案「座」與「痤」古雖可通用（如春秋襄公二十六年宋世子痤，穀梁傳作「座」），然書「任座」爲「任痤」，則史無明文。

〔四四〕遷居　「居」，原作「君」，不可通。此據三長物齋本改。

〔四五〕殿曰存仙殿門曰望仙門　顧校「仙」均改「僊」。案隸釋所載碑文皆作「僊」，顧校是。僊，古「仙」字。下同。

〔四六〕所謂存仙殿望仙門者諸書不載　案三輔黄圖卷三云：「集靈宫、集仙宫、存仙殿、存神殿、望仙臺、望仙觀，俱在華陰縣界，皆武帝宫觀名也。」藝文類聚卷七十八引桓譚〈仙賦〉序云：「華陰集靈宫，宫在華山下，武帝所造，欲以懷集仙者王喬、赤松子，故名殿爲存仙，端門南向山，署曰望仙門。」是存仙殿、望仙門均見於他書，趙氏失考。

〔四七〕以　隸釋所載碑文同。以，通「已」，三長物齋本改作「已」。

〔四八〕史記言謚曰聃　何校云：「此亦『謚曰洞簫』之『謚』。人號之爲『聃』，以其老耳，不謂易名也。」案「謚曰洞簫」，語本王褒洞簫賦：「幸得謚爲洞簫兮。」何校謂此「謚」亦「命名」之意。

〔四九〕實百一十九年　「百」字原無，據史記老子韓非列傳注補。

〔五〇〕古掌度之官　案今本姓纂卷八「度」姓下作「古掌度支之官」。

中國史學基本典籍叢刊

金石録校證

下

〔宋〕趙明誠 撰
金文明 校證

中華書局

金石録卷第十六

跋尾六

漢

漢武都太守李翕碑
漢博陵太守孔彪碑
漢成陽靈臺碑
漢廷尉仲定碑
漢故民吴公碑
漢司隸校尉魯峻碑
漢桂陽太守周府君頌
漢周府君碑陰
漢石經遺字
漢堂谿典嵩高山石闕銘
漢帝堯碑
漢蒼頡廟碑〔一〕
漢庍彰長斷碑

漢車騎將軍馮緄碑

右漢車騎將軍馮緄碑。以范曄後漢書考之，史云「字鴻卿」，而碑云「皇卿」。史云：「初舉孝廉，七遷至廣漢屬國都尉，拜御史中丞。順帝末，持節揚州諸軍事〔二〕，與中郎將滕撫擊破群賊。」今據碑，自舉孝廉至爲廣漢屬國都尉，凡十一遷，而爲中丞與督使徐、揚二州討賊，皆在爲都尉前。碑云討賊時「坐迫州縣正法」〔三〕，而史不載；又云「爲隴西太守，坐問吏辜旬不分，去官。以羌駭動，爲四府所表，復家拜隴西太守」，而史但言「遷隴西太守」爾。史云：「爲遼東太守，徵拜京兆尹，轉司隸校尉，遷廷尉、太常，拜車騎將軍。」以碑考之，緄爲遼東太守以前，嘗復爲治書侍御史，遷尚書，遂爲廷尉，未嘗拜京兆尹及司隸也。史云：「振旅還京師，監軍使者張敞承宦者旨，奏緄會長沙賊復起攻桂陽、武陵〔四〕，緄以軍還，盜賊復發，策免。」而碑云：「臨當受封，以謠言奏河內太守、中常侍左悺弟，坐遜位。」史云：「復拜廷尉。時山陽太守單遷以罪繫獄，緄考致其死。遷，故車騎將軍超之弟。中官相黨，遂共誹章誣緄，坐輸左校。」而碑云：「表荆州刺史李隗、南陽太守成晉、『晉』，漢史作『瑨』〔五〕。太原太守劉瓆不宜以重論〔六〕，坐正法，作左校。」亦皆不合。史又云：「爲河南尹時，上言『舊典，中官子弟不得爲牧人職』，帝不納。

拜屯騎校尉，〔案〕别本作「屯騎將軍」。何氏焯從隸釋定作「校尉」，云：「漢志將軍但有驃騎，次車騎，無屯騎也。驃騎、車騎位次公下，亦不當復爲廷尉。」葉本作「車騎將軍」，亦誤。復爲廷尉，卒於官。」而碑云：「復廷尉，奏中官子弟不宜典牧州郡〔七〕，獲過左右，遜位。永康元年薨。」亦當以碑爲正。碑又云「緄謚曰桓」，而史亦不載。予嘗謂石刻當時所書，其名字、官爵不應差誤，可信無疑；至於善惡大節，當以史氏爲據。今此傳首尾顛倒錯繆如此，然則史之所載是非褒貶，失其實者多矣，果可盡信邪！

漢魯相晨謁孔子冢文

右漢魯相晨謁孔子冢文，已斷裂，闕其上一段，其略可見者云「建寧元年三月十八日丙申，晨」；又云「其四月十一日戊子到官，謁孔子冢」。其他文字雖完，皆不可次第。魯相晨有兩碑〔八〕，皆在孔子廟中，其一碑云：「臣蒙恩受任符守，得在奎婁周、孔舊寓〔九〕。」又云：「臣以建寧元年到官。」其一碑云：「魯相河南史君，諱晨，字伯時，從越騎校尉拜。以建寧元年四月十一日戊子到官。」然則斯碑所載名晨者，蓋魯相史晨也。

漢廣漢縣令王君神道〔一〇〕

右漢廣漢縣令王君神道，建寧元年十月造。「縣令」字作「苓」。漢人淳質，文字相近者多假借用之，如「縣令」字人所常用，而尚假借，何耶？〔案〕此緜竹令也。隸釋云：「微雜篆體，『緜』字作『曰』下『木』，略與『縣』字相混，故趙氏誤作『廣漢縣令』，而謂其借『苓』爲『令』也。」又此本無年月，趙氏誤合劉讓閣道題字爲一碑，故以爲建寧元年十月造。

漢金鄉守長侯君碑

右漢金鄉守長侯君碑，載其上世云：「漢興，侯公納策，濟太上皇於鴻溝之阨，謚曰安國君。曾孫醋，封明統侯。光武中興，玄孫霸爲臨淮太守，擁兵從光武平定天下，轉拜執法刺姦〔一一〕、五威司命、大司徒公，封於陵侯。」歐陽公集古録云：「執法左右刺姦、五威司命，皆王莽時官。侯霸列傳云，霸，莽時爲隨宰〔一二〕，遷執法刺姦，而未嘗爲五威司命。後代伏湛爲大司徒，封關内侯，既薨，光武下詔追封則鄉侯；而此碑言封於陵侯，未知孰是。據碑言，刺姦、司命爲光武時官，蓋碑之謬。」余案霸列傳，霸薨，追封則鄉侯，至子昱改封於陵〔一三〕；而遂以霸爲於陵侯，疑亦碑之誤。又案高祖紀，侯公説項羽歸太公、吕后，乃封侯公爲平國君。今此碑言「安國」，既不同；而平國君乃生時稱號，如婁敬爲奉春君之類，碑以爲謚〔一四〕，恐亦非是。又酺封明統侯，漢書功臣表亦不載，不知碑何所據也。

漢柳孝廉碑

右漢柳孝廉碑，云：「君諱敏，其先蓋五行星下闕一字。二十八舍柳宿之精也〔一五〕。」其説亦可謂怪矣！自戰國以來，聖人不作，諸子百家、異端怪説紛然而起，其弊至東漢而極焉。自非豪傑之士，卓然不爲流俗所移，未有不從而惑者也。若此碑直以柳君得姓出於柳宿，果何所據哉！

漢衛尉卿衡方碑

右漢衛尉卿衡方碑，有云：「感背人之凱風〔一六〕，悼蓼儀之劬勞。」以「蓼莪」爲「蓼儀」〔一七〕，他漢碑多如此。蓋漢人各以其學名家，故所傳時有異同也。

漢沛相楊君碑

右漢沛相楊君碑。歐陽公集古録云：「碑首尾不完，失其名字。」余案楊震碑，沛相名統，震長子富波侯相牧之子也〔一八〕。

漢淳于長夏承碑

右漢淳于長夏承碑，云：「君諱承，字仲兖，東萊府君之孫，太尉掾之中子，中郎將弟也。〔案〕「中郎將」上，隸釋有「右」字。累葉牧守，印紱典據十有餘人〔一九〕，皆德任其位，名豐其爵，是故寵禄傳於歷世，策勳著於王室。君鍾其美，受性淵懿，含和履仁，治詩、尚書，兼覽群藝，靡不尋暘。州郡更請，屈己匡君，爲主簿、督郵、五官掾、功曹、上計掾、守令、冀州從事。」又云：「察孝，不行。太傅胡公歆其德美，旌招俯就，羔羊在公〔二〇〕，四府歸高，除淳于長。」又云：「年五十有六，建寧三年六月癸巳，淹疾卒官。」碑在今洺州。元祐間因治河隄，得於土壤中。建寧，靈帝時年號也，距今千歲矣，而刻畫完好如新。余家所藏漢碑二百餘卷，此碑最完。

漢郎中馬君碑

右漢郎中馬君碑，文字殘缺，所可見者，「字元海」而已。〔案〕隸釋云：「名江。」又云：「其先賜號『馬服』，因遂氏焉。」又云：「以和平元年舉孝廉，除郎中。謙虚接下，冠名三署。」〔案〕舊作「三省」，葉本從隸釋作「署」。又云：「年四十，元嘉三年正月卒。」又云：「夫人年五十五，建寧三年十二月卒。」其他不可考究矣。

漢武都太守李翕碑〔二一〕

漢時文字，多與今隸書不合，皆依石本録之。

右漢武都太守李翕碑，文字首尾完好，云：「漢故武都太守漢陽阿陽李君，諱翕，字伯都。」其後歷叙在郡治蹟，云：「郡西狹中道，危難阻峻，緣崖俾閣〔二二〕，兩山壁立，隆崇造雲。下有不測之谿，阨笮促迫，財容車騎。進不能濟，息不得駐，數有顛覆隕隧之害〔二三〕。君敕衡官有秩李瑾、掾仇審，因常繇道徒，〔案〕謝本無「徒」字。鐉燒破析〔二四〕，刻臽確嵬〔二五〕，減高就埤，柙致土石，堅固廣大，可以夜涉，四方無雍。行人懽悀，民歌德惠，穆如清風〔二六〕，乃刊斯石。」其後有頌詩，最後題「建寧四年六月十三日壬寅造」云。

漢博陵太守孔彪碑〔二七〕〔案〕碑「彪」作「䨔」字〔二八〕。

右漢博陵太守孔彪碑。歐陽公集古録云：「孔君碑者，其名字摩滅不可見，而世次、官閥粗可考，云孔子十九代孫，潁川君之元子也。舉孝廉，除郎中、博昌長，拜尚書侍郎、治書侍御史、博陵太守，遷下邳相、河東太守。建寧四年十月卒。其終始略可見，惟其名字皆亡，爲可惜也。」今此碑雖殘闕，而名字尚完可識，云：「君諱彪，字元上。」又韓府君孔子廟碑陰載當時出錢人名，亦有尚書侍郎孔彪元上，與此書正同。惟孔君自博陵再遷爲河東太守，而碑額題「故博陵太守孔府君碑」。漢人多如此，然莫曉其何謂也。〔案〕隸釋云：「蓋博陵之人相與立碑耳。」

漢成陽靈臺碑〔二九〕

右漢成陽靈臺碑。成陽屬今雷澤。碑略云：堯母慶都仙歿，蓋葬於兹。欲人不知，名曰靈臺。歐陽公集古録以謂自史記、地志及水經諸書，皆無堯母葬處。余案班固西漢、劉昭東漢地里志皆云「成陽有堯冢靈臺」〔三〇〕，而東漢志〔三一〕：「章帝元和二年，東巡狩〔三二〕，將至泰山，道使使者奉一太牢，祠帝堯於濟陰成陽靈臺。」與章帝紀所載正同。

帝紀章懷太子注引郭緣生述征記云：「成陽縣東南有堯母慶都墓，上有祠廟。堯母陵俗亦名靈臺文母〔三三〕。」水經注〔三四〕：「今成陽城西二里有堯陵，陵南一里有堯母慶都陵，於城爲西南，稱曰靈臺。」蓋兩漢史所載，似以靈臺爲堯冢，惟此碑與述征記、水經乃直指爲堯母冢爾。然水經云在成陽西南，而述征記云在東南，未知孰是〔三五〕。又集古録云：「諸書俗本多作『城陽』，獨此碑爲『成陽』，當以碑爲正。」余嘗考之：成陽，縣名，屬濟陰郡；城陽乃王國名，漢文帝二年以封齊悼惠王子章者。漢志所載各異，未嘗差誤也。碑有「廷尉某」，歐陽公以爲姓名摩滅不可讀，今驗其缺處，姓下隱隱有「定」字，知其名定。而其後云「濟陰太守審晃、成陽令管遵各遣大掾輔助仲君」，知其姓仲。仲氏世爲成陽人，定有墓在雷澤，碑尚存，其額題「漢故廷尉仲君碑」，有云「表祠唐堯，爲漢祈福」；又云「爲廷尉卿，託病乞歸，修堯靈臺黄屋三十餘，上聽，拜太中大夫」云。余爲淄州，同官李蕘，雷澤人，云：「冢正在城西南。」蓋述征記誤也。

漢廷尉仲定碑

右漢廷尉仲定碑，在今濮州雷澤。其額題「漢故廷尉仲君之碑」。碑載官閥甚詳，雖殘闕，然尚可次第，其略云：「君諱定。聖漢龍興，家於成陽。父張掖、廣漢太守。以父勳拜琅邪太守。南陽陰府君察孝，不行；南郡胡公除濟陰，復舉孝廉，拜尚書左丞，除郎中，遷彭城呂長，徵試博士。太傅下邳趙公舉君高行，遷豫州刺史、將軍從事、符節令〔三六〕、豫章太守，徵議郎，拜大尚書，遜位。復徵拜將軍長史，遷城門校尉、執金吾，拜太中大夫，遷廷尉卿。託病乞歸，修堯靈臺黃屋三十餘，上聽，拜太中大夫。臺成事訖，上以君先帝舊臣，策令州郡以禮特遣〔三七〕。熹平元年孟秋上旬，君遘疾不瘳。於是門生、養徒、故吏、鄉黨刊石勒銘，樹碑表道焉。」兩漢遷拜次第，史既不能詳載，而石刻類皆摩滅難考，今此碑所載詳悉，故盡著之。所謂南郡胡公者，廣也；太傅下邳趙公者，峻也。案定，漢史無傳，惟風俗通、元和姓纂具載姓名、官爵云。

漢故民吴公碑

右漢吴公碑，其額題「漢故民吴公之碑」。碑云「熹平元年十二月上旬，吴公仲山」，其他刻畫完好如新，文辭頗拙陋，書亦怪而不工。然漢時石刻存者漸少，而此碑特完，故録之以資博覽。

漢司隸校尉魯峻碑

右漢司隸校尉魯峻碑，云：「君諱峻，字仲嚴。」酈道元注水經引戴延之西征記曰〔三八〕：「焦氏山北金鄉山〔三九〕，有漢司隸校尉魯恭冢。冢前有石祠，四壁皆青石隱起。自書契以來，忠臣、孝子、貞婦，孔子及七十二弟子形像，像邊皆刻石記之。」今墓與石室尚存，惟此碑爲人輦置任城縣學矣。余嘗得石室所刻畫像，與延之所記合。又其他地里書，如方輿志、寰宇記之類皆作「峻」〔四〇〕，惟水經誤轉寫爲「恭」爾。〔案〕顧氏藹吉云：「水經注所載乃石壁畫象，非此碑也。」

漢桂陽太守周府君頌

右漢桂陽太守周府君頌。歐陽公集古録云：「府君字君光，而名已譌闕不可辨。圖經但云『周府君』〔四一〕，而不著其名。後漢書又無傳，遂不知爲何人。」而曾子固言：「嘗得此碑於知韶州王之才〔四二〕。之才以書來言：『曲江縣圖經：周府君名昕，字君光。』則永叔云圖經不載其名者，蓋考之未詳也。」今此本雖譌闕，然究其點畫，殊不類「昕」字。二公所説既不同，而韶州圖經余家偶無有，皆未可知也，當考之。予後見市中印本歐陽公廬陵集別有一跋尾，云周君名憬〔四三〕。「憬」字頗近之。

漢周府君碑陰

右漢周府君碑陰，題名凡三十一人，姓氏具存。案酈道元注水經〔四四〕：「瀧水南逕曲江縣東。縣昔號曲紅。曲紅，山名也。」而東、西兩漢史皆作「曲江」。今據此碑，自縣長區祉而下凡十七人，皆書爲「曲紅」，則是當時縣名「曲紅」無可疑者，不知兩漢史皆作「曲江」何也？

漢石經遺字

右漢石經遺字者，藏洛陽及長安人家，蓋靈帝熹平四年所立，其字則蔡邕小字八分書也。其後屢經遷徙，故散落不存。今所有者，才數千字，皆土壤埋没之餘、摩滅而僅存者爾。案後漢書儒林傳叙云「爲古文、篆、隸三體」者，非也。蓋邕所書乃八分，而三體石經乃魏時所建也。又案靈帝紀言「詔諸儒正『五經』文字，刻石立于太學門外」，蔡邕傳乃云「奏求正定『六經』文字」，既已不同，而章懷太子注引洛陽記所載有尚書、周易、公羊傳、論語、禮記；今余所藏遺字有尚書、公羊傳、論語，又有詩、儀禮，然則當時所立又不止「六經」矣。洛陽記又云：「禮記碑上有諫議大夫馬日磾、議郎蔡邕等名。」今論語、公羊後亦有堂谿典、馬日磾等姓名尚在。據邕傳稱〔四五〕：「邕以經籍去聖久遠，文字多繆，俗儒穿鑿，疑誤後學，乃奏求正定，自書於碑。於是後儒晚學咸取正焉。」今石本既已摩滅，而歲久轉寫，日就譌舛，以世所傳經書本校此遺字，其不同者已數百言，又篇第亦時有小異，使完本具存，則其異同可勝數耶？然則豈不可惜也哉！而後世學者於去古數千百歲之後，盡絀前代諸儒之論，欲以己之私意悉通其說，難矣！余既録爲三卷，又取其文字不同者具列於卷末云。

漢堂谿典嵩高山石闕銘

右漢堂谿典嵩高山石闕銘，云：「中郎將堂谿典伯并，熹平四年來請雨嵩高廟。」案後漢書靈帝紀：「熹平五年，復崇高山名爲嵩高山。」章懷太子注引：「前漢書：『武帝祀中嶽，改嵩高爲崇高。』東觀記曰：『使中郎將堂谿典請雨，因上言改之，復爲嵩高。』」今此銘乃熹平四年，可以正漢史之誤。又蔡邕傳注引先賢行狀云「典字子度」，而延篤傳注又作「季度」，今此碑乃云「字伯并」，亦當以碑爲正。

漢帝堯碑

右漢帝堯碑，云：「帝堯者，昔世之聖王也。其先出自塊隗〔四六〕，翼火之精，有神龍首出於常羊。」又云：「名紀見乎河、雒，爰嗣八九，慶都與赤龍交而生伊堯。」又云：「侯伯〔四七〕，遊於玄河之上，龍龜負銜，投鈐授與〔四八〕，然後堯乃受命。」其說出於讖緯，可謂怪妄不經矣。堯之所以爲聖者，豈假此也哉〔四九〕！

漢蒼頡廟碑〔五〇〕

右漢蒼頡廟碑，文字殘闕，其略可辨者有云：「蒼頡，天生德於大聖，四目靈光，爲百王作憲〔五一〕。」而其銘曰：「穆穆聖蒼。」知其爲蒼頡碑也。考其歲月，蓋熹平六年立〔五二〕。

漢庌彰長斷碑〔五三〕

右漢庌彰長斷碑，在華陰，已斷裂，惟存下一段，故其姓名皆亡矣，所可見者有云：「先高祖時，以吏二千石自齊臨淄徙充關中。祖字興先，爲執金吾。弟颮，漁陽太守。」又云：「元初元年，遭家不造，三歲喪父，事母有柴、潁之行〔五四〕。初仕爲縣主簿、功曹、郡諸曹史、帳下司馬。劉君招命，署議曹掾，假除百石，遷補任尉，假印綬，守廣平、下曲陽令〔五五〕、厈彰長。熹平二年秋七月，寢疾不豫。」最後題「熹平六年十月九日辛酉造」。案史記及漢書本紀，高祖九年，徙齊、楚大族昭、屈、景、懷、田五姓關中，而其四姓皆楚人，自齊徙者惟田氏爾。然則此碑所謂高祖時自齊臨淄徙者，其人必姓田氏也。案第五氏亦云自齊徙關中〔五六〕，然本亦出於田氏也。厈彰，東、西漢史皆作「斥章」。

校證

〔一〕蒼頡　「蒼」，原作「倉」，據吕本改。説見卷一「校證」〔三〕。

〔二〕持節揚州諸軍事　後漢書本傳原作「持節督揚州諸郡軍事」。

〔三〕坐迫州縣正法　隸釋所載碑文作「坐迫州郡進兵正法」。

〔四〕奏緄會長沙賊復起攻桂陽武陵　據後漢書本傳，張敞所奏爲「緄將傳婢二人戎服自隨，又輒於江陵刻石紀功」，請下吏案理。趙氏引誤。

〔五〕漢史作瑨　見後漢書桓帝紀。

〔六〕太原太守劉瓆　「瓆」，原作「瑱」，隸釋所載碑文作「瓆」，後漢書或作「質」（見桓帝紀），或作「瓆」（見陳蕃傳）。據隸釋改。

〔七〕中官　隸釋所載碑文作「中臣」。

〔八〕魯相晨有兩碑　即萃編卷十三所載魯相史晨祀孔子奏銘與史晨饗孔廟後碑。

〔九〕奎婁　星宿名，一説奎、婁爲二宿，古代以爲魯國的分野。淮南子天文訓：「其星東壁、奎婁。」高誘注：「奎婁，一名降婁，魯之分野。」史記天官書：「奎曰封豕……婁爲聚衆。」張守節正義：「奎，十六星。婁三星，爲降婁，於辰在戌，魯之分野。」

〔一〇〕縣令　案隸釋原作「縣艸令」，實爲「縣竹令」三字，趙氏釋「縣」爲「縣」，釋「艸」爲「艸」，又將「艸」「令」兩字合爲「苓」字，大誤。據隸辨入屋所載，衡方碑、張公神碑及沈子琚碑「竹」皆作「卄」，亦易與「艸」字相混。

〔一一〕執法刺姦　據隸釋所載碑文，「刺姦」上當有「右」字。

〔一二〕隨宰　「宰」，宋本、呂本及集古録皆作「令」，然後漢書侯霸傳作「宰」。

〔一三〕霸薨追封則鄉侯至子昱改封於陵　侯霸薨於建武十三年。據水經注濟水云，侯昱封於陵侯在建武十五年。

〔一四〕碑以爲謚　何校云：「謚亦號也，與『謚曰聃』同。」參見卷十五「校證」〔四八〕。

〔一五〕其先蓋五行星二十八舍柳宿之精也　五行星，隸釋所載碑文「星」下爲「仲」字。洪适釋云：「碑以『星仲』爲『星中』。」又，二十八舍，其名出史記律書。即二十八宿。

〔一六〕感背人之凱風　「背」，各本原皆作「昔」，顧校云：「按此當依碑作『背』，見隸釋。」案晦木齋本隸釋卷八正作「背」，明萬曆本不解「背」字之義，擅改作「衛」，誤。金石存云：「背人，即邶人也。廣韻『邶』同『鄁』，紂畿内地名。碑以『鄁』作『邶』。」又三家詩異文疏證補遺云：「『背』即『邶』，『邶』亦作『鄁』，見釋文及漢書師古注（地理志下）。此併省去『邑』旁。」毛詩凱風正在邶風内，因據顧校改。

〔一七〕以蓼莪爲蓼儀　蓼莪爲毛詩小雅篇名，「莪」字漢碑或作「儀」，如梁相孔耽神祠碑云：「惟蓼儀以愴悢。」平都相蔣君碑云：「感慕詩人，蓼蓼者儀。」或作「義」，如司隸校尉魯峻碑云：「悲蓼義之不報。」案莪、儀、義三字上古音近，聲類皆屬疑母，韻亦同部（段玉裁六書音均表皆歸第十七部，王力詩經韻讀皆歸歌部），故得相通借。

〔一八〕沛相名統震長子富波侯相牧之子也　案隸釋卷十二所載太尉楊震碑云：「長子牧，富波侯相……牧子統，金城太守、沛相。」

〔一九〕印紱　「紱」，原作「綬」，據隸釋所載碑文改。

〔二〇〕羔羊在公　詩經召南羔羊：「羔羊之皮，素絲五紽。退食自公，委蛇委蛇。」其詩序云：「召南之國，化文王之政，在位皆節儉正直，德如羔羊也。」

〔二一〕武都太守李翕碑　「碑」，隸釋作「西狹頌」。

〔二二〕緣崖俾閣　「俾」，通「比」，漢隸拾遺云：「俾，與『比』同，言閣相比次也。小雅漸漸之石篇『俾滂沱矣』，論衡明雩篇作『比滂沱矣』；大雅皇矣篇『克順克比』，樂記作『克順克俾』。是

『比』、『俾』古通用。」

〔二三〕隧　通「墜」。曾鞏金石録跋尾引此正作「墜」。

〔二四〕鐉燒破析　漢隸拾遺云：「鐉，與『鐫』同，謂燒鑿山石而破析之也。」

〔二五〕磪嵬　「磪」，原作「崔」，據隸釋所載碑文改。「磪」與「崔」通。

〔二六〕穆如清風　「清」，原作「春」，隸釋所載碑文作「清」，吕本亦作「清」，據改。

〔二七〕漢博陵太守孔彪碑　集古録名爲後漢孔君碑。

〔二八〕碑彪作虒字　説見卷一「校證」〔二七〕。

〔二九〕漢成陽靈臺碑　集古録名爲後漢堯母碑。

〔三〇〕劉昭東漢地里志　案東漢地里志即後漢書郡國志，本爲司馬彪所著續漢書，劉昭爲之作注，并將其中志抽出，與范曄後漢書合成一書，故此處不應署劉昭之名。

〔三一〕東漢志　據以下引文，此當爲後漢書祭祀志。

〔三二〕巡狩　「狩」，原作「守」，後漢書祭祀志中作「狩」，吕本同，據改。

〔三三〕靈臺文母　「文」，今本後漢書章帝紀李賢注引作「大」。

〔三四〕水經注　以下引文見水經注卷二十四瓠子河。

〔三五〕未知孰是　關於二家之方位，衆説紛紜，傳聞異辭，難以考定。兹再舉二説：吕氏春秋安死云：「堯葬於穀林。」高誘注：「成陽山下有穀林。」水經注瓠子河引帝王世紀曰：「堯葬濟陰成陽西北四十里，是爲穀林。」酈道元於下文又云：「堯陵在城南九里……東南六里，堯母慶都冢……考地驗狀，咸爲疎僻，蓋聞疑、書疑耳。」據此，則成陽二冢之方位，在北魏時已難以究詰矣。

〔三六〕符節令　「符」上原有「遷」字，據顧校删。

〔三七〕策　宋本作「筴請」。

〔三八〕酈道元注水經引戴延之西征記　案引文見水經注卷八濟水。

〔三九〕焦氏山北金鄉山　案水經注濟水云：「焦氏山東，即金鄉山也。」與西征記異。

〔四〇〕寰宇記　「記」，原作「志」，宋本、吕本作「記」，據改。

〔四一〕周府君　「府」，宋本及集古録作「使」。

〔四二〕王之才　案曾鞏金石録跋尾作「王之材」。

〔四三〕云周君名憬　案隸釋所載碑文云：「諱憬，字君光。」

〔四四〕酈道元注水經　案引文見水經注卷三十八溱水。

〔四五〕據邕傳稱　「稱」字原無，據吕本補。

〔四六〕塊隗　「隗」，原作「隗」，據隸釋所載碑文改。塊隗，即炎帝神農氏，潛夫論五德志、史記五帝本紀張守節正義引帝王世紀皆作「魁隗」，路史後紀炎帝紀下作「魁傀」。

〔四七〕侯伯　隸釋所載碑文作「諛自侯伯」。爾雅釋言云：「諛，起也。」「諛自侯伯」，謂堯起于侯伯。趙氏節引不成文。

〔四八〕授與　「授」，原作「受」，據隸釋所載碑文改。

〔四九〕豈假此也哉　宋本「也」作「而已」，顧校「也」亦改「而已」。

〔五〇〕蒼頡　「蒼」，原作「倉」，據呂本改，下同。說見卷一「校證」〔三〕。

〔五一〕憲　萃編卷十所載碑文作「書」。

〔五二〕蓋熹平六年立　案此碑當建於熹平五年正月，説見卷一「校證」〔三〕。

〔五三〕庠彰　「庠」，三長物齋本作「厈」，前、後漢書皆作「斥」，説見卷一「校證」〔三〕。

〔五四〕事母有柴潁之行　柴，孔子之弟子高柴，字子羔，一作子皋。禮記檀弓上云：「高子皋之執親之喪也，泣血三年，未嘗見齒。」潁，潁考叔，春秋時鄭人，曾進見莊公，公賜之食，考叔舍肉以饋其母，見左傳隱公元年。柴、潁二人皆以孝行著稱於世。

〔五五〕下曲陽令　「下」，隸續所載碑文作「夏」，此處通用。案後漢書郡國志二鉅鹿郡有任、廣平、下曲陽、斥章四縣，趙氏或據此改「夏」爲「下」。

〔五六〕第五氏亦云自齊徙關中　案後漢書第五倫傳云：「其先齊諸田，諸田徙園陵者多，故以次第爲氏。」則此庠彰長未必姓田氏。又此碑謂其「祖字興先」，後漢書第五種傳亦云：「種字興先。」兩人之字恰相合。然此碑言庠彰長「元初元年，遭家不造，三歲喪父」，其出生當在永初六年，而第五種於永壽、延熹間猶任兖州刺史（見後漢書第五種傳及楊秉傳），是時庠彰長已年近五十，種若爲其祖，則年歲至少應在八十以上，揆之情理似不可能。

金石録卷第十七

跋尾七

漢

漢禹廟碑
漢冀州從事郭君碑
漢逢童子碑〔一〕
漢逢童子碑陰
漢三公碑
漢殽阬君神祠碑
漢殽阬君神祠碑陰
漢無極山碑
漢揚州刺史敬使君碑〔二〕
漢稾長蔡湛頌
漢蔡湛碑陰
漢安平相孫根碑
漢凉州刺史魏君碑
漢碭孔君神祠碑

漢梁相費汎碑

右漢梁相費汎碑〔三〕，在湖州。其額題「漢故梁相費君之碑」。碑云：「梁相諱汎，字仲慮，此邦之人也。其先季文爲魯大夫〔四〕，有功封費，因㚰爲姓〔五〕。〔案〕碑「季文」乃「季友」之訛。㚰，別本作「以」，非。秦、項兵起，避地於此，遂留家焉。」予家所收姓氏文字麤備，以諸書參考，頗多柢梧不合。姓苑云：「費氏，禹後。漢有長房，蜀志有丞相禕〔六〕。」又云：「今琅邪亦有此姓，音父位反。」李利涉編古命氏云：「費氏出自魯桓公少子季友，有勳於社稷，賜汶陽之田，封邑於費〔七〕，子孫氏焉。漢有費將軍〔八〕，其後有費忠、費柔。柔適蜀爲寧，蜀人忠之；孫徙於荆州，後遷江夏。忠十代孫奕。奕孫禕又家於蜀。晉平蜀，禕之子承復歸江夏。」林寶元和姓纂云：「費氏，亦音祕。史記紂幸臣費中，夏禹之後。楚有無極。漢有直。蜀有禕。晉有詩。」又云：「琅邪費氏，直之後也。」陳湘姓林云：「費氏，音蜚。夏禹之後。」余嘗考之，此字有兩姓，音讀不同，源流亦異：其一音蜚，嬴姓，出於伯翳。史記所載費昌、費中，楚費無極，漢費將軍、費直、費長房，蜀費禕之徒，是其後也。其一音祕，姬姓，出於魯季友。姓苑所載琅邪費氏，而此碑所謂梁相費君，是其後也。然則姓苑、姓纂、姓林皆云夏禹之後，姓纂又云「亦音祕」，及謂琅邪費氏爲直之後，皆其差誤；而編古命氏以費將軍、費禕之徒出於魯季友，亦非也。余又案春秋僖公賜季友汶陽之田及費〔九〕，而左傳亦以謂季友有功於魯，受費以爲上卿〔一〇〕，今以爲季文有功封費者，蓋碑之誤。

漢堂邑令費君碑

右漢堂邑令費君碑，云：「惟熹平六年無射之月〔一一〕，堂邑令費君寢疾卒，嗚呼哀哉！於是夫人元弟卜胤追而誄之。」其後有銘詩。碑所述費君事，不甚詳悉，而其名字、世次、官秩具載於碑陰，今附於後。

漢費君碑陰

右漢費君碑陰，云：「君諱鳳，字伯簫，梁相之元子，九江太守之長兄也。世德襲爵，銀艾相亞〔一二〕。」又云：「君踐郡右職〔一三〕，三貢獻計。漢安二年，吴郡太守東海郭君以君有委蛇之節，自公之操〔一四〕，年三十一，舉孝廉，拜郎中，除陳國新平長，遂宰堂邑。」其後爲五字韻語，詞頗古雅，而時時殘闕，不可次序。其前題「君舅家中孫甘陵石勛字子才所述」云。〔案〕何氏焯云：「勛，葉本作『勖』，蓋『勗』字爾。隸釋作『勛』，亦誤。」顧氏藹吉云：「疑是

『勩』字之異。」

漢太尉陳球碑

右漢太尉陳球碑。球有兩碑，皆在下邳，其一已殘闕，此碑差完可。考前代碑碣，與史傳多抵梧，而球碑所載官閥、事迹與傳合。東漢之末，政在閹寺，威福下移，其勢蓋可畏也；而一時衆君子猶奮不顧身，力排其姦，雖遭屠戮而不悔，志雖不就，然亦可謂壯哉，如球是已。使當時士大夫能屈己以事之，則富貴可長保矣，然君子固未肯以彼而易此也。

漢華嶽碑

右漢華嶽碑。集古録云：「碑以周禮『職方氏』爲『識方氏』者〔一五〕，疑當時周禮之學自如此。蓋『識』、『誌』其義通也〔一六〕。」余案袁逢華嶽碑亦引「職方氏」〔一七〕，乃用「職」字。蓋漢人簡質，字相近者，輒假借用之，初無意義爾。

漢太尉郭禧碑

右漢太尉郭禧碑，文字殘闕，所存才百許字，其可見者，「公諱禧，字君房」而已。禧，郭躬從孫也，其事迹附見躬列傳，云：「少明習家業，兼好儒學，有名譽。延熹中，爲廷尉。建寧二年，代劉寵爲太尉。」而靈帝紀亦云：「是年十一月，禧爲太尉。」章懷太子注云：「字公房，扶溝人也。」郭氏世爲陽翟人，自躬以下皆葬陽翟，其墓尚存。今此碑闕處猶有「陳留扶溝」字，疑禧嘗寓居是邑，其卒也，返葬故郡〔一〕，而漢書注遂以爲扶溝人，恐誤。

漢郭禧碑陰

右漢郭禧碑陰，其首有四大字，云「故吏人名」；其下列故吏密張立度成、匽師張協子通、雒陽李蒼子考、故民河南陰德紀信以下凡百餘人。又有右河南、右河内郡、右弘農郡、右扶風郡，字畫完好者甚多，筆法淳古可愛。

漢郭禧後碑

右漢郭禧後碑，殘闕尤甚，其略可辨者，云：「惟光和二年夏五月甲寅，太中大夫〔一九〕、故太尉郭公薨。」又云：「公之胤子，故五原太守。」餘不復成文，而其額題「漢故太尉郭公神道」，字畫尚完云。後漢書列傳既不載禧所終，而靈帝紀但云「建寧三年夏四月，太尉郭禧罷」，亦不言其爲何官。今以碑考之，乃知其罷爲太中大夫，而卒於光和二年也。五原太守名鴻，後爲司隸校尉，封成安鄉侯。

漢樊毅西嶽碑〔二〇〕

右漢樊毅西嶽廟碑，云：「弘農太守河南樊君，諱毅。」歐陽文忠公集古録云：「據此碑，乃即時所立，而太守生稱諱者，何哉？」案春秋左氏傳〔二一〕：「周人以諱事神，名終將諱之。」而禮：「卒哭乃諱。」〔二二〕鄭氏以謂「敬鬼神之名也。諱，避也，生者不相避名。衛侯名惡，大夫有石惡，君臣同名，春秋不非。」又漢宣帝元康二年詔曰〔二三〕：「聞古天子之名，難知而易諱也。今上書觸諱以犯罪者，朕甚憐之，其更諱詢。諸觸諱在令前者，赦之。」蓋卒哭而諱其名，實始於周；而生死皆稱諱，西漢已如此矣。然則生曰「名」，死曰

「諱」，又出於近世也，有以見後世忌諱愈密如此。然生而稱諱，見於石刻者甚衆，不獨此碑也。

漢禹廟碑

右漢禹廟碑，云：「光和二年十二月丙子朔。十九日甲午，皮氏長南陽章陵劉尋孝嗣、丞安定烏氏樊璋元孫。」其後叙禹平水土之功，而最後有銘，文多殘闕，不能盡識。碑在龍門禹廟。

漢冀州從事郭君碑

右漢郭君碑，名字已殘闕。其額題曰「冀州從事郭君之碑」，碑云：「其先出高辛，興自於周。闕一字。蕃虞、郭〔二四〕，在河、魏之閒，遭晉荒彊〔二五〕，乃喪厥土。奕世孳孳，職思其勳。子孫纓布，家於樂土，因國爲氏。」又云：「歷郡諸曹掾史、主簿、督郵、五官掾、功曹。」又云：「光和二年終，三年十月葬。」又云：「哀哀考妣，追惟賣靈。卜商號咷，喪子失明〔二六〕。」據此，乃父母生而稱考妣也。爾雅云：「父爲考，母爲妣。」〔二七〕郭璞注引禮記：「生曰父、母、妻，死曰考、妣、嬪。今世學者從之。」而璞援據諸書，以爲「非生死之異稱，猶今謂兄爲𦙃，妹爲媦」爾。今此碑漢人所爲，已不用戴氏之説，以此知璞爲有據。然禮經行於世久，既有此論，事親者所當避也。

漢逢童子碑

右漢逢童子碑，刻畫完好，云：「童子諱盛，字伯彌，薄令之玄孫，遂成君之曾孫，安平君之孫，五官掾之長子也。」又云：「年十有二，歲在協給〔二八〕，五月乙巳，噓噏不反〔二九〕，夭隕精晃。於是門生東武孫理、下密王升等〔案〕謝本「升」作「舟」。共刊石叙述才美，以銘不朽焉。」其後題「光和四年四月五日丁卯立」。碑舊在濰州昌邑縣，近歲移置郡中云。

漢逢童子碑陰

右漢逢童子碑陰，題云「右家門生」，「右縣中士大夫」，凡十三人，有督郵殖敏賓、殖后升、司文叔盛姓字。案「殖」與「司文」，姓氏書皆不載，今誌於此。

漢三公碑

右漢三公碑。歐陽公集古録有北嶽碑，云：「文字殘闕尤甚，其可見者，曰『光和四年』，以此知爲漢碑爾。其文多言珪幣牲酒、黍稷豐穰等事，其後二人姓名偶可見，云：『南陽冠軍馮巡，字季祖；甘陵夏方，字伯陽。』」余嘗託人於北嶽訪求前代刻石幾盡，獨無漢碑，今此碑所書事及二人姓名，與集古所載皆同。又光和四年立，惟其額題曰「三公之碑」，而集古以爲北嶽碑，豈歐陽公未嘗見其額乎？三公者，山名，其事亦載於白石神君與無極山碑。三山皆在真定元氏云。

漢殽阬君神祠碑

右漢殽阬君神祠碑。歐陽公集古録云：「殽阬君祠，今謂之五部神廟，其像有石隄西戍、樹谷、五樓先生、東臺御史、王翦將軍，莫曉其義。」今此碑有云：「石隄、樹谷，南通商雒。」又云：「前世通利，吏民興貴，有御史大夫、將軍、牧伯，故爲立祠，以報其功。」乃知石隄、樹谷、御史、將軍之號，自漢以來有之，流俗相傳，其所從來遠矣。而水經〔三〇〕：「鄭縣城南山北有五部神廟，廟前有碑，光和四年鄭縣令河東裴畢字君先立。」又知五部神自齊、魏間已有此號矣。裴君，水經以爲名畢，而集古録云「名暈」，今詳其點畫，頗近「畢」字，疑集古録誤。

漢殽阬君神祠碑陰

右漢殽阬君神祠碑陰，縣吏及鄉人題名，其完好可識者二百餘人，摩滅者又百餘人。小字淳勁可喜。歐陽公集古録所未嘗有也。

漢無極山碑

右漢無極山碑。案顔之推家訓曰〔三一〕：「詩云：『有渰萋萋，興雲祁祁。』〔三二〕毛傳云：『渰，陰雲貌。萋萋，雲行貌。祁祁，徐也。』箋云：『古者陰陽和，風雨時，其來祁祁然，不暴疾也。』案『渰』已是陰雲，何勞復云『興雲祁祁』邪？『雲』當爲『雨』，俗寫誤爾。班固靈臺詩云：『習習祥風，祁祁甘雨。』此其證也。」據此，則本作「雲」字，之推改爲「雨」耳。而陸德明經典釋文亦云：「本作『興雲』，非也。」蓋德明據顔氏説改之，故後來本皆作「雨」。今此碑銘文有云：「興雲祁祁，雨我公田，遂及我私。」乃知漢以前本皆作「興雲」，顔氏説初無所據〔三三〕，特私意耳。〔案〕漢書食貨志作「興雲祁祁」，與韓詩外傳及吕氏春秋務本篇所引皆同，唯後漢左雄傳作「興雨」。李善注班固靈臺詩引毛詩曰：「興雨祁祁。」然則作「興雲」者，韓詩也；「興雨」者，毛詩也，固不可謂其無據〔三四〕。又「祁祁」，今詩作「祈祈」，舊本并不爾，當是誤刻。

漢揚州刺史敬使君碑〔三五〕

右漢敬使君碑，在河東平陽。其額題云「漢揚州刺史敬君之銘」。碑已殘闕，其名字皆亡，略可辨者：「嘗辟司隸從事，又爲治書侍御史〔三六〕。」最後云：「年五十三，光和四年閏月，遭疾而卒。」其他不復可考。案姓苑載風俗通有敬歆，漢末爲揚州刺史。元和姓纂亦云：「歆，平陽人。」而後周書敬珍傳、唐書宰相世系表「歆」皆作「韶」，余後得後魏敬曦造像碑亦作「韶」，乃知姓苑、姓纂之謬。又集古録此碑凡再出，其一題敬仲碑，云「名字已摩滅，獨首有『敬仲』字，故寓其名耳，疑其人姓田也」；其一題無名碑，所載事皆同，蓋歐陽公未嘗見其額爾。

漢稾長蔡湛頌

右漢稾長蔡湛頌，云：「君諱湛，字子德，河内脩武人也。」又云：「舉孝廉，辭讓，應司徒府辟〔三七〕，除廣川長，復辟太尉。熹平四年六月，詔書。」其下斷闕，似是叙述還稾長及在官政績。又云：「三年，遷高邑令。吏民追思，於是故吏栗尹等相與合會，立碑起頌，刊斯石焉。」其後有銘。最後題「光和四年十二月，詔書遷并州刺史」〔三八〕。其大略如此。其他文字殘闕，不可考矣。

漢蔡湛碑陰

右漢蔡湛碑陰，載出錢人名，有故吏、賤民、議民、故三老、故處士、義民。其稱故吏、義民之類，他漢碑多有之，惟議民、賤民獨見於此碑，然莫詳其義。

漢安平相孫根碑

右漢安平相孫根碑，云：「府君諱根，字元石，司空公之伯子，樂安太守之兄子，漢陽太守、侍御史之兄，乘氏令之考。厥先出自有殷玄商之系子〔三九〕，湯之苗。」又云：「聖武定周，封干之墓〔四〇〕。胤裔分析，避地匿軌，姓曰孫焉。」又云：「遷鄆長、雍奴令，換元氏、考城令、諫議大夫，拜議郎、謁者，遷荊州刺史，徵拜議郎，遷安平相。年七十有一，光和四年十二月乙巳卒。」碑在今高密縣。所謂司空公者，桓帝紀：「永壽三年，太常孫朗爲司空〔四一〕。」注云：「朗字代平，北海人〔四二〕。」漢三公名亦云：「朗，北海高密人。」予嘗觀漢時碑碣載其家世，皆止書官爵，蓋爲子孫作銘，不欲名其父、祖爾。此最爲得體，然非當代顯人，則遂莫知其爲何人也。又案姓苑、姓纂諸書皆云：「孫氏，周文王子衛康叔之後，衛武公子耳〔三〕，爲衛上卿，因氏焉。」今此碑乃云：「出於商比干之後」，蓋古人或因賜姓命氏，或以官，或以謚，或以封，或以居，或以王父字爲氏，故姓氏雖同而源流或異，書傳闕漏不載者，多矣！

漢涼州刺史魏君碑

右漢涼州刺史魏君碑，文字殘闕，族系、名字皆不可考，其粗可見者：「察孝廉，除郎中、尚書、侍郎、右丞，卒於光和四年。」而其額題「涼州刺史魏君碑」云。〔案〕隸釋云：「碑有其字，曰『元丕』。」

漢碭孔君神祠碑

右漢碭孔君神祠碑，其前題「漢故行梁相事碭孔君之神祠」。文詞字畫皆古怪而不工，又時有難曉處，然刻畫甚完。孔君者，名耽，字伯本。

校證

〔一〕逢童子　「子」字原無，據三長物齋本補。下同，不再一一出校。

〔二〕敬使君　「使」字原無，據三長物齋本補。

〔三〕漢梁相　宋本無此三字。

〔四〕季文　「文」，隸釋原作「彣」。案字當作「友」，左傳閔公二年云：公子成季生時，「有文在其手曰『友』」，因名季友。

〔五〕衹　隸釋云：「衹，即『氏』字。」隸辨上紙云：「碑蓋借『衹』爲『氏』，非即『氏』字也。」案古有以封邑命氏者，此言季友封於費，其子孫即以費爲氏，後又以氏爲姓。宋本、吕本「衹」作「以」，是，疑趙氏誤釋碑文所致。

〔六〕蜀志有丞相褘　「褘」，原作「禕」，吕本及三國志蜀書費褘傳皆作「褘」，據改。下同，不再一一出校。

〔七〕賜汶陽之田封邑於費　事見左傳僖公元年：「公賜季友汶陽之田及費。」

〔八〕漢有費將軍　案史記高祖本紀韓信之將有費將軍，張守節正義云：「費將軍，費侯陳賀也。」是「費」不爲其姓。

〔九〕春秋　案所記之事見於左傳僖公元年，非春秋。

〔一〇〕季友有功於魯受費以爲上卿　案此語見於左傳昭公三十二年。

〔一一〕無射之月　案禮記月令云：「季秋之月……律中無射。」是無射之月爲夏曆九月。

〔一二〕銀艾相亞　銀艾，官印。後漢書張奂傳云：「吾前後仕進，十要(腰)銀艾。」李賢注：「銀印緑綬也，以艾草染之，故曰艾也。」亞，次第，見説文亞部引賈逵説。銀艾相亞，謂世代相承爲官。

〔一三〕右職　漢時以右爲尊，「右職」，指高職。

〔一四〕有委蛇之節自公之操　語本詩經召南羔羊：「退食自公，委蛇委蛇。」詩序云：「召南之國，化文王之政，在位皆節儉正直。」此借詩以頌費君之節操。

〔一五〕碑以周禮職方氏爲識方氏　此碑隸釋名爲樊毅脩華嶽碑，字正作「識」。案周禮夏官職方氏孫詒讓正義引此碑後云：「『職』、『識』聲類同，疑漢經師或有讀『職』爲『識』者，義亦得通也。」

〔一六〕蓋識誌其義通也　「誌」，原作「志」，據集古録改。案此句與上文之意不合，似應作「蓋『職』、『識』其義通也」。

〔一七〕袁逢華嶽碑　案此碑隸釋名爲西嶽華山廟碑。

〔一八〕故郡　「郡」，原作「鄉」。案隸釋所載金石録此碑跋尾作「郡」，據改。

〔一九〕太中大夫　「太」，原作「大」，據吕本、三長物齋本改。下「太尉」、「太守」字皆同。

〔二〇〕漢樊毅西嶽碑　案此碑集古録作樊毅脩華嶽碑，二者皆誤。隸辨云：「額題云西嶽華山亭碑……歐、趙皆未見碑額，故莫辨也。」隸釋正作西嶽華山亭碑。

〔二一〕春秋左氏傳　以下引文見左傳桓公六年。

〔二二〕禮卒哭乃諱　此引文及鄭氏注，均見禮記檀弓上。

〔二三〕漢宣帝元康二年詔　見漢書宣帝紀。

〔二四〕虞郭　「郭」，通「虢」，即春秋時之虢國。姓觿卷十：「姓源云：『周文王季弟虢叔，或謂之郭公，因氏。』公羊傳云：『虢謂之郭，聲之訛也。』」是碑以郭氏得姓於春秋之虢國。

〔二五〕荒彊　荒，大。彊，同「强」。荒彊，即强大之意。

〔二六〕卜商號咷喪子失明　卜商，孔子之弟子子夏。禮記檀弓上云：「子夏喪其子而喪其明。」爲此語所本。

〔二七〕爾雅云父爲考母爲妣　此引文見爾雅釋親。

〔二八〕歲在協給　「給」，原作「洽」，據隸釋所載碑文改。「協給」即「協洽」，亦作「汁洽」、「叶洽」，古代太歲年名。爾雅釋天云：「太歲……在未曰協洽。」據下文「光和四年」之説可以推定，逢盛卒於光和二年（己未）。

〔二九〕噓噏　「噏」，原作「吸」，據隸釋所載碑文改。「噏」同「吸」。

〔三〇〕水經　當作水經注。以下引文見該書卷十九渭水。

〔三一〕顔之推家訓　以下論述見顔氏家訓書證。王利器集解引段玉裁、盧文昭、臧琳及顧炎武諸家之説，論定顔説爲無據，可參閲。

〔三二〕有渰萋萋興雲祁祁　語出詩經小雅大田。

〔三三〕初無所據　「所」字原無，呂本及隸釋所載金石録此碑跋尾皆有「所」字，據補。

〔三四〕作興雲者韓詩也興雨者毛詩也固不可謂其無據　案詩經小雅大田阮元校勘記云：「考此經本作『興雲』，顔氏家訓始以爲當作『興雨』，釋文、正義、唐石經皆從其説也。段玉裁云：『説文：淒，雨雲起也。渰，雨雲貌。雨雲謂欲雨之雲。凡大雨之來，黑雲起而風生，風生而雲行，所謂有渰淒淒也。已而風定，白雲彌天，雨隨之下，所謂興雲祁祁，雨公及私也。作興雨，於物理、經訓皆失之。』詩經小學説同。又吕氏春秋、食貨志、隸釋無極山碑、韓詩外傳皆作『興雲』，見經義雜記。又鹽鐵論（水旱篇）、後漢書左雄傳作『興雨』，當亦是後人以顔説改之耳。」

〔三五〕敬使君　「使」字原無，據吕本、三長物齋本補。

〔三六〕治書侍御史　「侍」字原無，據隸釋所載金石録此碑「跋尾」補。

〔三七〕應司徒府辟　「辟」字各本原無，文意未完。案後漢書孔昱傳云：「昱少習家學，大將軍梁冀辟，不應。」又符融傳云：「州郡禮請，舉孝廉，公府連辟，皆不應。」脱「辟」則「應」字無着落，因補。

〔三八〕還　各本皆同，隸釋所載碑文作「拜」。

〔三九〕玄商　詩經商頌玄鳥云：「天命玄鳥，降而生商。」毛傳云：「春分玄鳥降，湯之先祖有娀氏女簡狄配高辛氏帝，帝率與之祈于郊禖而生契。」此即以玄商稱商之先祖契。

〔四〇〕封干之墓　「干」，原作「比干」，據隸釋所載碑文改。干即比干，此處因以四字成句而省。

〔四一〕太常孫朗爲司空　今本後漢書桓帝紀「孫朗」上有「北海」二字。

〔四二〕北海人　今本後漢書注無此三字。

〔四三〕衛武公子耳　案姓纂卷四云：「周文王第八子衛康叔之後，至武公生惠孫，惠孫生耳。」又姓觿卷二云：「至武公子惠孫，爲衛上卿。」是衛武公之子非耳，趙氏引誤。

金石録卷第十八

跋尾八

漢

漢成陽令唐君頌
漢唐君碑陰
漢白石神君碑
漢幽州刺史朱龜碑
漢朱龜碑陰
漢都鄉正街彈碑
漢太尉劉寬碑
漢劉寬碑陰
漢尉氏令鄭君碑

漢趙相劉衡碑

漢陳君碑

漢陳仲弓碑

漢陳仲弓碑陰

漢陳仲弓壇碑

漢圉令趙君碑

漢周公禮殿記

漢巴郡太守樊君碑

漢綏民校尉熊君碑

漢宗資墓天禄辟邪字

漢司空宗俱碑

漢馮使君墓闕銘

漢高陽令楊君碑陰

漢浚儀令衡立碑

漢光禄勳劉曜碑

漢成陽令唐君頌

右漢成陽令唐君頌，云：「君諱扶，字正南。」字畫尚完，而歐陽公集古録乃云「其名殘缺」，何哉？碑額題「漢故成陽令唐君之頌」。在今濮州雷澤縣，古成陽也。

漢唐君碑陰

右漢唐君碑陰，載出錢造碑人，有故從事、故督郵、故吏、處士、門生、門童等姓名。案唐君碑云：「處士閭葵斑等刻石樹頌。」〔一〕而碑陰又有「故吏閭葵巴、處士閭葵楚」。閭葵姓不見於前史，而姓苑、姓纂之類亦皆不載，蓋前代氏族，或因改易，或浸微不顯〔二〕，遂泯没而無傳者甚衆。今世所有姓氏書，類多簡略不完，惟時時見於石刻者，余每記之，以禆姓氏書之闕云。

漢白石神君碑

右漢白石神君碑，其略云：「白石神君者，居九山之數〔三〕，參三條之一〔四〕，兼將軍之號，秉斧鉞之威，體連封龍〔五〕，氣通北嶽，幽讚天地，長育萬物；觸石而起，膚寸而合〔六〕，不終朝日，而澍雨沾洽。前後國縣〔七〕，屢有祈請，指日刻期，應時有驗，猶自挹損，不求禮秩。縣界有六名山〔八〕，三公、封龍、靈山先得法食去〔九〕。光和四年，三公守民蓋高等始爲無極山詣太常求法食。相、縣以白石神君道德灼然〔一〇〕，乃具載本末上書〔一一〕，求依無極爲比〔一二〕。〔案〕「上書」，別本作「上尚書」。即見聽許〔一三〕，于是遂開拓舊兆，改立殿堂。」其餘首尾尚皆完好可讀，文多不備載。其曰「居九山之數，參三條之一」，莫曉爲何語也。〔案〕此不過崇飾之詞耳。「九山」、「三條」，見尚書注疏。

漢幽州刺史朱龜碑

右漢幽州刺史朱龜碑，在今亳州。酈道元注水經云〔一四〕：「過水東逕朱龜墓北〔一五〕，東南流冢南，枕道有碑，題云『漢故幽州刺史朱君之碑』。龜字伯靈，光和六年卒官。」今以碑考之，與道元所載皆合。歐陽公集古録云：「龜之事跡，不見史傳，獨見于此碑爾。」余案後漢書西南夷傳：「熹平五年，諸夷反叛，執蜀郡太守雍陟。遣御史中丞朱龜討之，不能克。太尉掾李顒建策討伐，乃以顒爲益州太守，發板楯蠻擊破平之。」常璩華陽國志亦載其事〔一六〕，與史同。惟史與華陽國志皆言「龜不能克」，而碑云「蠻夷授手乞降」〔一七〕，二説不同，疑碑所書非實録也。

漢朱龜碑陰

右漢朱龜碑陰，文字殘缺。初，余讀酈道元注水經云：「朱龜碑陰，故吏姓名多上谷、代郡人〔一八〕。」知此碑有陰，因託人就亳社模得之，附於碑後。

漢都鄉正街彈碑〔一九〕

右漢都鄉正街彈碑，在汝州界故昆陽城中。文字摩滅，不可考究。其歲月略可見，蓋中平二年正月。而其額題「都鄉正街彈碑」，莫知其爲何碑也。〔案〕「街彈」之義，見周禮里宰注。

漢太尉劉寬碑

右漢太尉劉寬碑。寬有兩碑，皆在洛陽上東門外官道傍。此碑據藝文類聚乃桓麟撰〔二〇〕，後碑不知何人所爲，然字體則同也。

漢劉寬碑陰

右漢劉寬碑陰。寬兩碑皆有陰，此後碑陰也。唐咸亨中，碑仆於野，其裔孫周王記室參軍爽〔二〕，字元爽，重爲建立。寬以中平二年卒，據靈帝紀，以光和七年十二月改元中平，以曆推之，是歲甲子，至明年當爲乙丑，而爽書爲甲子，誤矣。

漢尉氏令鄭君碑

右漢尉氏令鄭君碑，云：「君字季宣，聘君之孫。」而其名已殘缺。其他字畫，時有可識處，皆斷續不成文理，略可見者：「年五十有七，卒于中平二年。」而碑陰題尉氏故吏、處士人名，知其爲尉氏令爾。

漢趙相劉衡碑

右漢趙相劉衡碑，云：「君諱衡，字元宰，濟南東平陵人也。厥先尚矣！聖漢龍興。」其下殘缺。又云：「爰啓冀土，遷於岱陰。自康侯以來，奕世丕承。」又云：「勃海王〔三〕，帝之冢弟，不遵憲典。君以特選爲郎中令。以兄琅邪相亡〔三〕，即日輕舉。州察茂材，除脩令〔二四〕，遷張掖屬國都尉。以病，徵拜議郎，遷遼東屬國都尉〔二五〕，不行。拜趙相，在位三歲，拜議郎。年五十有三，以中平四年二月戊午卒，其四月己酉葬。」其餘文字完好者尚多。案後漢書，勃海王名悝，桓帝弟也。衡墓與碑，在今齊州歷城縣界中古平陵城傍〔二六〕。余嘗親至墓下觀此碑，因模得之。墓前有石獸，製作甚工云。

漢陳君碑

右漢陳君碑，文字殘缺不完，其略可識者，云：「君諱度，字妙高，陳國相人。」〔案〕隸續云：「本是柘人。陳國有柘縣，趙氏誤認『柘』作『相』。」又云：「武王克商，封先代之後，以元女大姬配胡公。至厲公，生公子完，奔齊。」其後斷續不復成文，而最後題「中平四年九月二十日己丑立」云。

漢陳仲弓碑

右漢陳仲弓碑，其額題云：「漢文範先生陳仲弓之碑。」碑文字已漫滅。蔡邕字畫見于今者絶少，故雖漫滅之餘，尤爲可惜。以校集本不同者已數字，惜其不完也。案邕集仲弓三碑，皆邕撰，其一碑云「中平三年秋八月丙子卒」，而三碑皆云「春秋八十有三」。後漢書仲弓傳以爲「中平四年，年八十四，卒于家」者，疑傳誤。

漢陳仲弓碑陰

右陳仲弓碑陰，故吏姓名多已刓缺。蔡邕小字八分，惟此與石經遺字爾。石經字畫謹嚴，而此碑陰尤放逸可愛。

漢陳仲弓壇碑

右漢陳仲弓壇碑，其額題「故太丘長潁川陳君壇」。其他文字摩滅，不可盡識。案蔡邕集有仲弓三碑，以集本校之，此碑非邕撰者，然字畫亦奇偉，惜其殘缺不完也。

漢圉令趙君碑

右漢圉令趙君碑，其額題「漢故圉令趙君之碑」，而最後題「初平元年十二月二十八日立」。碑已譌缺，名、字皆不可考，所可見者，有云：「郡仍署五官掾、功曹，州辟從事。司徒楊公辟，遷圉令。播德二城，風曜穆清。被疾去官，年六十有八，以中平五年冬十一月卒。」後有銘詩，特完好，其辭云：「天實高，惟聖同。戲我君，羡其縱。體弘仁，蹈中庸。所臨歷，有休功。追景行，亦難雙。刊金石，示萬邦。」其辭頗爾雅，故録之。

漢周公禮殿記

右漢周公禮殿記者。今成都府學有漢時所建舊屋，柱皆正方，上狹下闊，此記在柱上刻之，靈帝初平五年立〔二七〕，距今蓋千年矣，而字畫完好可讀。當時石刻在者，往往摩滅〔二八〕，此記託於屋楹，乃與金石争壽，亦異矣！記有云：「甲午年，故府梓潼文君增造吏舍二百餘間。」案華陽國志有文參，字子奇，梓潼人，平帝用爲益州太守。不從王莽、公孫述，光武嘉之。疑此記所載，即其人也。蓋光武建武十年歲次甲午云。

漢巴郡太守樊君碑

右漢巴郡太守樊君碑，云：「君諱敏，字升達〔二九〕。肇祖宓戲〔三〇〕，遺苗后稷。爲堯種樹，舍潛於岐。〔案〕舍，别本作「含」。天顧亶甫〔三一〕，乃萌昌、發〔三二〕。周室衰微，霸伯匡弼〔三三〕。〔案〕伯，隸釋作「佐」。晉爲韓、魏〔三四〕，魯分爲楊〔三五〕。充曜封邑，厥土河東。楚漢之際，或居于楚，或集于梁。君纘其緒，華南西畺。」又云：「總角好學，治嚴氏經。貫穿道度〔三六〕，無文不覩。於是國君備禮招請，濯冕題冠〔三七〕，傑立忠蹇。有夷、史之直〔三八〕，卓、密之風〔三九〕。鄉黨見歸，察孝，除郎、永昌長史，遷宕渠令〔四〇〕，大將軍辟。光和之末，京師擾攘，雄狐綏綏〔四一〕，冠履同囊。投核長驅，〔案〕「投核」二字從葉本，即「投劾」也。謝本作「投械」，汪本作「板屋」，并非。畢志枕丘〔四二〕。國復重察，辭病不就。再奉朝聘，七辟外臺，常爲治中、諸部從事。」又云：「季世不祥，米巫𣧑瘧〔四三〕。〔案〕舊本並作「虐」，從碑文。姦狡並起，諂附者衆。〔案〕葉本「諂」作「陷」。君執一心，賴無污恥。復辟司徒，道隔不往。牧伯劉公〔四四〕，表授巴郡。以助義都尉養疾閭里，又行褒義校尉。年八十有四，歲在汁洽〔四五〕，紀驗期臻〔四六〕，奄忽藏形〔四七〕。」其後有銘。最後題「建安十年二月上旬造」。〔案〕目録作「三月」，金石文字記亦作「三月」。他漢碑類多刓缺，而此碑獨首尾完好，故載其大略於此。所謂「米巫𣧑瘧」者〔四八〕，謂張角也。〔案〕何氏焯云：「此謂張魯爾。」

漢綏民校尉熊君碑

右漢熊君碑，其名、字皆殘缺。〔案〕集古録云：「名喬。」隸釋云：「此碑叙先世祖之下云：『君喬，字漢舉。』『喬』上闕一字，必『父』也。」歐陽説非是。其額題「漢故綏民校尉、騎都尉，桂陽、曲紅、灌陽長熊君之碑」。初，予得桂陽太守周君碑陰，據水經注以爲曲江漢時本名曲紅〔四九〕，今此碑及額亦皆作「紅」，乃知酈道元爲有據也。

漢宗資墓天禄辟邪字

右漢天禄辟邪字，在南陽宗資墓前石獸膊上。歐陽公集古録：「案黨錮傳云：『資祖均，自有傳。』見章懷太子注。今後漢書有宋均傳，云『南陽安衆人』，而無宗均傳，疑黨錮傳轉寫『宋』爲『宗』爾。蜀志有宗預，南陽安衆人，豈安衆當漢時有宗、宋二族，而字與音皆相近，遂致訛謬邪？」此説非是。余案後漢書均族子意傳云：「意孫俱〔五〇〕，靈帝時爲司空。」而靈帝紀建寧四年書：「太常宗俱爲司空。」注云：「俱字伯儷，南陽安衆人。」熹平二年書：「司空宗俱薨。」又姓苑載南陽安衆宗氏云：「後漢五官中郎將伯，伯子司隸校尉、河内太守均，均族兄遼東太守京，京子司隸校尉意，意孫司空俱。」元和姓纂所書亦同。則均姓爲宗，無可疑者。當章懷太子爲注及林寶撰姓纂時，尚未差謬，至後來始轉寫爲「宋」爾。余既援據詳審，遂于家藏後漢書均列傳用此説改定云。

漢司空宗俱碑

右漢司空宗俱碑，云：「公諱俱，字伯儷，南陽安衆人也。」而其額題「漢故司空宗公之碑」。案後漢書宋均傳：「均族子意，意孫俱，靈帝時爲司空。」余嘗得宗資墓前石獸膊上刻字，因以後漢帝紀及姓苑、姓纂等諸書參考，以謂自均而下，其姓皆當作「宗」，而列傳轉寫爲「宋」，誤也。後得此碑，益知前言之不謬。碑已殘缺，不成文理，而官秩、姓名、鄉里特完好可考。故詳著之。

漢馮使君墓闕銘

右漢馮使君墓闕銘，云：「故尚書侍郎、河南京令，豫州、幽州刺史馮使君神道。」案後漢書馮緄傳：「緄父煥，安帝時爲幽州刺史。」而緄碑亦云：「幽州君之元子。」此字在宕渠緄墓前雙石闕上，知其爲煥也。

漢高陽令楊君碑陰

右漢高陽令楊君碑陰。歐陽公集古録云：「余家集録得楊震墓域中漢碑四：震及沛相、繁陽、高陽令碑，并得碑陰題名。然得時參錯，不知爲何碑之陰也。」集古所有，余盡得之，又各以碑陰附于碑後，其曰「懷陵圉令蔣禧字武仲」者，沛相碑陰也；其曰「故吏、故民、故功曹史、故門下佐」者，繁陽令碑陰也；其曰「右後公門生、右沛君門生」者，高陽令碑陰也。

漢浚儀令衡立碑

右漢浚儀令衡立碑，云：「君諱立，字元節，其先出自伊尹。」而其銘曰：「於穆從事。」歐陽公集古録號爲元節碑，且云：「疑其姓伊而爲從事也。」今碑首尚完，題云「浚儀令衡君之碑」。蓋漢時石刻，其官爵、姓氏既載于額，則其下不復更著；苟文已殘缺，又不見其額，則遂難考究矣。立與衛尉卿衡方墓，皆在今鄆州中都。方碑亦云：「其先伊尹，號稱『阿衡』，因以氏焉。」

漢光禄勳劉曜碑

右漢光禄勳劉曜碑。集古録云：「君諱曜，字季尼，年七十三。其餘爵里、官閥、卒葬歲月皆不可見。」今此碑雖殘闕，然尚有可考處，蓋孝文之裔，又嘗爲太官令、郎中、居延都尉、大宗正、衛尉，遂爲光禄勳〔五〕。至于卒葬年月，則斷續不可考矣。

校證

〔一〕閭葵斑 「斑」，原作「班」，據隸釋所載碑文改。

〔二〕浸　宋本、吕本作「寖」，古字通，漸也。

〔三〕居九山之數　案隸釋卷三三公山碑云：「天有九部，地有八極……州有九山。」淮南子地形訓云：「天地之間，九州八極，土有九山……何謂九山？會稽、泰山、王屋、首山、太華、岐山、太行、羊腸、孟門。」此碑謂白石山「體連封龍，氣通北嶽（恒山）」，則是太行山之支麓；太行爲九山之一，故云「居九山之數」。

〔四〕參三條之一　「一」，隸釋與萃編所載碑文皆作「壹」，字同。案尚書禹貢云：「導岍及岐，至于荆山，逾于河；壺口、雷首，至于太岳；底柱、析城，至于王屋；太行、恒山，至于碣石，入于海。」「導」，史記夏本紀引作「道」。道，治也。條，指山脈分布之系列。關於夏禹治理九州山脈，漢儒有「三條」之説。史記司馬貞索隱云：「馬融以汧（岍）爲北條，西傾爲中條，嶓冢爲南條。」則禹貢所載自岍至於碣石諸山，均爲北條山脈。太行即在北條之中，故云「參三條之一」。

〔五〕封龍　山名，在今河北獲鹿縣南，與元氏縣相接。

〔六〕觸石而起膚寸而合　案公羊傳僖公三十一年云：「觸石而出，膚寸而合，不崇朝而徧雨乎天下。」爲此語所本。

〔七〕前後國縣　「前」上原有「自」字，隸釋與萃編所載碑文無，據删。

〔八〕縣界有六名山　案金石遺文録謂縣止有三公、封龍、靈山、無極、白石五山，其一山無考。

〔九〕三公封龍靈山先得法食去　法食，由官府出錢置辦祠具及食品，四時致祭，以供神享用。

案隸釋卷三無極山碑載常山相馮巡、元氏令王翊曾派人詣太常，爲無極山神索法食，其文云：「縣界有名山，其三公、封龍、靈山皆得瀌（法）食，每長吏祈福，吏民禱告，如言有驗。乞合無極山比三公、封龍、靈山。」

〔一〇〕相縣　指常山相馮巡、元氏縣令王翊。

〔一一〕上書　案宋本及隸釋所載碑文，「書」上有「尚」字。

〔一二〕求依無極爲比　「爲比」二字，趙氏引脱，文意不完，據隸釋所載碑文補。

〔一三〕見　原作「蒙」，據隸釋與萃編所載碑文改。

〔一四〕酈道元注水經　案以下引文見水經注卷二十三陰溝水。

〔一五〕過水　「過」，原作「渦」。漢書地理志下之「渦水」，北魏時已改作「過水」，水經注正作「渦」，趙氏引誤，現改正。

〔一六〕華陽國志亦載其事　見華陽國志卷四南中志。

〔一七〕授手　「手」，原作「首」，據隸釋所載碑文改。

〔一八〕故吏姓名多上谷代郡人　案水經注作「故吏姓名悉薊、涿及上谷、北平等人」。

〔一九〕都鄉正街彈　「街」，隸釋作「衛」。洪适釋云：「水經魯陽縣有南陽都鄉正衛爲碑（見卷三十一滍水），平氏縣有南陽都鄉正衛彈勸碑（見卷二十九比水），此則其一也，趙氏誤認『衛』爲『街』，遂云莫曉其爲何碑。」案周禮地官里宰云：「里宰掌比其邑之衆寡……以歲時合耦于耡，以治稼穡，趨其耕耨，行其秩叙（序），以待有司之政令。」鄭玄注云：「耡者，里宰治處也，若今街彈之室，於此合耦，使相佐助。」賈公彦疏云：「漢時在街置室，檢彈一里之民。」逸周書大聚云：「合閭立教，以威爲長；合旅同親，以敬爲長。飲食相約，興彈相庸。」盧文弨校注引趙云：「功作則互相勸，是興；游墮則互相糾，是彈。」漢酸棗令劉熊碑云：「愍念烝民，勞苦不均，爲作正彈，造設門更。富者不獨逸樂，貧者□順四時，積和感暘，歲爲豐穰。」隸辨云：「設都鄉正街彈之室，立此碑以爲民約。」又云：「所云『正彈』，即『都鄉正街彈』也。水經注以爲『衛爲』，亦以爲『衛彈』，此傳寫之譌，何可爲據？當從金石録作『街彈』，而乃云『莫知其爲何碑』者，蓋未考周禮之注耳。」

〔二〇〕此碑據藝文類聚乃桓驎撰　見藝文類聚卷四十六。

〔二一〕周王記室參軍　據新唐書高祖諸子傳載，周王元方，太宗貞觀三年薨，無子，國除。則高宗咸亨中，劉爽無由爲其記室參軍。此處當有誤。

〔二二〕勃海王「勃」，原作「敎」，據隸釋所載碑文改。下同，不再一一出校。

〔二三〕亡　原作「憂」，據隸釋所載碑文改。

〔二四〕脩　原作「修」，誤。據後漢書郡國志二，勃海郡有脩縣，本爲脩（條）侯周亞夫封邑，隸釋所引金石録此碑「跋尾」正作「脩」，據改。案隸釋所載碑文作「蓨」，隸辨平蕭引同。舊謂隋時始改「脩」爲「蓨」，據碑所書可知其不確。「蓨」與「脩」同，皆音「條」。

〔二五〕遼東屬國　「遼東」，原作「東」，並於「東」字下以小字注曰「缺一字」。宋本則注曰「東上闕一字」。據隸釋所載碑文改。

〔二六〕古平陵城　此平陵原爲春秋齊邑。東漢時因右扶風别有平陵縣（今陝西咸陽市秦都區），故名此縣爲東平陵。

〔二七〕靈帝初平五年　案「初平」爲獻帝年號，顧校云：「當作獻帝。」此記集古録名爲後漢文翁石柱記，云：「顔有意益州學館廟堂記……謂獻帝無初平五年，當是興平元年。蓋時天下喪亂，西蜀僻遠，年號不通，故仍稱舊號也。今檢范曄漢書本紀，初平五年正月改爲興平，顔説是也。」

〔二八〕往往摩滅　此句上原有「已」字，據吕本及隸釋所引金石録此記「跋尾」删。

〔二九〕升達　「升」，原作「昇」，據隸釋所載碑文改。

〔三〇〕宓戲　即伏犧。亦稱伏羲、庖犧、虙羲。

〔三一〕亶甫　即古公亶父，周文王之祖，事見史記周本紀。甫，通「父」。

〔三二〕昌發　即周文王姬昌與周武王姬發。

〔三三〕霸伯匡弼　「伯」，何校云：「隸釋作『佐』。」案「伯」與「霸」古字同，似以作「佐」義長。然明萬曆本、洪氏晦木齋本隸釋均作「伯」，未知何氏所據爲何本。

〔三四〕晉爲韓魏　「晉」，原作「晳」，吕本、三長物齋本及隸釋所引金石録此碑「跋尾」皆作「晉」，據改。

〔三五〕魯分爲楊　楊，通「陽」，指陽虎，春秋末年魯季氏家臣而專國之政。左傳定公七年云：「齊人歸鄆、陽關，陽虎居之以爲政。」「魯分爲楊」殆指此。又陽虎，鹽鐵論地廣稱其爲楊子，是古「陽」、「楊」相通之證。

〔三六〕貫穿道度　「穿」，隸釋所載碑文作「究」，隸辨去宥亦作「究」，釋爲「究」。趙氏作「穿」，非。

〔三七〕濯冕題冠　「冠」，隸釋所載碑文作「罰」，當爲「剛」字，洪适釋「題剛」爲「題綱」。隸辨平唐云：「題，署也。濯冕題剛者，濯冕招仕，題其爲剛也。碑所載敏之歷官，皆以剛用事。故下云：『傑立忠謇，有夷、史之直。』又云：『彈饕糾貪，務鉏民穢。』又云：『案罪殺人，不顧倡儷（猖獗）。』銘辭云：『正色立朝，能無撓廎（傾）。』隸釋以『題剛』爲『題綱』，非是。」

〔三八〕夷史　夷，伯夷，事見史記本傳。史，史魚。論語衛靈公云：「子曰：『直哉史魚！邦有道，如矢；邦無道，如矢。』」

〔三九〕卓密　卓，卓茂；密，杜密。後漢書均有傳。

〔四〇〕宕渠　「宕」，原作「蕩」，據隸釋所載碑文改。

〔四一〕雄狐綏綏　語出詩經齊風南山。據詩序，此詩爲刺齊襄公荒淫亂倫之作。隸釋云：「『京師擾攘，雄狐綏綏』，謂中官用事也。」

〔四二〕枕丘　屈原九章哀郢云：「鳥飛反故鄉兮，狐死必首丘。」枕丘，即「首丘」之意，謂終老於家鄉。

〔四三〕米巫　靈帝時，張角、張脩、張魯等先後起兵反漢。張角創爲「五斗米道」。張脩爲人療病，愈者雇以米五斗，號爲「五斗米師」，張魯與脩將兵掩殺漢中太守蘇固。事見後漢書靈帝紀注及劉焉傳。「米巫」即指此。

〔四四〕牧伯劉公　據隸釋所載碑文，此句下又有「欽重二世」之語。洪适釋云：「二劉，謂焉與璋也。」案璋爲焉子，其事附見劉焉傳中。

〔四五〕歲在汁洽　歲，太歲。汁洽，同「協洽」。爾雅釋天云：「太歲……在未曰協洽。」隸釋云：「歲在汁洽，蓋獻帝建安八年癸未歲也。」

〔四六〕紀驗期臻　「紀驗」，同「記驗」。白虎通義壽命云：「命有三科以記驗：有壽命以保度，有遭命以遇暴，有隨命以應行。」紀驗期臻，謂命終之期已至。

〔四七〕藏形　「藏」，宋本及隸釋所載碑文作「臧」，古通用。

〔四八〕殈瘧，原作「凶虐」，據隸釋所載碑文改。

〔四九〕水經注以爲曲江漢時本名曲紅　見水經注卷三十八溱水。

〔五〇〕意孫俱　案李賢注引漢官儀曰：「俱字伯儷也。」

〔五一〕遂爲光禄勳　案隸釋所載碑文，劉曜此外曾任謁者、朱爵司馬、議郎、河内太守、長水校尉等官，趙氏失書。

金石録卷第十九

跋尾九

漢

漢司空殘碑

漢益州太守楊宗墓闕銘

漢益州刺史薛君巴郡太守劉君碑

漢巴郡太守張君碑

漢南陽太守秦君碑額

漢河南尹蘇府君碑額

漢禹廟碑

漢禹廟碑陰

漢司空掾陳君碑額

漢武氏石室畫像

戚伯著碑

四皓神位刻石

相府小史夏堪碑

郭先生碑

漢張侯殘碑

右漢張侯殘碑。張侯者，子房也。碑已斷裂摩滅，不可次叙，獨其額尚完，題「漢故張侯之碑」。在今彭城古留城子房廟中。驗其字畫，蓋東漢時所立。樂史寰宇記：「陳留縣有張良墓。」引城冢記云：「張良封陳留侯，食邑小黄一萬户。漢爲良築城，因名張良城。今陳留有子房廟，廟貌甚盛。」余案西漢書地里志注〔一〕：「留屬陳，故稱陳留。宋亦有留，彭城留是也。」子房傳曰：「始臣起下邳，與上會留，臣願封留足矣。」下邳與彭城相近，而此碑乃漢人所立，寔在彭城〔二〕；然則子房所封，非陳留明矣。城冢記誕妄，蓋不足信也。

漢荆州從事苑鎮碑

右漢苑鎮碑，其略云：「漢故荆州從事苑君，諱鎮，字仲弓，南陽人也。其先出自苑柏何，爲晉樂正，世掌朝禮之制。」〔案〕別本無「禮之」二字。又云：「有苑子園，寔能掌陰陽之理〔三〕，君即其胄也。」案姓氏書皆云：「苑氏出於左傳所載齊大夫苑何忌之後。」〔四〕今此碑所謂苑柏何與子園，左傳、國語皆無其人，故録之以俟知者。

漢趙相雒府君碑

右漢趙相雒府君碑，其前歷叙家世、官爵，而所述雒君事甚略，云：「趙國相名勸〔五〕，孝廉、成皋令、趙國相。」又云：「在官五載，莅政清平，有甘棠之化〔六〕。年四十五，卒于官。故吏民漢中太守邯鄲某等其名殘缺。慕戀恩德，刊石稱頌焉。」又有闕銘，題「漢故趙國相雒府君之闕」云。

漢逢府君墓石柱篆文

右漢逢府君墓石柱篆文，云：「漢故博士、趙傅逢府君神道。」唐李利涉編古命氏：「北海逢氏有名絲字子繡者，爲漢趙王傅；其孫萌，不仕王莽。蓋前漢時人。」今逢君北海人，又爲趙傅，疑其是也；而濰州圖經北海縣有逢汾墓，云：「汾好學，以德義聞。徵爲博士、趙王傅。卒，門人執衰經者數百。葬於寒亭南四里。」今此篆文既不載其名，皆莫可考，然圖經所載逢君事，首尾甚詳，不知何以知其名汾，必別有所據。又疑絲與汾兩人，前後皆嘗爲趙王傅，未可知也。故并載之，以俟知者。

漢永樂少府賈君闕銘

右漢永樂少府賈君闕銘。案漢書，桓帝母孝崇匽皇后居永樂宫。和平元年，詔置太僕、少府，如長樂故事。其後，靈帝母孝仁董皇后亦居是宫。歐陽公集古録引章懷太子注云：「漢官儀：『長樂少府，以宦者爲之。』則賈君蓋亦宦者也。」余以漢史及石刻考之，當時三公如陳球、劉寬皆嘗爲此官，非獨一人。蓋自西漢以來，太后、皇后官屬如大長秋之類，皆參用士人。然則漢官儀以爲止用宦者爲之，蓋其闕漏；而集古録遂以賈君爲宦者，亦未必然也。

漢酸棗令劉熊碑

右漢劉熊碑，在酸棗縣，云：「君諱熊，字孟。」「孟」下缺一字〔七〕。案酈道元注水經：「酸棗城内，有漢縣令劉孟陽碑〔八〕。」今據碑，熊寔爲此縣令，然則所缺一字，當從水經爲「陽」也。碑又云：「君，光武皇帝之玄孫，廣陵王之孫，俞鄉侯之季子也。」案後漢書，光武子廣陵思王荆以讉死，顯宗封其子元壽爲廣陵侯，又封元壽弟三人皆爲鄉侯。而李利涉編古命氏、唐書宰相世系表皆云：「荆生俞鄉元侯平，平生彪，襲封。」今據熊當爲彪之弟。然則於光武乃其曾孫，而曰「玄孫」者，疑碑誤。

漢臨朐長仲君碑

右漢臨朐長仲君碑，文字摩滅，其麤可見者，云：「君諱雄。」又云：「歷郡五官掾、功曹史，辟從事，舉孝廉，除郎中，遷臨朐長。」而其額題「故臨朐長仲君碑」云。

漢蜀郡太守任君神道

右「漢蜀郡太守任君神道」九字，字畫壯偉，然不著名字、鄉里、歲月，莫詳其爲何人也。

漢蜀郡屬國都尉王君神道

右漢王君神道，在南陽，云：「漢故蜀郡屬國都尉王君神道封陌。」案酈道元注水經：「淯水南道側有二石樓，製作精妙，題曰〔九〕：『蜀郡太守姓王，字子雅〔一〇〕，〔案〕雅，謝本作「稚」，葉本作「雄」。南陽西鄂人。有三女，無男，而家累千金。父歿當葬，三女各出錢五伯萬〔一一〕。一女築墓，二女建樓。』」今此碑後有唐向城令張璿之撰孝女雙石樓記，所書與水經注合，惟水經誤以「都尉」爲「太守」爾。璿之記，天寶七載建，別録於後。

漢司空殘碑

右漢司空殘碑，政和乙未歲，得于洛陽天津橋之故基。首尾已不完，所存四十五字，字畫奇偉。其詞有云：「命爾司空：余回，爾輔〔三〕。」據此乃嘗爲三公，蓋當時顯人，惜其不見名氏也。碑陰有故吏題名百餘人，尤完好，筆法不減蔡邕石經云。

漢益州太守楊宗墓闕銘

右漢楊宗墓闕銘，在蜀中，凡十六大字，云「漢故益州太守楊府君諱宗字德仲墓闕」。汶陽李長茂爲蜀使者，罷歸，以此本見遺。長茂名公年，東州善士，以畫山水著稱者。

漢益州刺史薛君巴郡太守劉君碑

右漢薛君劉君碑，已斷裂不完，惟存上一段，而其額尚全，題「漢故益州刺史中山相薛君、巴郡太守宗正卿成平侯相劉君碑」。古無兩人共立一碑者，惟見于此爾。〔案〕隸續云：「碑有祭死者及薛、劉征討字，殆是紀述平寇之事，趙氏誤以爲墓刻，故云『古無兩人共立一碑者』。又額『成平侯』下本無『相』字，蓋王子侯也。」

漢巴郡太守張君碑

右漢巴郡太守張君碑，其前題「巴郡太守都亭侯張府君功德叙」，云：「君諱訥，〔案〕隸釋作「納」。字子朗〔三〕，勃海南皮人也。」又云：「炎漢龍興，留侯維幹，枝裔滋布，並極爵秩。」又云：「察孝廉，〔案〕葉本從隸釋，無「廉」字〔四〕。除郎中、尚書侍郎，遷甘陵、寃句令。親病去官。辟司空、司徒府，復辟太尉，舉高第，拜侍御史。揚州寇賊陸梁作難，五府表君中丞督捕。」又云：「丙子，璽書封都亭侯。」碑無卒葬年月。其後頗叙述政績，而繫以銘詩，蓋巴郡太守德政碑爾。案漢史，自安、順以來，揚州寇賊屢發，不知張君爲中丞督捕在何年也。

漢南陽太守秦君碑額

右漢南陽太守秦君碑額，文字已摩滅，惟其額十大字尚完好，故名字、歲月皆莫可考。案後漢書靈帝紀：「中平三年二月，江夏兵趙慈反，殺南陽太守秦頡。」或云此即頡碑也。然酈道元水經注載頡墓與碑皆在宜城，此碑乃在南陽，或是郡人所立德政頌爾〔一五〕，未知是否〔一六〕。〔案〕「未知是否」四字，葉本有，謝本無。字原云：「碑在陵陽府宣城縣故牆。」集古録以爲在南陽界中者，河南南陽與湖廣襄陽接境故也，此所疑非是。

漢河南尹蘇府君碑額

右漢蘇府君碑額，題「漢故河南尹蘇府君碑」，今宣州太守張叔夜嵇仲見寄〔一七〕，云：「在許州道傍，碑無文詞，惟此十字，其額爾。」案東漢時，蘇氏最顯者惟蘇章，嘗以河南尹徵，不就。其他無尹河南者，意其爲章碑也。然章扶風平陵人，而碑乃在許昌，未知是否〔一八〕。

漢禹廟碑

右漢禹廟碑，字畫淺細，故摩滅尤甚。其事跡〔一九〕、歲月皆不可考，略可見者云「皮氏長安定蘇」，而名字亦不能辨矣。

漢禹廟碑陰〔二〇〕

右漢禹廟碑陰，自候長汾陰趙遺子宣而下凡數十人〔二一〕，姓名、官爵具存，又有故督郵、曹史、縣功曹、鄉部吏柏昱等人名，最後有龍門復民三十五户人名。在今龍門禹廟殘碑之陰。而集古録云「在閿鄉楊震墓側」，又云「楊氏子孫，當時皆葬閿鄉，碑碣往往摩滅，此不知爲誰碑」者，蓋誤也。

漢司空掾陳君碑額

右漢司空掾陳君碑額。碑已殘缺不可辨，惟其首八大字尚完，字畫奇偉，在潁川陳太丘墓側。案後漢書太丘傳載二子紀、諶，紀爲大鴻臚，諶不著其爲何官。惟劉孝標注世説引海内先賢傳曰：「諶字季方，寔少子也。司空掾公車徵，不就，蚤卒〔三〕。」然則斯碑豈非陳諶碑乎？〔案〕隸續云：「此蔡中郎所作太丘第三碑也。碑中自有太丘姓名。後漢書陳寔傳：『父子並著高名，每宰府辟召，常同時旌命。』恐其父子皆嘗以司空掾召也。趙氏不能認碑，故誤指爲諶耳。」

漢武氏石室畫像

右漢武氏石室畫像五卷。武氏有數墓，皆在今濟州任城縣。墓前有石室，四壁刻古聖賢畫像，小字八分書題記姓名，往往爲贊於其上，文詞古雅，字畫遒勁可喜，故盡録之，以資博覽。

戚伯著碑

右戚伯著碑，首尾摩滅，其略可見者，有云：「充列王室，遇謗于吕，委位捐爾〔二三〕。」而其額題「周末嗣戚氏襲以興，勃海君玄孫伯著之碑〔二四〕」，知其姓戚。以文詞字畫驗之，疑東漢中葉以前人。蓋當時石刻見於今者多類此。所謂「充列王室，遇謗于吕」者，戚夫人也。

四皓神位刻石

右四皓神位神胙几刻石四〔二五〕，在惠帝陵傍，驗其字畫，蓋東漢時書。案顏師古匡謬正俗引圈稱陳留風俗傳自序云：「圈公之後。圈公爲秦博士，避地商山，漢祖聘之，不就。惠太子即位，以圈公爲司徒。自圈公至稱，十一世。案班固述四皓，但有園公，非圈公也，云『當秦之時，避地入商洛深山』〔二六〕，則不爲博士明矣。又漢初不置司徒，安得以圈公爲之乎？稱之説，實爲鄙野。」余嘗疑稱著書自述其世系，不應妄誕如此，及得四皓刻石，見其所書亦爲圈公，乃知稱所述果非臆説。蓋當時所傳如此爾。至謂圈公爲秦博士及惠帝時拜司徒者，疑無所據。

相府小史夏堪碑

右相府小史夏堪碑，云：「夏堪，字叔德，帝禹之精苗，零陵太守之根嗣也。」後有銘，銘三字，語頗古。其卒葬年月殘缺。字雖不工，然漢碑也。其曰「精苗」、「根嗣」，漢末人爲文喜造語，多類此。

郭先生碑

右郭先生碑，集古録以爲漢碑。案後魏酈道元注水經具載此碑，云：「碑無年號，不知何代人。」〔二七〕然則歐陽公何所據遂以爲漢人乎？余以字畫驗之，疑魏、晉時人所爲。既無歲月可考，姑附於漢碑之次云。〔案〕郭先生，名輔。隷釋云：「碑有兩『昭』字，晉人所諱，疑此是魏刻。」

校證

〔一〕地里志「里」，原作「理」，據吕本改。顧校云：「按此書『地理』皆作『里』，疑趙氏家諱『理』

字也。」

〔二〕寔　宋本作「乃」。

〔三〕掌　各本皆同，然隸釋所載碑文作「紀」。

〔四〕苑何忌　見左傳昭公二十年。

〔五〕趙國相　各本皆同，三長物齋本作「府君」。

〔六〕甘棠之化　詩經召南有甘棠詩，其序云：「美召伯（召公）也。」史記燕召公世家：「召公巡行鄉邑，有棠樹，决獄政事其下，自侯伯至庶人各得其所，無失職者。召公卒，而民人思召公之政，懷棠樹不敢伐……作甘棠之詩。」

〔七〕孟下缺一字　原爲小字夾注「下缺一字」。吕本作正文，爲「『孟』下缺一字」，隸釋所引金石録此碑「跋尾」作「『孟』下闕一字」，與以下文意相合，據吕本改。

〔八〕劉孟陽碑　見水經注卷八濟水。

〔九〕題曰　「曰」，宋本、吕本及水經注卷三十一淯水皆作「言」。

〔一〇〕子雅　水經注同，案語中作「稚」與「雄」者皆誤。

〔一一〕伯　宋本及水經注作「百」。

〔一二〕余回爾輔　顧校云：「『余回，爾輔』者，尚書之『予違，汝弼』。」其語見尚書益稷，孔傳云：「我違道，汝當以義輔正我。」案詩經大雅大明：「厥德不回。」毛傳云：「回，違也。」是「余回，爾輔」與「予違，汝弼」義同。

〔一三〕字子朗　「朗」，吕本及隸釋所載碑文作「郎」。

〔一四〕葉本從隸釋無廉字　隸釋有「廉」字。顧校云：「『廉』字乃不知者所增。」案漢代有唯以孝行或廉行察舉者。如漢巴郡太守樊君碑云：「察孝，除郎。」漢書張敞傳云：「察廉，爲甘泉倉長。」又武帝紀云：「初令郡國舉孝、廉各一人。」顔師古注曰：「孝，謂善事父母者；廉，謂清潔有廉隅者。」

〔一五〕或是郡人所立德政頌爾　案水經注卷二十八沔水云：「頡，鄀人也，以江夏都尉出爲南陽太守。逕宜城中，見一家東向，頡住車視之，曰：『此居處可作冢。』之後卒於南陽，喪還至昔住車處，車不肯進，故吏爲市此宅葬之。」趙説近是。

〔一六〕未知是否　宋本、吕本無此四字。

〔一七〕嵇仲　「嵇」，原作「稽」，吕本、三長物齋本皆作「嵇」，宋史本傳亦作「嵇」，據改。

〔一八〕未知是否　吕本「知」下有「果」字。

〔一九〕事跡　「事」，原作「字」，據吕本及隸釋所引金石録此碑「跋尾」改。

〔二〇〕漢禹廟碑陰　集古録名爲後漢碑陰題名。

〔二一〕候長　「候」，原作「侯」，據吕本及集古録改。案萃編卷十所載蒼頡廟碑左側官名有「夏陽候長」、「粟邑候長」、「衙祤候長」，字正作「候」，集古録後漢碑陰題名引同。

〔二二〕蚤卒　案世説新語德行篇劉注引海内先賢傳無此二字，後漢書陳寔傳云：「諶早終。」

〔二三〕委位捐爾　「爾」，原作「爵」。顧校云：「此當依碑作『爾』。『爾』者，『璽』字之省。」案隸釋所載碑文正作「爾」，據改。

〔二四〕勃海君　「勃」，原作「教」，據吕本改。

〔二五〕四皓神位神胙几　「几」，吕本、三長物齋本皆作「凡」，非。案隸釋所載此刻石名爲四老神坐神祚机，「几」與「机」古字通，則當以作「几」爲是。又「祚」與「胙」，揆其文義，似應作「胙」，然二字古亦通用。如爾雅釋天云：「夏曰復胙。」陸德明經典釋文所據本作「昨」，云：「又作『祚』，亦作『胙』，同。」趙氏或據文義徑改「祚」爲「胙」。

〔二六〕當秦之時避地入商洛深山　案此文見漢書王貢兩龔鮑傳序。「洛」，漢書作「雒」，古字通。

〔二七〕碑無年號不知何代人　見水經注卷二十八沔水。

金石録卷第二十

跋尾十

魏　吴　晉　僞漢　僞趙

魏大饗碑
唐重立大饗碑附
魏孔子廟碑
魏范式碑
魏太僕荀君碑
魏南郡太守卞統碑
晉南鄉太守司馬整碑頌〔一〕
晉南鄉郡建國碑
魏大長秋游君碑　晉咸寧中建。

游君碑陰

吴禪國山碑

吴天璽元年斷碑

晉右將軍鄭烈碑〔二〕

晉太公碑

晉雲南太守碑

晉護羌校尉彭祈碑

晉彭祈碑陰

晉光禄勳向凱碑

晉鴻臚成公重墓刻

僞漢司徒劉雄碑

鄧艾碑　與下兩碑皆一時，西晉立。

金鄉長薛君頌〔三〕

張平子碑

趙浮圖澄造釋伽像碑

趙橫山李君神碑

趙西門豹祠殿基記

晉樂毅論

學生題名

宋武帝檄譙縱文

魏大饗碑

右魏大饗碑。案魏志，文帝以建安二十五年嗣位爲丞相、魏王，改元延康。夏六月南征。秋七月甲午，軍次于譙，大饗六軍及譙父老。今以碑考之，乃八月辛未。蓋魏志誤也。是時丕爲丞相，漢獻帝猶在位，雖政去王室已久，然操之死纔數月爾。丕軍次舊里，初無念親之心，乃與群臣百姓置酒高會〔四〕，大設伎樂，而臣下又相與伐石勒辭，夸耀功德，更以夏啓、周成、漢高祖、光武爲比，豈不可笑也哉！

唐重立大饗碑附

右唐重立大饗碑。大中五年，亳州刺史李暨以舊文刓缺，再刻于石。舊碑既斷續不可盡識，而此本特完好，故附於其次，俾覽者詳焉。魏之事迹雖無足取，而其文詞工妙，亦不可廢也。

魏孔子廟碑

右魏孔子廟碑。案魏志，文帝以黄初二年正月下詔，以議郎孔羡爲宗聖侯，奉孔子之祀，及令魯郡脩起舊廟。今以碑考之，乃黄初元年。又詔語時時小異，亦當以碑爲正。

范式碑〔五〕

右范式碑。法書要録云「蔡邕書」。今以碑考之，乃魏青龍三年立，非邕書也。

魏太僕荀君碑〔六〕

右魏太僕荀君碑，其額題「魏故太僕、西陽亭成侯荀府君之碑」。碑已殘缺，其可見者：「嘗爲齊相、始平太守、大將軍長史，封西陽亭侯，遂爲太僕。春秋五十有一，正始五年夏六月丙寅薨。」惟其名字、鄉里摩滅不可考矣。

魏南郡太守卞統碑

右魏南郡太守卞統碑，在今曹州冤句縣〔七〕。所叙世次、官閥甚簡，又多殘缺，其略云：「君諱統，字建業。」又云：「惟帝念庸，命以南邦。」又云：「嘉平二年十一月己亥，寢疾卒官。」而其首題「魏故南郡太守卞府君之表」。案晉書卞壼傳〔八〕：「濟陰冤句人，祖統，琅邪内史。」而元和姓纂亦云：「統爲晉琅邪内史。」今此碑殘缺處猶有「琅邪」字〔九〕，知其嘗爲此官；而統以魏嘉平中卒，姓纂以爲仕晉者，誤也。

晉南鄉太守司馬整頌

右晉南鄉太守司馬整頌，云：「初仕魏，拜郎中、中郎、議郎、諫議大夫、騎都尉、給事中，轉拜治書侍御史。咸熙二年，出臨鄙郡，加宣威將軍。」又云：「謁者就郡，拜君世子。執節四讓，推與兄嗣，固辭懇誠。泰伯三美〔一〇〕，君又加焉。」又云：「泰始三年十一月，使者奉詔策命君南中郎將，牧統宛都〔一一〕。」案晉史，整事跡附見安平獻王孚傳後，云：「兄奕卒，以整爲世子，歷南中郎將，封清泉侯，早卒。」其餘官閥皆不載。據史言，兄奕卒，以整爲世子，而碑言推與兄嗣，二説不同，當以碑爲正。

晉南鄉郡建國碑

右晉南鄉郡建國碑，已斷裂不完，其額題「南鄉郡建國之碑」。其大略云：「嘉平五年，漢水滔溢，毀壞舊城。」又云：「正元二年城此。」其餘文字可識處，大略述遷郡事，而銘文有「與晉常存」之語，知其爲晉碑也。案晉書地里志：「建安十三年，魏武帝盡得荆州之地，分南陽縣西界立南鄉郡。及晉武平吴，太康中〔三〕，改南鄉爲順陽。」而不載遷郡事。此碑蓋太康以前立，故仍稱南鄉也。碑有云「河内司馬府君」者，整也。嘗守是郡，自有碑。此碑既無建立年月，因附於整碑之次焉。

大長秋游君碑

右大長秋游君碑，云：「君諱述，字庶祖。」案元和姓纂云：「魏河南尹游述，始居廣平。六代孫後魏尚書明根，生僕射肇。」今碑亦云「述，廣平人」，惟姓纂云「述爲河南尹」。以碑考之，蓋未嘗爲此官。又案後漢書百官志：「大長秋，承秦將行，宦者。景帝時更名大長秋，或用士人，中興常用宦者。」述嘗爲寃句長、尚書郎、左丞、元城令、治書侍御史，南安、北海、安平、東郡太守，符節令，遂爲大長秋，皆非宦者之職。然則魏制蓋亦參用士人矣。

游君碑陰

右游君碑陰。案王莽嘗下令禁二名〔一三〕，故當時士人皆以一字爲名，東漢時尚爾。今此碑陰所記凡二百五十三人，亦無一人二名者。碑，晉咸寧中建，距莽時二百年矣，而士大夫猶遵莽之令不變，何哉〔一四〕？

吴禪國山碑

右吴禪國山碑，其前叙孫皓即位以後郡國祥瑞，凡千餘言。其後云：「乃以涒灘之歲〔一五〕，欽若昊天〔一六〕，月正革元，郊天祭地，紀號天璽。」又云：「丞相沇、太尉璆、大司徒燮、大司空朝等以爲今衆瑞畢至，三表納貢，〔案〕三乃古「四」字。雲麓漫鈔作「四表」，葉本作「三」，誤失一筆爾。九垓八埏，罔不被澤，率案典繇，宜先行禪禮，紀勒天命，遂於吴興國山之陰，告祭刊石，以對揚乾命，廣報坤德。」案皓以丙申歲改元天璽，碑言「涒灘之歲」是也。皓淫虐無道，人神憤疾，而群臣方稱述符瑞，讚頌功德。蓋刻石後四年，遂爲晉所俘矣。

吴天璽元年斷碑〔一七〕

右吴天璽元年斷碑，其前云「上天帝言」，又云「帝曰大吴一萬方」〔一八〕，又云「天發神讖文，天璽元年七月己酉朔〔一九〕」，又云「天讖廣多不解〔二〇〕，解者十二字」。嗚呼，其言可謂妖矣！據吴志：「天璽元年秋八月，鄱陽言歷陽山石理成字〔二一〕，凡二十。明年改元，大赦，以協石文。」今此碑乃在金陵，驗其文，與吴志所載亦異，莫可考究。孫皓在位凡八改元，而六以符瑞，然竟不能保其國。蓋人事不脩，而假託神怪以矯誣天命，其不終宜矣！

晉右將軍鄭烈碑〔二二〕

右晉鄭烈碑，云：「君諱烈，字休林。」又云：「曾祖先生，皇祖徵君，顯考將作大匠，寔有茂德，載在國策。」烈，晉史無傳，以碑考之，嘗爲文帝參佐。武帝時，仕爲兖州刺史，封東莞男。以疾，徵拜議郎，卒於太康二年，追贈右軍將軍，謚曰僖侯云。〔案〕隸續云：「額題『晉故右軍將軍、平莞僖侯鄭府君之碑』。『平』字下一字額已損，而銘辭亦微缺，僅存『莞』字。趙氏以爲東莞則誤也。晉縣亦無『平莞』，非鄉名即亭名也。」

晉太公碑

右晉太公碑，其略云：太公望者，此縣人。大晉受命，四海一統。太康二年，縣之西偏，有盜發冢而得竹策之書。書藏之年，當秦坑儒之前八十六歲。今以晉書武帝紀考之，云：「咸寧五年，汲郡人不準掘魏襄王冢，得竹簡小篆古書十餘萬言，藏于祕府。」與此碑年月不同。碑當時所立，又荀勖校穆天子傳，其序亦云「太康二年」，與碑合，可以正晉史之誤〔二三〕。其曰「小篆書」，亦謬也〔二四〕。且其書既在秦坑儒八十六歲之前，是時安得有小篆乎？碑又云：「其周志曰：『文王夢天帝服玄禳〔二五〕，「禳」字，字書所無。以立于令狐之津。帝曰：「昌，賜汝望。」文王再拜稽首，太公于後亦再拜稽首。文王夢之之夜，太公夢之亦然。其後文王見太公而訆之曰〔二六〕：〔案〕訆，疑即「叫」字。葉本作「詢」。「而名爲望乎？」答曰：「惟〔二七〕，爲望。」〔案〕惟，疑即「唯」字，應辭也。文王曰：「吾如有所見於汝。」太公言其年月與其日，且盡道其言臣此以得見也。文王曰：「有之，有之。」遂與之歸，以爲卿士。』」而史記太公世家曰：「西伯將出獵，卜之云云。於是西伯獵，果遇太公於渭之陽，與語，大說，曰：『自吾太公，望子久矣。』故號之曰太公望，載與俱歸。」二說殊不合。而王逸注楚詞〔二八〕，亦載文王夢太公事，與碑所書略同。方逸爲注時，此書未出，逸必別有所據。碑又云：「其紀年曰：『康王六年，齊太公望卒。』」參考年數，蓋壽一百一十餘歲，而史記亦不載。案前世所傳汲冢諸書，獨有紀年、穆天子傳、師春等，不載所謂周志者，不知爲何書〔二九〕；而杜預左氏傳後叙云：「汲冢書凡七十五卷，皆藏祕府，預親見之。」以此知不特十餘萬言，史之所記蓋不能盡其亡逸，見于今者絶少也。太公碑，汲縣令盧無忌立，後題「太康十年三月」云。

晉雲南太守碑

右晉雲南太守碑，文字殘缺，其姓氏、名字、鄉里皆不可考，略可見者：「嘗爲尚書令史，察孝廉，除郎中，遷武陽令，從龍驤將軍王濬征討，遷雲南太守。年五十有七卒。」最後題「太熙元年三月上旬造」〔三〇〕。〔案〕葉本同。目録作「三月」。謝本、汪本作「正月」，書畫譜亦是「正月」。太熙，武帝年號也。

晉護羌校尉彭祈碑

右晉彭祈碑，云：「君諱祈，字子玄，隴西襄武人也。其先出自顓頊，有陸終之裔子大彭，實主夏盟〔三一〕。」則其後也。又云：「歴郡右職、州別駕從事，于時庸、蜀未殄，侵擾王略〔三二〕。洮西之戰，因敗運奇，元帥獲安，剋厭彊虜，列上功狀，除舍人，還參本軍事，除涼州護軍。河右未清，戎寇鼎沸，謀謨神略，簡在帝心，遷西郡太守。至官未久，復臨酒泉。遠夷望風，襁負歸命。白山丁令，率服賓貢。敦煌令狐豐拒違王度，淵泉之陳，兵不血刃。母老弟亡，辭職去官。聖上仁慈，聽君所求。轉略陽太守，近家祿養，〔案〕謝本作「洛陽」，非也。略陽與隴西相近。今定從葉本。遂罹大艱〔三三〕，侍喪還家，服紀終始。有詔以軍州始分，河右未清，豺狼肆虐，授君節蓋，除護羌校尉，統攝涼土。前後軍功，應封七侯，勞謙退讓，陰德不伐。年未知命〔三四〕，以太康十年三月癸酉薨。天子愍悼，遣使者監護喪事，策曰：『君秉心公亮，所任有方。不幸殞殁，朕甚痛惜。』故孝廉、參護羌軍事酒泉馬朔，故吏郎中綦母番〔三五〕，主簿郭曉，良吏夏侯俊等，追思洪烈，感想哀嗟，乃刊石勒銘焉。」西晉石刻見於今者絶少，又多殘缺，此碑文字完好可喜，乃録其終始事跡於此。

晉彭祈碑陰

右晉彭祈碑陰，題名者凡三百十二人，有故孝廉、計掾、計史〔三六〕、良吏、廉吏、計佐、主簿、領校録事、中部督郵、西部督郵、軍議從事、和戎從事、記室、督軍謀從事、録事史、户曹史、賊曹史、金曹史、田曹史、倉曹史、鎧曹史、兵曹史、客曹史、記室史、節史、車曹史、水部都督、中部都督、功曹典事、武猛從事、舍人、蜀渠都水行事、中部勸農、西部勸農、東都水〔三七〕、蜀渠平水〔三八〕、門下賊曹、門下議生、録事、金曹掾、兵曹掾、作部史、法曹史、參戰騎督、步督、散督、門下書佐、弓馬從事、監牧史、戟史、金曹典事、武猛史、門下通事、門下小史，凡一官多者十人，少者不減數人，其餘稱故吏、無官號者，百六十餘人。當時州郡官屬其濫如是。蓋自漢以來，太守皆自得署置僚佐，彭君爲邊郡守，故其所辟尤衆。今盡録其名號，以見一時之制焉。

晉光禄勳向凱碑

右晉向凱碑，云：「君諱凱，字士伯，河内山陽人也。」其後歷叙官閥甚詳。其最顯者，嘗爲中書侍郎、尚書吏部郎、給事黄門侍郎，賜爵關中侯，廣平太守、散騎常侍、遊擊將軍、北中郎軍司、兖州刺史、中郎將。後云：「累遷河南尹。春秋六十有八，元康九年四月甲子薨。追贈光禄勳。」據此，乃當世顯人，而晉史無傳，故其事跡莫得而考。蓋君子所賴以傳者，非爵位也，顧所立何如爾。自古老死丘壑，而名稱顯著者甚衆；雖在高位，而功烈不見于當時，聲跡無聞於後世者，亦豈可勝數哉！

晉鴻臚成公重墓刻

右晉成公重墓刻，云：「永寧二年四月辛巳朔。十五日乙未，守鴻臚、關中侯成公重魏夫人之靈柩。」。前世以永寧紀年者三：漢安帝、晉惠帝、僞趙石祇。案三國志：建安二十年〔三九〕，曹操始置關中侯十七級。安帝時猶未有此號，而石祇永寧無二年，然則重蓋惠帝時人也。晉史有成公簡、成公綏，皆東郡白馬人。

僞漢司徒劉雄碑

右僞漢劉雄碑，其額題「漢故使持節、侍中、太宰、司徒公、右部魏成獻王之碑」。碑云：「公諱雄，字元英，高皇帝之胄，孝宣帝玄孫。值王莽篡竊，遠遁邊朔，爲外國所推，遂號『單于』。累葉相承，家雲中，因以爲桑梓焉。」雄，劉元海弟也。晉書載紀：「元海本匈奴人，冒頓之後。漢高祖以宗女妻冒頓，約爲兄弟，故其子孫遂冒姓劉氏。」今此碑直云出自宣帝，豈元海初起，假此以惑衆乎？碑後題「嘉平五年，歲在乙亥，二月六日建」。案宋莒公紀年通譜：「劉聰以晉懷帝永嘉四年即僞位，改元光興。明年改元嘉平。」嘉平四年改元，則嘉平豈復更有五年〔四〇〕？蓋載紀初不編年，故于改元歲月難考。

此碑當時所立，不應差謬，乃通譜誤也。

鄧艾碑 與下兩碑皆西晉時立。

右鄧艾碑，其額題「魏使持節、征西將軍、方城侯鄧公之碑」。碑無建立年月，以詞考之，蓋晉初立。案魏、晉史其名皆爲艾，而碑作「乂」〔四一〕。古「艾」又通爲「俊乂」、「𦬊乂」、「乂安」之字。〔案〕謝本作「古文乂」，別本作「古艾乂」，皆非是。此謂「艾」古通爲「俊艾」、「𦬊艾」、「艾安」之字耳，今改正。疑艾名其音如此，而今人讀如「蕭艾」之字，恐非是。又案艾平蜀，即軍中拜太尉，而碑但題爲「征西將軍」者，疑尋被禍，未嘗受命。而艾始封方城侯，後改封鄧侯，碑尚云「方城侯」，何哉？

金鄉長薛君頌

右薛君頌，在今濟州金鄉縣。其額題「故金鄉長汝南薛君之頌。」云：「君諱詣〔四二〕，〔案〕葉本「詣」作「言」，書畫譜作「頌」，疑誤。字公謀。」其他文字皆完好，驗其詞，蓋縣長德政頌爾。雖無建立年月，而有「吳寇未下缺一字。燿威海隅」之語，知其爲晉碑也。

張平子碑

右張平子碑，晉南陽相夏侯湛撰。讖緯之説，興於西漢之末，而爛漫於東漢之世，雖一時名儒，皆從而惑焉，獨平子奮然闢之甚力。余嘗歎以爲如平子可謂豪傑之士，不爲流俗所移者。今湛爲此碑，乃云：「金匱玉版之奥，讖契圖緯之文，罔不該羅其情。」可謂不知平子矣。

趙浮圖澄造釋伽像碑

右趙浮圖澄造釋伽像碑，唐封演聞見記云：「内丘縣西，古中丘城，寺有碑，後趙石勒光初五年立。碑云：『大和上竺浮圖澄者，天竺大國附庸小國王之元子也，本姓濕。』」此碑即演所見，其説皆同。案晉書藝術傳：「澄，本姓帛氏。」今碑作「濕」。碑當時所立，宜得其真。又史作「佛圖」，碑作「浮圖」，二字音相近爾。惟光初乃劉曜年號，而以爲石勒時，蓋演誤也。

趙横山李君神碑

右趙横山李君神碑，題「建武六年，歲在庚子，三月己亥二十一日癸丑」。案晉書成帝紀，石虎以咸和九年自立爲趙天王；而載記云咸康元年，僭稱居攝趙天王。據帝紀，則建武六年，歲在己亥；據載記，則歲在庚子。宋莒公紀年通譜獨以本紀爲據，今此碑及西門豹祠殿基記並六年建，皆云「歲在庚子」，以此知帝紀之失。非二碑，則晉紀與載記得失不復可考矣〔四三〕。

趙西門豹祠殿基記

右趙西門豹祠殿基記，云：「趙建武六年，歲在庚子，秋八月庚寅，造西門祠殿基。」又云：「巧工司馬臣張由，監作吏臣杜波、馬孫，殿中司馬臣王基，殿中都尉臣潘倪，侍御史、騎都尉臣劉諠，左校令臣趙升，殿中校尉臣顔零等監。」其下刻物像甚多，如土長强良碩章舒悽雀之類〔四四〕，其名頗異。近歲臨淄縣人耕地，得巧工司馬印，徧尋史傳，皆無此官名，不知爲何代物，今乃見于此碑云。

晉樂毅論

右晉樂毅論，石本舊藏高紳學士家。集古録云「紳死，其子弟以石質錢於富人，而富人家失火，遂焚其石」者，非也。元祐間，余侍親官徐州時，故郎官趙竦被旨開吕梁洪，挈此石隨行。已斷裂，用木爲匣貯之，竦尤珍惜，親舊有求墨本者，必手模以遺之。竦殁，今遂不知所在。

學生題名

右學生題名。歐陽公集古録以爲漢文翁學生，余獨疑其非是。蓋以爲西漢時立，則字畫不類；以爲東漢，則東漢絶無二名者，今此碑二名者凡數人。又唐顔有意所書益州學館廟堂記，載漢以來石刻皆備，獨無此題名，使其爲文翁學生，決不肯漏落。余以字畫驗之，疑其爲晉以後人所立，然初無所據，未敢遂以爲然。其後以地里書參考，乃決知其非文翁學生也。題名有「幹江陽趙嵩、典學從事史寧蜀常仲舒憲道、左生遂寧董朗玄明、左生晉原陽容宗長」。案晉書志，江陽郡，蜀劉備置；寧蜀、遂寧、晉原，並桓温平蜀後置。四郡，東、西兩漢時皆未有，然則此碑爲東晉以後人所立無疑矣。

宋武帝檄譙縱文

右宋武帝檄譙縱文。案顔有意書成都學館廟堂記云：「石室北壁，有晉義熙九年刺史朱齡石勒宋高祖檄譙縱文，其字摩滅，不可備識。」學館記，唐初立，距今又數百年，宜其摩滅愈難識矣，然其歲月、官爵猶略可辨云。

校證

〔一〕司馬整碑頌　「碑頌」，卷二總目第二百七十九作「碑」，宋本及本卷「跋尾」正文作「頌」。

〔二〕右將軍　「右」下當有「軍」字，説見本卷「校證」〔三〕。

〔三〕薛君頌　「頌」上原有「碑」字，宋本此三字則作「薛君碑」。然本卷「跋尾」及卷二總目第三百七皆無「碑」字，據删。

〔四〕乃　宋本作「方」。

〔五〕范式碑　案通志金石載范式碑有二，一云：「廬江太守范式碑，蔡邕書，濟州。」一云：「魏范式碑，有碑陰，青龍三年。」趙氏所論，未爲允當。

〔六〕魏太僕荀君　何校云：「荀彧傳附見其兄衍事，注引荀氏家傳云：『衍字休若，彧第三兄。

衍子紹，位至太僕。』此碑其爲紹立耶？」

〔七〕 冤句 「冤」，原作「宛」，三長物齋本作「冤」。案宋無「宛句縣」，宋史地理志一云：「元祐元年，改冤句縣爲宛亭。」因據三長物齋本改。

〔八〕 卞壼 「壼」，原作「壺」，吕本、三長物齋本皆作「壼」。案晉書本傳正作「壼」，據改。

〔九〕 琅邪字 宋本此下有「尚存」二字。

〔一〇〕 泰伯三美 泰伯，周太王長子，曾三次讓天下於少弟季歷。古稱其有「三讓之美」，見論語泰伯邢昺疏引鄭玄説。

〔一一〕 牧統宛都 「牧」下原有「就」字，據顧校删。

〔一二〕 太康中 晉書地理志無此三字，趙氏依文意自增。

〔一三〕 王莽嘗下令禁二名 漢書匈奴傳下云：「時莽奏令中國不得有二名，因使使者以風單于，宜上書慕化，爲一名。」

〔一四〕 士大夫猶遵莽之令不變何哉 春秋定公六年：「季孫斯、仲孫忌帥師圍鄆。」公羊傳云：「此仲孫何忌也。曷爲謂之仲孫忌？ 譏二名，二名非禮也。」何休注云：「爲其難諱也。一字爲名，令難言而易諱，所以長臣子之敬，不逼下也……此春秋之制也。」困學紀聞公羊傳云：「新莽之制，其出于此歟？ 東漢之士猶無二名者。」據此，則不用二名似非「遵莽之令不變」所致。又此碑所記雖無二名，然晉書中有二名者仍不乏其人，如卞範之、董景道、檀道濟、謝靈運、楊文宗等皆是。

〔五〕涒灘之歲　案雲麓漫鈔卷一引此碑「涒灘」上有「柔兆」二字。「柔兆」爲歲陽之名，「涒灘」爲歲陰之名。爾雅釋天云：「太歲……在丙曰柔兆」，「在申曰涒灘。」是「柔兆涒灘之歲」爲丙申年。

〔六〕欽若昊天　「昊」，雲麓漫鈔與萃編所載碑文皆作「上」。

〔七〕天璽元年斷碑　萃編名爲天發神讖碑。

〔八〕一萬方　萃編所載碑文作「一□萬方」。

〔九〕七月　萃編所載碑文作「桼□」。案天璽元年朔日爲「己酉」之月乃七月，是碑文之「桼」通「七」，「□」爲「月」字。

〔一〇〕多不解　萃編所載碑文作「天讖廣多□不解」。

〔一一〕理成字　案三國志吴書三嗣主傳，「理」上有「文」字。

〔一二〕右將軍　顧校云：「『右』下增『軍』字。」案晉書職官志有左、右、前、後軍將軍，又「跋尾」亦謂鄭烈卒後「追贈右軍將軍」，顧校是。

〔一三〕可以正晉史之誤　案汲冢書所得之年月，晉書凡三説：其一，武帝紀繫于咸寧五年十月；其二，律曆志繫于太康元年（衛恒四體書勢同）；其三，束晳傳繫于太康二年。雷學淇竹書紀年考證云：「竹書發於咸寧五年十月，明年三月吴平，遂上之。帝紀之説，録其實也。餘就官收以後上於帝京時言，故曰太康元年。束晳傳云二年，或命官校理之歲也。」又金石論叢金石證史亦云：「近世遺籍之發見，莫要于敦煌石室，而何時破露，言人人殊，其餘瀝得流入于前清學部者亦至晚，以此爲例，咸寧之説，不必其果誤也；五年者冢始發之日，後二年乃得藏于秘府耳。」是晉書諸説之異，未可遽定其爲誤也。參閱朱希祖汲冢書考汲冢書來歷考。

〔二四〕其曰小篆書亦謬也　案王隱晉書束晳傳云：「太康元年，汲郡民盜發魏安釐王冢，得竹書桼字科斗之文。科斗文者，周時古文也，其頭麤尾細，似科斗之蟲，故俗名之焉。」汲冢書考汲冢書文字考云：「汲冢書文字實爲古文而非小篆，稱科斗文，俗名也。」趙説是。

〔二五〕玄禳　「禳」，宋本作「纕」，疑是。集韻去宕云：「纕，寬緩也。」玄纕，或爲玄色寬大之袍服。

〔二六〕訆　原作「計」。萃編所載碑文作「訆」，與「叫」同，因據改。

〔二七〕惟　呂本作「唯」。

〔二八〕王逸注楚詞　見離騷「遭周文而得舉」注。

〔二九〕所謂周志者不知爲何書　汲冢書考汲冢書篇目考云：「周志即周書（逸周書），左傳文公二年傳文『狼瞫曰：周志有之，「勇敢害上，不登於明堂」』，今在周書大匡篇。盧氏（盧無忌）依古稱周書爲周志，且所引爲文王夢天帝賜太公望事，今不見於周書，蓋在程寤以下八篇亡書之中，此八篇前後皆記文王事，則此篇亦當記文王事。」

〔三〇〕三月　宋本、吕本作「正月」。

〔三一〕其先出自顓頊有陸終之裔子大彭實主夏盟　大戴禮記帝繫云：顓頊産老童，老童産重、黎及吴回，吴回氏産陸終，陸終氏産六子，其三曰籛，是爲彭祖。國語鄭語云：「大彭、豕韋爲商伯矣。」韋昭注：「大彭，陸終第三子……封於大彭，謂之彭祖。豕韋，彭姓之别封於豕韋者也。殷衰，二國相繼爲商伯。」

〔三二〕略　原作「路」，據三長物齋本改。

〔三三〕大艱　「艱」，原作「難」，於義不切，吕本、三長物齋本作「艱」，據改。大艱，指父母之喪。

〔三四〕知命　論語爲政云：「五十而知天命。」後以「知命」指五十歲。

〔三五〕綦母番　「母」，宋本作「毌」。

〔三六〕計史　各本皆同。漢無「計史」之稱，疑當作「計吏」。如東觀漢紀樊顯傳：「上嘗召見諸郡計吏。」後漢書朱俊傳：「歲得舉孝廉、計吏。」

〔三七〕東都水　「東」下疑有脱文。後漢書百官志五云：「其郡有鹽官、工官、都水官。」

〔三八〕平水　後漢書百官志五云：「有水池及魚利多者置水官，主平水、收漁税。」

〔三九〕二十年　「二」，原作「三」，案建安唯二十四年，作「三」者誤，據吕本改。三國志魏書武帝紀云：建安二十年冬十月，始置名號侯至五大夫，與舊列侯、關内侯凡六等。裴松之注引魏書曰：「置名號侯爵十八級，關中侯爵十七級。」

〔四〇〕嘉平四年改元則嘉平豈復更有五年　案如改元在二月六日以後，則此前自應稱五年。通譜所載，與碑文并無矛盾。資治通鑑考異引劉昶言，即據此碑謂劉聰改元建元在乙亥二月後。

〔四一〕乂　按本篇「乂」字凡四見，宋本皆作「義」。

〔四二〕詣　顧校改「謂」，又注：「錢本作『謂』，同。」案「謂」即「謂」字。

〔四三〕晉紀　各本皆同，然據文意「晉」字當作「帝」。

〔四四〕土長强良碩章舒悽雀　此數物之名無考，未加標點。

金石録卷第二十一

跋尾十一

後魏　東魏　梁

後魏車騎大將軍邢巒碑
後魏叱閭神寶脩關城銘
後魏安東將軍孫公墓誌
後魏定州刺史崔亮頌
後魏贈司空元暉碑
後魏范陽王碑
後魏賀拔岳碑
東魏膠州刺史祖淮碑
東魏大覺寺碑
東魏大覺寺碑陰
東魏高翻碑
東魏張烈碑
東魏賈思同碑
東魏魏蘭根碑
後魏化政寺石窟銘

梁重立羊祜碑

東魏敬君像頌

大代華嶽碑

右大代華嶽碑，歐陽公集古録云：「魏自道武天興元年議定國號，群臣欲稱代，而道武不許，乃仍稱魏。自是之後，無改國稱代之事，今魏碑數數有之。碑石當時所刻，不應妄，但史失其事爾。」余案崔浩傳云：「方士初織〔案〕傳是「祁織」。奏改代爲萬年，浩曰：『昔太祖道武皇帝應期受命〔一〕，開拓洪業，諸所制宜〔二〕，無不循古。以始封代土，後稱爲魏，故代、魏兼用，猶彼殷、商。』」蓋當時國號雖稱爲魏，然猶不廢始封，故兼稱代爾。此事亦見陽松玠談藪云。〔案〕八代談藪，陽松玠著〔三〕，此作「玢」，疑誤。

後魏孔宣尼廟記

右後魏孔宣尼廟記，在今懷州界中。文詞頗古質可喜，云：「孔子欲北從趙鞅，聞殺鳴犢〔四〕，遂袨車而返〔五〕。〔案〕葉本作「驅車」。及其殁也，晉人思之，於太行嶺南爲之立廟焉。」記，太和元年立，其額又有「延興四年太上皇帝祭孔子文」者，孝文之父獻文帝也。

後魏孝文弔比干文

右後魏孝文弔比干文，其首已殘缺，惟「元載」字可識。其下云：「歲御次乎閹茂，望舒會于星紀，十有四日，日惟甲申。」案爾雅云：「歲在戌曰閹茂。」又鄭康成注月令：「仲冬者，日月會於星紀。」後魏書：「孝文以太和十八年十一月甲申經比干墓，親爲弔文，樹碑而刊之。」是歲甲戌，其説皆合。其未嘗改元而稱「元載」者，孝文以是歲遷都洛陽，蓋以遷都之歲言之也〔六〕。

後魏比干碑陰

右比干碑陰，盡紀侍從群臣官爵、姓名。案後魏書官氏志：「丘穆陵氏，後改爲穆氏。」今此碑自侍中丘目陵亮以下，同姓者凡三人，字皆作「目」，而元和姓纂所書與此碑正同。又碑自穆崇至亮，皆姓丘目陵氏，姓纂亦云「後改爲穆」，而史但云「姓穆」者，皆有闕誤〔七〕。〔案〕葉本「有」作「其」。

後魏大鴻臚卿鄭胤伯碑

右後魏鄭胤伯碑。元和姓纂載滎陽鄭氏云：「曄生七子：白麟、小白、叔夜、洞林、歸藏、連山、幼麟，號『七房鄭氏』。」胤伯，小白子也。案後魏書幼麟傳云「父曄生六子」，又云「幼麟五兄，長白麟，次小白，次洞林，次叔夜，次連山」，而無歸藏，其次第亦不同。又姓纂云「小白名茂」，而史云「幼麟名羲」，〔案〕「而史」當作「北史」。疑自白麟以降，皆其字也。據碑與姓纂皆云「胤伯仕至大鴻臚卿」，而史言「少卿」者，誤也。

後魏御射碑

右後魏御射碑，在今懷州。案北史及魏書宣武紀：「景明三年十月庚子，帝躬御弧矢射，遠及一百五十步〔八〕，群臣勒銘於射所。」即此碑也。碑云：「惟魏定鼎遷中之十載。」又云：「皇上春秋一十有七。」據史及孝文弔比干文，皆云「太和十八年遷都洛陽」〔九〕，至景明三年，蓋九年矣，而碑作「十載」，恐誤。又史云：「宣武以太和七年生」，景明三年〔案〕舊本作「四年」，誤。當年二十，而碑言「年十七」，則當以碑爲據。然則宣武終於延昌四年，蓋壽三十歲，而史以爲壽「三十三」者，亦誤也。余案禮記問天子、國君之年〔一〇〕，對者皆不敢斥言。魯襄公送晉侯，晉侯問公年，季武子對曰「會沙隨之歲，寡君以生」是也〔一一〕。今魏人乃直書其君之年於碑，豈禮也哉！

後魏太尉于烈碑

右後魏太尉于烈碑，云：「初以功臣子起家爲中散，轉屯田給事、〔案〕謝本此下有「中」字。内都幢將，遷左衛將軍。」而後魏書列傳云：「少拜羽林中郎，遷羽林中郎將；以本官行秦、雍二州事，遷司衛監。」以碑考之，烈皆未嘗爲此官。又其父洛拔爲黄龍鎮都大將，而曰「和龍」；烈爲屯田給事，而曰「給納」；卒年六十七，而曰「六十五」者，皆史之誤。又案烈始封昌國子，改鉅鹿公，〔案〕烈祖栗磾，嘗假封新安公，後賜爵新城男。疑此亦假封也。又改洛陽侯，進封聊城縣開國子，再進爲開國伯、開國侯。其卒，追封爲鉅鹿郡開國公。蓋當時之制如此。魏書官氏志不載，皆莫可考。〔案〕謝本無「開國伯」三字。

後魏鄭羲碑

右後魏鄭羲碑。魏史列傳與此碑皆云：「羲，滎陽開封人。」碑又云：「歸葬於滎陽石門東十三里三皇山之陽。」而碑乃在今萊州南山上，磨崖刻之。蓋道昭嘗爲光州刺史，即今萊州也，故刻其父碑於兹山。余守是州，嘗與僚屬登山，徘徊碑下久之。傳云：「羲卒，尚書奏謚曰宣。詔以羲雖宿有文業，而治闕廉清，改謚爲文靈。」今碑首題云「滎陽鄭文公之碑」，其末又云「加謚曰文」。傳載賜謚詔書甚詳，不應差誤，而碑當時所立，必不敢諱其一字，皆莫可知也已。

後魏鄭羲上碑

右鄭羲上碑，初，予爲萊州，得羲碑於州之南山，其末有云：「上碑在直南二十里天柱山之陽，此下碑也。」因遣人訪求，在膠水縣界中，遂摹得之。羲之卒〔三〕，葬滎陽，其子道昭永平中爲光州刺史，爲其父磨崖石刻二碑焉。案地里書，後魏皇興四年，分青州置光州，領東萊郡。隋文帝時罷郡，仍改光州爲萊州云。

後魏車騎大將軍邢巒碑

右後魏邢巒碑，云「巒字山賓」，而史作「洪賓」。其爲梁州刺史，碑云：「徵爲都官尚書」，而史作「度支」；後改爲「七兵尚書」，而史不載。又巒爲崔亮所糾，據碑言，「戎車既班，猶以在州之誣，遭禁一期」，而史以謂元暉、高肇「爲巒申釋，故得不坐」者，非也。

後魏叱閭神寶脩關城銘

〔案〕書畫譜作脩闕城銘，前目録作造像記。

右後魏叱閭神寶脩關城銘，題「右將軍、西中郎將叱閭神寶銘」。又云：「維大魏神龜元年，歲次戊午，十一月壬午朔。十日壬辰〔一三〕，起工三十萬〔案〕謝本「工」作「功」。脩治關城〔一四〕，并作館第，敬造三級浮圖。」案後魏書官氏志及元和姓纂有叱門氏，後改爲門，而無叱閭氏〔一五〕，蓋其闕漏也。

後魏安東將軍孫公墓誌

右後魏孫公墓誌，其名字、鄉里、年壽皆不載，獨其末載贈官制書云：「故安東將軍、銀青光禄大夫棗强縣開國男孫蔚。」知其名蔚。又云：「歸葬於世邑武遂。」〔一六〕知其爲邑人也。案後魏書儒林傳有孫惠蔚，其所書事跡與志皆合〔一七〕。傳云：「先單名蔚，正始中侍講禁内，夜論佛經，有愜帝旨，詔使加『惠』，號惠蔚法師焉。」

後魏定州刺史崔亮頌

右後魏崔亮碑，題云「魏鎮北將軍、定州刺史崔使君至化之頌。」蓋亮嘗爲定州，既去，郡人立此碑頌德爾。其間載亮所歷官甚詳，與北史及後魏書列傳多合，惟其自定州歸朝，歷殿中都官、吏部三尚書，而傳但言「自殿中遷吏部」爾。亮以正光二年卒，而碑神龜三年建，在亮卒前，故自爲侍中以後事，碑皆不及載也。

後魏贈司空元暉碑

右後魏元暉碑。據後魏書列傳云，「暉，鎮西將軍忠子」，而北史以爲「忠弟德之子」。今以碑考之，北史是也。又碑云「孝文時，爲主客郎中」，而魏史言世宗即位，拜此官。碑云「神龜二年卒」，而史言「元年卒」者，亦非是。其餘遷拜次第，時有不同，不盡録也。

後魏范陽王碑

右後魏范陽王碑，云：「王諱誨，高祖孝文皇帝之孫，太師武穆王之子。」今世所傳後魏書、北史孝文諸子列傳，皆文字脱落不完，惟孝明紀載孝昌二年，封廣平王懷庶長子誨爲范陽王，以此知其爲懷子。據碑云，「懷謚武穆」，而傳作「文穆」者，誤也。誨仕至僕射，爲尒朱兆所殺，事見莊帝本紀。

後魏賀拔岳碑

右後魏賀拔岳碑，岳，當時名將也，北史及後魏書皆有傳。初爲尒朱榮親將，其後齊神武使侯莫陳悦害之。尒朱榮凶殘狂悖，蓋魏之莽、卓也，而碑乃以爲「圖伊、霍之舉」，豈不可笑也哉！然魏收爲魏史，受榮子文略之賂，亦以榮比韋、彭、伊、霍〔一八〕，乃知貪鄙無知之徒，世不乏人也。案莊帝，諸書皆作「孝莊」，而此碑獨作「孝壯」，疑書碑者之誤。

東魏膠州刺史祖淮碑

右東魏祖淮碑，云：「君膠州平昌安丘人也，六世祖逖。」又云：「其卒，贈膠州刺史。」案後魏永安中，分青州置膠州，隋開皇五年，改爲密州焉。

東魏大覺寺碑

右東魏大覺寺碑，在洛陽。碑陰題「韓毅書」。據北史，毅，魯郡人，工正書。神武用爲博士，以教彭城景思王攸〔一九〕。當時碑碣，往往不著名氏，毅以書知名，故特自著之也。然遺跡見於今者，獨此碑爾。

東魏大覺寺碑陰

右大覺寺碑陰，題「銀青光禄大夫、臣韓毅隸書」，蓋今楷字也。庾肩吾曰：「隸書，今之正書也。」張懷瓘六體書論亦云：「隸書者，程邈造。字皆真正，亦曰真書。」自唐以前，皆謂楷字爲隸，至歐陽公集古録誤以八分爲隸書，自是舉世凡漢時石刻，皆目爲漢隸。有一士人力主此論，余嘗出漢碑數本問之：何者爲隸？何者爲八分？蓋自不能分也。因覽此碑毅自題爲隸書，故聊誌之，以祛來者之惑。

東魏高翻碑

右東魏高翻碑。翻，齊獻武王歡叔父也。魏書本傳云：「以元象中追加贈謚。」碑後題建立歲月，文字殘缺，惟有「魏元」字可辨。又云：「歲次己未。」案東魏孝靖以元象二年十一月改元興和，是年歲次己未。此碑蓋元象二年建立也。

東魏張烈碑

右東魏張烈碑，在今青州界中，文字摩滅。以事考之，蓋張烈也。案北史列傳：「烈爲家誡千餘言，臨終，敕子姪不聽求贈，但勒家誡立碣而已。」即此碑是也。其卒葬年月，殘缺不可辨，傳亦不載，惟青州圖經稱「卒於元象中」云。

東魏賈思同碑

右東魏賈思同碑。思同與其兄思伯，後魏書皆有傳，云「青州益都人」。今其墓乃在壽光縣，而思伯之碑亡矣。

東魏魏蘭根碑

右東魏魏蘭根碑。案北史列傳云「蘭根起家北海王國侍郎」，而碑云「起家奉朝請，遷員外散騎侍郎」。碑云「以在岐州之功，封永興縣開國侯」，而史不載。又史云「天平初，謝病，以開府儀同歸本鄉，武定三年薨」，而碑云「薨於天平二年」〔二〇〕。其卒也，史云「贈司空」〔二一〕，而碑作「司徒」。皆當以碑爲正。

後魏化政寺石窟銘

右後魏化政寺石窟銘。北史及魏書有宦者抱嶷傳，云嶷終於涇州刺史，自言其先姓杞，後避禍改焉。今此碑題「涇州刺史杞嶷造」，疑後復改從其本姓爾。

梁重立羊祜碑

右羊祜碑。梁大同中，以舊碑殘缺，再書而刻之。碑陰具載其事，今附於次。

東魏敬君像頌

右東魏敬君像頌。敬君名曦，顯儁從弟也。碑云：「十世祖漢揚州刺史韶。」案後周書敬珍傳、唐書宰相世系表皆云：「韶，漢末爲揚州刺史。」與此碑所書同。而姓苑與元和姓纂皆作「歆」，疑轉寫之誤〔二二〕。又據碑，顯儁乃韶十世孫，而姓纂以爲九世，恐亦誤也。

校證

〔一〕應期　「期」，魏書作「天」。

〔二〕制宜　「宜」，魏書作「置」。

〔三〕八代談藪陽松玠著　案此書凡二卷，著録於宋史藝文志五，今已亡佚。盧案是。

〔四〕鳴犢　春秋末年晉國賢大夫竇犨，字鳴犢。趙鞅殺鳴犢事，見史記孔子世家。或以鳴犢、竇犨爲兩人，見漢書古今人表及孔叢子記問。

〔五〕䇝　通「逗」。説文辵部云：「逗，止也。」

〔六〕蓋以遷都之歲言之也　據萃編所載碑文，其首句云：「維皇搆遷中之元載。」古以洛陽爲天下之中，如尚書召誥：「王來紹上帝，自服於土中。」孔傳云：「言王今來洛邑……躬自服行教化於地勢正中。」又班固東都賦云：「即土之中，有周成隆平之制焉。」「遷中」，即指遷都洛陽，趙説是。

〔七〕皆有闕誤　「有」，宋本、吕本作「其」。據文意，當以宋本、吕本爲是。

〔八〕一百　案北史及魏書宣武帝紀皆作「一里」，當以「一里」爲是。

〔九〕太和十八年遷都洛陽　顧校云：「弔比干文無『遷都』字，趙讀之如此。」

〔一〇〕禮記問天子國君之年　見曲禮下。

〔一一〕會沙隨之歲寡君以生　語見左傳襄公九年。

〔一二〕之　原作「上」，據吕本、三長物齋本改。

〔一三〕十日壬辰　案上文云「十一月壬午朔」，則壬辰非爲十日，當爲十一日。

〔一四〕起工　顧校「工」改「功」。

〔一五〕叱閭氏　魏書官氏志有叱利氏。「利」或爲「閭」之異譯。

〔一六〕世邑　「世邑」謂世代所居之縣邑。一説「世」當作「武」，魏書地形志上有武遂縣，正屬冀州武邑郡；又儒林傳謂孫惠蔚「武邑武遂人」。

〔一七〕志　當作「誌」，即墓誌。

〔一八〕韋彭伊霍　「韋」，原作「韓」，吕本作「韋」。案韓、彭指漢將韓信、彭越，其位勢不高，且皆不得善終；韋、彭則指豕韋、大彭，爲商代諸侯之長（國語鄭語：「大彭、豕韋爲商伯矣。」），故置於伊、霍之前。魏收既意在頌揚，自以比尒朱榮爲韋、彭合宜。又魏書尒朱榮傳論作「彭、韋、伊、霍」，可證以作「韋」爲是，因改。

〔一九〕彭城景思王攸　「攸」，北齊書本傳作「浟」。

〔二〇〕碑云薨於天平二年　案北史作「武定三年」，北齊書則作「天平二年」，與碑同。

〔二一〕史云贈司空　案今本北史、北齊書皆云「贈司徒公」，與碑合，未知趙氏所據爲何本。

〔二二〕轉寫　「轉」，吕本作「傳」。

金石録卷第二十二

跋尾十二

後魏　北齊　後周　隋

隋化善寺碑

隋願力寺舍利寶塔函銘

隋周羅睺墓誌〔二〕

隋禹廟殘碑

隋黄門侍郎柳旦墓誌

隋尚書左僕射元壽碑

隋西林道場碑

後魏鎮東將軍劉乾碑

右後魏鎮東將軍劉乾碑，云：「君諱乾，字天。」自胡夷亂華，典章文物掃地而盡，至於名字、書畫皆一出其私意而無復稽考，可謂亂世矣。若劉君者，名乾，字天，豈不怪哉！〔案〕謝本後「天」字下亦有「自」字，蓋前誤以「自」字屬上句，故後復妄增耳。

後魏汝南王碑

右後魏汝南王碑。王名悦，孝文子也。尒朱榮之亂，奔梁。梁武厚遇之，立爲魏主。後復歸北。據後魏書列傳云：「出帝時，爲大司馬，卒。」而帝紀與北史皆言爲出帝所殺，蓋列傳之誤；而此碑亦不書者，諱也。

北齊造像記

右北齊造像記，云：「天保四年，歲次己酉。」案齊文宣以東魏武定八年受禪，改元天保。是歲庚午，至四年當爲癸酉，而此記誤書「癸」爲「己」爾。其字畫不工，特以甲子差誤，恐後來疑焉，因録於此。

北齊郁久閭業碑

右北齊郁久閭業碑。郁久閭，其姓本出東胡，見於北朝者，有後魏景穆恭皇后郁久閭氏，云河東王毗之妹。今魏書列傳但有閭毗，又有閭大肥，皆云蠕蠕人，蓋同族也。大肥，道武時歸國，尚華陰公主。以此碑考之，業乃大肥之孫。魏書於皇后傳云姓郁久閭，而於毗與大肥傳止言姓閭。毗於景穆皇后爲兄弟，其姓不應有異，使後嘗更姓，史家亦當具載，兼大肥之孫亦不當復用舊姓也，蓋史之闕漏。又碑云「祖名大泥鵲起」，而史作「大肥」〔二〕。碑又云：「業，茹茹國王步渾之玄孫。」蠕蠕，或稱茹茹，見於前史；惟魏書蠕蠕列傳自木骨閭以來，叙其世系甚詳，無名步渾者，亦莫知其爲何人也〔三〕。

後周延壽公碑頌

右後周延壽公碑頌，云：「勳州刺史、延壽郡開國公万紐于寔。」〔四〕考之於史，寔，太師、燕國公于謹子也。謹，後魏新安公于栗磾子洛拔之後。余家有洛拔子烈碑，述其世系甚詳，云遠祖之在幽州，世有部落〔五〕。〔案〕謝本作「世首部落」。陰山之北，有山號万紐于者，公之奕葉居其原趾，遂以爲姓。曁高祖孝文皇帝時，始賜姓爲于氏焉。今此碑復稱万紐于者，蓋後周時，凡孝文賜姓者皆復改從舊云。又姓纂及唐書宰相世系表皆云，謹，洛拔五世孫也。以後魏及周書考之，洛拔以太安四年卒，年四十五〔六〕。謹以正光四年爲廣陽王元深長流參軍〔七〕，年三十一。洛拔之卒，距謹之爲參軍，蓋六十四年矣〔八〕。洛拔既早世，不應後六十四年已有五世孫年三十一也。以此知言謹爲洛拔五世孫者，蓋未可信。又周書稱謹祖名安定，而唐書表作「子安」，亦莫究其孰失也。

後周太學生拓拔府君墓誌

右後周太學生拓拔府君墓誌，陳使周弘正撰，云：「君諱吐度真，魏昭成皇帝之後也。」夷虜以三字爲名者甚衆，拓拔君爲書生，尚仍舊俗，何哉？蓋自魏孝文帝惡夷虜姓氏，盡易之，至後周一切復改從舊，故當時士人名字亦皆用虜語，無足怪也。

北齊華陽公主碑

右北齊華陽公主碑，云：「公主諱秀豔〔九〕，蓋魏孝文帝之孫，廣平王懷之女，北齊趙郡王叡之母也。」案北史叡列傳，其前云「母華山公主」，而其後乃作「華陽」，今此碑及北齊書皆止言「封華陽」，蓋北史誤也。

北齊天柱山銘

右北齊天柱山銘，在今萊州膠水縣。初，後魏永平中，鄭道昭爲郡守，名此山爲天柱，刻銘其上。至北齊天統元年，其子述祖繼守此邦，復刻銘焉。案後魏書，道昭之父義，謚文靈，而道昭所立義碑乃云謚爲文，今此碑又云謚文貞，皆莫可考。

後周華嶽廟碑

右後周華嶽廟碑，万紐于瑾撰，趙文淵字德本書。案後周書列傳有趙文深，字德本，蓋唐初史官避高祖諱，故改「淵」爲「深」爾。万紐于瑾者，唐瑾也，周文帝時賜姓字文，後以于瑾請與同姓，更爲万紐于云。

後周河瀆碑

右河瀆碑，後周天和二年建，内史大夫、琅邪王褒字子淵造文，趙興郡守趙文淵字德本奉敕書。余嘗讀楊大年談苑，云：「千字文，題『敕員外、散騎侍郎周興嗣次韻』。『敕』字乃『梁』字，傳寫誤爾。當時帝王命令尚未稱『敕』，至唐顯慶中，始云不經鳳閣鸞臺，不得稱『敕』，『敕』之名始定於此。」案此碑及唐瑾撰華嶽廟碑，皆文淵奉敕書。後周距梁時未遠；又隋薛道衡撰老子碑，唐初虞世南撰孔子廟堂、杜如晦碑，歐陽詢書昭陵九成宫碑，皆作「奉敕」，如此類甚衆，略舉一二，要知不獨始於顯慶，大年之論非也。然則唐人所謂「不經鳳閣鸞臺，不謂之敕」者，蓋言命令當由廟堂出，非謂「敕」之名始於此也。然文淵奉敕書碑而自著其字，何哉？

後周同州刺史普六如忠墓誌

右普六如忠墓誌。普六如者，楊忠，隋高祖父也，後魏時賜姓。以誌考傳，其事皆合。惟其爲都督涇、豳、雲、顯、鹽、靈等六州諸軍事，而傳以「豳」爲「幽」者，蓋傳寫誤爾。

北齊隴東王感孝頌

右北齊隴東王感孝頌。隴東王者，胡長仁也。武平中，爲齊州刺史，道經平陰，有古冢，詢訪耆舊，以爲郭巨之墓，遂命僚佐刻此頌焉。墓在今平陰縣東北官道側小山頂上，隧道尚存，惟塞其後而空其前，與杜預所見邢山上鄭大夫冢無異。冢上有石室，制作工巧，其内鐫刻人物車馬，似是後漢時人所爲。余自青社如京師，往還過之，屢登其上。案劉向孝子圖云：「郭巨，河内温人。」而酈道元注水經云〔一〇〕：「平陰東北，巫山之上有石室，世謂之孝子堂。」亦不指言何人之冢。不知長仁何所據，遂以爲巨墓乎？〔案〕頌有「孝子堂」之語，故知即水經所載也。

後周温州刺史烏丸僧脩墓誌

右後周烏丸僧脩墓誌。僧脩本姓王氏，梁南城侯神念之子，太尉僧辯之弟〔一一〕。後歸周，仕爲温州刺史，卒。元和姓纂及唐史宰相世系表皆云：神念父冏爲護烏丸校尉，因號烏丸王氏。今墓誌乃云：「僧脩歸周，賜姓烏丸。」又諸書皆云神念謚壯，而墓誌作「莊」，唐表云「僧脩生景孝」〔一二〕，而墓誌云「名祥，字景孝」，皆當以墓誌爲正〔一三〕。

北齊長樂王尉景碑

右北齊長樂王尉景碑。案北齊書，景字士真，而碑云「字副羽」，蓋傳之誤。

北齊馮翊王平等寺碑

右北齊平等寺碑，題「太宰馮翊王定光像寶殿碑」。馮翊王者，名潤，齊神武子也。碑云：「寺，魏廣平王懷所立。永平中，造定光銅像一區，高二丈九赤〔一四〕。屬魏季，像在寺外，未果移入。其後齊高祖過洛陽，始遷像入寺。至潤，又增脩殿宇焉。」據楊衍之洛陽伽藍記云〔一五〕：「孝昌三年十二月中，此像面有悲容，兩目垂淚，三日而止。其後介朱榮、北海王介朱兆入洛陽，像皆悲泣如初。每經神驗，朝野惶懼。」其事甚異，而此碑不載。〔案〕碑以「軀」爲「區」，省文；以「尺」爲「赤」，古通用。「楊衍之」，當作「楊衒之」。

北齊臨淮王像碑

右北齊臨淮王像碑。臨淮王者，婁定遠也。北齊書和士開傳：定遠與趙郡王叡謀出士開爲兖州刺史。未行，士開納賂定遠，得留。復出定遠爲青州刺史，責叡以不臣之罪而殺之。定遠歸士開所遺，加以餘珍賂之，乃免。如史所書，定遠可謂小人矣。定遠本傳但云封臨淮郡王，而不書其爲青州者，闕也。又定遠從弟叡，既附見定遠傳，而於外戚傳又重出，南北朝諸史猥并類如此，可笑也。

北齊白長命碑

右北齊白長命碑，云「公字長命」，而其名已殘缺。長命，白建之父也。北齊及北史建傳皆云「父名長命」者，蓋齊、魏間人多以字爲名爾。

北齊大安樂寺碑

右北齊大安樂寺碑，其額題「廣業王大安樂寺碑」。廣業王者，尉萇命之子破侯也。碑云：「魏末離亂，萇命嘗營護此寺。其後破侯與其弟興敬復加營葺，故立此碑。」案北史及北齊書有尉長命傳，今碑乃作「萇命」。又史云其「卒謚曰武壯」，而碑乃作「武莊」，當以碑爲正。破侯嘗仕爲中書令、尚書左僕射、尚書令、録尚書事，封廣業王，官甚顯而史無傳。〔案〕何氏焯云：「六朝碑中，『長』與『萇』、『莊』與『壯』多通用。」

北齊司空趙起碑

右北齊趙起碑。案北齊書列傳云：起，天統二年除滄州刺史；武平中，卒於官。今以碑考之，起自滄州還闕，除吏部尚書，判外兵省事，遷光禄大夫，以本官兼尚書左僕射出行懷州事，轉膠州刺史，封南泉郡王，乃卒。史皆不書，而云「卒於滄州」，誤矣。

北齊贈司空趙奉碑

右北齊趙奉碑。奉，彦深父也。碑云「諱奉，字奉伯」，而北齊書及北史但云「名奉伯」而已。碑又云：「父清河府君，剖符東秦，著績齊土，久於其職，遂即家焉。今爲平原貝丘人也。」而史乃云：「彦深高祖父難，爲清河太守，遂家清河。清河後改爲平原。」二事不同，皆當以碑爲正。惟史以謂彦深本名隱，避齊廟諱，故以字行，而碑直書爲「隱」，何哉？

北齊宜陽國太妃傅氏碑

右北齊宜陽國太妃傅氏碑，其額題「齊故女侍中、宜陽國貞穆太妃傅氏碑」。碑云：「太妃諱華，清河貝丘人也。」案北史，後魏置女侍中，視二品。然本後宫嬪御之職，今以宰相母爲之，惟見於此。傅氏，趙彦深之母，有賢操，事載於史。

北齊赫連子悦清德頌

右北齊赫連子悦清德頌。據北史列傳，子悦爲鄭州刺史，郡人請爲立碑，詔許之。碑所載亦同，而碑乃在今許昌者。案隋書地里志，潁川郡舊置潁州，東魏改曰鄭州，後周改曰許州。又傳云：「子悦，天保中爲揚州刺史。」而碑作「陽州」者，案地里志，東魏於宜陽置陽州，後周改爲熊州云。

隋興國寺碑陰

右隋興國寺碑陰，丁道護書。道護所書興國、啓法兩寺碑，皆在襄陽。歐陽公嘗得啓法寺碑，列於集古録中，而於太學官楊褒處見興國寺碑，以不得入録爲恨。今碑陰又有襄州鎮副總管柳止戈以下十八人姓名，字畫尤完好，歐陽公所未見也。蔡君謨題其後云：「在杭州日，坐有客曰：『小説稱丁真、永草。永固知名，丁何人也？』余謂道護豈其人耶？」案法書要録，丁覘與智永同時人，善隸書，世稱丁真、永草。非道護也。

隋齊國太夫人楊氏墓誌

右隋齊國太夫人楊氏墓誌，云：「夫人字季姜，僕射高熲母也。」隋書熲傳云：「熲以母憂去職。開皇二年，伐陳，詔熲節度諸軍。」據此，熲之丁内艱蓋在開皇初。今以墓誌考之，楊氏之卒，乃在十年。傳稱熲既貴，其母嘗誡以遠禍，後熲竟以危言爲煬帝所誅。如其言，可謂賢母矣，常恨不著其姓氏，今乃見於此云。

隋化善寺碑

右隋化善寺碑，在徐州。碑陰有郎餘令題記，云：「隋尹式撰。」余元祐間侍親官彭門，時爲兒童，得此碑，今三十餘年矣。

隋願力寺舍利寶塔函銘

右隋願力寺舍利寶塔函銘。仁壽三年，相州刺史薛胄建。唐劉禹錫集載僧靈澈詩，有云：「經來白馬寺〔一六〕，僧到赤烏年〔一七〕。」禹錫稱其工。因讀此銘序，亦以白馬之寺對赤烏之年，乃知前人已有此語。蓋隋唐間文體，大率以偶儷爲工，雖格力卑弱，然用事親切，時有可喜也。

隋周羅睺墓誌

右隋周羅睺墓誌，無書人姓名，而歐陽率更在大業中所書姚辯墓誌〔一八〕、元長壽碑與此碑字體正同，蓋率更書也。往時書學博士米芾善書，尤精於鑒裁，亦以余言爲然。羅睺，名將，隋史有傳。今以墓誌考之，羅睺在陳，自鍾離太守遷秦郡，而史不載。又史云：「開皇中，自豳州刺史轉涇州，母憂去職。復起，授豳州。遼東之役，徵爲水軍總管，進爲上將軍〔一九〕。」而墓誌：「自豳州爲水軍總管，進上將軍，然後爲涇州。」其遷拜次第皆不同。又史云「拜東宮右虞候率」，而墓誌爲「左監門率」。史云「轉右衛率」，而墓誌爲「右監門武候率」。史云「自右武候大將軍進授上將軍」〔二〇〕，而墓誌不載，蓋未嘗拜此官也。皆當以墓誌爲據。

隋禹廟殘碑

右隋禹廟殘碑，其文字摩滅十五六，而其末隱隱可辨，云「會稽郡」，下缺三字。史陵書。筆法精妙，不減歐、虞。案張懷瓘書斷云：「褚遂良嘗師史陵。」蓋當時名筆也。今此碑摩滅而僅存，世之藏書者皆未嘗有，非余收録之富，則遂不復見於世矣。

隋黄門侍郎柳旦墓誌

右隋柳旦墓誌，以考隋史列傳，其始終事跡皆同。惟傳云「攝判黄門侍郎」，而墓誌云「檢校黄門侍郎」，小異爾。又墓誌載旦六子：燮、則、綽、楷、濬、亨；而元和姓纂與唐史宰相世系表皆云「旦五子」，而闕其第五子濬，亦當以墓誌爲是也。

隋尚書左僕射元壽碑

右隋元壽碑，虞世基撰，歐陽詢書。案隋史：壽，開皇中爲尚書主爵侍郎，而碑云「主爵郎」。碑云：「從晉王伐陳時，兼揚州長史，授行軍總管長史。平陳，遂爲揚州總管府長史，遷尚書左丞。」而史但云「自元帥府屬平陳，入爲左丞」爾。又「爲太常少卿時，兼雍州司馬」，史亦不載。「其卒，贈尚書左僕射、光禄大夫，封博平侯」，而史但云「贈右僕射」，皆其闕誤。史云「壽在周，封儀隴縣侯」，而碑作「儀龍侯」。今案隋書地里志有儀隴縣，屬巴西郡，而無「儀龍」，未知孰是也。

隋西林道場碑

右隋西林道場碑，題「太常博士歐陽詢撰」，而不著書人名氏。余家藏隋姚辯墓誌、元壽碑，皆率更在大業中爲博士時所書，與此碑字體絶不類，知其非率更書也。

校證

〔一〕周羅睺　「睺」，原作「睺」，三長物齋本作「睺」。案「跋尾」及隋書、北史皆作「睺」，據改。

〔二〕碑云祖名大泥鵲起而史作大肥　趙氏此説，以大泥鵲起爲大肥。案此碑云：「業，茹茹國王步渾之玄孫」，「祖名大泥鵲起。」據此，大泥鵲起爲步渾之孫。又北齊赫連子悦夫人閭氏墓誌云：「夫人諱炫……即茹茹國主步渾之玄孫。曾祖大肥相時而動，來賓有魏。」據此，大肥爲步渾之子。則大泥鵲起與大肥實相差一輩，非一人明矣。趙説非是。參閲姚薇元北朝胡姓考外篇閭氏。

〔三〕無名步渾者亦莫知其爲何人也　案魏書閭大肥傳之大肥，與太祖紀之悦伐大那及宋書索虜傳之悦勃大肥，北朝胡姓考以爲是一人。其考云：「『勃』與『伐』音近，譯言無定字。那，隸書作『䏗』，與『肥』極似，易舛譌。太祖紀之悦伐大那，『那』當爲『肥』之轉訛，即索虜傳之悦勃大肥，魏書之閭大肥也。」又魏書蠕蠕傳云：「大檀者，社崙季父僕渾之子……大檀弟大那。」大那即大肥，則其父僕渾與碑之步渾亦爲一人。「僕」與「步」古音相近，故得異譯。趙氏失考。

〔四〕万　宋本、吕本作「萬」，下皆同。

〔五〕世有部落　「有」，宋本作「首」。

〔六〕四十五　魏書作「四十四」。

〔七〕長流參軍　案顏氏家訓書證云：「長流之職，漢、魏捕賊掾耳。晉、宋以來始爲參軍，上屬司寇。」通鑑梁武帝天監元年「伯之又以鄉人朱龍符爲長流參軍」胡三省注引職官分紀云：「長流參軍主禁防。晉從公府有長流參軍；小府無長流參軍，置禁防參軍。」

〔八〕蓋六十四年矣　案北魏太安四年至正光四年，當爲六十五年。

〔九〕秀豔　「秀」，顧校改「季」。

〔一〇〕酈道元注水經云　以下引文見水經注卷八濟水。

〔一一〕僧辯　「辯」，原作「辨」，宋本及顧校作「辯」。案梁書及南史本傳皆作「辯」，宋本及顧校是，據改。

〔一二〕僧脩　新唐書宰相世系表二作「僧修」。

〔一三〕墓誌　「墓」字原無，據顧校補。

〔一四〕九赤　「赤」，通「尺」。宋本、吕本作「八尺」。

〔一五〕楊衍之　「衍」，三長物齋本及顧校皆作「衒」，是。

〔一六〕經來白馬寺　水經注卷十六穀水云：「昔漢明帝夢見大人，金色，項佩白光，以問群臣。或對曰：『西方有神，名曰佛，形如陛下所夢，得無是乎？』於是發使天竺，寫致經、像，始以榆欓盛經，白馬負圖，表之中夏，故以『白馬』爲寺名。」

〔一七〕僧到赤烏年　廣弘明集卷一引吴書所載吴主孫權論叙佛道三宗云：「孫權赤烏四年，有康居國大丞相長子棄俗出家爲沙門，厥名僧會，姓康氏，神儀剛正，遊化爲任。時三國鼎峙，各擅威權。佛法久被中原，未達江表。會欲道被未聞，化行南國，初達建鄴，營立茅茨，設像行道。吴人初見，謂爲妖異。有司奏聞，吴主曰：『佛有何靈驗耶？』會曰：『佛晦靈迹，出千餘載，遺骨舍利，應現無方。』吴主曰：『若得舍利，當爲立塔。』經七日，遂獲舍利，五色耀天，剖之逾堅，燒之不然（燃）……因爲造塔，度人立寺，以其所住爲佛陀里。」

〔一八〕姚辯　「辯」，原作「辨」，據萃編所載碑文改。下隋西林道場碑跋尾同。

〔一九〕進爲上將軍　今本隋書本傳作「進位大將軍」。

〔二〇〕進授上將軍　今本隋書本傳作「進授上大將軍」。

金石録卷第二十三

跋尾十三

唐

唐司空竇抗墓誌
後周黄羅刹碑
隋桂州總管侯莫陳潁墓誌〔一〕
唐孔子廟堂碑
唐杜如晦碑
唐房彦謙碑
唐房彦謙碑陰
隋衛尉卿竇慶墓誌
唐大理卿郎穎碑〔二〕

唐丹州刺史張崇碑

唐昭陵刻石文

唐昭陵六馬贊

隋益州長史裴鏡民碑　〔案〕何氏焯云：「『隋』，葉本訛『唐』。裴鏡民、皇甫誕皆隋臣死王事者，故貞觀中追立以表之。然裴碑世不多見，傳寫遂訛爲『唐』字。康熙己丑，余收得，始知之。」

唐温彦博碑

唐贈高頴禮部尚書詔

唐河間元王碑

唐弘濟寺碑〔三〕

唐段志玄碑

唐獨孤使君碑

唐晉祠銘

唐相州刺史侯莫陳肅碑

唐孔穎達碑

唐太府卿李襲譽墓誌
後周大宗伯唐瑾碑
隋皇甫誕碑

唐司空竇抗墓誌

右唐竇抗墓誌，歐陽詢撰并書。其所歷官，新、舊史所書頗多闕略。蓋抗在隋自岐州刺史遷冀州，又遷定州，又爲遼東道行軍總管，改朔州道〔四〕，遂授持節幽、易、燕、檀四州諸軍事，幽州總管，幽州刺史。而史直云：「自岐州轉幽州總管。」其歸唐，爲弘化道安撫大使，遷光禄大夫；又爲左武候大將軍時〔五〕，以本官領同州刺史，史皆不載。其卒，史言謚密，而誌作「容」。新史言「贈司徒」，而誌作「司空」，舊史亦爲「司空」，與誌合。

後周黄羅刹碑

右後周黄羅刹碑，虞世南撰。羅刹仕周，爲行軍總管；其子君漢，唐初爲將，有功，武德中爲父追立此碑。案後魏元叉，本名夜叉〔六〕；其弟刹，本名羅刹〔七〕。元樹遺公卿書讖詆，以謂「夜叉」、「羅刹」皆鬼名也。今羅刹周人，去魏不遠，猶以爲名，何哉？

隋桂州總管侯莫陳穎墓誌

右隋侯莫陳穎墓誌。穎，隋書有傳，以其事考之，多合。惟傳言穎「謚曰定」，而誌不載。案誌云「公第四子，尚書考功郎中乾會」，而傳作「虔會」。「乾」、「虔」義理皆通。然余嘗得乾會碑，乃云「名肅，字乾會。」元和姓纂所載亦同〔八〕，疑其以字行爾。蓋隋、唐間人多如此。

唐孔子廟堂碑

右唐孔子廟堂碑，虞世南撰，武德時建，而題云「相王旦書額」者，蓋舊碑無額，武后時增之爾。至文宗朝〔九〕，〔案〕當作「宣宗朝」，見舊唐書。馮審爲祭酒，請琢去「周」字，而唐史遂以此碑爲武后時立者，誤也。睿宗所書舊額云「大周孔子廟堂之碑」。今世藏書家得唐人所收舊本，猶有存者云。

唐杜如晦碑

右唐杜如晦碑，虞世南撰。驗其字畫，蓋歐陽詢書也。如晦，唐偉人，史家立傳，不應草草。今以碑考之，頗多異同。傳言「如晦，大業中嘗以選補滏陽尉，棄官去」，而碑言「在隋起家爲雍州從事，及煬帝幸江都，代王使君判留守事」。蓋如晦未嘗爲滏陽尉，而亦未棄官去也。傳言「秦王爲皇太子，授左庶子」，而碑作「右庶子」。傳言「爲檢校侍中，攝吏部尚書」，而碑作「攝侍中、吏部尚書」。傳云「其祖名杲」，〔案〕謝本作「果」，今本新唐書表、傳亦同，皆誤也。今定從北史作「杲」。而碑所書乃名「徽」。傳云「謚曰成」，而碑所書乃「誠」也。蓋此碑乃太宗手詔世南勒文於石，其官爵、祖父名諱不宜有誤，皆可以正史氏之失矣。〔案〕正，謝本作「證」。

唐房彦謙碑

右唐房彦謙碑。彦謙，玄齡父也，在隋任司隸刺史，出爲涇陽縣令，卒官，不大顯，而隋書立傳二千餘字者，蓋脩史時玄齡方爲宰相故也。彦謙自曾祖而下，三世皆封壯武侯〔一〇〕，隋、唐史、玄齡碑所書皆同，獨此碑作「莊武」，未知孰是。碑，李百藥撰，歐陽詢八分書，在今齊州章丘縣界中，世頗罕傳。

唐房彦謙碑陰

右唐房彦謙碑陰，具載彦謙歸葬恩禮、儀物之盛。太宗遇玄齡可謂厚矣。蓋厚其禮，所以責其報也。太宗可謂善任人矣。

隋衛尉卿竇慶墓誌

右隋竇慶墓誌。慶，曾祖略，祖温善〔二〕，父榮定，北史及北齊、後周、隋書皆有傳。諸史皆云慶祖名善，而慶之兄抗墓誌乃云名温。唐書宰相世系表以謂「善一名温」，今此誌名温善，皆不可考。慶，大業中仕爲衛尉卿。史云「爲群賊所殺」，而墓誌云「爲賊盧圓月所殺」。墓誌，貞觀四年刻，其小楷工妙，不減歐、虞，惜其不著名氏也。

唐大理卿郎潁碑

右唐郎潁碑，李百藥撰。歐陽公集古録云：「潁父名基，字世業，而百藥書潁世次，但云『父世業』。又書潁兄茂碑亦然。考其碑文，有『皇基締構』之言，則『基』字當時公私無所諱避。而百藥書潁父字而不名，不詳其義。是以君子貴乎博學。」余案隋及唐初人多以字爲名，故雖一時名公卿，其名、字混殽，略不可考。又案潁字楚之，其事跡雜見北史、隋書，皆書爲楚之而不載其名潁，獨唐書郎餘令傳云：「祖潁，字楚之。」至於傳中叙述行事，止稱楚之，疑其亦以字行爾。

唐丹州刺史張崇碑

右唐丹州刺史碑。首尾已殘闕，其可見者，云：「公諱崇，字平高。」案新唐書劉裴傳後載起義功臣事跡有張平高〔三〕，云：「綏州人，從唐公平京城，累授左領軍將軍、蕭國公。貞觀初，爲丹州刺史，坐事，以右光禄大夫還第，卒。」今以碑考之，其事皆同，惟傳以字爲名爾。

唐昭陵刻石文

右唐昭陵刻石文。太宗爲文德皇后立，歐陽詢書。其文具載於太宗實録。今石刻已摩滅，故世頗罕傳，其略可見者，有云：「無金玉之寶，玩用之物，木馬寓人，有形而已。欲使盜賊息心，存亡無異。」又云：「俯視漢家諸陵，猶如蟻垤，皆被穿窬。今營此陵，制度卑狹，用功省少，望與天地相畢，永無後患。」其言非不丁寧切至也，然竟不能免温韜之禍〔一三〕。太宗英武聰明，過人甚遠，而於此眷眷不忘，何哉？以此知死生之際能超然無累者，賢哲之所難也。又云：「國家府藏，皆在目前，與在陵内何異。」其詞尤陋，得無爲後世達士所笑乎！

唐昭陵六馬贊

右唐昭陵六馬贊。初，太宗以文德皇后之葬，自爲文，刻石於昭陵；又琢石象平生征伐所乘六馬，爲贊刻之。皆歐陽詢八分書。世或以爲殷仲容書，非是。至諸降將名氏，乃仲容書爾，今附於卷末云。

隋益州長史裴鏡民碑

右隋裴鏡民碑，殷令名書。令名與其子仲容〔一四〕，皆以能書擅名一時，而令名遺跡，存者惟此碑爾。筆法精妙，不減歐、虞，惜不多見。

唐温彦博碑

右唐温彦博碑。歐陽公集古録跋顔勤禮碑後云：「案唐書，温大雅，字彦弘。弟彦博，字大臨。弟大有，字彦將。兄弟義當一體，而名『大』者字『彦』，名『彦』者字『大』，不應如此。蓋唐世諸賢名、字，可疑者多。封德彝云名倫，房玄齡云名喬，高士廉云名儉，顔師古云名籀，而皆以字行。『倫』、『喬』、『儉』、『籀』，在唐無所諱，不知何避而行字。」余案顔之推家訓云〔一五〕：「古者，名終則諱之，字乃可以爲孫氏。江南至今不諱字也。河北士人全不辨之，名亦呼爲字，字固爲字〔一六〕。尚書王元景兄弟皆號名人，其父名雲，字羅漢，一皆諱之，其餘不足怪也。」又顔師古匡謬正俗載，或問人有稱字而不稱名者，何也？師古考諸典故，以稱名爲是。蓋當時風俗相尚如此，初無義理也。然師古既立論以稱名爲是，而乃以字行，殆不可曉也〔一七〕。〔案〕別本此句下有「已」字。

唐贈高熲禮部尚書詔

右唐贈高熲詔書。貞觀十一年改葬，有詔贈禮部尚書，其事當載於史，而隋書熲列傳、唐書帝紀、太宗實録皆不載。

唐河間元王碑

右唐河間元王孝恭碑。案新唐書，孝恭自宗正卿歷凉州都督、晉州刺史；貞觀初，爲禮部尚書以卒。今以碑考之，自宗正遷禮部尚書，坐事免，尋復舊任，俄授梁州都督，改晉州刺史，與司空無忌等同時册拜觀州刺史，世世承襲，復授光禄大夫、禮部尚書。蓋孝恭凡三爲尚書，一免官，一拜世襲刺史，本傳皆不載〔一八〕；而以梁州爲「凉」者，亦誤也。又唐初功臣皆云圖形凌烟閣，而此碑乃作「戢武閣」。戢武之名，不見於他書，惟當時石刻數數有之，豈凌烟先名戢武，而後改之耶？

唐弘濟寺碑

右唐弘濟寺碑，在今汾州。據唐會要，此碑李百藥撰〔一九〕。唐太宗初即位，下詔於建義以來交兵之處爲義士、凶徒隕身戎陳者各建寺刹，分命儒臣爲銘，凡七碑。余所得者，汜水等慈、吕州普濟、豳州昭仁〔二〇〕，與此碑凡四，而虞世南、褚遂良所撰，今皆亡矣。

唐段志玄碑

右唐段志玄碑，以唐史考之，多不合。碑云「公諱某，字志玄」，而其名已殘闕〔二〕，然史初不載其名也。碑云「鄒平人」〔三〕，而史云「臨淄人」。碑云「謚忠壯」，而史云「謚忠肅」。舊史亦作「忠壯」，與碑合。又碑云「圖形戢武閣」，案唐史及諸書功臣圖形皆云「凌烟閣」。初，余得河間元王碑，云「圖形戢武」，意謂凌烟先名戢武，後改之耳〔三〕，今得斯碑亦同。由是益知前言之不謬。二碑皆當時所立，不應差誤也。

唐獨孤使君碑

右唐獨孤使君碑，云「君諱某，字延壽」，而其名殘缺不可辨。延壽，陁子也。隋書外戚傳云：「陁二子，延福、延壽。」元和姓纂亦云：「陁生延壽。」皆不著其名。又姓纂云「延壽封新蔡公」，而碑云「封新蔡縣開國男」，亦當以碑爲正。

唐晉祠銘

右唐晉祠銘，太宗撰并書。晉祠者，唐叔虞祠也。高祖初起兵，禱於叔虞祠。至貞觀二十年，太宗爲立碑焉〔二四〕。

唐相州刺史侯莫陳肅碑

右唐侯莫陳肅碑。肅，桂州總管穎之子也〔二五〕。元和姓纂所載侯莫陳氏云：「其先後魏別部，居庫斛真水。」周書云：「代郡武川人〔二六〕，世爲渠帥，隨魏南遷，爲侯莫陳氏。」余嘗得穎及穎之孫涉墓誌，皆云本劉姓，系出漢楚元王交。穎墓誌則以爲父崇，後周時賜姓；涉墓誌則以爲崇王父豐，後魏時賜姓。二説已是不同，而肅碑乃云：「漢中山靖王勝之後。勝曾孫劭謀誅王莽〔二七〕，不密，避難於代，因左言而命氏，改姓侯莫陳焉。」自古史傳所載，容有異同，今穎、肅、涉三世歲月相接，而碑、誌所書自相乖戾如此，皆莫知其孰是。豈其姓氏本出夷虜，而唐初以族望相高，故妄言出於名冑，以欺眩世俗，初無所據乎〔二八〕？不然，殆不可考也已。

唐孔穎達碑

右唐孔穎達碑，于志寧撰，世傳虞永興書〔二九〕。據碑云，穎達卒於貞觀二十二年〔三〇〕，時世南之亡久矣。然驗其筆法，蓋當時善書者規摹世南而爲者也。

唐太府卿李襲譽墓誌

右唐李襲譽墓誌。唐史列傳載襲譽官閥甚略〔三一〕，據墓誌云「武德初，拜太僕卿，出爲潞州總管，尋徵拜太府卿」；而傳言「高祖定長安，授太府少卿」者，蓋傳誤。傳言「襲譽坐私憾杖殺番禾丞劉武，嘗廢爲民，流泉州卒」，而墓誌不載，疑諱之也。

後周大宗伯唐瑾碑

右周唐瑾碑，以後周書及北史列傳校之，首尾皆牴牾不合。傳云「字附璘」，而碑云「字子玉」。傳云「始仕爲尚書員外郎」，而碑云「釋褐員外散騎侍郎」。傳云「初封姑臧縣子」，而碑云「永昌子」。傳云「爲吏部尚書，以父憂去職，尋起令視事」，而碑云「爲周太祖記室，其年丁武公憂，起復太子舍人」。傳云「爲驃騎大將軍、開府儀同三司，進爵臨淄伯，轉吏部尚書。于謹伐江陵，以爲元帥府長史」，而據碑，爲吏部尚書皆在爲驃騎、開府及元帥長史已前；又其改封臨淄伯，蓋爲龍驤將軍時，而其爲開府，乃進爵爲公。傳云「六官建，授禮部中大夫」，而碑云「授宗伯」。傳云「出爲蔡州刺史，歷柘州、硤州〔三二〕，轉荆州總管府長史，入爲吏部中大夫，歷御正、納言中大夫。久之，除司宗中大夫，兼内史，卒於位」；而碑云「先爲拓州刺史，乃遷蔡州，授司宗、御正、納言，又轉荆州總管，尋遷小宗伯，乃薨」。其遷拜次第不同如此。傳云瑾嘗爲户部尚書、硤州刺史、吏部中大夫，今據碑，皆未嘗拜；而「柘州」碑作「拓」。碑云「瑾嘗爲黄門侍郎，又爲散騎常侍，尋領大著作，脩國史及起居注，又爲侍中」，傳皆不載。其卒也，傳云「贈小宗伯」，而碑云「贈華州刺史」。傳云「謚曰方」，而碑云「謚曰懿」。碑，于志寧撰；貞觀中，其孫皎所立。後周書、北史皆唐初脩，距瑾之卒，歲月未遠，而顛倒錯繆如此。然其官爵、名字，子孫不應有誤，皆當以碑爲據也。

隋皇甫誕碑

右隋皇甫誕碑。余嘗得誕墓誌，又得此碑，以考北史及隋書列傳。傳云「誕字玄慮」，而碑、誌皆作「玄憲」。傳云：「隋高祖受禪，爲兵部侍郎。數年，出爲魯州長史。開皇中，復爲比部、刑部二曹侍郎〔三〕，遷治書侍御史，爲河南道大使。及還，奏事稱旨，令判大理少卿。明年，遷尚書右丞。」以碑、誌參考，誕自司徒主簿出授長史，俄除益州總管府司法，徵授比部侍郎，蓋未嘗拜兵部；而其爲河北、河南安撫大使，乃任右丞時，皆史家之謬。惟墓誌稱誕嘗爲司徒主簿，而碑不載。傳與墓誌皆云「爲魯州長史」，而碑作「廣州」，則疑碑之脱漏。墓誌乃葬時所述，然碑亦貞觀中其子無逸追建，不應差謬而不同，何也？

校證

〔一〕穎　此目及此條跋尾中所有「穎」字，宋本皆作「潁」。

〔二〕穎　宋本作「潁」，此條跋尾同。

〔三〕唐弘濟寺碑　宋本該條次於唐段志玄碑之後。

〔四〕又爲遼東道行軍總管改朔州道　案隋之行政區劃無「道」名，遼東道、朔州道不見於隋書地理志，唯煬帝紀下載大業八年伐高麗詔有云：「左第一軍可鏤方道，第二軍可長岑道……第七軍可遼東道。」諸道之名，或爲軍興時所設。

〔五〕左武候大將軍　「候」，原作「侯」，呂本、三長物齋本及新、舊唐書本傳皆作「候」，據改。

〔六〕後魏元叉本名夜叉　「叉」，各本原皆作「乂」，誤，據魏書及北史本傳改。又兩書皆謂叉小字夜叉，與元樹書所説不同。

〔七〕其弟刹本名羅刹　案魏書元叉傳載元樹書云：「弟羅，實名羅刹。」是羅刹名羅而非刹，趙氏引誤。

〔八〕元和姓纂所載亦同　案今本姓纂卷五作「字虔會」。

〔九〕至文宗朝　馮審請琢去碑中「周」字，事在宣宗大中五年十一月，見舊唐書宣宗紀。案馮審傳云：「開成（文宗年號）三年，遷諫議大夫。四年九月，出爲桂州刺史、桂管觀察使。入爲國子祭酒，國子監有孔子碑……審請琢去僞號。」馮審「入爲國子祭酒」當已在宣宗朝，而傳未書年號，趙氏因承上文而致誤。

〔一〇〕自曾祖而下三世皆封壯武侯　據隋書本傳載，彦謙高祖法壽封壯武侯，曾祖伯祖、祖翼並世襲爵壯武侯。是「跋尾」之「曾祖」當作「高祖」。

〔一一〕温善　原作「善」，吕本作「温善」，下文亦云「今此誌名温善」，因據改。

〔一二〕新唐書劉裴傳後載起義功臣事跡　劉裴，指劉文静、裴寂。「事」，原作「字」，據吕本改。

〔一三〕温韜　新五代史本傳云：温韜，京兆華原人，少爲盜，後事李茂貞，爲華原鎮將。在鎮七年，唐諸陵在其境内者悉發掘之，取其所藏金寶。而昭陵最固，韜從埏道下，見宫室制度閎麗，不異人間，中爲正寢，東西廂列石牀，牀上石函中爲鐵匣，悉藏前世圖書，鍾王筆迹，紙墨如新，韜悉取之，遂傳人間。

〔一四〕仲容　吕本作「仲雍」，吕氏原校注云：「仲雍，一作『仲容』。」

〔一五〕顔之推家訓　以下引文見顔氏家訓風操。

〔一六〕字固爲字　案今本顔氏家訓風操「固」下有「呼」字。

〔一七〕殆不可曉也　宋本、吕本「也」下有「已」字。

〔一八〕本傳皆不載　案舊唐書本傳於「貞觀初遷禮部尚書」後云：「除觀州刺史，與長孫無忌等代襲刺史。」較新唐書爲詳，趙氏失檢。

〔一九〕此碑李百藥撰　見唐會要卷四十八寺。

〔二〇〕汜水等慈吕州普濟豳州昭仁　此三碑趙氏均無「跋尾」，見卷三總目第五百五十五至五百五十七及該卷「校證」〔三〇〕。

〔二一〕碑云公諱某字志玄而其名已殘闕　案金石論叢貞石證史云：「志玄何名，此後金石家均未之及，余則謂志玄名雄，就昭陵諸碑自見之。許洛仁碑云：『武德開元，拜三衛車騎，侯君集、段雄、喬軌並莫（幕）府功臣，悉在部内。』曰『幕府功臣』，而段雄史未之見。揚雄嘗作太玄，段名雄，故字志玄也。」以下又論志玄於起師之初所立功績，謂「幕府功臣」蓋指此，可參閲。

〔二二〕碑云鄒平人　案萃編所載碑文作「□□郡□□人」，縣名已缺。王昶云：「關中金石記尚見有『鄒平』字，與金石録合。」

〔二三〕意謂凌烟先名戢武後改之耳　據新唐書太宗紀載，貞觀十七年二月戊申，圖功臣於凌烟閣。志玄卒于貞觀十六年，當時必先圖形于戢武閣，故碑文有此記載。授堂金石跋云：「當時尚未圖形凌烟，早已圖于此閣，而戢武之名，本傳亦不書，蓋闕録也。」案太宗有執契静三邊詩云：「戢武耀七德，昇文輝九功。」戢武閣之得名，或本于此。

〔二四〕至貞觀二十年太宗爲立碑焉　案撰文當在貞觀二十年，立碑則在二十一年。説見卷三「校證」〔三九〕。

〔二五〕肅桂州總管穎之子也　顧校於「肅」下增「隋」字。

〔二六〕代郡武川人　原作「代武川人」，三長物齋本及周書侯莫陳崇傳「代」下皆有「郡」字，據補。

〔二七〕勝曾孫劭　「劭」，呂本作「邵」。

〔二八〕初無所據乎　呂本「據」上有「稽」字。

〔二九〕虞永興　即虞世南，因曾封永興縣公，故稱。

〔三〇〕二十二年　原作「二十一年」，萃編引此「跋尾」及舊唐書孔穎達傳皆作「二十二年」，據改。

〔三一〕唐史列傳載襲譽官閥甚略　案舊唐書本傳云，襲譽隋末爲冠軍府司兵。唐高祖召授太府少卿，太宗以爲潞州總管，後歷光禄卿、蒲州刺史，轉揚州大都督府長史，爲江南道巡察大使，又轉涼州都督，加金紫光禄大夫，行同州刺史。則所載官閥非甚略可知，唯其與碑文出入較多耳。

〔三二〕柘州硤州　「柘」，各本皆同，而碑作「拓」。案武英殿本周書唐瑾傳作「柘」，中華書局標點本改作「拓」，校勘記云：「宋本『柘』作『祏』，北史本傳作『拓』。按隋書卷三一地理志夷陵郡條云：『梁置宜州，西魏改曰拓州，後周改曰硤州。』『柘』是『拓』之訛。」則似當以碑作「拓」爲是。唯隋書地理志謂硤州爲拓州所改，實是一地，而傳文云「歷柘（拓）州、硤州，所在皆有德化」，明爲二州，未詳其故。

〔三三〕二曹侍郎　宋本作「刑曹二侍郎」。

金石録卷第二十四

跋尾十四

唐

唐趙弘智碑
唐登封紀號文
唐司元太常伯竇德玄碑
唐于志寧碑
唐弘文館學士顧君墓誌
唐碧落碑
唐興昔亡單于阿史那彌射碑
唐阿史那忠碑
唐明徵君碑
唐黎尊師碑
唐李勣碑
唐陽翟侯夫人陸氏墓誌
唐少姨廟碑
唐啓母廟碑
唐房玄齡碑

唐高士廉塋兆記

唐益州學館廟堂記

右唐益州學館廟堂記，成都縣令顔有意書，撰人題「法曹、陳王文學〔一〕、太子詹事、待詔弘文館、陵州長史」，而姓名殘缺不可辨。集古録直以爲有意撰，非也。碑陰載當時官僚姓名，後人題云「此記賀遂亮撰」，未知果是否？記文序述前世遺蹟，考究同異，文詞古雅，甚可喜也。

唐萬年宫碑陰題名

右唐萬年宫碑陰者，高宗自爲萬年宫碑，詔宰相而下皆題名於其陰。予每覽此碑，見長孫無忌、褚遂良、許敬宗、李義甫同時列名，未嘗不掩卷太息，以爲善惡如水火，決不可同器，惟人主能辨小人而遠之，然後君子道長而天下治。若兼收並用，則小人必得志；小人得志，則君子必被其禍，如無忌、遂良是已。然知人帝堯所難〔二〕，非所以責高宗也。

唐薛收碑

右唐薛收碑，文字殘缺，其可讀處，以唐史校之，無甚異同，唯收之卒謚曰懿〔三〕，而史不書爾。又收之子元超，據唐史及此碑，皆云「名元超」，而楊炯盈川集載炯所爲元超行狀，乃云「名振，字元超」。蓋唐初人多以字爲名爾。

唐崔敦禮碑

右唐崔敦禮碑。案新唐史列傳云「敦禮，字安上」，而宰相世系表則云「名安上，字敦禮」。今此碑所書與表合，然舊史及碑皆言「敦禮，本名元禮，高祖爲改名焉」，其孫兢墓誌亦云「名敦禮」，蓋疑其以字行爾。又世系表其末載崔氏爲宰相者二十餘人，而獨不著敦禮，乃其闕漏也。

唐贈左僕射楊達碑

右唐贈左僕射楊達碑。達，觀王雄弟也。煬帝時，官至納言，卒贈吏部尚書。唐顯慶中，以武后外祖父加贈左僕射官，爲之立碑。以隋書列傳考之，時有異同。傳云「字士達」，而碑云「字叔莊」〔四〕；傳云「年六十二」，而碑云「年六十五」，皆當以碑爲正。又傳云「謚恭」，而碑云「謚懿」。予集録有李嶠所撰武后母墓碑，亦云「謚爲恭」，與傳合，未知孰是也。

唐李靖碑

右唐李靖碑。集古録云：「靖之封衛國公也，授濮州刺史。蓋太宗以功臣爲世襲刺史，後雖不行，史宜書，而不書者，闕也。」余案新史長孫無忌傳載，無忌以下授世襲刺史者凡十四人，姓名具存。蓋其事已見於他傳，則於本傳似不必重載也。

唐辨法師碑

右唐辨法師碑，薛純陁書。歐陽集古録云：「純陁，太宗時人，其書有筆法。意其當時必爲知名士而今世人罕知者，然亦不傳於世。集古所得純陁書，秖此而已〔五〕。」余案法書要録云：「薛純陁學歐草，微傷肥鈍，亦通之亞也〔六〕。」然則純陁當時真知名矣。余又得純陁八分書比干碑，歐陽公所未嘗見也。與純陁同時有薛純曹，太宗命書砥柱銘者，其筆法與純陁絶相類，疑即一人〔七〕。蓋唐初時人姓名多如此耳。

唐蘭陵長公主碑

右唐蘭陵長公主碑，李義甫撰。據唐書列傳，「公主，太宗第十二女」，而碑云「第十九女」，蓋傳誤也。

唐清河公主碑

右唐清河公主碑。公主，太宗女也。碑云：「下嫁程知節之子處亮。」知節碑及唐史知節列傳、元和姓纂所載皆同；惟公主列傳作「懷亮」，非是。唐史一書而首尾自相乖戾者甚衆，非特此也。

唐趙弘智碑

右唐趙弘智碑，云「弘智，字處仁」，而史不載。又云「自太子舍人爲吏部員外郎，遷國子博士、檢校吏部郎中，尋爲越王府長史，兼檢校吏部侍郎，遂轉黄門侍郎」，舊史亦云「累遷」，而新史直云「由太子舍人拜黄門侍郎」爾。又弘智爲國子祭酒，嘗領東宫賓客，而新、舊史亦皆不載。

唐登封紀號文

右唐登封紀號文，凡兩碑，皆高宗自撰并書。其一大字，磨崖刻於山頂；其一字差小，立於山下，然世頗罕傳。政和初，予親至泰山，得此二碑入録焉。

唐司元太常伯竇德玄碑

右唐竇德玄碑。以唐史本傳考之，其事多合。惟德玄爲御史大夫，攝吏部、禮部、度支三尚書，遂遷大司憲，史皆不載〔八〕。又其弟德遠，史云「封樂安男」，而碑作「樂平」，當以碑爲正。

唐于志寧碑

右唐于志寧碑，以考唐史列傳，其微時所歷官，史多不書，今亦不復録，録其尤著者：碑云「大業十年，爲清河縣長」，而傳云「爲冠氏長」〔九〕。碑云「自中書侍郎遷兵部郎中〔一〇〕。授蒲州刺史，不赴。後爲衛尉卿，判太常卿事，以本官兼雍州別駕，遷禮部尚書」，而史皆不載。史云：「自侍中拜尚書左僕射、同中書門下三品。頃之，兼太子少師，遷太傅。顯慶四年，以老乞骸骨，詔解僕射。更拜太子太師，仍同三品。」今以碑考之，其初拜僕射也，未嘗領中書門下三品；至罷僕射，乃爲同中書門下，參謀朝政，皆史家之誤。又案百官志，唐初宰相，有參議朝政、參預朝政、參知政事，其後有同中書門下三品、同平章事。永淳中，遂以「平章事」入銜，而獨無「參謀朝政」之名，蓋惟見於此爾。

唐弘文館學士顧君墓誌

右唐顧君墓誌，已殘闕，亡其前一段。以事考之，蓋顧胤也。胤，高宗朝爲弘文館學士、司文郎中，卒。名姓附見唐書令狐德棻傳。其子琮，仕武后爲宰相。今此誌但云「第六子琉等」而無琮，豈當時官未顯，故不載歟？

唐碧落碑

右唐碧落碑，大篆書，其詞則唐宗室黄公譔所述，或云「陳遺玉書」〔一〕，或云「譔自書」〔二〕，皆莫可知。李肇及李漢並言李陽冰見此碑〔三〕，徘徊數日不去；又言陽冰自恨其不如，以槌擊之，今缺處是也。此説恐不然。陽冰嘗自述其書，以謂「斯翁之後，直至小生」〔四〕，於他人書，蓋未嘗有所推許。唐人以大篆當時罕見，故妄有稱説耳，其實筆法不及陽冰遠甚也。〔案〕李綽尚書故實云：「絳州碧落碑，乃高祖子韓王元嘉四男爲先妃所製，陳惟玉書。」「遺玉」作「惟玉」，與此異。

唐興昔亡單于阿史那彌射碑

右唐阿史那彌射碑。彌射，本西突厥，嘗歸朝，後伐龜茲，爲蘇海政所殺。舊唐史紀彌射事甚詳，多與碑合；而新史所書甚略，如高宗朝册爲崑陵都護、興昔亡單于，皆不載。碑云「單于諱某，字彌射」，而缺其名不書；史但言「名彌射」，豈作碑者爲緣飾之乎？

唐阿史那忠碑

右唐阿史那忠碑。唐書列傳云：「忠尚宗室女定襄縣主，始詔姓獨著史〔一五〕。」今此碑當時所立，題云「阿史那府君之碑」，而元和姓纂亦云「阿史那氏，開元中改爲史」，疑傳誤也。唐太宗親撥隋亂，即位未幾，遂致太平，其好賢樂善，蓋出天性，故一代豪傑皆樂爲之用。如忠之徒，出於降虜，亦皆立勳本朝，著名後代，雖云太宗天資英睿，絶人甚遠，至於輸忠盡節，衆賢之助亦多矣。嗚呼盛哉！

唐明徵君碑

右唐明徵君碑。徵君者，梁明山賓也。高宗朝，其裔孫崇儼以方伎進，故立此碑。舊唐史言高宗自製文而書之，非也。蓋高宗撰文，高正臣書耳。

唐黎尊師碑

右唐黎尊師碑，題云「盧子昇字照鄰撰」。案唐史，盧照鄰，字昇之，與此碑不合。蓋唐初人多以字爲名爾。至以「子昇」爲「昇之」，則疑史之誤。

唐李勣碑

右唐李勣碑。案唐史，太宗屬疾，出勣爲疊州都督。高宗立，召授檢校洛州刺史。今以碑考之，其除洛州乃在太宗朝。高宗即位，授開府儀同三司爾。又新、舊史皆云「勣年八十六」〔一六〕，而碑云「年七十六」。碑，高宗自撰，其所書官爵、年壽，皆可信不疑也。

唐陽翟侯夫人陸氏墓誌

右唐陽翟侯夫人陸氏墓誌。陽翟侯者，褚遂賢也。元和姓纂及唐書宰相世系表載遂賢一子兼藝，爲永州司功，今此誌云「二子，兼善、兼愛」，而無「兼藝」。兼善、兼愛二子，姓纂、唐史漏落容有之〔一七〕，惟兼藝，墓誌不書者何也？豈非唐表誤乎？

唐少姨廟碑

右唐少姨廟碑，楊炯撰，云：「少姨廟者，則漢書地里志嵩高少室之廟也〔一八〕。其神爲婦人像者，則故老相傳云啓母塗山氏之妹也。」余案淮南子云，塗山氏化爲石而生啓〔一九〕。其事不經，固已難信，今又以少姨爲塗山氏之妹，廟而祀之，其爲淺陋尤甚，蓋俚俗所立淫祀也。炯既載之於碑，又遂以爲漢書所謂少室之廟者，何其陋哉！

唐啓母廟碑

右唐啓母廟碑，崔融撰。案淮南子云：「禹治鴻水，通轘轅山，化爲熊。塗山氏見之，慚而去，至嵩高山下化爲石，方生啓。禹曰：『歸我子。』石破北方而啓生。」其説可謂怪矣！然漢武帝幸緱氏，至中嶽，見夏后啓母石，列於詔書，則固已信之矣。其後郭璞注山海經〔二〇〕，顔師古注漢書，皆具載其語，而融又文其事於碑，流俗安得不惑乎！自古荒誕之士，喜爲奇詞怪説以欺世眩俗，學士大夫能卓然不惑者蓋鮮。如啓母化爲石，伊尹之母化爲桑〔二一〕，事尤不經難信，然由古迄今，未有非之者也。嗚呼，此君子所以惡攻乎異端也歟〔二二〕！

唐房玄齡碑

右唐房玄齡碑，文字摩滅斷續，不可考究，惟其名字僅存。其後題「脩國史河南公」而名姓殘闕者，褚遂良也。案舊唐史云「玄齡名喬，字玄齡」，而新史乃云「名玄齡，字喬」。今碑所書，與新史合，惟宰相世系表又云「玄齡字喬松」者，不知何所據也〔二三〕。

唐高士廉塋兆記

右唐高士廉塋兆記。唐史及元和姓纂皆云「士廉父名勵」〔二四〕，而北史作「勱」。今此碑與北史合。蓋唐史及姓纂轉寫誤耳。碑，許敬宗撰，趙模書。模字畫甚工，蓋貞觀中太宗命臨蘭亭序者。〔案〕何氏焯云：「此碑今所存僅百餘字，趙崡石墨鐫華云『存三百餘字』，相去百年，益摩滅矣。書法兼歐、虞之長，與蘭陵公主碑爲近。」

校證

〔一〕陳王　據新唐書高祖諸子傳載，道王元慶，始王漢，後徙陳。陳王殆即元慶。

〔二〕然知人帝堯所難　尚書皋陶謨：「皋陶曰：『都，在知人，在安民。』禹曰：『吁，咸若時，惟帝其難之。』」孔傳云：「言帝堯亦以知人安民爲難。」此爲趙説所本。

〔三〕收之卒諡曰懿　案萃編謂此碑額題爲「唐故太常卿、上柱國、汾陰獻公薛府君碑」十六字。王昶云：「金石録……云『收之卒諡曰懿』，今碑額作『獻』，恐金石録傳寫誤也。」

〔四〕字叔莊　「莊」，呂本作「壯」。

〔五〕集古所得純陁書祇此而已　案集古録此句原文作「余家集録可謂博矣，所得純陀書，祇此而已」。「録」改爲「古」，則文意不順矣。陀，與「陁」同。

〔六〕亦通之亞也　語見法書要録卷八所録張懷瓘書斷妙品：「歐陽詢……子通亦善書，瘦怯于父。薛純陀亦效詢草，傷於肥鈍，乃通之亞也。」

〔七〕疑即一人　金石論叢金石證史云：「按吾粵南海沙頭鄉人讀『曹操』如『陁拖』，是陁、曹可以通轉，趙氏疑爲一人，可信也。」

〔八〕史皆不載　案德玄爲御史大夫，見於新唐書本傳，趙氏失檢。

〔九〕冠氏長　「冠」，原作「寇」。案呂本、三長物齋本及新、舊唐書本傳皆作「冠」，據改。

〔一〇〕兵部郎中　宋本無「郎中」二字。

〔一一〕或云陳遺玉書　萃編引金石録此「跋尾」作「陳惟玉」。案集古録、鑾坡集皆謂李璿之玉京宫記以書者爲陳惟玉。

〔一二〕或云譔自書　主此説者爲李漢。見本卷校證〔一三〕。

〔一三〕李肇及李漢並言李陽冰見此碑　李肇語，見唐國史補卷上。李漢語，未詳所出，然鑾坡集載其有黄公記論此碑書人爲黄公李譔，或即出自此書耶？

〔一四〕斯翁之後直至小生　唐國史補卷上云：「李陽冰善小篆，自言：『斯翁之後，直至小生。曹嘉、蔡邕，不足言也。』」案斯翁謂李斯，李嗣真書後品云：「李斯小篆之精，古今妙絶。」

〔一五〕忠尚宗室女定襄縣主始詔姓獨著史　此語見新唐書本傳。舊唐書本傳云：「忠以擒頡利功……妻以宗女定襄縣主，賜名爲忠，單稱史氏。」案頡利被擒在太宗貞觀四年，而此碑立在高宗上元二年，額題仍爲阿史那氏，可證其尚定襄縣主時尚未單姓史氏。

〔一六〕新舊史皆云勳年八十六　案舊唐書本傳云「年七十六」，與碑合，趙説不確。

〔一七〕容　原作「庸」，據吕本改。容，或也。

〔一八〕嵩高　「嵩」，原作「崇」，據吕本及楊炯集所載碑文改。

〔一九〕淮南子云塗山氏化爲石而生啓　案此與下篇啓母廟碑「跋尾」所引淮南子文，均見漢書武

〔二〇〕帝紀「見夏后啓母石」顔師古注，今本淮南子已佚。

〔二一〕郭璞注山海經　山海經中山經「泰室之山……上多美石」郭璞注云：「啓母化爲石而生啓，在此山。見淮南子。」

〔二二〕伊尹之母化爲桑　吕氏春秋本味云：「其母居伊水之上，孕，夢有神告之曰：『臼出水而東走，毋顧。』明日，視臼出水，告其鄰，東走十里，而顧其邑盡爲水，身因化爲空桑，故命之曰伊尹。」

〔二三〕此君子所以惡攻乎異端也歟　論語爲政：「子曰：『攻乎異端，斯害也已！』」何晏集解：「攻，治也。」

〔二四〕云玄齡字喬松者不知何所據也　容齋隨筆四筆房玄齡名字云：「予記先公自燕還，有房碑一册，于志寧撰，乃『玄齡字喬松』。本欽宗在東宫時所藏，其後猶有一印，曰『伯志西齋』，今亦不存矣。」案此或爲宰相世系表所本。

〔二五〕唐史及元和姓纂皆云士廉父名勵　案趙氏所見姓纂有此語，今本已佚。

金石録卷第二十五

跋尾十五

唐　僞周

唐褚亮碑
唐洛州刺史賈公清德頌
唐歐陽詢妻徐夫人墓誌
唐襄州刺史封公碑
唐襄州孔子廟堂碑
唐奉禮郎岑子輿墓誌
唐醴泉令張仁藴德政碑 〔案〕目録題作「周」。
周武后昇中述志碑
周武后封中嶽碑

周昇仙太子碑
周大雲寺碑
周武士彠碑
周孔昌寓碑
周崔敬嗣墓誌
唐祝府君碑
唐秦州都督唐宗碑
唐工部尚書姚璹碑
後周宇文舉碑
唐魏叔瑜妻王夫人墓誌
唐兵部侍郎崔皝墓誌
唐中興聖教序
唐聖教序碑側
唐徐有功碑
唐國子祭酒武承規墓誌

唐陝州刺史劉延景碑

唐脩封禪壇記

唐褚亮碑

右唐褚亮碑。唐書云「亮，杭州錢唐人」，而碑云「晉南遷，家于丹陽」〔一〕。案元和姓纂自有錢唐褚氏，與亮族系不同〔二〕。唐史蓋失之。

唐洛州刺史賈公清德頌

右唐洛州刺史賈公清德頌。案唐史循吏傳，賈敦頤、敦實相繼爲洛州刺史、長史〔三〕，有惠愛，郡人皆爲刻石，號「棠棣碑」。今敦實之碑亡矣，此碑載初除洛州制書有云：「三川之境，是稱都會；六條之寄〔四〕，允屬時英。蒲州刺史賈敦賾，體業强正，識用優拔〔五〕。」蓋其名乃敦賾也。又武后實録敦實傳中亦作「敦賾」。以此知唐史傳寫之誤。又案法書要録，此碑王知敬書。以知敬所書他石刻較之〔六〕，字畫不類，未知果知敬書否也。

唐歐陽詢妻徐夫人墓誌

右唐歐陽詢妻徐夫人墓誌，云：「徐始以夫恩封渤海郡君〔七〕，尋加渤海郡夫人，最後以子恩封渤海太縣君。」案本朝之制，婦人既封郡君或郡夫人，再以子貴加恩，則直封爲郡太君、郡太夫人，不復爲縣太君矣。今徐既以夫貴封夫人，後以子恩纔封爲太縣君，蓋一時之制如此。又不曰「縣太君」而曰「太縣君」，與今名號亦異也。唐世婦人封邑次敘，史家不載，偶見於此志耳。

唐襄州刺史封公碑

右唐襄州刺史封公碑，宋之遜書〔八〕，字畫頗佳。之遜，之問弟也，兄弟皆小人。之遜奴事武三思，「三思五狗」〔九〕，之遜乃其一。以此知書特小技，苟非其人，亦何足貴哉！

唐襄州孔子廟堂碑

右唐襄州孔子廟堂碑，于敬之撰。其前題「魯大司寇、贈太師宣尼父孔丘廟堂碑銘」。春秋之法，或書字，或書名，皆所以寓褒貶之意。今敬之爲孔子廟碑而斥其名，何哉？

唐奉禮郎岑子輿墓誌

右唐岑子輿墓誌，云：「君諱子輿，字安道，南陽棘陽人也。曾祖之象，祖文本，父曼倩。」案元和姓纂及新唐書宰相世系表載曼倩四子獻、羲、仲翔、仲休，而無「子輿」。今墓誌云「次弟獻，前太子典膳郎；次弟羲，前成均監主簿」，而無仲翔、仲休。墓誌既云獻、羲等，則不載仲翔、仲休容有之，惟子輿乃曼倩長子，姓纂與世系表當書而闕者，何也？

唐醴泉令張仁蘊德政碑〔一〇〕

右唐醴泉令張仁蘊德政碑，長壽三年立，醴泉尉顔真卿書。案魯公雖嘗爲此官，然在開元間；而魯公以貞元元年爲李希烈所害，年七十六，上距長壽三年，實九十餘歲，是時猶未生也。又筆法與魯公他書不類，以此疑有姓名同者。然碑武后時立，而不用當時所製字。或云碑雖建於長壽中，至魯公爲尉，重書而刻之，未可知也。據新史紀傳，魯公以貞元元年被害，年七十六；而舊史、德宗實録皆云歿於興元元年，年七十七，疑新史誤〔二〕。

周武后昇中述志碑

右周武后昇中述志碑，武后自撰，睿宗書。碑極壯偉，立於嵩山之巔，其陰鍾紹京書，字畫皆工妙。政和中，河南尹上言請碎其碑，詔從之。

周武后封中嶽碑

右周武后封中嶽碑，已殘闕，書、撰人名氏皆不可考，然驗其筆蹟，蓋薛稷書也。

周昇仙太子碑

右周昇仙太子碑，武后撰并書。昇仙太子者，王子晉也。是時張易之、昌宗兄弟方有寵，諂諛者以昌宗爲子晉後身，故武后爲葺其祠，親銘而書於其碑。君臣宣淫無恥類如此，可發萬古之一笑也。

周大雲寺碑

右周大雲寺碑，賈膺福撰并八分書，其筆法精妙可喜。案舊唐史云：「武后鑄九鼎，圖寫山川物像〔二〕，命工書人賈膺福、薛昌容、李元振、鍾紹京等分題之。」紹京之書，世固多有；膺福筆蹟雖僅存，然世亦未有稱之者；如昌容等書，遂不復見。以此知士所以自著於不朽者，果在德而不在藝也。

周武士彠碑

右周武士彠碑。武后時，追尊士彠爲無上孝明皇帝，命李嶠爲碑文，相王旦書石焉。戎幕閒談載李德裕言〔三〕：「昔爲太原從事，見公牘中有文水縣牒，稱武士彠墓碑元和年忽失龜頭所在，碑上有『武』字凡十一處，皆鐫去之。碑高大，非人力所及。未幾，武元衡遇害。」今此碑「武」字最多，皆刻畫完好，無訛闕者。以此知小説所載，事多荒誕不可信類如此。

周孔昌寓碑

右周孔昌寓碑，載其世系甚詳，云：「宣尼父三十六世孫也。十四世祖潛，吴侍中，生晉豫章太守竺。竺生大尚書冲。冲生大司農侃。侃生祕書監滔。滔生江夏太守倏。倏生宋尚書左丞幼。幼生尚書右丞遥之。遥之生中書侍郎曅〔一四〕。曅生齊散騎常侍珮。珮生梁侍中休源。休源生陳黄門侍郎宗範。宗範生陳散騎常侍伯魚。伯魚生隋祕書正字德紹。德紹生昌寓。」唐以前士人以族姓爲重，故雖更千百年，歷數十世，皆可考究。自唐末五代之亂，在朝者皆武夫悍卒，于是譜牒散失，士大夫茫然不知其族系之所自出，豈不可惜也哉！故余詳録于此，使後學論姓氏者有考焉。案此碑及梁史皆云「休源，冲八世孫」，而元和姓纂獨以爲「七代孫」，誤矣。

周崔敬嗣墓誌

右周崔敬嗣墓誌，云「祖咸，考表」，而元和姓纂以「咸」爲「誠」，「表」爲「儀表」〔一五〕。又新唐書崔光遠傳：「中宗在房州，官吏多不爲禮。光遠祖敬嗣爲刺史，獨盡誠推奉，帝德之。及反正，有與敬嗣同姓名者，每擬官，帝輒超拜，後召見，悟非是。訪敬嗣，已死，即授其子汪五品官。汪生光遠。」今以墓誌考之，敬嗣，武后時實爲房州刺史，然墓誌載敬嗣長子悦、次子協而無名汪者，而姓纂亦云「悦生光遠」。然則以「悦」爲「汪」，蓋史誤也。敬嗣卒於證聖元年，中宗反正，其殁已久，屢遷他人官而不悟，可謂昏矣！

唐祝府君碑

右唐祝府君碑。府君諱綝，欽明父也。碑，欽明自撰。今南京有漢祝睦兩碑[一六]，其一言「君兆自重、黎，祝融苗胄」[一七]；其一言「其先高辛」[一八]。余案諸書，重、黎、祝融皆帝高陽之後[一九]。帝堯，高辛之子也。睦碑既云出于重、黎、祝融，又云出于高辛，自相牴牾，莫可究考。而此碑引世本氏姓篇云：「祝氏，軒轅之後也。」史記周本紀：「武王克殷，封黄帝之後于祝，帝堯之後于薊。」樂記云：「封黄帝之後于薊，帝堯之後于祝。」蓋以黄、堯本下闕一字。同出有熊[二〇]，由此史傳相交，祝、薊互舉，參考世本，馬遷近之。然司馬遷史記於族系多采世本，不知世本果可盡信否？蓋君子于學有所不知，闕焉可也。

唐秦州都督唐宗碑

右唐唐宗碑，云「君諱宗〔三〕，字徵仁」，而唐書宰相世系表云「名世宗」。碑又云「祖諱子政」，而世系表作「二政」。皆當以碑爲正。宗，宰相休璟祖也，仕隋爲朔方郡丞，行郡守事；大業末，爲賊梁師都所殺；神龍中，贈秦州都督。

唐工部尚書姚璹碑

右唐姚璹碑。案新唐書璹列傳云「爲夏官侍郎，坐族弟敬節叛，貶桂州長史」；而碑云「官兵部侍郎，以敬節犯法，改授司府少卿、檢校定州刺史，尋即真，轉都督廣、循等二十三州諸軍事、廣州刺史，後替還，仍以前累，重貶桂州」。又璹爲宰相時，嘗爲西京留守，而史不載。璹以妖妄諂諛事武后，其事蹟皆不足取，而于官職闕漏不可不記者，所以正史官之失也。璹微時所歷官，列傳尤簡略，今皆不復載云。

後周宇文舉碑

右後周宇文舉碑，盧思道撰，神龍中其曾孫敞追建。以後周書考之，官閥、事迹多同。惟碑云「公諱舉，字神舉」，而史但言「名神舉」而已。又史云「其曾祖名求男」，而碑止言「名求」〔二二〕。史云「祖名顯和」〔二三〕，而碑止言「名和」〔二四〕，亦皆不同。其卒也，史云「宣帝以宿憾殺之」，而碑稱「遘疾薨」。疑作碑者爲諱其事，當以史爲正。

唐魏叔瑜妻王夫人墓誌

右唐王夫人墓誌。夫人，魏叔瑜妻，華之母也。誌無書、撰人姓名，驗其筆法，蓋華自書。華以草隸擅名一時，然石刻見於今者絶少，此誌世尤罕傳云。

唐兵部侍郎崔兢墓誌

右唐崔兢墓誌，云：「公諱兢，字明慎。祖敦禮，父守業。」案舊唐書敦禮列傳云：「孫貞慎，神龍初爲兵部侍郎。」元和姓纂、新史宰相世系表所書亦同。今以墓誌考之，其家世及名位皆合，惟不著其名，而以「明」爲「貞」者，皆唐史及姓纂之闕誤也。

唐中興聖教序

右唐中興聖教序，中宗爲三藏法師義净所作，唐奉一書。刻石在濟南長清縣界四禪寺。寺在深山中，義浄真身塔尚存，余屢往遊焉，得此文入録。案御史臺記：「奉一，齊州人，善書翰。武后時爲御史，後坐誅翦皇族廢。」

唐聖教序碑側

右聖教序碑側，云：「則天嘗得玉册，上有銘十二字，朝野不能識，義浄能讀其文，曰『天册神皇萬歲忠輔聖母長安』。證聖元年五月上之，詔書褒答。」案宋莒公紀年通譜：「武后以證聖元年九月，受『天册金輪聖神』之號，故大赦改元。先是，司饌局人於水際得石函，有玉册云『神皇萬歲忠輔聖母長安』，故改元協瑞。」其文與義浄所載小異云。余嘗謂義浄方外之人，而區區爲武后稱述符命，可笑也。然陶弘景號稱一代高士，在梁武時亦屢上圖讖，豈獨義浄也哉！

唐徐有功碑

右唐徐有功碑，徐彦伯撰。以新、舊唐史考之，其本末皆同。惟舊史云「長安二年卒，年六十二」，碑云「三年卒，年六十八」，新史亦云「年六十八」，與碑合。

唐國子祭酒武承規墓誌

右唐武承規墓誌，蘇頲撰。顔魯公家廟碑載魯公之父名惟貞，字叔堅，嘗爲太子文學。今此誌題「太子文學顔叔堅書」，豈非以字行乎？家廟碑又稱叔堅受筆法於舅殷仲容氏，特以草隸擅名云。

唐陝州刺史劉延景碑

右唐劉延景碑。延景女爲睿宗妃，生讓帝者〔三五〕。碑云：「夫人房氏，以景雲元年贈沛國夫人。二年，歲次丁亥，附窆於延景之墓。」案睿宗以景雲元年六月即位改元，歲次庚戌。明年歲在辛亥；而碑作「丁亥」，誤也。碑載「延景四子：温玉、承顔、璵、琪」，而元和姓纂以「璵」爲「瑗」，蓋姓纂之誤。

唐脩封禪壇記

右唐脩封禪壇記，賈膺福書。初，余得膺福八分書大雲寺記，愛其筆法，後又得此記，字爲小楷，尤工妙可喜云。

校證

〔一〕丹陽　「陽」，原作「楊」，據呂本改，説見卷一「校證」〔一四〕。

〔二〕族系不同　呂本作「族不同系」。

〔三〕相繼爲洛州刺史長史　「長史」二字原無，呂本有。案新、舊唐書皆言敦實爲長史而非刺史，呂本是，據補。

〔四〕六條之寄　六條，指從六個方面檢察地方長吏、强宗豪右的條令。漢書百官公卿表上「武帝元封五年初置部刺史掌奉詔條察州」顏師古注引漢官典職儀云：「刺史班宣，周行郡國，省察治狀，黜陟能否，斷治冤獄，以六條問事。」據舊唐書良吏傳上載，敦頤任洛州刺史時，「豪富之室，皆籍外占田，敦頤都括獲三千餘頃，以給貧乏。又發姦擿伏，有若神明」。碑文因以「六條之寄，允屬時英」贊之。

〔五〕識用優拔　「拔」，宋本、呂本作「敏」。

〔六〕以知敬所書他石刻較之　「較」，呂本作「校」。

〔七〕渤海郡君　「郡」，原作「縣」，呂本作「郡」。案下文云「婦人既封郡君或郡夫人」，則此當以作「郡」爲是，據改。

〔八〕宋之愻　「愻」，舊唐書作「遜」。

〔九〕三思五狗　舊唐書武三思傳云：「侍御史周利用、冉祖雍，太僕丞李悛，光禄丞宋之遜，監察御史姚紹之等五人，常爲其耳目，時人呼爲『三思五狗』。」

〔一〇〕唐醴泉令張仁藴德政碑　三長物齋本案云：「目録『唐』作『周』，當是原碑作『周』，重刻改正。」又，宋本「醴泉」下有「縣」字，下同。

〔一一〕疑新史誤　三長物齋本案云：「魯公以貞元元年卒，有移蔡帖可證，實年七十七，新、舊史皆誤也。此碑書於尉醴泉時，猶未得筆法於張長史，故與他書不類。」顔真卿述張長史筆法十二意云：「予罷秩醴泉，特詣東洛，訪金吾長史張公旭，請師筆法。」三長物齋本案語所謂「尉醴泉時猶未得筆法於張長史」，其説即本此。

〔一二〕武后鑄九鼎圖寫山川物像　事見舊唐書禮儀志二。「像」，原作「象」，據吕本及舊唐書改。

〔一三〕戎幕閒談　新唐書藝文志三著録爲一卷，未言撰人姓名，唯編次在韋絢劉公嘉話録之後。增訂四庫簡明目録標注卷十四子部小説家類謂唐韋絢撰燈下閒談二卷，見于館閣書目，宋陳道人書鋪刊行，似一名戎幕閒談。

〔一四〕中書侍郎暈　「暈」，三長物齋本作「華」。

〔一五〕元和姓纂以咸爲諴表爲儀表　案此語今本姓纂已佚。

〔一六〕南京　據宋史地理志一載，真宗大中祥符七年，以應天府爲南京，即今河南商丘縣。

〔一七〕重黎祝融　尚書吕刑云：「乃命重、黎，絶地天通。」國語楚語下云：「周書所謂重、黎寔使天地不通者，何也？」韋昭注：「重、黎，顓頊掌天地之臣……少皞之末，民神雜糅，不可方物，顓頊受之，乃命南正重司天以屬神，火正黎司地以屬民，是謂絶地與天相通之道也。」又左傳昭公二十九年：「少皞氏有四叔，曰重，曰該，曰修，曰熙……顓頊氏有子曰犁（即黎），爲祝融。」莊子胠篋：「昔者……祝融氏、伏羲氏、神農氏，當是時也，民結繩而用之。」據左傳，則重、黎似非同出一氏；而黎爲顓頊氏之子，與祝融是一人。據莊子，則祝融爲伏羲以前之古帝，與顓頊子黎非一人。趙氏所引碑文似取後説，而趙氏則似從前説，然其又以黎與祝融爲兩人，則未知所據。案太古邈遠，有關人物世系之傳説紛紜歧異，莫可究詰，其互相矛盾之處，存疑可也。又，「重」、「黎」，宋本分别作「黎」、「卒」。

〔一八〕高辛　左傳文公十八年杜預注：「高辛，帝嚳之號。」相傳爲五帝之三，代高陽氏而爲帝（見宋書符瑞志）。

〔一九〕高陽　左傳文公十八年杜預注：「高陽，帝顓頊之號。」相傳爲五帝之二，代少皞氏而爲帝（見潛夫論五德志）。

〔二〇〕以黄堯本同出有熊　「本」，宋本、吕本作「末」。「有熊」，即黄帝。白虎通號：「黄帝有天下，號曰有熊。」

〔二一〕君諱宗　案舊唐書唐休璟傳謂休璟祖宗，與碑合。

〔二二〕而碑止言名求　案文苑英華卷九四七庾信宇文顯墓誌亦作「求」。

〔二三〕史云祖名顯和　案周書宇文神舉傳及北史周宗室傳皆作「父顯和」。又宇文顯墓誌單稱作「顯」。

〔二四〕碑止言名和　三長物齋本案云：「文舉祖（當作「父」）名，碑避中宗御名，去『顯』字」。

〔二五〕讓帝　睿宗長子李憲，曾爲皇太子。楚王隆基（即玄宗）有定社稷功，因固讓其位。玄宗即位後，追謚爲「讓皇帝」，見新、舊唐書本傳。

金石録卷第二十六

跋尾十六

唐

唐六公詠
唐凉國長公主碑
唐衛尉正卿泉君碑
唐左驍衛大將軍趙元禮碑
唐王方翼碑
唐龍角山紀聖銘
唐冠軍大將軍臧懷亮碑
唐蕭灌碑〔一〕
唐楊曆碑
唐汝陽王長女墓誌
唐南嶽真君碑
唐立梁宣帝明帝二陵碑
唐孝義寺碑陰記
唐景陽井銘
唐代國長公主碑

唐趙冬曦祭仲山甫文

唐解琬碑〔二〕

唐贈兖州都督裴守真碑

唐屯留令邢義碑

唐并州長史崔敬嗣碑

右唐崔敬嗣碑。案唐史崔光遠傳：「中宗在房州，光遠之祖敬嗣爲刺史，盡誠推奉，帝德之。及反正，有與敬嗣同姓名者，每擬官，輒超拜，後召見，悟非是。訪真敬嗣，已死，乃用其子。」余集録有光遠祖墓誌，其卒在武后朝。此碑敬嗣，蓋中宗時誤遷官者也，而碑乃云「景龍元年，有制追，不時至。中宗對宰相稱其姓名，三令使者趣之。及謁見，即日拜羽林將軍」，二説不同。豈中宗既召見，乃悟其非是歟？

唐贈右僕射王洎碑

右唐王洎碑。洎，王仁皎父也。元和姓纂、唐書宰相世系表皆云名文洎〔三〕，而碑云「名洎，字文洎」，疑碑是。〔案〕末三字從葉本，謝本作「云」〔四〕。

唐巂州都督姚懿碑

右唐姚懿碑。懿，崇父也。據碑及唐書宰相世系表，皆云「公諱懿，字善意」〔五〕，而崇子弈碑與元和姓纂乃云「名善意」〔六〕，豈非以字行乎？懿，隋末唐初人，仕至巂州都督。開元間，崇爲宰相，立此碑。

唐盧懷慎碑

右唐盧懷慎碑，蘇頲撰。其叙懷慎官閥甚略，云「公諱德慎，字懷慎」，而史不載其字。又云：「上因時鄠、杜，北望京國，〔案〕別本「時」作「游」，「國」作「闕」〔七〕。歸然有公之別廬。抵其宅，室甚陋。」據此所書，乃明皇嘗親幸其第，而史云「馳使問之」〔八〕，非也。史云：「懷慎屬疾，宋璟、盧從愿候之。臨别，執二人手曰：『上求治切，然享國久，稍倦於勤，將有憸人乘間而進矣。』」蓋謂楊、李也〔九〕。果如此，懷慎可謂先見，然獨新史有之，舊史不載。案懷慎以開元四年卒，是時明皇新即位，登用賢俊，鋭於爲治之時也，乃云「享國久，倦於勤」，何哉？疑初無此事，蓋唐史喜取小説所載故事，多謬誤。以此知是非去取，秉史筆者豈可不慎！

唐琅邪王冲墓誌

右唐琅邪王冲墓誌。冲，越王貞子也。中宗遷房陵，貞與冲謀反正，舉兵，未幾，父子皆敗。開元六年，始詔陪葬昭陵。武后革命，毒流海内，而唐之宗室被禍尤甚。冲父子特畏誅翦，故舉兵爾，非有他謀也。倉卒無援，卒就夷滅，哀哉！

唐玄元觀尹尊師碑

右唐尹尊師碑，郭謙光八分書。謙光八分，初不見稱於唐人，獨歐陽公盛稱之，以謂不減韓、蔡、史、李四家〔一〇〕。余因訪求久之，得崔敬嗣及此碑著録焉。

唐河侯新祠頌

右唐河侯新祠頌，秦宗撰〔一一〕，云：「河伯姓馮，名夷，字公子，潼鄉華陰人也。」案章懷太子張衡傳注引聖賢冢墓記亦云：「馮夷者，弘農華陰潼鄉隄首里人，服八石，得水仙，爲河伯。」又引龍魚河圖云：「河伯姓吕，名公子；夫人姓馮，名夷。」三説雖異，然其爲無所稽據則同也。嗚呼，自古荒誕之説惑人，雖聰明之士猶或不免，況庸人乎！

唐郭知運碑

右唐郭知運碑，蘇頲撰。知運有兩碑，其一張説文。唐書知運傳載其子二人，曰英傑、英乂，而蘇、張二公所爲碑，書其子四人，曰英傑、英奇、英協、英彦，而無「英乂」。歐陽公疑焉，以謂「英奇等三子，在唐不顯，史家闕漏，尚或有之。英乂嘗爲西川節度使，其事甚著，史官不應差其世家，而蘇、張二公作銘，在知運卒後不遠，亦不應缺其子孫，莫可究其孰失。」余案代宗實録云「英乂，知運季子」，而元載所爲英乂墓碑亦云「隴右節度使知運，公之皇考也」。然則英乂爲知運子無疑。又案英乂碑云：「公以天寶二載筮仕。」蓋知運以開元九年卒，明年立碑，碑所載諸子皆已有名位，英乂時方孩幼，且未從仕，故碑不載爾。余又嘗得徐浩所爲英傑碑有云：「移孝于忠，一葉四將，齊名當代，同氣十人。」然則知運諸子碑、傳闕漏者尚多，不獨此三人而已。德宗實録又有郭英幹，云：「英乂弟也。」

唐大雲寺禪院碑

右唐大雲寺禪院碑，李邕撰并書。初，武后時，有僧上大雲經，陳述符命，遂令天下立大雲寺。至開元二十六年，詔改爲開元寺。此碑十一年建，故猶稱「大雲」也。

唐六公詠

右唐六公詠，李邕撰，胡履虚書。初，余讀杜甫八哀詩，云：「朗詠六公篇，憂來豁蒙蔽。」恨不見其詩〔一二〕。晚得石本入録，其文詞高古，真一代佳作也。六公〔一三〕，五王爲一章〔一四〕，狄丞相別爲一章云。

唐凉國長公主碑

右唐凉國長公主碑，蘇頲撰，明皇書。公主，睿宗女也。新唐書列傳云「字華莊」，而碑云「諱𠨺〔一五〕，字花妝」。傳云「下嫁薛伯陽」，而碑云「嫁温彦博曾孫曦」〔一六〕。案新史，睿宗第三女荆山公主已嫁薛伯陽〔一七〕，當以碑爲正。

唐衛尉正卿泉君碑

右唐泉君碑。泉君者，高麗蓋蘇文之孫，泉男生之子也。高宗時，與男生同歸朝，仕爲衛尉卿。案唐書及元和姓纂皆云「名獻誠」，今此碑乃云「諱實」。字行於代，而闕其字不書。又姓纂云「獻誠生玄隱」〔一八〕，而碑但云「名隱」而已。獻誠出於夷虜，事跡無足考究，録之以見史傳名字異同耳。

唐左驍衛大將軍趙元禮碑

右唐趙元禮碑，潘肅撰。元禮，趙麗妃之父。本山東倡也，明皇在潞，麗妃以倡得幸，後生太子瑛。開元初，元禮父子皆超遷至顯官。其卒，贈越州都督，謚曰忠。詔爲立碑，稱述甚盛。夫爵禄，天下公器，所以待有德與有功者〔一九〕，雖人主不得而私焉。明皇昵于内寵，擢用匪人，至爲賜謚立碑，尊寵如此，使天下之士亦何所勸乎！論者徒知明皇自天寶以後綱紀廢弛，卒致播遷之禍，不知其衽席無别，履霜不戒，所從來久矣！

唐王方翼碑

右唐王方翼碑，張説撰。其事與唐書列傳皆合。以校余家所藏燕公集本，不同者二十餘字，皆當以碑爲是也。

唐龍角山紀聖銘

右唐龍角山紀聖銘，明皇撰。案高祖實録：「武德三年四月辛巳，晉州人吉善行，於羊角山見白衣老父乘白馬朱鬣，謂善行曰：『爲吾語唐天子，吾爲老君，汝祖也。今年平賊後，汝當爲帝，天下太平，必得百年享國，子孫且千歲。』太宗遣使者杜昂致祭。須臾，神復見，謂昂曰：『歸語天子，我不食，何煩祭爲？』高祖異之，立廟於其地，授善行朝散大夫。」據碑稱，是時太宗爲秦王，討宋金剛，所謂「賊平，汝當爲帝」者，指太宗也，其事可謂怪矣。然碑與實録所載，語頗不同，文多不能備録。惟碑稱善行以武德三年二月初奉神教，至四月，老子又見，曰：「石龜出，吾言實。」既而太宗遣昂、善行乘驛表上，比至長安，適會鄜州獻瑞石如龜，有文曰「天下安千萬日」，而實録亦云「鄜州獻瑞石，有文曰『天下千萬』」，其語小異。又碑稱「善行，絳州人」，而實録云「晉州」爾。老子，其生以清浄無爲爲宗，豈身没數千歲而區區爲人稱述符命哉？蓋唐太宗初起，託以自神，此陳勝所謂「卜之鬼」者也〔二〇〕。史臣既載之於實録，明皇又文之於碑，遂以後來爲真可欺罔，豈不可笑也哉！

唐冠軍大將軍臧懷亮碑

右唐臧懷亮碑，李邕撰并書。臧氏世墓在耀州三原，有數碑，余盡得之。元和姓纂云〔三一〕：「懷亮生希讓，爲渭北節度使。」此碑具載懷亮諸子，無名「希讓」者。以余家所有顏魯公書懷恪碑考之，希讓蓋懷恪子云。

唐蕭灌碑〔三二〕

右唐蕭灌碑，張説撰，云：「灌爲内直監，以外艱去職。當免喪，不就祥縞，不撤几筵者久之。」夫禮，爲可傳也，爲可繼也〔三三〕。子路有姊之喪〔三四〕，可以除之矣，而弗除也，孔子曰：「何弗除也？」子路曰：「吾寡兄弟而弗忍也。」孔子曰：「先王之制禮，行道之人皆弗忍也。」子路聞之，遂除之。灌父喪當除，其母無恙，而過時不釋服，不撤几筵，豈禮也哉！

唐楊曆碑

右唐楊曆碑，題云「義男光禄大夫、前中書令、上柱國、越國公、太子右諭德」。潁川鍾紹京撰銘并書。曆，中官楊思勖父也。紹京出於胥吏，無他才能，特以夤緣附會，致位宰相，固無足道者，然屈於閹竪，至以父事之，而又著之金石，略無愧耻，亦甚矣！書之可以爲後來之戒，而新、舊史皆闕焉。故余詳録之於此者，有以見小人苟可以得利，無不爲也。

唐汝陽王長女墓誌

右唐汝陽王長女墓誌，寧王撰〔二五〕。唐史及諸書，汝陽王名皆爲璡，而此誌獨作「淳」。誌，寧王自作，不應差誤。案寧王諸子與玄宗子名皆從「玉」，疑汝陽先名「淳」，後改爲「璡」，唐史不載爾。玄宗諸子名，初皆從「水」，後改從「玉」也。

唐南嶽真君碑

右唐南嶽真君碑，有「别駕、賞紫金魚袋光大晊」〔二六〕。歐陽公云：「賞紫，蓋今『借紫』之比。」余案唐制自有借紫、借緋，而又有賞紫、賞緋〔二七〕，蓋以軍功被賞者耳。〔案〕「緋」字别本俱作「緑」，誤。今從葉本改正。

唐立梁宣帝明帝二陵碑

右梁宣帝明帝二陵碑，開元二十一年，其裔孫嵩追建。其前題「銀青光禄大夫、黄門侍郎、同中書門下平章事」，而姓名已殘缺。案唐紀，開元二十一年，韓休實爲此官。然則此碑乃休之文也。碑後題「金紫光禄大夫、行光禄卿、駙馬都尉」，而姓名亦殘缺〔二八〕，蓋嵩之子衡也。

唐孝義寺碑陰記

右唐孝義寺碑陰記。初，陳徐陵爲孝義寺碑，至開元二十三年，徐嶠之爲湖州刺史，再書而刻之〔二九〕，因記其事於碑陰。嶠之自云「陵十世孫」。案陳書，陵以後主至德元年卒，距開元二十三年才百五十餘年，不應已有十世孫。又據嶠之父高行先生碑云：「曾祖儼，梁岳陽王參軍。」則是儼與陵同時而在其前，不應爲陵五世孫。以此碑陰所書可疑。然其筆法精妙，非嶠之不能爲，特恐書碑時誤耳。

唐景陽井銘

右唐景陽井銘，文字摩滅；後有記，開元中江寧縣丞王震撰。震所撰記，其前以爲「序稱『余』，莫知誰也」，其末乃云「蓋隋煬帝之所製耳」。然則未知果煬帝之所製乎？歐陽文忠公曰：「煬帝躬自滅陳，目見叔寶事，又嘗自銘以爲戒如此，及身爲淫亂則又過之，豈所謂『下愚不移』者哉〔三〇〕！」余以爲煬帝躬賊其父而奪之位，其凶忍狂悖，人神之所憤疾，死蓋晚矣。至於長惡不悛，以亡其國，乃所當然，又何足議焉。

唐代國長公主碑

右唐代國長公主碑，云：「公主，睿宗第四女也。」新唐史以爲第五女，蓋史誤。碑乃公主壻鄭萬鈞撰。

唐趙冬曦祭仲山甫文

右唐趙冬曦祭仲山甫文。開元二十三年，冬曦爲濮州刺史，因明皇耕藉田致祭，刊此文焉。案樂史寰宇記：「仲山甫墓，在雷澤縣西北一里。墓前有祠堂、石室。」而酈道元注水經：「成陽堯陵北二里，有仲山甫墓〔三一〕。考地驗狀，咸爲疎僻，蓋聞疑、書疑爾。」予嘗得其石室畫像，上有八分書，題云「君爲從事時」。以字畫及衣冠人物驗之，乃東漢時所爲，決非山甫墓。漢末仲氏爲成陽大族，堯母碑陰題名數十人〔三二〕，皆仲氏，而廷尉定以下三碑尚存。廷尉碑云：「聖漢龍興，家於成陽。」孟府君堯廟碑云〔三三〕：「惟仲氏祖統所出〔三四〕，本繼于成周之胄苗〔三五〕。天生仲山甫，翼佐中興。宣、平功遂，受封于樊〔三六〕。周道衰微，失爵亡邦。後嗣乖散，各相土擇居〔三七〕。帝堯萌兆，生長葬陵，在于成陽，聖化常存。慕巍巍之盛，〔案〕「巍巍」，謝本訛作「魏都」。樂風俗之美，遂安處基業，屬都鄉高相里，因氏仲焉。」蓋後人因仲氏葬于此，遂誤指爲仲山甫墓，其實非也。

唐解琬碑

右唐解琬碑。琬，武后、中、睿朝爲將，有功。新、舊史皆有傳，所書事跡終始，與碑多合。惟碑與舊史皆云「琬以開元六年卒」，而新史以爲「卒于五年」者，誤也。

唐贈兖州都督裴守真碑

右唐裴守真碑，云：「守真曾祖景，周富平令。祖正，長平郡贊持〔三八〕。考眘，鄮令。」

新唐史宰相世系表云：「景生正，隋散騎常侍。正生𡭊，字歸厚，爲鄭令。」而元和姓纂乃云「正生歸厚。歸厚生𡭊」者〔三九〕，誤矣。惟守真及其子耀卿碑皆云「正爲長平郡贊治」，〔案〕何本亦作「贊持」。而世系表言「爲散騎常侍」，又云「𡭊字歸厚」，不知何所據也。

唐屯留令邢義碑 〔案〕前目録無此碑。

右唐邢義碑。義，邢和璞父也。元和姓纂云「和璞父名思孝，爲豐州都督」〔四〇〕，而碑乃云「公諱義，字思義，仕爲屯留令」。又姓纂云「後魏光禄卿邢虬。虬生臧。臧生玄功。玄功生思孝。思孝生和璞」，而碑乃云「玄功之祖名子良」，皆當以碑爲據。

校證

〔一〕蕭灌　「灌」，三長物齋本作「瓘」，「跋尾」同。説見卷六「校證」〔一六〕。

〔二〕解琬碑　卷六總目第一千八十七「解琬」上有「同州刺史」四字。

〔三〕皆云名文洎　案今本姓纂卷五「王」姓下此文已佚。

〔四〕謝本作云　宋本、吕本亦作「云」。

〔五〕皆云公諱懿字善意　新唐書姚崇傳云：「父懿，字善懿。」與宰相世系表不同。

〔六〕崇子弈碑與元和姓纂乃云名善意　案新唐書姚崇傳云，崇有彝、异、弈三子。據萃編所載姚彝碑文，謂其「祖善意」，舊唐書姚崇傳亦云崇「父善意」，皆與姚弈碑合。惟今本姓纂卷五「姚」姓下此文已佚，無由查核。

〔七〕别本時作游國作闕　案宋本、吕本即如此。

〔八〕史云馳使問之　案此爲新唐書文，舊唐書本傳則云：「上還京師，因校獵於城南，經懷慎别業，見家人方設祥齋，憫其貧匱，賜絹百匹。」所述似與碑差近。然大唐新語清廉載此事，仍云「望見懷慎别業」，未言「親幸」。

〔九〕楊李　指楊國忠、李林甫。

〔一〇〕韓蔡史李　指韓擇木、蔡有鄰、史惟則、李潮。此四人，唐時皆爲八分書名家。説見集古録崔潭龜詩。

〔一一〕秦宗　各本卷五總目第九百五十三皆注作「秦崇」，未詳孰是。

〔一二〕恨不見其詩　「詩」，原作「書」，據吕本改。

〔一三〕六公　「公」下原有「者」字，據吕本删。

〔一四〕五王　見卷五「校證」〔五〇〕。

〔一五〕㝹　集韻平侯「㝹」字注云：「江東呼兔子爲䨲，或作㝹。㝹，奴侯切。」

〔一六〕傳云下嫁薛伯陽而碑云嫁温彦博曾孫曦　案新唐書温彦博傳云：「彦博曾孫曦，尚涼國長公主。」又唐會要卷六公主云：「涼國，降薛伯陽，後降温義（當爲「曦」之訛）。」可證新唐書公主傳之缺漏。

〔一七〕睿宗第三女荆山公主已嫁薛伯陽　據岑仲勉唐史餘瀋郎國公主初降薛儆條考證，睿宗并無三女荆山公主其人，新唐書謂其下嫁薛伯陽，亦誤。

〔一八〕姓纂云獻誠生玄隱　案今本姓纂卷十「蓋」姓下此文已佚。

〔一九〕有功　「有」字原無，據吕本補。

〔二〇〕此陳勝所謂卜之鬼者也　事見史記陳涉世家。

〔二一〕元和姓纂云　案今本姓纂卷五「臧」姓已佚，無此語。

〔二二〕蕭灌　「灌」，三長物齋本作「瓘」。下同。説見卷六「校證」〔一六〕。

〔二三〕夫禮爲可傳也爲可繼也　語見禮記檀弓上。

〔二四〕子路有姊之喪　事見禮記檀弓上。

〔二五〕寧王　唐睿宗長子李憲，玄宗開元四年，封爲寧王。見舊唐書睿宗諸子傳。

〔二六〕光大晊　元晊，字光大，爲太府少卿元知讓之子。御史臺題名考卷二「元光大」下注云：「爾雅釋詁：『……晊，大也。』案元和姓纂二十二「元」：『虞部郎中、太府少卿元知讓，生晊，侍御史。』……疑即此人。光大當即晊字，蓋以字行。」

〔二七〕唐制自有借紫借緋而又有賞紫賞緋　賞紫、賞緋，亦稱賜紫、賜緋。其制均見唐會要卷三十一内外官章服。

〔二八〕而姓名亦殘缺　宋本「缺」下有「者」字，顧校亦於「缺」下增「者」字。

〔二九〕徐嶠之爲湖州刺史再書而刻之　案嶠之書碑及作碑陰記之年月凡三説：其一，此「跋尾」云開元二十三年（寶刻類編卷三云開元二十三年正月十五日）；其二，寶刻叢編卷十四引此「跋尾」作「十三年」；其三，本書卷六總目第一千七十五云開元二十二年正月。未詳孰是。參閲岑仲勉金石論叢續貞石證史陳孝義寺碑暨徐嶠之。

〔三〇〕下愚不移　語出論語陽貨：「唯上知與下愚不移。」

〔三一〕成陽堯陵北二里有仲山甫墓　引文見水經注卷二十四瓠子河。

〔三二〕堯母碑陰　即靈臺碑陰，其碑文見隸釋卷一。

〔三三〕孟府君堯廟碑　案隸釋卷一作濟陰太守孟郁脩堯廟碑。其碑文云：「濟陰太守、河南匽師孟府君，諱郁，字敬達。」

〔三四〕惟仲氏　案碑文「惟」下有「疗」字。「疗」即「序」。

〔三五〕本繼于成周之胄苗　「成」，碑文作「姫」。案「姫」即「姬」字。隸辨平之云：「姬，從『𦣞』，變『𦣞』爲『匠』。孫叔敖碑：『爲列姫國。』張納功德叙：『姫公曲阜。』李翊夫人碑：『昔彼衛姫。』『姬』皆作『姫』。」又「胄」，碑文作「遺」。

〔三六〕受封于樊　「樊」，碑文作「齊」。案國語周語上有樊仲山父（同「甫」）。韋昭注云：「仲山父，王卿士，食采於樊。」然漢書杜欽傳據韓詩云：「仲山父異姓之臣，無親於宣，就封於齊。」兩說不同。碑文原從韓詩作「齊」，趙氏或據國語改爲「樊」。

〔三七〕擇居　「擇」，碑文作「譯」，古字通。

〔三八〕贊持　「持」，吕本作「治」，疑是。

〔三九〕正生歸厚歸厚生旾　案今本姓纂卷三「裴」姓下此文已佚。

〔四〇〕和璞父名思孝爲豐州都督　案今本姓纂卷五「邢」姓下此文已佚，下段引文亦然。又「豐」，吕本作「醴」，顧校改「澧」。唐無「醴州」，然豐州與澧州，未詳孰是。

金石録卷第二十七

跋尾十七

唐

唐八馬坊碑
唐忠武將軍王暕墓誌
唐淄州開元寺碑
唐吏部尚書楊仲昌碑
唐唐儉碑
唐龍門西龕石像銘〔一〕
唐金仙長公主碑
唐雲麾將軍李秀碑
唐嵩陽觀紀聖德頌

唐駙馬都尉豆盧建碑
唐陳隱王祠堂記
唐崔潭龜詩
唐貞一先生廟碣
唐陳留尉劉飛造像記
唐棣王琰墓誌〔二〕
唐金城寺放生池碑
唐多寶塔感應碑
唐滎陽王妣朱氏墓誌
唐武部尚書楊珣碑
唐宇文顥山陰述〔三〕
唐永陽郡太守姚弈碑〔四〕
唐雲門山投龍詩
唐忘歸臺銘
唐渭南令路公遺愛表

唐呂諲祠廟碑

唐呂公表

唐玉真公主墓誌

唐京兆尹鮮于仲通碑

唐慧義寺彌勒像碑

唐八馬坊碑

右唐八馬坊碑，郗昂撰。開元之治盛矣！監牧之制，其詳如此，録之可以見當時之制焉。

唐忠武將軍王暕墓誌

右唐王暕墓誌，云：「父遂古，皇駙馬都尉、潁州刺史，尚高安公主。高宗大帝之女也。」案唐書，高宗第二女高安公主，下嫁潁州刺史王勖。天授中，勖爲武后所誅。今此誌乃云名遂古。唐初人多以字爲名，故名、字混殽難考，遂古豈非以字行乎？

唐淄州開元寺碑

右唐淄州開元寺碑，李邕撰并書。碑初建于本寺，後人移寘郡廨敗屋下。余爲是州，遷於便坐，用木爲闌楯以護之云。

唐吏部尚書楊仲昌碑〔五〕

右唐楊仲昌碑，席豫撰，鄔繇篆。仲昌有兩碑，其一韓擇木八分書，刻於此碑之陰，文皆同。仲昌，元琰子也。唐書元琰列傳與崔沔所撰元琰碑皆云「漢太尉震十八代孫」，此碑乃以仲昌爲二十代。唐世士人譜牒，猶班班可考，今元琰、仲昌父子碑刻，不應差其世次不同如此，莫可曉也。

唐唐儉碑

右唐唐儉碑，云「儉字茂約」，而唐書列傳云「字茂系」〔六〕；又云「男尚識，尚豫章公主」，而唐書於儉傳云「名善識」，於公主傳云「名茂識」〔七〕，皆其差謬。此碑開元中儉曾孫追立，距儉之殁雖已遠，然至於名、字皆不應有誤，可以爲據也。

唐龍門西龕石像銘

右唐龍門西龕石像銘，禮部員外郎張九齡撰。今世所有曲江集無此文，惜其殘缺不完也。

唐金仙長公主碑

右唐金仙長公主碑，徐嶠之撰，明皇御書。據唐書本傳云，「太極元年，與玉真公主皆爲道士」；而碑云「丙午歲，度爲道士」，蓋神龍二年也。此於史學不足道，然唐史書事差謬多如此。

唐雲麾將軍李秀碑

右唐李秀碑，李邕撰并書。碑在幽州。案明皇以天寶三年改「年」爲「載」，今此碑元年正月立而稱「元載」〔八〕，何哉？

唐嵩陽觀紀聖德頌

右唐嵩陽觀紀聖德頌。天寶中，明皇命方士鍊丹於此觀，李林甫獻頌稱述功德焉。天寶之政，荒淫敗度，而明皇區區方鍊丹以蘄長生，豈不可笑乎！

唐駙馬都尉豆盧建碑

右唐豆盧建碑，云：「建，其先慕容氏，前燕枝族也。九世祖萇在魏賜姓豆盧氏，封北地王。」案元和姓纂云：「慕容運孫北地王精之入後魏，道武賜姓豆盧氏〔九〕。精生醜〔一〇〕。醜曾孫萇生寧。」而北史寧傳云：「寧高祖勝，以燕皇始初歸魏〔一一〕，授長樂郡守，賜姓焉。」唐距北朝未遠，氏族書完備，士大夫人人能知其得姓之自，今碑與北史、姓纂所載不同如此，皆莫可考。

唐陳隱王祠堂記〔一二〕

右唐陳隱王祠堂記，張謂撰。案明皇以尹喜舊宅得靈符，遂改元天寶。此記云「靈符見之二載」者，天寶二年也。其末又云「龍會甲申〔一三〕，海寇吴令光入臣之歲」者，據紀年通譜，天寶三載，歲次甲申。蓋天寶二年，蘄縣令脩完祠堂，至明年，謂始爲記文爾。又案唐書帝紀：天寶二年十二月，海賊吴令光寇永嘉郡。明年，河南尹裴敦復、晉陵太守劉同昇、南海太守劉巨鱗討之。閏月，令光伏誅。今此記乃云「令光入臣」，而明皇實録亦止言「敦復等討令光，平之」，不言其伏誅。不知唐史何所據也。豈令光既降而殺之歟？不然，唐史誤矣。

唐崔潭龜詩

右唐崔潭龜詩，蔡有鄰小字八分書。歐陽公稱之，以謂與三代彝鼎銘無異。而元祐間守京兆者，取其石爲柱礎，世遂不復傳，可惜也。

唐貞一先生廟碣

右唐貞一先生廟碣。貞一先生者，司馬承禎也。案新、舊唐史及諸書皆云「承禎，字子微」〔一四〕，今此碑乃云「尊師諱子微，字承禎」。初莫能曉，後因見崔尚所撰天台桐柏觀碑，乃言師名承禎，一名子微云。

唐陳留尉劉飛造像記〔一五〕

右唐陳留尉劉飛造像記，史惟則小字八分書。案封演聞見記云：「玄宗嘗幸驪山，登朝元閣，命群臣賦詩。正字劉飛詩最清拔，特蒙激賞，右相李林甫怒飛不先呈己〔一六〕，出爲一尉而卒，士子冤之。」今此記有云：「頃校文金殿，賡歌柏梁〔一七〕，叨沐錦衣之賜，遂有長沙之役。」又云：「聖恩廣被，移官大梁。」如此，則演所記爲不誣矣。林甫妬賢嫉能，出於天資，飛以一詩之善，遂遭遠謫，其險愎如此。記在洛陽龍門山，字畫甚工，而世頗罕傳。

唐棣王琰墓誌

右唐棣王琰墓誌。案唐史，琰坐厭魅，囚於鷹狗坊，以憂卒；而誌云「終于咸寧縣興寧里十六王之藩邸」。史云「寶應元年，詔復琰王爵」，而誌云「存王削官」。蓋琰初未嘗奪王爵，疑寶應詔書特還其官爾。

唐金城寺放生池碑

右唐金城寺放生池碑。書、撰人姓名皆已殘缺。據田概京兆金石録，以爲韓擇木書。豈當概爲録時尚完好可讀乎？其字畫奇偉，非擇木不能爲也。

唐多寶塔感應碑

右唐多寶塔感應碑，岑勛撰，顔真卿書。多寶塔者，僧楚金所造。楚金嘗寫法華經千餘部置塔中，今猶有存者，余於士大夫家數見之。余亦得其一卷，乃乾元二年肅宗所造。卷首佛像、絹素畫蹟尚如新也。

唐滎陽王妣朱氏墓誌

右唐朱氏墓誌，韓擇木書。擇木以八分名家，石刻存者尚多，而此誌獨爲正書，筆法清勁可愛。擇木正書見於世者，惟此爾。

唐武部尚書楊珣碑

右唐楊珣碑。案唐史宰相世系表以珣爲友諒子。今碑乃云「志謙子」，疑史誤。珣，楊國忠父也，故玄宗親爲製碑。其末盛稱國忠之美，云：「我有社稷，爾能衞之。我有廊廟，爾能宰之。叶和九功，九功惟序。平章百姓，百姓昭明。」其語可謂褒矣，豈所謂臨亂之主各賢其臣者乎？碑，天寳十二載建。蓋後二年禄山起兵，又一年國忠被戮矣。

唐宇文顥山陰述

右唐宇文顥山陰述，杜陵史懷則書。懷則與史惟則同時，必其昆弟也。惟則以八分著名，懷則之書，蓋不減惟則，而初不見稱於當時者，豈非其位不顯乎？以此知士負其藝能，或以垂名於不朽，或遂湮没而無聞，蓋亦有幸不幸也〔一〇〕。若懷則之書，非見録於余，則遂泯滅於後矣。

唐永陽郡太守姚弈碑

右唐姚弈碑。弈，崇子也。新唐史云「崇謚文獻」，而此碑及張説所撰崇碑皆云「謚文貞」。蓋崇父懿已謚「文獻」，父子罕有同謚者，當以碑爲正。

唐雲門山投龍詩

右唐雲門山投龍詩，北海太守趙居貞撰序，言天寶玄黓歲下元日〔一九〕，居貞投金龍環璧於此山，有瑞雲出於洞中，有聲云：「皇帝壽一萬一千一百歲。」蓋天寶中玄宗方崇尚道家之説，以祈長年，故當時諂諛矯妄之徒皆稱述奇怪，以阿其所好，而居貞遂刻之金石，以重欺來世，可謂愚矣。

唐忘歸臺銘

右唐忘歸臺銘。集古録云「此銘及孔子廟、城隍神記三碑，並在縉雲。其篆刻比陽冰平生所篆最細瘦。世言此石皆活〔二〇〕，歲久稍生〔二一〕，刻處幾合，故細」者，恐無是理。若果爾，更加以歲月，則遂無復有字矣。此數碑，皆陽冰在肅宗朝所書，是時年尚少，故字畫差踈瘦。至大曆以後諸碑，皆暮年所篆，筆法愈淳勁，理應如此也。

唐渭南令路公遺愛表

右唐路公遺愛表，蘇源明撰。新唐史列傳云「路嗣恭，字懿範」，今此表乃云「公名嗣恭，字嗣恭」，然則唐史以爲「字懿範」者，不知何所據也。

唐呂諲祠廟碑〔案〕「諲」，舊訛作「禋」，目録作「呂公」。

右唐呂諲祠廟碑，衛密撰，云：「上元紀歲之明年，詔始置南都，以荆州爲江陵府，命長史曰尹。」案元結所撰呂公表與肅宗實録皆云「上元元年九月，改荆州爲南都」，獨此碑以爲「二年」改，恐誤〔三〕。

唐呂公表

右唐呂公表，元結撰，前太子文學、翰林院待詔顧誡奢書。杜甫集有贈顧八分文學詩〔三〕，即誡奢也。誡奢八分不多見，余所得者，衛密撰呂公廟碑，并此表，郭英奇、郭愼微碑爲四耳。甫詩稱其最工小字，而此表字畫甚大，尤壯偉可喜。案唐書帝紀及宰相表皆云乾元二年七月辛卯〔二四〕，譚以母喪罷；十月起復；上元元年五月壬子復罷爲太子賓客。今此表乃云「乾元二年六月，丁内憂。上元元年七月，復罷相」。月日小不同，未知孰是。

唐玉真公主墓誌

右唐玉真公主墓誌，王縉撰。誌云「公主法號無上，真字玄玄，天寶中更賜號曰持盈」，而唐史但言「字持盈」爾。誌又云「中宗時封昌興縣主，睿宗時封昌興公主，後改封玉真，進爲長公主」；唐史但云「封崇昌縣主」，而以「昌興」爲「崇昌」者，皆其闕誤。誌又云「元年建辰月卒」〔二五〕，而史以爲「卒於寶應中」，亦非也。此於史學，皆至淺末不足道，然著之，要見唐史多謬誤爾。

唐京兆尹鮮于仲通碑

右唐鮮于仲通碑，顔真卿撰并書。仲通以多財結楊國忠，薦爲劍南節度使。〔案〕新唐書乃薦爲蜀郡長史耳。討南詔蠻，大敗。國忠爲諱之，再薦爲京兆尹。其始卒無他可稱。見於史者，惟嘗表請國忠兼領劍南節度，〔案〕新唐書：「國忠自請兼領劍南。」似誤記。及爲國忠立碑頌功德耳。魯公爲此碑，稱述甚盛。以此知碑誌所載是非褒貶，果不可信，雖魯公猶爾，況他人乎！明皇實録稱「仲通以漏禁中語，貶邵陽司馬」，而碑言「爲國忠所忌貶」。小人之交，初以利合，終以利敗，理固然也。

唐慧義寺彌勒像碑

右唐慧義寺彌勒像碑，李潮八分書。潮書初不見重於當時，獨杜甫詩盛稱之，以比蔡有鄰、韓擇木。今石刻在者絶少，惟此碑與彭元曜墓誌耳。余皆得之，其筆法亦不絶工，非韓、蔡比也。

校證

〔一〕西龜石像銘　宋本作「石龜像銘」。

〔二〕棣王琰　宋本無「琰」字，後跋尾同。

〔三〕宇文顥　「顥」，原作「灝」，吕本及卷七總目第一千三百二十一皆作「顥」，姓纂卷六亦作「顥」，據改。後「跋尾」同。

〔四〕姚弈　「弈」，原作「奕」，誤。據新、舊唐書姚崇傳改。説見卷七校證〔四〇〕。下同。

〔五〕吏部尚書楊仲昌　案新唐書楊元琰傳謂仲昌終吏部郎中，此作「吏部尚書」，當以碑爲正。

〔六〕而唐書列傳云字茂系　案今本新、舊唐書本傳及新唐書宰相世系表四下皆云「儉字茂約」，與碑合。未知趙氏所據何本。

〔七〕於公主傳云名茂識　案新唐書諸帝公主傳云：「豫章公主，下嫁唐義識。」與趙説不合。

〔八〕天寶三年改年爲載今此碑元年正月立而稱元載　葉奕苞金石録補續跋卷六云：「按蘇頲撰涼國長公主碑云開元十二載，前此二十年亦稱『載』者，文字中偶有一用之，與此同也。」又岑仲勉金石論叢證史補遺李秀碑云，撰書人李邕結銜爲靈昌郡太守，據舊唐書玄宗紀下載天寶元年二月丙申（二十日）始改州爲郡，改刺史爲太守，則此碑寫成及建立當在二月丙申之後，而碑末所書却在正月十□日，究其原因，此月日當由請託者所定，撰書人不便改動，只能按其要求追記。

〔九〕北地王精之入後魏道武賜姓豆盧氏　案今本姓纂卷九「豆盧」姓下此語已佚。

〔一〇〕精生醜　「醜」，今本姓纂卷九作「猶醜」。

〔一一〕以燕皇始初歸魏　「皇始」乃後魏年號，「燕」下當有脱文。三長物齋本引此刪「燕」字。

〔一二〕陳隱王　史記陳涉世家云：「陳勝葬碭，謚曰隱王。」案陳勝起兵於大澤鄉，其地唐時屬沛郡蘄縣，隱王祠堂在焉，故下文云「蘄縣令脩完祠堂」。

〔一三〕龍會甲申　龍，或稱倉龍，或稱青龍，指太歲。如漢書王莽傳中云：「倉龍癸酉。」顔師古注引服虔曰：「倉龍，太歲也。」隸釋卷一所載益州太守高眹脩周公禮殿記云：「漢初平五年，倉龍甲戌。」又魯相韓敕造孔廟禮器碑云：「惟永壽二年，青龍在涒歎。」古代以歲星與太歲所在星次紀年，「龍會甲申」，即太歲在甲申。天寶三載，正爲甲申年。

〔一四〕字子徵　「徵」，原作「徽」，呂本及新、舊唐書本傳皆作「徵」，據改。下同。

〔一五〕唐陳留尉劉飛造像記　卷七總目第一千二百八十七無「陳留尉」三字。

〔一六〕右相李林甫　「右」上原有「爲」字，於義不順。呂本及今本封氏聞見記卷七温湯皆無此字，據刪。

〔一七〕賡歌柏梁　古文苑卷八柏梁詩序云：「漢武帝元封三年，作柏梁臺，詔群臣二千石，有能爲七言詩，乃得上座。」當時與武帝賦詩相和者有梁孝王、石慶、衛青、倪寬、東方朔等二十餘人。此即借用其典。

〔一八〕蓋亦有幸不幸也　案「不」上呂本有「而」字，三長物齋本有「有」字，似以作「有」於義爲長。

〔一九〕天寶玄黓歲下元日　「黓」，原作「默」，誤，據呂本改。案玄黓爲歲陽名，相當於十干中的「壬」。天寶元年（壬午）與十一載（壬辰）均爲玄黓歲，未詳孰是。下元日，夏曆十月十五日。

〔二〇〕世言此石皆活　集古録「石」上有「三」字。

〔二一〕歲久稍生　「稍」，集古録作「漸」。

〔二〕獨此碑以爲二年改恐誤　元和郡縣圖志山南道與舊唐書地理志二皆作「元年」，然新唐書地理志四云：「肅宗上元元年號南都，爲府。二年罷都，是年又號南都。」則荆州曾兩度改稱南都，碑文所云不爲無據，然謂二年「始置」則不確。

〔三〕杜甫集有贈顧八分文學詩　案詩題當爲送顧八分文學適洪吉州。

〔四〕唐書帝紀及宰相表皆云　案呂諲之罷官及起復，新唐書宰相世系表五上全未言及，肅宗紀所載亦極簡略，唯舊唐書本傳差近之，趙氏所云不確。

〔五〕建辰月　夏曆三月。

金石録卷第二十八

跋尾十八

唐

唐嚴浚碑
唐郭英乂碑
唐潘孝子頌
唐萬年縣令徐昕碑
唐富平尉顔喬卿碣
唐贈太尉李憕碑㈠
唐麻姑仙壇記
唐凉國夫人李氏碑
唐吕府君敕葬碑

唐高陵令李峴遺愛頌〔二〕
唐宋璟碑
唐宋廣平碑側記〔三〕
唐放生池碑陰記
唐滑臺新驛記
唐右僕射裴遵慶碑
唐杜濟墓誌
唐重模延陵季子墓刻
唐顔勤禮碑
唐顔默殘碑
唐開元寺僧殘碑
唐顔魯公與郭僕射書
唐元結碑
唐張九齡碑
唐右神武將軍史繼先墓誌

唐三藏和尚不空碑
唐内侍監魚朝恩碑
唐康日知墓誌
唐工部尚書辛京杲碑
唐茶山詩并詩述
唐崔淙謝廣利方表

唐嚴浚碑〔四〕

右唐嚴浚碑，徐浩書。題「禮部尚書、襄陽縣開國子席某撰」，而其名殘缺不可辨。案天寶中，席豫嘗爲此官，而碑末有云「豫平生交好」，知其爲席豫撰也。唐書列傳云「浚，華州華陰人」，而碑言「馮翊臨晉人」。碑文字剥落，所存無幾，惟有首大字十二尚完好，筆法奇偉可愛云。

唐郭英乂碑

右唐郭英乂碑，元載撰。案唐書百官志：開元中，增集賢待制官，至永泰時，勳臣罷節制，無職事，皆待制於集賢門，凡十三人。今此碑載英乂永泰元年實領此職。余觀韋述所撰集賢注記，開元、天寶間，凡隸名於集賢者，皆一時文學之選。蓋官以待制爲名，所以備人主顧問，言語侍從之臣也。今乃以武夫庸人參於其間，可乎？代宗之政，其紀綱廢弛者多矣，豈特此而已哉！

唐潘孝子頌

右唐潘孝子頌，崔稱撰。孝子字季通，與其父良瑗相繼有至行。親喪，皆廬墓。大曆中，宣慰使李季卿以聞，有詔褒美。墳隴在今中牟縣。祥符中，章聖皇帝西祀汾陰，過之，詔有司封其墓，且禁樵采云。

唐萬年縣令徐昕碑

右唐徐昕碑，韓雲卿撰。碑云：「昕爲并州録事參軍，相國姚元之爲法曹，笞部人，部人誣上反狀。天后臨朝，方樹刑威，詔公先假風憲，然後案詰。公表直元之，則天大怒，將貽鼎鑊。終能犯顔曉辨，正刑而出。」果如雲卿所書，昕可謂賢矣，而唐史不載其事，因爲録之。昕爲有功從弟，其忠厚之性，固宜異於他人也。

唐富平尉顔喬卿碣

右唐顔喬卿碣，在長安，世頗罕傳。或云其石今亡矣。有朝士劉繹如者，汶陽人，家藏漢石刻四百卷〔五〕，以予集録闕此碣也，輒以見贈。宣和癸卯中秋，在東萊重易裝褾〔六〕，因爲識之。

唐贈太尉李憕碑

〔案〕目録在一千八百五十五，云文宗時立〔七〕，與此次序不同。

右唐李憕碑，李紓撰。歐陽公集古録云：「新唐書列傳載憕十餘子，江、渢、涵、瀛等同被害〔八〕，惟源、彭免。據李紓載，憕子見於碑者十二人，未嘗有源也。然則源者，史家何從得之？據史言，源爲司農主簿，以碑考之，源當爲『汶』。」余案穆宗實録載源事首尾甚詳，云：「憕被害，源方八歲，爲賊所虜，流浪南北，展轉人家，凡七八年。洛陽平，父之故吏以金帛贖之，歸於近親。代宗聞之，授河南府參軍。自司農主簿棄官，寓居洛陽惠林佛寺垂五十年。至長慶中，御史中丞李德裕表薦，拜諫議大夫，時年八十餘矣，竟辭不受。」又李德裕會昌一品集載薦源表，其事皆同，然則史不爲無據。蓋疑其初名「汶」，後改爲「源」耳。又唐人袁郊撰甘澤謡，載源隱居、拜官皆同，惟書僧圓澤事頗怪誕難信，然至其名，亦不應謬誤也。

唐麻姑仙壇記

右唐麻姑仙壇記，顔魯公撰并書，在撫州。又有一本，字絶小，世亦以爲魯公書，驗其筆法殊不類。故正字陳無己謂余：「嘗見黄魯直，言乃慶曆中一學佛者所書。魯直猶能道其姓名，無己不能記也。」小字本今録於後，使覽者詳其真僞焉。

唐涼國夫人李氏碑〔九〕

右唐涼國夫人李氏碑。李，郭子儀夫人也。碑，韓雲卿撰，史惟則八分書并篆額。文詞頗簡古，而字畫工妙可喜。或云碑今亡矣，故世罕傳。雲卿乃退之叔父，科斗書後記所謂大曆中以文詞獨行中朝者〔一〇〕。

唐吕府君敕葬碑

右唐吕府君敕葬碑。吕府君者，名惠恭，僧大濟之父。代宗朝，元載、王縉用事，宗尚浮圖之法，大濟爲帝常脩功德使、殿中監，故褒贈其父爲兗州刺史，官爲營辦葬事〔一〕。爵賞之濫，一至於此。

唐高陵令李峴遺愛頌〔二〕

右唐李峴遺愛頌。峴嘗任高陵縣令，後爲宰相以殁。殁後，縣令蘇端刻此頌焉。碑云：「曾祖恪，封吴王。祖琨，嗣吴王。父褘〔三〕，信安郡王。」元和姓纂所載亦同〔四〕，而唐書列傳以爲「恪之孫」〔五〕，誤矣。

唐宋璟碑

右唐宋璟碑，顔真卿撰并書。唐書載廣平六子，曰昇、尚、渾、恕、華、衡，今此碑言公有七子，曰復、昇、尚、渾、恕、延、華、衡，乃八子也。魯公所撰廣平碑側記亦曰：「公之第八子衡，謫官沙州。」蓋廣平實有八子，唐書闕復、延二人，而此碑魯公誤書「八」字爲「七」耳。又碑云廣平自吏部侍郎兼攝尚書左丞，而史不載；「後自楚州刺史歷魏、兖、冀三州，兼河北按察使，遷幽州都督，復爲魏州」，而史但言「歷兖、冀、魏三州刺史，河北按察使，進幽州都督」而已。史又載廣平爲廣州都督時，郡人爲璟立遺愛頌，〔案〕立頌在廣平爲吏部尚書、侍中時，故疏云「廣人以臣當國」云云。此當去「時」字。璟上疏辭讓，有詔許停；而碑乃云「燕公張説嘗爲碑頌」。今燕公集中實有此文，豈已爲文而未嘗刻石歟？

唐宋廣平碑側記

右唐宋廣平碑側記，顔魯公撰，載廣平「任御史時[一六]，持服於沙河縣，屬突厥寇趙定州，河朔兇懼。邢州刺史黄文軌投艱於公，公以父母之邦，金革無避。及賊至城下，公爲曉陳禍福，其徒有素聞公威名者，相率而去之。開元末，安西都護趙含章冒於貨賄，多以金帛賂朝廷之士，九品以上悉皆有名。後節度范陽，事覺，有司以聞。玄宗將加黜責，公一無所受，乃進諫焉。玄宗納之，遂御花萼樓，一切釋放，舉朝皆謝，公衣冠儼然，獨立不拜。翌日，玄宗謂公曰：『古人以清白遺子孫，今卿一人而已。』公曰：『含章之賄，偶不及臣門，非不受也。』玄宗深嘉之」。又曰：「公第八子衡，因謫居沙州，參佐戎幕。吐蕃入寇[一七]，陷於賊庭。素聞太尉名德，曰：『唐天子，我之舅；衡之父，舅賢相也，其可留乎！』大曆十二年[一八]，以二百騎盡室護歸[一九]。」此皆廣平逸事，有以見其清德冠當世、威名動夷狄如此，而新、舊史皆不載，故併録之於此，俾覽者得詳焉[二〇]。

唐放生池碑陰記

右唐放生池碑陰記。唐自天寶以後，紀綱廢壞，百官之濫，不可勝載。此記具列當時僚屬名氏，凡團練副使、别駕四人，同團練副使一人，長史三人，司馬三人，録事參軍三人，司功、司倉、司兵皆一人，司法、司户皆三人，司田、司士皆二人，參軍四人；烏程縣令一人，〔案〕葉本有「縣」字，謝本無。下並同。丞三人，主簿一人，尉四人；長城縣令一人，丞三人，主簿一人，尉五人；安吉縣令一人，攝令一人，丞二人，主簿一人，尉六人；武康縣令二人〔二〕，丞三人，主簿二人，尉四人；德清縣令一人，丞二人，主簿一人，尉三人。一郡而吏員猥多如此。然史不能盡記，故詳録之於此焉。

唐滑臺新驛記

右唐滑臺新驛記，李勉撰，李陽冰篆。其陰有銘，歐陽公云「不知作者爲誰」，余嘗考之，乃舒元輿玉筯篆志後贊也〔三〕。其文載於唐文粹及元輿集中，歐陽公偶未之見爾。

唐右僕射裴遵慶碑

右唐裴遵慶碑。唐書列傳載遵慶所歷官甚簡略。以碑考之，其尤著者，自吏部郎出爲濛陽太守，貶符陽郡，徵拜禮部郎中，而史不載。肅宗朝，拜給事中，累遷尚書右丞，兵部、户部侍郎，再授吏部，而史但言「爲吏部侍郎」而已〔三〕。又史云「遵慶薨時年九十餘」，碑云「年八十五」；碑云「遵慶謚貞孝」，而史無之，皆其闕誤也。

唐杜濟墓誌

右唐杜濟墓誌，但云顔真卿撰，而不云書。歐陽文忠公以謂「非魯公不能爲也。蓋世頗以爲非顔氏書，更俟識者辨之」。余觀此誌字畫奇偉，決非他人可到。歐陽公信小字麻姑仙壇記以爲真蹟，而尚疑此誌，何哉？

唐重模延陵季子墓刻

右吴季子墓刻，自唐以來，相傳爲孔子書；大曆中，蕭定再模而刻之。余覽史記、家語及秦、漢以前諸子，凡孔子與學者談議問答，是非褒貶，纖悉必載。其間荒誕之説，實非出於聖人，附託書之者，固有之矣。況於季子之賢，孔子親銘其墓，不應略不見稱於前世，至唐而始傳也。又碑銘始於東漢，孔子時所未有，而其字畫乃故爲奇怪以欺眩世俗者，非孔子書無疑，葢好事者僞爲耳。故余特爲録之，以解來者之惑，後有博識之士，當以余言爲然。

唐顔勤禮碑

右唐顔勤禮碑，魯公撰并書。元祐間，有守長安者後圃建亭榭，多輦取境内古石刻以爲基址。此碑幾毁而存，然已摩去其銘文〔二四〕，可惜也。

唐顔默殘碑

右唐顔默殘碑者。初，潁州人家以其石爲馬臺，皇祐中，王回深父之弟冏容季見而識其爲魯公書〔二五〕，因摹本以傳，深父爲文以記之。默仕晉爲汝陰太守，故大曆中魯公追建此碑於汝陰焉。

唐開元寺僧殘碑

右唐開元寺僧殘碑。雖書、撰人姓名殘缺，然以字畫驗之，爲顏魯公書無疑也。初，仁宗朝，吴長文參政在京師僦居，治地得之。當時文士皆爲賦詩，今其石尚藏汶上長文家云。

唐顏魯公與郭僕射書

右唐顏魯公與郭僕射書。僕射，郭英乂也。魯公於座位高下小有失當猶力争如此，使之立朝，其肯逢君之惡乎！

唐元結碑

右唐元結碑，顏魯公撰并書。案唐書列傳，結，後魏常山王遵十五世孫，而碑與元氏家録序皆云「十二世」，蓋史之誤。又碑與元和姓纂皆云「結高祖名善禕」〔二六〕，而家録作「善禘」，未知孰是也。

唐張九齡碑

右唐張九齡碑，徐浩撰并書。歐陽公集古録云：「案唐書列傳所載，大節多同，而時有小異。碑，長慶中立，而公薨在開元二十八年，至長慶三年，實八十四年。所傳或有異同，至於年壽、官爵，子孫宜不謬，當以碑爲是。」今考之，徐浩撰碑時爲嶺南節度使，在大曆間，距曲江之卒未遠，至長慶中，其家始刻石爾。劉禹錫讀曲江集詩序以謂曲江「燕翼無似，終爲餒魂」〔二七〕，而碑載公嗣子拯、孫藏器，碑後又載曾孫敦慶、玄孫景新、景重。然則曲江爲有後矣，不知禹錫何所據乎？碑又云「公一名博物」，而史不載。

唐右神武將軍史繼先墓誌

右唐史繼先墓誌，徐浩撰，云：「公諱繼先，字繼先，夏后氏之苗裔。殷時遷於北土。曾祖牟雨可汗，祖墨啜可汗諱瓌，父墨特勒諱逾輪。肇歸皇化，封右賢王。」又云：「繼先，玄宗時爲左金吾衛大將軍、酒泉郡太守、河西節度副使。肅宗初，知神武軍事，賜姓史氏。其後爲右神武將軍，封潁國公。卒於建中元年。」案唐書突厥傳載墨啜子孫事甚略〔二八〕，纔可見者云：命默啜子左賢王墨特勒討毗伽可汗；其歸朝及繼先賜姓等事，史皆無之。又史云「默啜」，而墓誌作「墨」。史云「墨特勒爲左賢王」，而墓誌作「右賢王」，皆當以墓誌爲據。元和姓纂紀史氏，亦不載繼先名姓。故詳録之，以裨唐史及姓纂之缺漏云。

唐三藏和尚不空碑

右唐不空碑。唐自明皇以後，職官不勝其濫，下至佛、老之徒，亦皆享高爵重禄。故不空始爲特進大鴻臚，封肅國公；既殁，又贈司空。嗚呼，名器之輕，一至於此！昔舜命伯禹作司空〔二九〕，與是異矣。

唐内侍監魚朝恩碑

右唐魚朝恩碑，吴通玄撰，通微書。朝恩雖以譴死，然其徒如竇文場、焦奉超猶居中用事〔三〇〕，故德宗朝詔爲立碑。通玄兄弟，於陸贄謗毁詆排，無所不至，至爲朝恩碑，則稱頌功德如此，可以見其爲人矣。

唐康日知墓誌

右唐康日知墓誌，李紓撰。唐書日知傳云「祖植，開元中爲左武威大將軍」〔三一〕，而誌云「祖諱石生」〔三二〕。傳云「日知終晉絳節度使」，而誌云「卒於左威上將軍」〔三三〕。傳云「累加檢校尚書左僕射，贈太子太師」，而誌云「爲檢校兵部尚書，其卒，乃贈僕射」。紓與日知同時人，墓誌所書，宜得其實也。

唐工部尚書辛京杲碑

右唐辛京杲碑。案元和姓纂載辛氏云「懷節生言，爲都水使者，言生雲京、京杲」〔三四〕，而碑乃言「懷節生思廉，爲左驍衛大將軍。公即大將軍之愛子，金城郡王之從父弟」。新史所書亦同〔三五〕。金城郡王即雲京也。然則姓纂以京杲爲言之子，雲京之同父弟，誤矣。

唐茶山詩并詩述

右唐袁高茶山詩并于頔撰詩述，李吉甫撰碑陰記，共兩卷。湖州歲貢茶，高爲刺史，作此詩以諷。高，恕己孫也。貞元中，德宗將起盧杞爲饒州刺史，高任給事中，争甚力，於是止用杞爲上佐。德宗猜忌刻薄，出於天資，信任盧杞，幾亡天下。奉天之圍，賴陸贄之謀以濟。杞之貶黜，迫於公議，然終身眷眷不能忘；於贄則一斥不復，其奔走播遷而不亡者，豈非幸歟？非高等力排其姦，則復任用杞，未可知也。唐史稱，高，代宗時累遷給事中；建中中，拜京畿觀察使；坐累貶韶州長史，復拜給事中。吉甫爲碑陰記〔三六〕，述高所歷官甚詳，云大暦中從其父贊皇公辟〔三七〕，「爲丹陽令，再表爲監察御史、浙西團練判官。德宗嗣位，累遷尚書、金部員外郎、右司郎中，擢御史中丞。爲杞所忌，貶韶州長史，尋刺湖州。收復之歲，徵拜給事中以卒」。然則高，代宗朝未嘗爲給事中；德宗朝未嘗拜京畿觀察使。其貶韶州時，實爲中丞；而其爲中丞與湖州刺史，傳皆不載〔三八〕。今併著之，以證唐史之誤。

唐崔淙謝廣利方表

右唐崔淙謝廣利方表。德宗貞元中自著方書，號貞元廣利方，頒之郡國。淙時爲同州，上表稱謝。德宗信任姦臣，毒流天下，而區區欲以醫方救民疾苦，可謂婦人之仁矣。

校證

〔一〕唐贈太尉李憕碑　案此碑總目編次在卷十第一千八百五十五。

〔二〕遺愛頌　「頌」，原作「碑」，「跋尾」題目亦作「碑」，然正文作「頌」，宋本、吕本此作「碑頌」，而「跋尾」題目及正文皆作「頌」，當以作「頌」爲是，據改。跋尾同。

〔三〕宋廣平碑側記　卷八總目第一千四百七十三題作宋璟碑陰記。案宋璟，唐邢州南和人，然其族望爲幽州廣平，又累封廣平郡公，因稱宋廣平。

〔四〕嚴浚　浚字挺之，以字行。新、舊唐書皆有嚴挺之傳。

〔五〕漢石刻　宋本作「漢唐石刻」。

〔六〕裝褾　「褾」，原作「標」，據顧校改。

〔七〕文宗時立　集古録謂此碑建於代宗大曆四年，又其「跋尾」云：「紓當代宗時爲憕作碑，自云與憕有通家之好，幼奉升堂之慶，宜知憕事不繆也。」案舊唐書李紓傳云：紓曾奉詔爲興元紀功述，卒於官。貞元八年，贈禮部尚書。則紓之卒，當在德宗興元元年至貞元八年之間，可證此碑決非立於文宗時。趙氏於本卷「跋尾」中原編次在顔喬卿碑與麻姑仙壇記之間，前者建於大曆四年，後者在大曆六年，則此碑建立年份正與集古録不悖，「跋尾」編次或即據集古録而定，未詳其總目編次何故移後。

〔八〕江渢涵瀛　據今本新唐書本傳及集古録所引，涵之次當在渢前。

〔九〕涼國夫人李氏碑　案卷八總目第一千四百五十三題爲郭子儀夫人李氏碑。又「涼」，吕本作「源」。

〔一〇〕科斗書後記　韓愈（字退之）作。

〔一一〕官爲營辦葬事　「辦」，原作「辨」，據吕本改。

〔一二〕遺愛頌　「頌」，原作「碑」，據吕本改。參見本卷「校證」〔一〕。

〔一三〕父禕　「禕」，原作「禕」，吕本作「禕」。案新唐書太宗諸子傳，鬱林王（後改封吴王）恪次子瑋生祐；三子琨生禕、祗，是李峴父輩之名皆從「示」，其父名自當作「禕」。全唐詩卷二一五李峴下注同。舊唐書太宗諸子傳及李峘傳作「禕」者誤。因據吕本改正。

〔一四〕元和姓纂所載亦同　案今本姓纂卷六「李」姓已佚。

〔一五〕唐書列傳以爲恪之孫　案此係新唐書李峴傳之誤，然舊唐書李峘傳云：「恪第三子琨生信安王禕（當作『禕』，下同），禕生三子，峘、嶧、峴。」仍以峴爲恪之曾孫。

〔一六〕任御史時　「任」，原作「仕」，吕本及萃編所載碑文皆作「任」，因據改。

〔一七〕吐蕃　原作「土番」，據萃編所載碑文改。

〔一八〕十二年　原作「十一年」，據萃編所載碑文改。

〔一九〕二百騎　「二」，原作「三」，據萃編所載碑文改。

〔二〇〕得詳　呂本作「傳」。

〔二一〕二人　呂本作「一人」。

〔二二〕玉筯篆志後贊　案唐文粹卷七七載其贊曰：「斯去千年，冰生唐時。冰復去矣，後來者誰？後千年有人，誰能待之？後千年無人，篆止于斯。嗚呼，主人爲吾寶之。」

〔二三〕史但言爲吏部侍郎而已　案此係新唐書本傳語，舊唐書則云：「肅宗即位，徵拜給事中、尚書右丞、吏部侍郎。」所載略詳，與碑不甚異。

〔二四〕然已摩去其銘文　增補校碑云：「宋元祐間石佚，一九二二年重出，移至陝西西安碑林。重出土時碑已中斷，每行缺一、二字。」案此碑一九四九年前後已有多種重出土初拓本刊行，趙氏謂其銘文已摩去，不確。

〔二五〕王回深父之弟冏容季　案宋史儒林傳二云：王回「弟同，字容季」。是容季名同，與趙氏所書異。

〔二六〕善褘　「褘」，原作「禕」，呂本及姓纂卷四皆作「褘」，據改。

〔二七〕燕翼無似終爲餒魂　詩經大雅文王有聲：「詒厥孫謀，以燕翼子。」毛傳云：「燕，安；翼，敬也。」似，通「嗣」，後裔。又左傳宣公四年載，楚令尹子文懼其族子越椒日後執政，招致滅族之禍，臨終前泣曰：「鬼猶求食，若敖氏之鬼，不其餒而！」「終爲餒魂」一語，本此。

〔二八〕唐書突厥傳　「書」字原無，據呂本補。

〔二九〕舜命伯禹作司空　事見尚書舜典。

〔三〇〕焦奉超　舊唐書宦官傳、新唐書宦者傳均有焦希望而無奉超，未知是一人否。

〔三一〕左武威大將軍　新唐書本傳作「左武衛大將軍」。

〔三二〕祖諱石生　三長物齋本作「祖禕不仕」。

〔三三〕左威上將軍　宋本、吕本、三長物齋本「威」下皆有「衛」字。

〔三四〕京杲　今本姓纂訛作「雲杲」，岑仲勉元和姓纂四校記考定爲「京杲」。

〔三五〕新史所書亦同　案新唐書辛雲京傳唯言京杲爲金城郡王雲京之從弟。

〔三六〕碑陰記　「記」字原無，據吕本補。

〔三七〕贊皇公　李吉甫之父栖筠，代宗時以治行封贊皇縣子，人稱贊皇公。見新唐書本傳。

〔三八〕其爲中丞與湖州刺史傳皆不載　高爲御史中丞，見於舊唐書本傳。

金石録卷第二十九

跋尾十九

唐

唐義興縣重脩茶舍記
唐昭義軍節度使王虔休碑
唐顔杲卿碑
唐乘廣禪師碑
唐般舟和尚碑
唐韓退之題名
唐國子助教薛公達墓誌
唐虞城令李公去思頌
唐贈吏部尚書武就碑

唐彌陀和尚碑
唐魏博田緒遺愛碑
唐右僕射裴耀卿碑
唐劉統軍碑
唐興元節度裴玢碑
唐贈司空于奠碑
唐左常侍薛苹碑
唐吕元膺碑〔一〕
唐檢校太子少保田公碑〔二〕
唐昭義軍節度辛祕碑
唐黄陵廟碑
唐贈太保李良臣碑
唐絳守居園池記
唐柳州井銘
唐滁州刺史高公德政碑

唐西平王李晟碑

唐烏重胤碑

唐李祐墓誌

唐令狐公先廟碑

唐殿中侍御史韋翃墓誌

唐義興縣重脩茶舍記

〔案〕目録不載〔三〕。

右唐義興縣新脩茶舍記，云：「義興貢茶非舊也，前此，故御史大夫李栖筠實典是邦，山僧有獻佳茗者，會客嘗之。野人陸羽以爲芬香甘辣，冠於他境，可薦於上。栖筠從之，始進萬兩，此其濫觴也。厥後因之，徵獻浸廣，遂爲任土之貢，與常賦之邦侔矣。每歲選匠徵夫至二千餘人云。」予嘗謂後世士大夫，區區以口腹翫好之獻爲愛君，此與宦官、宫妾之見無異，而其貽患百姓，有不可勝言者。如貢茶，至末事也，而調發之擾猶如此，况其甚者乎！羽蓋不足道，嗚呼，孰謂栖筠之賢而爲此乎！書之可爲後來之戒，且以見唐世義興貢茶自羽與栖筠始也。

唐昭義軍節度使王虔休碑

右唐昭義軍節度使王公碑，其名已殘缺，以事考之，蓋王虔休也。與唐書列傳所載官爵、行治多同，惟碑云「贈右僕射」，傳爲「左僕射」，小失不足道。而碑與傳皆云「虔休，汝州梁縣人」，元和姓纂以爲「范陽人」〔四〕，非也。

唐顔杲卿碑

右唐顔杲卿碑，真卿撰。元和中，舊石刓缺，其甥盧佐元重書而刻之。舊唐史言杲卿既殺蔣欽湊等，玄宗知之，「加杲卿衛尉卿，兼御史大夫；以袁履謙爲常山太守，杲卿爲司馬」〔五〕。今以碑考之，乃進兼中丞，追赴京，而以賈深爲司馬，新史所書亦同，蓋舊史之謬。碑又言公初被害，懸首於右金吾街樹，有張湊者收其髪，謁玄宗。俄見夢云：「禦捍處多，兵馬少。」玄宗哭而設祭焉。後湊以髪至，夫人疑之，憑牀而哭，忽聞聲如鞭牀者，髪跳而前〔六〕，〔案〕葉本「髪」下有「箱」字。謝本無。夫人方駭信之。其事甚怪，而舊史不書，新史所載亦簡略。杲卿忠義之節貫金石，其死宜不昧，而魯公之語，可信不疑，故盡録其事於此。

唐乘廣禪師碑

右唐乘廣禪師碑，劉禹錫撰。初，余爲金石録，頗以唐賢所爲碑版正文集之誤。禹錫之文，所録才數篇，最後得此碑以校集本，是正者凡數十字。以此知典籍歲久轉寫，脱誤可勝數哉！

唐般舟和尚碑 〔案〕目録不載。

右唐般舟和尚碑，柳宗元撰并書。子厚頗自矜其書，然亦不甚工，今見於世者，惟此與彌陀和尚碑爾，雖字畫大小不同，然筆法絶相似。歐陽公以爲不類，又疑他人借子厚之名者，非也。

唐韓退之題名

右唐韓退之題名，在嵩山天封觀柱，蓋退之自書。又一本與石洪等題名，在洛陽福先寺，乃同遊者所書耳。世間又有退之與大顛書，乃國初一學佛者僞作，而歐陽公集古録以爲非僞。永叔平生爲文，宗師退之，且力詆釋氏，而獨信此書，何邪？

唐國子助教薛公達墓誌

右唐薛公達墓誌，韓退之撰。以昌黎集本校之，頗不同，皆當以石本爲是。今略舉數處：集本云「曾祖曰希莊，父曰播」，而闕其祖；石本乃云「祖曰元暉〔七〕，果州流溪縣丞，贈左散騎常侍」〔八〕。集本云「君執弓，腰二矢，挾一矢以興」，而石本作「指一矢以興」。集本云「遺言曰：『以公儀之子爲己後』」；而石本作「以公儀之子己巳後我」，蓋其小字也。如此類甚衆，略舉數處，要知石刻可貴爾。

唐虞城令李公去思頌

右唐虞城令李公去思頌，李白撰，王遹書。碑側題云「元和四年二月重篆」，蓋遹不與白同時，此碑後來追建爾。歐陽公集古録云「遹在陽冰前」者，誤也。

唐贈吏部尚書武就碑

右唐武就碑。就，元衡父也。元和姓纂載平一四子：集、備、就、登。備生元衡。今此碑與唐書宰相世系表皆以元衡爲就子。姓纂元和中脩，是時元衡爲宰相，不應差其世次。豈余家所藏本偶爾脱誤乎？當俟别本校正。

唐彌陀和尚碑

右唐彌陀和尚碑，柳宗元撰并書。以集本校之，不同者十餘字，皆當以碑爲正。

唐魏博田緒遺愛碑

右唐魏博田緒遺愛碑，裴垍撰，張弘靖書。政和中，與柳公權所書何進滔德政碑，俱爲大名尹所毁。

唐右僕射裴耀卿碑

右唐裴耀卿碑，許孟容撰。宋次道春明退朝録載：「皇祐中，王沂公曾之弟子融侍郎河中還，以唐明皇所題裴耀卿碑額上之，仁宗遂御篆賜沂公碑額曰『旌賢』。」今此碑元和中立，文與額皆歸登書，非明皇所題，疑子融所上乃明皇書裴光庭碑爾。耀卿、光庭二碑，皆在絳州也。又案新唐史列傳云「耀卿字焕之」，宰相世系表作「涣之」，而碑乃「字子焕」；傳云「耀卿，守真次子」，而碑乃云「第三子」〔九〕，皆史家之謬。

唐劉統軍碑

右唐劉統軍碑，字畫雖殘缺，猶歷歷可辨。以昌黎集本校之，時有異同，皆當以碑爲是，惟叙其世系不同，則疑碑之誤。集本云「公曾祖考爲朔州守，祖令太原，再世北邊〔一〇〕，樂其高寒，棄楚不還。逮於公身，三世晉人」；而墓誌亦云「曾大父諱承慶，朔州刺史。大父巨敖，爲太原晉陽令，遂著籍太原之陽曲」；今此碑乃云「考令太原」，又云「再世晉人」，且碑既言陽曲之別緜公祖遷，則其爲晉人非再世明矣，余故曰石本誤也。碑當時所立，其諸子皆在，不應差其世次而錯繆如此，莫可曉也。

唐興元節度使裴玢碑

右唐裴玢碑，晉公裴度撰。碑已斷裂，其姓氏磨滅不可識，云「公諱玢，字連城」，以事考之，蓋裴玢也。玢，元和中爲興元節度使，以疾歸朝，卒。新、舊史皆有傳。舊史云「五代祖踈勒國王綽，武德中來朝，授鷹揚大將軍、天山郡公，因留爲京兆人」；而新史乃云「名糾」。今碑所載與舊史同，不知新史何所據而改爲「糾」乎？疑傳寫誤耳。又新、舊史皆云綽，玢五世祖，而碑云「高祖」，亦當以碑爲正。

唐贈司空于𡨥碑

右唐于𡨥碑。集古録載𡨥碑，云「盧景亮撰」，今此碑乃張躬撰。疑𡨥有兩碑，景亮所撰，余録中偶無之，當俟訪求。

唐左常侍薛苹碑

右唐薛苹碑。唐史列傳云「苹父順爲奉先尉」，而此碑及元和姓纂皆云「名順先」〔一〕，蓋史誤。

唐吕元膺碑

右唐吕元膺碑。舊唐史云「元膺字景文」〔二〕，新史云「字景夫」，而碑乃「字孟淳」。新、舊史皆云「元膺自御史中丞拜岳鄂觀察使」〔三〕，而碑乃爲「岳鄂觀察兼中丞」爾。其卒也，舊史云「謚曰憲」〔四〕，而碑作「獻」，皆當以碑爲據。

唐檢校太子少保田公碑

右唐檢校太子少保田公碑，李宗閔撰，文字殘缺，以事考之，蓋田弘正之兄融碑也。弘正帥魏博，詔以融爲相州刺史，使之相近。唐史稱「弘正幼孤，事融甚謹。軍中嘗分曹習射，弘正聯中，融怒，退，杖之〔二五〕。故當田季安猜暴時能自全。及爲軍中推迫，融不悦曰：『爾竟不自晦，取禍之道也。』」其後弘正與其子布皆被禍，如融言。融兄弟父子出於軍旅，其智略皆過人，如弘正、布之忠義，融之先見，真一代豪傑也。碑爲篆字，題「嵩山布衣書」，而姓名摩滅不可識，其筆蹟頗佳。

唐昭義軍節度使辛祕碑

右唐辛祕碑，與新唐史所載事蹟大略皆同，惟碑與舊史皆云「登五經、開元禮科」，而新史云「舉明經」。碑云「其卒贈右僕射」，而新、舊史皆作「左僕射」爾。又舊史云「謚曰昭」，而新史云「謚曰肅，後更謚懿」。碑不載其謚，莫知孰是也。

唐黄陵廟碑

右唐黄陵廟碑。碑四面皆有字，今其兩面字多處已摩滅不可讀。此本蓋七八十年前舊物，字畫完好，可寶也。今世所傳退之集，多爲人妄加讐校，而此碑人家尚時有之，故訛謬爲少。然退之自潮移袁，入爲國子祭酒，實三年，而碑云「三十年」，蓋書碑者誤爾。

唐贈太保李良臣碑

右唐李良臣碑。良臣，李光顔之父也。碑，李宗閔撰，文辭爾雅可喜。宗閔、牛僧孺皆一代奇才，而自陷朋黨，惜哉！

唐絳守居園池記

右唐絳守居園池記，樊宗師撰。昔之爲文者，雖務爲新語，然未嘗有意於求奇也。宗師之文，乃故爲險怪，必使人不可曉而後已，此豈作者之體哉！

唐柳州井銘

右唐柳州井銘，柳宗元撰，沈傳師書。字畫頗不工，疑後人僞爲，然以子厚集本校之，不同者數字，此本爲善，又恐工人模刻不甚精好爾，更俟識者辨之。

唐溵州刺史高公德政碑

右唐高公德政碑〔一六〕，王起撰。案唐書地里志：「元和十二年，以郾城、上蔡、西平、遂平四縣置溵州。長慶元年，州廢。」今碑後題「長慶」，而其下殘缺，當爲「元年」，蓋是年州遂廢矣。高公者，名承簡，崇文之子，爲裴度牙將，後至邠寧節度，唐史有傳。

唐西平王李晟碑

右唐李晟碑，裴度撰。碑載西平子十二人：愿、聽、揔、愻、憑、恕、憲、愬、懿、聽、惎、慇，唐史宰相世系表所書亦同；而新、舊史列傳皆云「晟有十五子」，舊史云「侗、伷、偕，無禄早世」，豈以侗等早世，故碑不載歟？又李石撰李聽碑云「西平有子十八人」，疑更有未名而卒者爾。元和姓纂載西平子十人〔一七〕，以碑校之，姓纂闕聽、揔、憑、懿四人，而愻、應二子〔一八〕，墓碑、舊史皆無之。〔案〕愻已見墓碑，疑此處有誤。又其倫次差謬，亦當以碑爲正。

唐烏重胤碑

右唐烏重胤碑。新唐史列傳云：「重胤爲横海節度使，討王廷湊〔一九〕，久不進兵。穆宗以爲觀望，詔杜叔良代之，以重胤爲太子太保。長慶末，以檢校司徒、同中書門下平章事爲山南西道節度使。召至京師，改節天平軍。文宗初，真拜司徒。」今以碑考之，重胤爲横海節度也，長慶元年，徙爲山南西道。周歲徵入，改天平軍。四年，就拜太子太保。文宗踐極，真拜門下平章事。頃之，同中書爲司徒，餘如故。蓋重胤之罷横海，即移鎮興元，未嘗拜太子太保，而其爲太保，實帥天平；又其帥興元時，未嘗兼宰相，至文宗即位，乃拜爾。舊史與文宗實録所書略同，皆可以正新史之失。

唐李祐墓誌

右唐李祐墓誌，庾敬休撰。新唐書祐列傳云：「祐爲夏綏銀節度使〔二〇〕，徙涇原。討李同捷也，改滄德景節度，累遷檢校尚書左僕射。董重質之貶，「重」，葉作「仲」。未幾，轉太子少詹事，隸武寧軍，遷左神武將軍，累擢左、右神策行營、劍南西川節度。」葉本「節度」下有「使」字。復云：「歷帥夏綏銀〔二一〕，終右龍武統軍，贈尚書右僕射。」其所書首尾顛倒。今以墓誌考之，祐以平蔡功超授左神武將軍，從徐州李愬平李師道，遷左金吾衛將軍〔二二〕，帥綏銀夏，遷户部尚書，兼左金吾衛大將軍，遂爲齊德滄景等州節度使以卒。其所歷官止此矣，蓋未嘗爲少詹事，帥涇原，領劍南節度也，不知史何所依據。又誌云「卒於滄景」，而傳言「終龍武統軍」；誌云「贈司徒」，而傳言「贈僕射」，亦當以誌爲是。祐之爲吴元濟將也，據李愬傳言，吴秀琳之降，爲愬策曰：「必破賊，非李祐不可。」祐，賊健將也，守興橋栅，其戰常易官軍。愬候祐穫於野，遣史用誠以壯騎三百伏其旁，祐果輕出，遂爲所擒。今誌乃言，祐潛布款誠於愬，且曰：「某以某日歸命，其就執也，願得傷一支以爲解〔二三〕，不然，妻子之在賊城，無遺類矣。」愬許之。洎至唐州，同執者十二人，命斬於牙門外。次至祐，大叫，謂愬曰：「公背初約邪？今淮、蔡未平，不宜誅壯士。」愬乃釋之，自取藥封其臂，分衣服飲食，與語終日，即署爲都知兵馬使。二説不同，未知孰是也。

唐令狐公先廟碑

右唐令狐公先廟碑，劉禹錫撰。集本云「躬若奉盈」，而碑本「躬」作「躹」。案史記周公世家云：「躹躹然如畏。」〔二四〕徐廣云：「躹躹，謹敬貌也。出三倉〔二五〕。」後人不知「躹」字所出，遂改爲「躬」，誤矣。其他異同尚多，不盡録也。

唐殿中侍御史韋翃墓誌

右唐韋翃墓誌，劉禹錫撰，世所傳禹錫文集無此誌。蓋禹錫集本四十卷，今亡其十卷，墓誌皆缺，非獨此一篇也。翃有子詢，仕爲湖南觀察使，舊史有傳，新史無之。墓誌云「翃父幼卿」，而傳作「召卿」〔二六〕；墓誌云「翃官終殿中侍御史」，而傳作「侍御史」，皆非也。

校證

〔一〕呂元膺碑　卷九總目第一千七百四十二作太子賓客呂元膺碑。

〔二〕檢校太子少保田公碑　卷九總目第一千七百四十三無「檢校」二字。

〔三〕目録不載　「載」，原作「見」，據三長物齋本改。又卷九總目第一千六百四十五下缺碑名，盧案謂此碑「次序正當在此，疑所缺者即是也」。

〔四〕元和姓纂以爲范陽人　案今本姓纂卷五「王」姓下此文已佚。

〔五〕杲卿　各本皆同，唯册府元龜卷六八六作「賈深」，與此碑合，可證作「賈深」者是。

〔六〕髮跣而前　吕本「跣」下有「箱」字，宋本、三長物齋本「箱」字在「跣」上。

〔七〕元暉　宋本作「元揮」，吕本作「原揮」。

〔八〕贈左散騎常侍　吕本「左」作「右」。

〔九〕而碑乃云第三子　新唐書宰相世系表一上亦以耀卿爲守真第三子。

〔一〇〕再世北邊　「再」，今見韓昌黎集作「仍」。

〔一一〕此碑及元和姓纂皆云名順先　案今本姓纂卷十「薛」姓下此文已佚。又新唐書宰相世系表三下亦作「順先」。

〔一二〕景文　案今本舊唐書已作「景夫」，與趙氏所見本異。

〔一三〕岳鄂觀察使　案新、舊唐書本傳「岳鄂」皆作「鄂岳」。

〔一四〕舊史云謚曰憲　案今本舊唐書無此語。

〔一五〕融怒退杖之　案新唐書田弘正傳作「融退，挟怒之」，於義不順，然「杖」字作「挟」則似可從，宋本即作「挟」。

〔一六〕唐高公德政碑　此碑宋本作「唐溵州刺史高公德政碑」。

〔一七〕元和姓纂載西平子十人　案今本姓纂卷六下「李」姓已佚。

〔一八〕愻應二子　「愻」，顧校改「忖」。案上碑文有「愻」，疑顧校所改是。

〔一九〕王廷湊　「廷」，原作「庭」，據呂本及新唐書改。

〔二〇〕祐爲夏綏銀節度使　今本新唐書「銀」下有「宥」字。

〔二一〕歷帥夏綏銀　今本新唐書「銀」下有「宥」字。

〔二二〕遷左金吾衛將軍　呂本「將」上有「大」字。

〔二三〕願得傷一支以爲解　「支」，通「肢」。

〔二四〕䠷䠷然如畏　今本史記作「䠷䠷如畏然」。

〔二五〕三倉　「倉」，宋本、呂本及史記皆作「蒼」。

〔二六〕召卿　原作「台卿」，據呂本及舊唐書韋辭傳改。

金石録卷第三十

跋尾二十

唐　五代

唐醉吟先生傳并墓誌

唐贈太尉李固言碑

唐吏部尚書高元裕碑

唐贈司徒薛平碑

唐起居郎劉君碑

唐贈禮部尚書許康佐碑

唐潛溪記

唐贈司空孔岑父碑

千字文〔一〕

瘞鶴銘

冬日陪群公泛舟詩

唐題阮客舊居詩

唐遺教經

唐冰清琴銘

唐中書舍人王無競碑〔二〕

後唐汾陽王真堂記
漢重脩高祖廟碑
南唐紫極宫石磬銘
周文宣王廟記
日本國誥

唐義陽郡王苻璘碑

右唐苻璘碑。案唐書列傳璘姓符，而碑作「苻」。以姓氏書考之，琅邪符氏出於魯頃公之孫公雅，爲秦符節令，因以爲氏；而武都苻氏出於有扈之後，爲啓所滅，奔西戎，代爲氏酋，本姓蒲，至苻堅，以背有文，改焉。今此碑以璘爲苻氏，又云「其先琅邪人」，皆不可知。然案璘與弟瑶皆封邑於琅邪，豈書碑者誤以「符」爲「苻」〔三〕，其家出於武吏，不知是正乎？

唐贈太尉王智興碑

右唐王智興碑，裴晉公撰。智興出於卒伍，無他才能，其爲將帥，雖有破李師道、李夰〔四〕、李同捷之功，然在徐州跋扈難制，逐崔群、侯弘度，剽奪貢物，重斂以結權倖，其功不足掩過。晉公爲此碑，可謂過其實矣。

唐丞相崔群碑

右唐崔群碑，裴晉公撰，劉禹錫書。字畫譌缺處多，其可考者，群爲武寧軍節度使，檢校禮部尚書，而唐史本傳作「兵部」；其自荆南節度使召拜檢校左僕射、太常卿，遂爲吏部尚書以卒，而傳但云「召拜吏部尚書」而已。皆當以碑爲正。群在憲宗朝號稱賢相，是時皇甫鎛方有寵，群力排其姦，且爲憲宗陳開元、天寶治亂所以分者，其語激切，然憲宗竟逐群而相鎛。夫以群之賢，憲宗之明，然讒間一入，且猶不免。自古君臣之際能保終始者，顧不難哉！

唐何進滔德政碑

右唐何進滔德政碑。進滔事跡固無足取，而柳公權書法爲世模楷，此碑尤爲雄偉。政和中，大名尹建言摩去舊文，别刊新製，好古者爲之歎惜也。

唐李聽碑

右唐李聽碑，與唐史所載事跡多同，惟聽罷魏博節度使，碑言「爲太子太師」，而史作「少師」，小誤爾。

唐贈太師崔倕碑

右唐崔倕碑。據新唐史倕子邠傳云，倕位吏部侍郎。今以碑考之，倕仕至檢校吏部郎中，兼御史中丞爾，蓋傳誤也。

唐相國李涼公碑〔五〕

右唐李涼公碑，李德裕撰，文字殘闕，不可盡識。案新唐史列傳載石所歷官甚略，其最著者，嘗兼御史中丞，充巡邊使，又自給事中遷京兆尹，史皆不載；其爲荆南節度也，史云「讓中書侍郎，换檢校兵部尚書，會昌三年，檢校司空，徙節河東」，而碑云「初加檢校尚書，武宗承統，首讓中書侍郎，就遷檢校右僕射，餘如故」。皆當以碑爲正。

唐牛僧孺碑

右唐牛僧孺碑，李珏撰。據碑云，僧孺自襄陽節度使降授太子少師，遷檢校司徒，兼太子太保，而傳言「下遷太子少保，進少師」；碑云「宣宗即位，自汝州長史遷太子少保，轉少師，分司東洛」，而史但言「還爲少師」〔六〕，亦不言其爲分司者，皆史之闕誤。又杜牧撰僧孺墓誌云「文宗朝，以中書侍郎領平章事」，而史作「門下侍郎」，亦非也。

唐太子太傅劉沔碑

右唐劉沔碑。案舊史云：「沔，許州牙將也。少事李光顔，爲帳中親將。元和中，討吴元濟有功，隨光顔入朝。憲宗留宿衛，歷三將軍、鹽州刺史、天德軍防禦使，移振武節度使。」而碑乃云：「沔北遊至單于都護府，謁節度使范希朝。希朝署牙門將，入右神策軍爲大將。累遷大將軍，拜涇原節度使，移振武。」蓋沔初未嘗爲許州牙將，從李光顔平蔡，及爲鹽州刺史、天德軍防禦使，皆當以碑爲正。至新史所書，悉與碑合，疑史官嘗得此碑，以訂舊史之失云。

唐醉吟先生傳并墓誌〔七〕

右唐醉吟先生傳并墓誌。舊唐史云「居易以大中元年卒，年七十五」，而新史云「卒於會昌六年，年七十五」〔八〕，今碑所書與新史合。又舊史書居易拜官歲月，亦多差謬不合，小失不足道，故不録。

唐贈太尉李固言碑

右唐李固言碑。案新唐史列傳云：「固言自河中節度使以疾爲太子少師，遷東都留守。宣宗即位，還右僕射。後以太子太傅分司東都卒。」以碑考之，其初爲東都留守，數月即以本官分司〔九〕，而史不載；宣宗時，爲僕射，再遷檢校司徒、東都留守，而史亦不書；其卒也，史云「年七十八」，而碑云「年七十六」，亦當以碑爲正。

唐吏部尚書高元裕碑

右唐高元裕碑。據舊史元裕列傳及此碑，皆云元裕祖名彪，而新史宰相世系表獨作「彪」，蓋誤。

唐司徒薛平碑

右唐薛平碑。據唐史列傳，平爲平盧軍節度使，就遷檢校右僕射，封魏國公。寶曆初入朝，拜檢校司空，爲河中節度使，進檢校司徒，更封韓。以碑考之，自平盧拜僕射，進封韓國公。敬宗即位，拜檢校司空。寶曆元年，朝京師，換左僕射，兼户部尚書。踰月，復爲檢校司空，節度河中。文宗即位，就加檢校司徒。蓋未嘗封於魏，而敬宗時入朝所拜官，史亦不載，皆其闕誤也。碑言平罷滑臺，爲金吾，嘗見二神人自天執節降庭中，呼曰：「薛平，還汝舊節！」公俯伏拜受。及再爲滑臺，以爲當之矣，後爲平盧，乃驗焉。其事甚怪，而唐史無之，豈非妄歟？

唐起居郎劉君碑

右唐劉君碑。劉氏世墓在彭城叢亭里。紹聖間，故陳無己學士居彭城，以書抵余曰：「近得柳公權所書劉君碑，文字摩滅，獨公權姓名三字焕然明白。」予因求得之。碑殘闕，然可識者猶十三四，不忍棄，故録之。

唐禮部尚書許康佐碑

右唐許康佐碑。康佐事文宗，爲翰林侍講學士。文宗嘗讀春秋，問康佐閽寺事，康佐顧望不敢對；後以問李訓，訓遂進翦除之計。康佐知帝指，因稱病，罷爲兵部侍郎。甘露之禍，李訓實啓之，其狂率固有罪，然康佐以儒學侍講備顧問，而喑默不對，至辭位而去，亦可謂全軀保妻子之臣矣。

唐潛溪記

右唐潛溪記，杜宣猷撰。潛溪者，在洛陽龍門山側，地有谿谷之勝，舊爲宰相李藩别墅，宣猷購得之，加葺治焉。唐史宦者傳載宣猷爲福建觀察使，中官多閩人，宣猷每歲時遣吏爲上冢，當時號爲「敕使墓户」，因此除宣城。夫疏泉石〔一〇〕，種樹藝草，窮登覽遊觀之勝，此山林獨往之士、遺世棄俗者之所樂也，如宣猷者，區區以諂諛附會盜竊顯榮，而欲擅山林獨往之樂，是可笑也。

唐贈司空孔岑父碑

右唐孔岑父碑，鄭絪撰。歐陽公集古録云：「碑有子五人：載、戣、戡、戢、戳。案新唐書宰相世系表岑父六子，戳之下又有威。表據孔氏家譜。譜，其家所藏〔一〕。碑文，鄭絪撰。絪自言與孔氏有世舊，作碑時戣等尚在，然則譜與碑文皆不應有失，而不同者何也？」余案韓退之爲戣墓誌云：「公之昆弟五人，載、戡、戢、戳，公於次爲第二。」與絪所撰碑正合，然則安得復有「威」乎？蓋絪與退之皆當時人，所書宜不謬，而家譜乃其後裔追書〔二〕，容有差誤，不足怪也。

千字文

右千字文，世傳智永書，非也。蓋智永陳時人，而此書「虎」字、「民」字、「基」字皆闕之，以避唐諱，乃明皇以後人所書；不然，筆法本出智永，後來臨摹入石爾。其間二十八行字畫不類，蓋舊本不完，國初時人爲補足云。

瘞鶴銘

右瘞鶴銘，題「華陽真逸撰」，莫詳其爲何代人。歐陽公集古録云：「華陽真逸，是顧況道號〔一三〕。」予徧檢唐史及況文集，皆無此號，惟況撰湖州刺史廳記自稱華陽山人爾，不知歐陽公何所據也。〔案〕金石文字記云：「此銘字體與許長史舊館壇碑正同，當是梁陶弘景書無疑。」

冬日陪群公泛舟詩

右冬日陪群公泛舟詩，在潤州瘞鶴銘旁，其字畫正同，蓋一人所書也。題「謫丹陽功曹掾」〔一四〕，而不見其名。詩與書皆工，然世頗罕傳。

唐題阮客舊居詩

右唐題阮客舊居詩，小篆書。集古録以爲陽冰作，今驗其姓名，乃縉雲令李藞，非陽冰也。其字畫亦不工。蓋陽冰於肅宗上元中嘗令縉雲，其篆字石刻尚多有存者，故歐陽公亦誤以此詩爲陽冰作爾。

唐遺教經

右唐遺教經，國初時人盛傳爲王右軍書，惟歐陽公識其非是。余家藏金石刻二千卷，獨此經最爲舊物，蓋先公爲進士時所畜爾。

唐冰清琴銘

右唐冰清琴銘，詞、翰皆不俗，可喜。題曰「晉陵子」而不著名氏，豈非隱者歟？琴藏太常寺協律郎陳沂家，沂死，納於壙中云。

唐中書舍人王無競碑

右唐王無競碑。無競事跡，附見唐書陳子昂傳後，以碑考傳，頗不合。傳言「自殿中侍御史徙太子舍人，神龍初，出爲蘇州司馬，貶廣州，仇家矯制榜殺之」，而碑言「爲中書舍人卒」；傳言「坐與張易之等交往貶」，而碑云「兩張弄權，九有蕩析，公黜而無慍」，皆莫知其孰是。據碑言，無競無子孫，權知萊州刺史姚汭爲買石立碑，去無競之没已遠，事得於傳聞，未足盡信也。無競，東萊人，墓在掖縣界中云。

後唐汾陽王真堂記

右後唐汾陽王真堂記，李鶚書。鶚，五代時仕爲國子丞，九經印版多其所書，前輩頗貴重之。余後得此記，其筆法蓋出歐陽率更，然窘於法度而韻不能高，非名書也。

漢重脩高祖廟碑

右漢重脩高祖廟碑，郭忠恕八分書。余年十七八時，已喜收畜前代石刻，故正字陳無己爲余言豐縣有此碑〔一五〕，託人訪求，後數年乃得之，然字畫頗軟弱。余家有忠恕八分書懷嵩樓記墨跡，乃其暮年所書，筆力老勁，非此碑之比，亦嘗刻石，今録於次。

南唐紫極宫石磬銘

右南唐石磬銘，徐鍇撰并小篆書。鍇與其兄鉉，在江南以文翰著名。王師南征，鍇卒於圍城中。鉉隨後主歸朝，貴顯，以壽終。歐陽公集古録云「宋興，違命侯來朝，二徐皆得爲王臣」者，誤矣。

周文宣王廟記

右周文宣王廟記，題「縣令郭忠恕撰并書」。案國史：「忠恕爲漢湘陰公從事，周祖徵爲周易博士。國初貶乾州司户。太宗朝復任國子主簿，流登州，卒。」不載其嘗爲縣令也。記云：「縣在汝水之汭，嵩山之陽。」不知其爲何縣。最後題「甲寅四月十五日建」，蓋周世宗顯德元年也。或云此碑在汝州界中。

日本國誥

右日本國誥，題「康保五年」〔一六〕。日本在海東，自漢以來見於史，然與中國不常通。宋莒公紀年通譜載其國年號九，而獨無「康保」。其後畢仲荀見此誥，録於通譜之末，然不知康保是中國何年也。余家集録金石刻凡二千卷，外國文字著録，獨此而已。

校　證

〔一〕千字文　此篇在卷十總目第一千九百三十三，位於瘞鶴銘後。

〔二〕唐中書舍人王無競碑　此篇在卷十總目第一千九百五十六，位於唐冰清琴銘前。

〔三〕書碑者誤以符爲苻　金石論叢貞石證史再跋苻璘碑注十九云：「庚子銷夏記謂苻璘之姓合從『竹』；按苻、符二字古原通用，漢碑常寫『竹』爲『艹』，魏、晉後亦有書『符節』爲『苻節』者。」今案隸釋所載魯相韓敕造孔廟禮器碑「樂之音苻」，北海相景君銘「授以苻命」，皆以「苻」爲「符」；璘碑既明言「其先琅邪人」，則自應出於琅邪符氏，碑殆書「符」爲「苻」耳，趙說未確。

〔四〕李夰　「夰」，原作「芥」，誤，此據三長物齋本及新唐書王智興傳改。

〔五〕李涼公　據趙氏「跋尾」，涼公爲李石，然新、舊唐書宗室宰相傳皆不載其封涼國公事。又此碑建立年月，卷十總目第一千八百七十二趙注爲會昌六年三月，而集古録李石神道碑注云會昌三年，未詳其何以歧異。

〔六〕還爲少師　「還」，原作「遷」，據吕本及新唐書本傳改。

〔七〕醉吟先生傳并墓誌　案醉吟先生即白居易。舊唐書本傳云：「效陶潛五柳先生傳，作醉吟先生傳以自況。」又「誌」，原作「碑」，據卷十總目及本卷分目改，說見卷十「校證」〔一九〕。下同。

〔八〕年七十五　「七」，各本原皆作「六」，據新唐書本傳及文苑英華卷九四五醉吟先生墓誌銘改。

〔九〕數月即以本官分司　「即」，原作「罷」，據吕本改。

〔一〇〕疏泉石　各本皆然。吕氏原校疑「泉」下當有「鑿」字。案石可鑿而不可疏，吕説近是。歐陽脩豐樂亭記有「疏泉鑿石，闢地以爲亭」之句，趙氏或承用之，而舊本鈔刻偶脱漏耳。

〔一一〕其家所藏　「藏」，各本原皆誤作「載」，據集古録改正。

〔一二〕家譜乃其後裔追書　「家」上原有「其」字，據吕本删。

〔一三〕華陽真逸是顧況道號　案此説非是。金石文字記卷二瘞鶴銘云：「黄長睿東觀餘論謂陶弘景嘗居華陽，故自號華陽隱居。」（原注：「西清詩話云：『陶隱居外傳：隱居號華陽真人，晚號華陽真逸。』」）又云：「余於崖上又得唐人詩，詩在貞觀中已列銘後，則銘非顧況可知矣。」

〔一四〕謫丹陽功曹掾　「功」，原作「工」。案卷十總目第一千九百三十四趙氏注書人爲「謫丹陽功曹掾王某（名缺）」，其字作「功」，據改。又趙氏謂此詩與瘞鶴銘乃一人所書，非是。蓋本卷「校證」〔一三〕已論定瘞鶴銘爲陶弘景所書，與此詩書者王某顯非一人。

〔一五〕故正字陳無己　宋本、吕本「陳」上有「徐人」二字。

〔一六〕康保五年　案康保爲日本村上天皇年號。康保唯四年，其五年即冷泉天皇安和元年，當北宋太祖開寶元年，即公元九六八年。沈曾植海日樓札叢卷八金石録日本誥紀年之誤條云：「按和漢年契，村上天皇康保元年，宋太祖乾德二年也。四年天皇崩，無五年。『五』蓋『三』字之誤。」

劉跋金石録後序

東武趙明誠德父家，多前代金石刻，仿歐陽公集古録所論，以考書傳諸家同異，訂其得失，著金石録三十卷，别白牴梧，實事求是，其言斤斤，甚可觀也。

昔文籍既繁，竹素紙札轉相謄寫，彌久不能無誤。近世用墨版摹印，便於流布，而一有所失，更無别本是正，然則謄寫摹印，其爲利害之數略等。又前世載筆之士，所見所聞與其所傳，不能無同異，亦或意有軒輊，情流事遷，則遁離失實，後學欲窺其罅，搜抉證驗，用力多，見功寡，此讐校之士抱槧懷鉛，所以汲汲也。昔人欲刊定經典及醫方，或謂經典同異，未有所傷，非若醫方能致壽夭。陶弘景亟稱之，以爲知言。彼哉卑陋，一至於此！或譏邢邵不善讐書，邵曰：「誤書思之，更是一適〔一〕。」且别本是正，猶未敢曰可，而欲以思得之，其佻有如此者！惟金石刻出於當時所作，身與事接，不容僞妄，皎皎可信。前人勤渠鄭重以遺來世，惟恐不遠，固非所以爲夸；而好古之士忘寢廢食而求，常恨不廣，亦豈專以爲玩哉！

余登泰山，覩秦相斯所刻，退而案史遷所記，大凡百四十有六字，而差失者九字。

以此積之，諸書浩博，其失胡可勝言！而信書之人，守目所見，知其違戾，猶弗能深考，猥曰是碑之誤，其殆未之思乎！若乃庸夫野人之所述，其言不雅馴，則望而知之，直差易耳。今德父之藏既甚富，又選擇多善，而探討去取，雅有思致，其書誠有補於學者。亟索余文爲序，竊獲附姓名於篇末，有可喜者，於是乎書。政和七年九月十日，河間劉跂序〔二〕。

校證

〔一〕誤書思之更是一適　語見北齊書邢邵傳。

〔二〕劉跂　跂字斯立，宋東光人，能文章。元豐二年進士，歷官州學教授、知江州彭澤縣、朝奉郎。晚作學易堂，著有學易集八卷。

李清照金石録後序

右金石録三十卷者何？趙侯德父所著書也。取上自三代，下迄五季，鐘、鼎、甗、鬲、盤、匜、尊、敦之款識，豐碑大碣、顯人晦士之事蹟，凡見於金石刻者二千卷，皆是正譌謬，去取褒貶，上足以合聖人之道，下足以訂史氏之失者，皆載之，可謂多矣。嗚呼！自王播、元載之禍，書畫與胡椒無異〔一〕；長輿、元凱之病，錢癖與傳癖何殊〔二〕。名雖不同，其惑一也。

余建中辛巳始歸趙氏，時先君作禮部員外郎，丞相時作吏部侍郎，侯年二十一，在太學作學生。趙、李族寒，素貧儉。每朔望謁告出，質衣取半千錢，步入相國寺，市碑文、果實歸，相對展玩咀嚼，自謂葛天氏之民也〔三〕。後二年，出仕宦，便有飯疏衣練、窮遐方絶域、盡天下古文奇字之志。日就月將，漸益堆積。丞相居政府，親舊或在館閣，多有亡詩逸史、魯壁汲冢所未見之書〔四〕，遂盡力傳寫，浸覺有味，不能自已。後或見古今名人書畫、三代奇器〔五〕，亦復脱衣市易。嘗記崇寧間，有人持徐熙牡丹圖求錢二十萬〔六〕。當時雖貴家子弟，求二十萬錢，豈易得邪？留信宿，計無所出而還之。夫婦相向惋悵者數日。

後屏居鄉里十年〔七〕，仰取俯拾，衣食有餘。連守兩郡，竭其俸入，以事鉛槧。每獲一書，即同共校勘，整集籤題。得書畫、彝鼎，亦摩玩舒卷，指摘疵病，夜盡一燭爲率。故能紙札精緻，字畫完整，冠諸收書家。余性偶强記，每飯罷，坐歸來堂烹茶，指堆積書史，言某事在某書某卷第幾葉第幾行，以中否角勝負，爲飲茶先後。中即舉杯大笑，至茶傾覆懷中，反不得飲而起。甘心老是鄉矣，故雖處憂患困窮而志不屈。

收書既成，歸來堂起書庫大櫥〔八〕，簿甲乙，置書册。如要講讀，即請鑰上簿關出。卷帙或少損汚，必懲責揩完塗改〔九〕，不復向時之坦夷也。是欲求適意而反取憀慄。余性不耐，始謀食去重肉，衣去重采，首無明珠翡翠之飾，室無塗金刺繡之具，遇書史百家字不刓闕、本不譌謬者〔一〇〕，輒市之儲作副本。自來家傳周易、左氏傳，故兩家者流文字最備。於是几案羅列，枕席枕藉〔一一〕，意會心謀，目往神授，樂在聲色狗馬之上。

至靖康丙午歲，侯守淄川，聞金人犯京師，四顧茫然，盈箱溢篋，且戀戀，且悵悵，知其必不爲己物矣。建炎丁未春三月，奔太夫人喪南來〔一二〕，既長物不能盡載，乃先去書之重大印本者，又去畫之多幅者，又去古器之無款識者，後又去書之監本者、畫之平常者、器之重大者，凡屢減去，尚載書十五車。至東海，連艫渡淮，又渡江，至建康。青州故第尚鎖書册什物，用屋十餘間，期明年春，再具舟載之。十二月，金人陷青州，凡所謂十餘屋者，已皆爲煨燼矣。建炎戊申秋九月，侯起復知建康府。己酉春三月罷〔一三〕，具舟上蕪湖，入姑孰，將卜居贛水上。夏五月，至池陽。被旨知湖州，過闕上殿，遂駐家池陽，獨赴召。六月十三日〔一四〕，始負擔，捨舟坐岸上，葛衣岸巾，精神如虎，目光爛爛射人，望舟中告别。余意甚惡，呼曰：「如傳聞城中緩急，奈何？」戟手遥應曰：「從衆。必不得已，先去輜重，次衣被，次書册卷軸〔一五〕，次古器，獨所謂宗器者，可自負抱，與身俱存亡，勿忘也。」遂馳馬去。塗中奔馳，冒大暑，感疾，至行在，病痁。七月末，書報卧病。余驚怛，念侯性素急，奈何。病痁或熱，必服寒藥，疾可憂。遂解舟下，一日夜行三百里。比至，果大服茈胡〔一六〕、黄芩藥，瘧且痢，病危在膏肓。余悲泣，倉皇不忍問後事。八月十八日〔一七〕，遂不起。取筆作詩，絶筆而終，殊無分香賣屨之意〔一八〕。

葬畢，余無所之。朝廷已分遣六宫〔一九〕，又傳江當禁渡。時猶有書二萬卷，金石刻二千卷，器皿、茵褥可待百客〔二〇〕，他長物稱是。余又大病，僅存喘息。事勢日迫，念侯有妹壻任兵部侍郎，從衛在洪州，遂遣二故吏先部送行李往投之。冬十二月，金人陷洪州，遂盡委棄，所謂連艫渡江之書，又散爲雲烟矣。獨餘少輕小卷軸書帖，寫本李、杜、韓、柳集，世説，鹽鐵論，漢、唐石刻副本數十軸，三代鼎、鼐十數事，南唐寫本書數篋，偶病中把玩、搬在卧内者，巋然獨存。

上江既不可往，又虜勢叵測，有弟迒任敕局删定官，遂往依之。到台，台守已遁。之剡[二一]，出陸[二二]，又棄衣被，走黄巖，雇舟入海[二三]，奔行朝。時駐蹕章安。從御舟海道之温，又之越。庚戌十二月，放散百官，遂之衢。紹興辛亥春三月，復赴越。壬子，又赴杭。先侯疾亟時，有張飛卿學士，攜玉壺過視侯，便攜去，其實珉也。不知何人傳道，遂妄言有「頒金」之語。或傳亦有密論列者。余大惶怖，不敢言，亦不敢遂已[二四]，盡將家中所有銅器等物，欲赴外廷投進。到越，已移幸四明。不敢留家中，并寫本書寄剡[二五]。後官軍收叛卒[二六]，取去，聞盡入故李將軍家。所謂巋然獨存者，無慮十去五六矣。惟有書畫硯墨可五七簏，更不忍置他所，常在卧榻下，手自開闔。在會稽，卜居土民鍾氏舍，忽一夕，穴壁負五簏去。余悲慟不得活，重立賞收贖。後二日，鄰人鍾復皓出十八軸求賞，故知其盜不遠矣。萬計求之，其餘遂牢不可出。今知盡爲吴説運使賤價得之。所謂巋然獨存者，乃十去其七八。所有一二殘零不成部帙書册，三數種平平書帖，猶復愛惜如護頭目，何愚也邪！

今日忽閲此書[二七]，如見故人。因憶侯在東萊静治堂，裝卷初就，芸籤縹帶，束十卷作一帙。每日晚，吏散，輒校勘二卷，跋題一卷。此二千卷，有題跋者五百二卷耳。今手澤如新，而墓木已拱，悲夫！昔蕭繹江陵陷没，不惜國亡而毁裂書畫〔二八〕；楊廣江都傾覆，不悲身死而復取圖書〔二九〕，豈人性之所著，生死不能忘歟？或者天意以余菲薄，不足以享此尤物邪？抑亦死者有知，猶斤斤愛惜，不肯留人間邪？何得之艱而失之易也！

嗚呼！余自少陸機作賦之二年〔三〇〕，至過蘧瑗知非之兩歲〔三一〕，三十四年之間，憂患得失，何其多也！然有有必有無，有聚必有散，乃理之常；人亡弓，人得之〔三二〕，又胡足道？所以區區記其終始者，亦欲爲後世好古博雅者之戒云。紹興二年玄黓歲壯月朔甲寅〔三三〕，易安室題。

校證

〔一〕自王播元載之禍書畫與胡椒無異　何校云：「『播』，當作『涯』。」案王播，唐文宗時拜尚書左僕射、同平章事，新、舊唐書均未載其有書畫事。王涯，文宗時拜司空，加開府儀同三司，死於「甘露之變」。舊唐書本傳云：「涯家書數萬卷，侔於秘府。前代法書名畫，人所保惜者，以厚貨致之；不受貨者，即以官爵致之。厚爲垣，竅而藏之複壁。至是，人破其垣取之，或剔取函奩金寶之飾與其玉軸而棄之。」據此，則當從何校作「王涯」爲是。又元載，肅宗時拜同中書門下平章事。後因專横納賄，驕奢淫逸，被代宗下詔賜死。新唐書本傳云：「及死，行路無嗟隱者。籍其家，鍾乳五百兩……胡椒至八百石，他物稱是。」

〔二〕長輿元凱之病錢癖與傳癖何殊　晉書和嶠傳云：「和嶠，字長輿……家産豐富，擬于王者，然性至吝，以是獲譏於世，杜預以爲嶠有錢癖。」又杜預傳云：「杜預，字元凱……時王濟解相馬，又甚愛之，而和嶠頗聚斂，預常稱『濟有馬癖，嶠有錢癖』。武帝聞之，謂預曰：『卿有何癖？』對曰：『臣有左傳癖。』」

〔三〕葛天氏　吕氏春秋古樂「昔葛天氏之樂」高誘注：「葛天氏，古帝名。」路史前紀七：「葛天氏……其爲治也，不言而自信，不化而自行，蕩蕩乎無能名之。」

〔四〕魯壁汲冢　「魯壁」，漢書魯恭王劉餘傳：「恭王初好治宫室，壞孔子舊宅以廣其宫……於其壁中得古文經傳。」許慎説文解字叙：「壁中書者，魯恭王壞孔子宅，而得禮記、尚書、春秋、論語、孝經。」「汲冢」，晉書武帝紀載咸寧五年冬十月，「汲郡人不準掘魏襄王冢，得竹簡小篆古書十餘萬言，藏於祕府。」參見卷二十「校證」〔三〕。

〔五〕三代奇器　「三」，吕本作「一」。

〔六〕徐熙　五代南唐著名畫家。郭若虚圖畫見聞志卷四：「徐熙，鍾陵人，世爲江南仕族。熙識度閑放，以高雅自任。善畫花木、禽魚、蟬蝶、蔬果。學窮造化，意出古今。」

〔七〕後屏居鄉里十年　顧校抹去「十年」二字。

〔八〕 櫥　原作「幮」，字書無此字，據呂本改。

〔九〕 揩完塗改　「揩」，原作「楷」，據呂本改。瑞桂堂本作「揩塗完整」。

〔一〇〕 本不譌謬者　「本」下原有兩「不」字，據呂本删其一。

〔一一〕 枕席枕藉　「枕席」二字原無，據呂本補。

〔一二〕 奔太夫人喪南來　案此句與下句文義不接，鈕石溪世學樓鈔説郛本瑞桂堂暇録此下有空格若干，當有脱文。

〔一三〕 三月　「三」，顧校改「二」。

〔一四〕 十三日　瑞桂堂本作「十二日」。

〔一五〕 次書册卷軸　瑞桂堂本作「次書册，次卷軸」。

〔一六〕 茈胡　「茈」，呂本作「柴」。「茈」、「柴」於此通用。

〔一七〕 十八日　瑞桂堂本作「十七日」。

〔一八〕 分香賣屨　文選陸機弔魏武帝文引曹操遺命云：「餘香可分與諸夫人，諸舍中無所爲，學作履組賣也。」

〔一九〕 六宫　周禮天官内宰：「以陰禮教六宫。」鄭玄注引鄭司農説，謂六宫後五前一，分居王之妃、后、夫人、嬪、世婦、女御。

〔二〇〕 可待百客　「待」，原作「符」，據呂本改。

〔二一〕之剡　「剡」，瑞桂堂本作「嵊」。案宋史地理志四紹興府下有嵊縣，原注云：「舊剡縣，宣和三年改。」清照到台，其時已在高宗建炎年間，當以作「嵊」爲是。

〔二二〕出陸　「陸」，原作「睦」，吕本作「陸」。案睦州在嵊縣西二百餘里，清照時正急於投奔行在，似無西去睦州之理。當以作「陸」爲是，因據吕本改。又瑞桂堂本「出陸」作「在陸」。

〔二三〕雇舟入海　「雇」，原作「顧」，據吕本改。

〔二四〕亦不敢遂已　此句吕本唯作一「遂」字。如是，則「遂」當從下讀。

〔二五〕剡　瑞桂堂本作「嵊」。參見本文「校證」〔二一〕。

〔二六〕後　容齋四筆引作「庚戌春」。

〔二七〕忽閲此書　「閲」，原作「開」，據吕本改。

〔二八〕蕭繹江陵陷没不惜國亡而毁裂書畫　蕭繹，梁元帝。案南史本紀載，西魏軍攻陷江陵，元帝於被俘前，「聚圖書十餘萬卷盡燒之」。又資治通鑑「梁元帝承聖三年」條：「或問：『何意焚書？』帝曰：『讀書萬卷，猶有今日，故焚之！』」

〔二九〕楊廣江都傾覆不悲身死而復取圖書　楊廣，隋煬帝。案隋書煬帝本紀載義寧二年（即大業十四年），隋右屯衛將軍宇文化及弑煬帝於江都。又太平廣記卷二八〇引大業拾遺：「武德四年東都平後，觀文殿寶厨新書八千許卷將載還京師。上官魏夢見煬帝。大叱云：『何因輒將我書向京師！』」于時太府卿宋遵貴監運……於陝州下書著大船中，欲載往京師。於河值風覆没，一卷無遺。上官魏又夢見帝。喜曰：『我已得書。』帝平存之日，愛惜書史，雖積如山丘，然一字不許外出。及崩亡之後，神道猶懷愛吝。」

〔三〇〕少陸機作賦之二年　文選陸機文賦李善注引臧榮緒晉書曰：「機……年二十而吴滅。退臨舊里，與弟雲勤學。積十一年，譽流京華，聲溢四表，被徵爲太子洗馬。」又曰：「機妙解情理，心識文體，故作文賦。」似未確指作賦之年爲二十歲，然杜甫醉歌行云：「陸機二十作文賦。」未詳其何據。少陸機作賦之二年，即十八歲。

〔三一〕過蘧瑗知非之兩歲　淮南子原道訓：「蘧伯玉年五十，而有四十九年非。」高誘注：「伯玉，衛大夫蘧瑗也。今年所行是也，則還顧知去年之所行非也。」過蘧瑗知非之兩歲，即五十二歲。又莊子則陽：「蘧伯玉行年六十而六十化，未嘗不始於是之而卒詘之以非也，未知今之所謂是之非五十九年非也。」此説與淮南子不同。案清照於文末署後序作年爲紹興二年（一一三二），如據淮南子説，年當五十二歲，則其生年在神宗元豐四年（一〇八一）；而後序前文又云：「余建中辛巳（一一〇一）始歸趙氏……侯年二十一。」清照是年亦爲二十一歲。如據莊子説，則當長於明誠十年，揆之情理，似無可能。故清照此處用典，必據淮南子無疑。

〔三二〕人亡弓人得之　吕氏春秋貴公：「荆人有遺弓者，而不肯索，曰：『荆人遺之，荆人得之，有何索焉！』孔子聞之，曰：『去其「荆」而可矣。』」高誘注：「言人得之而已，何必荆人也。」

〔三〕紹興二年玄黓歲壯月朔甲寅　爾雅釋天：「太歲在壬曰玄黓。」紹興二年爲壬子年，與此正合。壯月，八月。爾雅釋天：「八月爲壯。」然紹興二年八月朔日之干支爲戊子，此處書作「甲寅」，似有誤。

附録一　歷代序跋題記

金石録開禧本後記

趙德父所著金石録，鋟板於龍舒郡齋久矣，尚多脱誤。兹幸假守，獲覩其所親鈔於邦人張懷祖知縣。既得郡文學山陰王君玉是正，且惜夫易安之跋不附焉，因刻以殿之，用慰德父之望，亦以遂易安之志云。開禧改元上巳日，浚儀趙不讘師厚父。

金石録成化鈔本後記

金石録，余求之三十年不可得。壬辰冬，始遇此善本於京師，如獲寶玉。然鈔畢略觀一度，其於集古録正誤最多，誠亦精審也已。雖然，自昔著書家几塵風葉之喻，前後彼此，蓋恒有之，不足怪也。吾安得歐陽棐集古録目、洪丞相漢隸釋等書悉集於此，而又有閒暇工夫稍盡心焉，亦平生之一適也。漫筆之以竢。

成化九年二月朔旦，吴郡葉仲盛甫志。

金石録何校本後記

此本真從葉書鈔録者，其脱誤至少。丙戌冬日，又得陸敕先以錢磬室手鈔本校勘者，粗校後二十卷一過，亦以意改正數字，庶乎爲善本矣。何焯記。

康熙（乙）〔己〕丑，葉文莊公元本亦歸余家。余之貧儉，雖過於德夫少時，獨此書庶無遺憾云。重陽後三日，焯又記。

庚寅夏日無事，偶取第十四卷至二十卷前三碑，其説載於隸釋者互勘，今改正數十字。隸釋乃盛仲（友）〔交〕從吾宗柘湖孔目所傳，出吴文定公家，亦爲善書，常熟錢楚殷以贈余者也。焯又記。

四庫全書總目提要

金石録三十卷，宋趙明誠撰。明誠字德父，密州諸城人，歷官知湖州軍州事。是書以所藏三代彝器及漢、唐以來石刻，仿歐陽脩集古録例，編排成帙。紹興中，其妻李清照表上於朝。張端義貴耳集謂清照亦筆削其間，理或然也。有明誠自序並清照後序。前十卷皆以時代爲次，自第一至二千咸著於目，每題下註年月、撰書人名。後二十卷爲辨證，凡「跋尾」五百二篇，中邢義、李證、義興茶舍、般舟和尚四碑，目録中不列其名，或編次偶有疎舛，或所續得之本未及補入卷中歟？初録版於龍舒；開禧元年，浚儀趙不譾又重刻之，其本今已罕傳。故歸有光、朱彝尊所見皆傳鈔之本，或遂指爲未完之書。其實當時有所考證，乃爲題識，故李清照跋稱二千卷中有跋者五百二卷耳，原非卷卷有跋，未可以殘闕疑也。清照跋，據洪邁容齋四筆，原爲龍舒刻本所不載，邁於王順伯家見原稿，乃撮述大概載之。此本所列，乃與邁所撮述者不同，則後人補入，非清照之全文矣。自明以來，轉相鈔録，各以意爲更移，或删除其目内之次第，又或竄亂其目之年月；第十一卷以下，或併削每卷之細目，或竟佚卷末之後序，沿譌踵謬，彌失其真。顧炎武日知録載章丘刻本，至以後序「壯月朔」爲「牡丹朔」，其書之舛謬，可以概見。近日所傳，惟焦竑從祕府鈔出本，文嘉從宋刻影鈔本，崑山葉氏本，閩中徐氏本，濟南謝氏重刻本，又有長洲何焯、錢塘丁敬諸校本，差爲完善。今揚州刻本皆爲採録，又於註中以隸釋、隸續諸書增附案語，較爲詳核；别有范氏天一閣、惠氏紅豆山房諸校本，皆稍不及。故今從揚州所刊著於録焉。

金石録呂無黨鈔本跋

是書宋刻，世間僅存十卷，即跋尾之卷十一至二十，今藏滂喜齋潘氏。迄未寓目。其傳鈔之善者，推葉文莊本、吴文定本、錢磬室本。葉、吴二本，何義門均獲見之，唯錢本則僅見陸敕先所過校者。何氏復自有校定之本，盧見曾得之，又得景鈔濟南謝世箕刊本，因刻入雅雨堂叢書。顧千里嘗以葉、錢二氏鈔本覆校盧刻，糾正其訛奪甚多。是爲石門吕無黨手鈔，舊藏余家，卷中遇「留」字均缺筆，遇「啓」字、「學」字同；後六卷别出一手，於「留」字外兼避「公」字。蓋亦晚村後裔也。無黨鈔筆精整，全書讎校極審慎，然鈔、校均不言所據何本。余從鐵琴銅劍樓借顧氏校本讎對，是固遠勝盧刻，與葉、錢二本互有異同，較近錢本而亦不盡合，意者所據爲吴文定本耶？滂喜齋藏書記諸家跋文所舉宋本佳處，是本多同；其宋本誤者，此亦誤。惟第十四卷漢從事武梁碑跋「字綏宗，體德忠孝」，此「綏宗」下衍「掾」字；第十七卷漢費君碑陰跋「甘陵石勛」，此作「石勖」，即顧氏亦未校正，此則稍有瑕疵耳。顧氏兼録義門校筆，既正盧刻之譌，其足爲是本借鏡者，亦自不尠。今以吕氏原校及顧氏所校與是本互異之處，彙録校記附刊於後，庶幾成一善本乎！海鹽張元濟。

宋本金石録跋

趙明誠金石録三十卷，宋槧久亡。世傳鈔本，以菉竹堂葉氏鈔宋本爲最善。錢磬室自言借文休承宋雕本鈔完，識於第十卷後，獨吴文定本，人未之見，莫知其所從出。後人重刻：清初有謝世箕本，譌舛甚多，殊不足觀；繆小山得汲古毛氏本，行款均據宋刻，爲仁和朱氏刊行；余家藏有吕無黨鈔本，曾印入四部叢刊。嘗借瞿氏所藏顧澗薲校本對校之，二本大抵不離乎葉、錢所傳録者。近是（是，疑當作「世」）盧雅雨本最爲通行，然亦僅據何義門校鈔宋本，並未親見宋刊。讀書敏求記稱馮硯祥有不全宋槧十卷，余頗疑即文休承所曾藏者。馮書散出，迭經名家鑒藏，先後入於朱文石、鮑以文、江玉屏、趙晉齋、阮文達，韓小亭家，卒乃歸於潘文勤。其十卷，即原書跋尾之一至十，實即全書之卷第十一至二十也。當世詫爲奇書，得之者咸鐫一「金石録十卷人家」小印，以自矜異。一時名下如翁覃溪、姚伯昂、汪孟慈、洪筠軒、沈匏廬諸人，均有題記。滂喜齋藏書記備載無遺，各以盧本互校，是正良多。雖宋本亦有訛誤，然迥非其他諸本所能幾及。文勤自言異書到處，真如景星慶雲，先覩爲快。獲覩之人，亦以爲此十卷者，殆爲人間孤本矣。而孰知三十卷本尚存天壤，忽於千百年沈薶之下，燦然呈現，夫豈非希世之珍乎！是本舊藏金陵甘氏津逮樓，世無知者。目録十卷，跋尾二十卷，完好無缺。宋時刊本凡二，初録版於龍舒郡齋，開禧改元，趙不讛重刻於浚儀，且惜易安之跋未附，因以爲殿；劉跋之序成於政和七年，必早經剞劂在前，今皆不存，想已遺佚。然窺見全豹，祇欠一斑，固無傷也。滋可異者，潘本諸人題記，所引宋本文字，余取以對勘是本，多有不符。如：卷第十四漢陽朔博字跋，洪校引「尉府靈壁陽朔四年始造設已所有」十四字，甘本「四年」字下「始造」字上多「正朔」二字。又巴官鐵量銘跋，翁校題下「韓暉仲」，此作「韓注仲」，甘本却作「韓暉仲」，不作「韓注仲」。又漢從事武梁碑跋，洪校引「故從事武掾掾字綏宗掾體德忠孝」十四字，謂隸釋本上「掾」字不重，「綏宗」下無「掾」字，此本與碑合；甘本上「掾」字却重，「掾」字下更有「諱梁」二字，「綏宗」下亦有「掾」字。卷第十五漢州輔墓石獸膊字跋，姚校謂：「『天禄近歲爲村民所毁』，『天』作『夫』。」甘本却作「天」，不作「夫」。卷第十六漢車騎將軍馮緄碑跋，翁校謂：「『謡』，此作『誣』。」甘本却作「謡」，不作「誣」。又漢帝堯碑跋，沈校引「龍龜負銜校鈴」六字，謂：「盧本作『校鈐』。」案隸釋碑文正作「鈐」。甘本固作「鈐」，但作「投鈐」，不作「校鈴」。卷第十八漢司空宗俱碑跋，汪校引「官秩姓名」四字，謂：「『官』誤作『呈』。」甘本固作「官」，但「官秩」字下，「名」字上，却無「姓」字。姚伯昂又言：「本中『傳』字俱作『傅』，亦系刊刻之未精。」案甘本卷第十六漢淳于長夏承碑跋「太傅胡公歆其德美」，又漢廷尉仲定碑跋「太傅下邳趙公舉君高行」。下文「傅」字又一見，卷第十九漢逢府君墓石柱篆文跋「漢故博士趙傅逢府君神道」。下文「傅」字又四見。此八「傅」字，右旁俱作「尃」，但上半「甫」字，有點者二，無點者六，從無作「專」者。安有「傅」俱作「傳」之誤乎？依此言之，甘本與潘氏十卷必非同出一版。沈匏廬又謂潘本惝草漫漶，乃當時坊刻讎校未精，翁覃溪定爲南宋末書賈所重刻。江鄭堂又疑爲浚儀重刊本，語當可信。且是本字體勁秀，筆畫謹嚴，鐫工亦極整飭，絶無惝草之跡。是非浚儀重刊，必爲龍舒初版矣。洪邁容齋四筆云：「趙德甫金石録，其妻易安李居士作後序，今龍舒郡庫刻其書，而此序不見取。」是本無易安後序，是亦一證也。原書中縫，屢記書寫人龍彦姓名，刻工亦記有數人。惟書曾受水，墨痕汙漬，摺紋破裂，裝工不善補綴，致其他字跡多難辨認，未能據以考訂刊印時代，爲可惜耳！趙敦甫世講得之南京肆中，以此罕見珍本，不願私爲己有，屬代鑒定，並附題詞，將以獻諸中央人民政府。崇古奉公，至堪嘉尚。爰抒所見，質諸敦甫，兼就正於世之讀者。辛卯立夏節日，海鹽張元濟。

附録二　金石録校證徵引書目一覽表

二十四史（自史記至宋史）
十三經注疏
藝文類聚
太平廣記
册府元龜
昭明文選（文選）
廣弘明集
古文苑
文苑英華
唐文粹

*　*　*　*　*　*

逸周書

國語
戰國策
世本
列女傳
東觀漢記
華陽國志
三輔黄圖
唐會要
資治通鑑（通鑑）
通志
路史
文獻通考
水經注
元和郡縣圖志

*　*　*

*　*　*

墨子
莊子
荀子
呂氏春秋
山海經
孔叢子
淮南子
論衡
白虎通義
抱朴子
金樓子
顔氏家訓

* * * * * *

説文解字(説文)
廣韻

集韻

字彙補

元和姓纂（姓纂）

姓觿

* * * * * *

歐陽脩集古録

薛尚功歷代鐘鼎彝器款識法帖（鐘鼎款識）

洪适隸釋、隸續

婁機漢隸字源

陳思寶刻叢編

無名氏寶刻類編

都穆金薤琳瑯

楊賓鐵函齋書跋

趙崡石墨鐫華

顧炎武金石文字記

林佶蘭話堂書目

景日昣説嵩

王澍竹雲題跋、虚舟題跋

葉奕苞金石録補續跋（金石後録）

顧藹吉隸辨

吴玉搢金石存

畢沅關中金石記

武億授堂金石跋

錢大昕潛研堂金石文跋尾（潛研堂跋尾）

王昶金石萃編（萃編）

吴騫國山碑考

孫星衍、邢澍寰宇訪碑録

劉寶楠漢石例

胡聘之山右石刻叢編

方若校碑隨筆（校碑）

王壯弘增補校碑隨筆（增補校碑）
楊震方碑帖叙録（叙録）
張彦生善本碑帖録（碑帖録）

＊　＊　＊　＊　＊　＊

張彦遠歷代名畫記、法書要録
郭若虚圖畫見聞志
董逌廣川書跋
朱長文墨池編
翟耆年籀史
梁巘承晉齋積聞録

＊　＊　＊　＊　＊　＊

張華博物志
劉義慶世説新語
封演封氏聞見記
李肇唐國史補

姚寬西溪叢語
趙彦衛雲麓漫鈔
蔡絛鐵圍山叢談
胡仔苕溪漁隱叢話
洪邁容齋隨筆
朱弁曲洧舊聞
陸友研北雜志
陶宗儀輟耕録
孫承澤春明夢餘録
吕葆中用晦先生行略
閻若璩潛邱劄記
王士禛池北偶談
臧琳經義雜記
錢大昕十駕齋養新録
法式善清祕述聞

桂馥札樸
王念孫讀書雜志漢隸拾遺（漢隸拾遺）
王引之經義述聞
馮登府三家詩異文疏證補遺
俞樾茶香室續鈔
沈曾植海日樓札叢
趙鉞、勞格唐郎官石柱題名考（郎官題名考）、唐御史臺精舍題名考（御史臺題名考）
葉昌熾滂喜齋藏書記
潘景鄭著硯樓書跋
傅增湘藏園群書經眼録

* * * * * *

王國維觀堂集林
岑仲勉金石論叢、唐史餘瀋、元和姓纂四校記
馬衡凡將齋金石叢稿
雷學淇竹書紀年考證

朱希祖汲冢書考
姚薇元北朝胡姓考

附録三　讀金石録小識

清代學者王鳴盛在潛研堂金石文跋尾序中説：「金石之學自周漢以至南北朝，咸重之矣。而專著爲一書者，則自歐陽永叔始。」自歐陽脩集古録之後，同類著作層出不窮，趙明誠金石録無疑是其中最引人注目的一種。金石録中著録的兩千卷金石刻，凝聚了趙家兩代人的心血，也得到了當時許多同道友好的支持。趙明誠、李清照夫婦數十年辛勤搜聚，孜孜以求，中間又經歷靖康之亂，故物散失，李清照在流徙顛簸之餘，將趙明誠的遺稿整理成書，其中的艱難與辛勞一言難盡。李清照編完金石録後寫的那篇後序廣爲流傳，序中那些充滿滄桑感喟的動人叙述，也使金石録一書在專門學術領域之外擁有了更大的知名度。從專業角度來看，歐陽脩集録三代以來金石遺文一千卷，而趙明誠所集卷數正好是歐陽脩的兩倍。無論就其琳琅滿目的著録、嚴整有序的編排，還是就其考證之深入精博來説，金石録一書都不愧爲宋代金石學著作中最引人注目的一種。

歐陽脩晚年自號六一翁，稱「吾家藏書一萬卷，集録三代以來金石遺文一千卷，有琴一張，有棋一局，而常置酒一壺……以吾一翁，老於此五物之間，是豈不爲『六一』乎？」（歐陽脩六一居士傳）雖然集古録跋尾中也有以金石證史的内容，但是，從總體來講，歐陽脩對於所收藏的金石遺文更多是採取一種優游玩賞的態度，故頗多涉及其中的文章與書法。金石録跋尾則更多地採取一種史學研究的態度。趙明誠金石録序自言：「詩、書以後，君臣行事之蹟悉載於史，雖是非襃貶出於秉筆者私意，或失其實，然至其善惡大節有不可誣，而又傳之既久，理當依據。若夫歲月、地理、官爵、世次，以金石考之，其牴牾十常三四。蓋史牒出於後人之手，不能無失，而刻詞當時所立，可信不疑。」「至於文詞之媺惡，字畫之工拙，覽者當自得之，皆不復論。」换句話説，集古録體現的主要是文士的身份立場，考史乃其餘事；而金石録則體現了學人的身份立場，因而態度更爲嚴謹。歐陽脩的興趣比較廣泛，趙明誠的目光則較爲專一。不同的態度，以及趙明誠所具有的時間優勢，使金石録能够補正歐陽脩以及其他前輩學者的訛誤闕漏，有『後出轉精』之譽。朱熹在家藏石刻序中就稱贊金石録「詮序益條理，考證益精博」（朱文公文集卷七十五）。應該説，這不是朱熹的一己私見，而是金石學界的公論。

金石録跋尾中證經考史之什甚多，考史尤其是其重點。趙氏經史考證面相當廣泛，不僅涉及經史本身，而且兼及經史傳注，不僅涉及史實，而且兼及語詞習慣、文字訓詁等。有些跋尾雖然未能完全解決問題，衹是對舊説提出懷疑，也同樣體現了他的敏鋭和審慎，值得關注。例如，唐章懷太子李賢曾引石鼓文來注釋後漢書鄧隲傳「時遭元二之災，人士荒饑」中的「元二」二字，認爲「元二」當作「元元」，「二」原本是重字符，後人不察，遂致誤認。自唐以來，頗多學者信奉此説。趙明誠金石録卷十四漢司隸楊厥開石門頌跋尾却就此提出質疑：「今此碑有曰：『中遭元二，西戎虐殘，橋梁斷絶。』若讀爲『元元』，則不成文理，疑當時自有此語，漢書注未必然也。」其後，南宋洪适隸釋卷四又在趙氏基礎上進一步探討，最後解決了「元二」一詞的訓詁問題。

在具體研究中，趙明誠不僅據石刻以校證史傳，也援引史傳以考究石刻。前者之例甚多，不勝枚舉。需要强調的是，這些經過校勘考證而得出的結論，今人校勘典籍研究歷史之時並没有給予足够的重視和利用。金石録中所收唐代石刻題跋獨多，有不少可以採信的發現或結論，研究唐史以及校考兩唐書的學者尤其應當從中取資。例如，關於唐初功臣李勣的卒年，金石録所著録的李勣碑云「年七十六」，而「新、舊史皆云『勣年八十六』」。今本新唐書本傳確如趙氏所言，而舊唐書本傳則作「年七十六」。可見，趙明誠所見舊唐書與今本不同，也有可能我們今天看到的已經是後人根據趙氏考證改正過的本子。無論如何，趙明誠的這條跋語可以作爲校正兩唐書的重要參考資料。

至於後者，可舉金石録卷二十學生題名跋尾爲例。歐陽脩集古録認爲此碑是西漢時所立，趙明誠則從碑中所記地名出發，根據晉書地理志，考證「此碑爲東晉以後人所立」。又如卷二十四唐李靖碑跋尾，集古録以爲「靖之封衛國公也，授濮州刺史。蓋太宗以功臣爲世襲刺史，後雖不行，史宜書，而不書者，闕也」。趙明誠引新唐書長孫無忌傳載無忌以下授世襲刺史者凡十四人，「姓名具存，蓋其事已見於他傳，則於本傳似不必重載也」。這裏不僅糾正了歐陽脩的訛誤，而且援引史籍以考石刻，方法可取。王國維在宋代之金石學中將宋人之金石學研究原則總結爲：「既據史傳以考遺刻，復以遺刻還正史傳。」可以説，這條原則到趙明誠金石録纔真正自覺地做到。衹有「既據史傳以考遺刻，復以遺刻還正史傳」，纔能使書面文獻與出土石刻雙向互動，做到實事求是，而不是一味迷信石刻，唯石是從，佞碑成病。金石録卷二十五有後周宇文舉碑跋尾，指出碑記宇文舉及其祖先姓名，與史多異，對其間是非暫不下斷言，足見其態度審慎。至於「史云『宣帝以宿憾殺之』，而碑稱『遘疾薨』。疑作碑者爲諱其事，當以史爲正」，則是很有見解的觀察，這同時也是以史證石而不盲從石刻的例子。

清代著名史學家錢大昕在潛研堂金石文跋尾中曾經感嘆：「元明以後，士大夫讀史能知其義例者，罕矣。」（卷十三葉清臣題名）確實，讀史必須先明白史書的義例。研究金石學，不僅需要了解金石刻的義例，還要理解史籍及其他傳世文獻的義例，否則難免無的放矢。上引趙明誠的唐李靖碑跋尾，實際上提出了金石學研究中非常重要的一個條例：史籍自有史籍的義例，其他傳世文獻往往也有自身的義例，以石刻考史或進行其他文獻研究，必須以尊重史籍文獻之義例爲前提。這是值得金石學者銘記在心的。不過，趙明誠在這一方面仍然不免千慮一失。他曾以于志寧碑校考兩唐書于志寧傳，發現「其微時所歷官，史多不書」（卷二十四唐于志寧碑跋尾）。其中的根本原因就是碑、史撰述之義例不同。他在研究秦泰山刻石時，「以史記本紀考之，頗多異同」。並列舉二本文字差異之處（金石録卷十三秦泰山刻石跋尾）。殊不知司馬遷撰寫史記時，對前代文獻中文字較爲艱澀者，往往將其改寫成較爲平易的文句，其中就包括尚書和秦刻石中的某些文句。雖無明言，而自有義例在其中。

洪适隸釋卷二十録畢水經注碑目，發現酈道元水經注中著録的碑刻留存到南宋的祇有十分之一二，其中有許多在歐陽脩集古録和趙明誠金石録中即已不見著録，不勝喟嘆。而歐陽脩、趙明誠、洪适等人所親見的碑刻以及所搜集的石刻拓本，至今已經毀壞或失傳者更是不可勝數。「金石之固猶足恃」，難怪趙明誠對金石録一書寄予厚望，「輒録而傳諸後世好古博雅之士，其必有補焉」（金石録序）。在今天看來，無論是從文獻積存的角度，還是從史學研究的角度，抑或從金石及藝術研究的角度來説，金石録都是一本必備、必讀的書。而金文明先生精心撰作的金石録校證，無疑爲研讀金石録的廣大讀者提供了極大方便。此書初版由上海書畫出版社印行，我有幸購得一本，置於案頭，常常翻閲。斗轉星移，二十年的歲月遷流並没有動摇它的地位，它仍然是迄今爲止金石録的最佳版本。可惜書版早絶，稱得上「踪蹟微茫信難求」，而有心藏讀此書的人却似乎與日俱增，這未免是一件憾事。因此，當從金先生那裏得悉它能再版的消息時，我内心是十分高興的。我相信，這也應該是與我有同好的文獻學界、史學界以及書畫藝術界中人所喜聞樂見的。

程章燦

二〇〇五年三月

中國史學基本典籍叢刊　書目

穆天子傳匯校集釋
國語集解
吴越春秋輯校彙考
越絶書校釋
西漢年紀
兩漢紀
漢官六種
東觀漢記校注
校補襄陽耆舊記（附南雍州記）
十六國春秋輯補
洛陽伽藍記校箋
建康實録
荆楚歲時記
大唐創業起居注箋證（附壺關録）
貞觀政要集校（修訂本）
唐六典
蠻書校注
十國春秋
皇朝編年綱目備要
皇宋十朝綱要校正
隆平集校證
宋史全文
宋太宗皇帝實録校注
金石録校證
丁未録輯考
靖康稗史箋證
中興遺史輯校
鄂國金佗稡編續編校注
皇宋中興兩朝聖政輯校
中興兩朝編年綱目
續宋中興編年資治通鑑
續編兩朝綱目備要

宋季三朝政要箋證
宋代官箴書五種
契丹國志
西夏書校補
大金弔伐録校補
大金國志校證
聖武親征録（新校本）
元朝名臣事略
明本紀校注
皇明通紀
明季北略
明季南略
國初群雄事略
小腆紀年附考
小腆紀傳
廿二史劄記校證